2018 中国进出口品牌发展报告

钱明辉 杨 建/著

光明日报出版社

图书在版编目（CIP）数据

2018 中国进出口品牌发展报告 / 钱明辉，杨建著.
-- 北京：光明日报出版社，2018.11
ISBN 978-7-5194-4735-9

Ⅰ.① 2… Ⅱ.①钱… ②杨… Ⅲ.①进出口贸易—品
牌战略—研究报告—中国—2018 Ⅳ.① F752

中国版本图书馆 CIP 数据核字（2018）第 241621 号

2018 中国进出口品牌发展报告

2018 ZHONGGUO JINCHUKOU PINPAI FAZHAN BAOGAO

著　者：钱明辉　杨　建
责任编辑：周文岚　　　　　　　　责任校对：傅泉泽
封面设计：杨　洋　　　　　　　　责任印制：曹　净
出版发行：光明日报出版社
地　　址：北京市西城区永安路 106 号，100050
电　　话：010-67078255（咨询），010-63131930（邮购）
传　　真：010-67078227，67078255
网　　址：http://book.gmw.cn
E – mail：zhouwl@gmw.cn
法律顾问：北京德恒律师事务所龚柳方律师
印　　刷：北京朗翔印刷有限公司
装　　订：北京朗翔印刷有限公司
本书如有破损、缺页、装订错误，请与本社联系调换，电话：010-67019571

开　本：170mm×240 mm	印　张：24.75
字　数：365 千字	插　图：157 幅
版　次：2018 年 11 月第 1 版	
印　次：2018 年 11 月第 1 次印刷	
书　号：ISBN 978-7-5194-4735-9	
定　价：218.00 元	

编写单位：

中国通关网　中国人民大学中国市场营销研究中心

成员名单

课题组组长：

钱明辉　杨　建

课题组副组长：

戴尚方　桑　菁　闫新战　胡　聪

课题撰稿人：

钱明辉　戴尚方　桑　菁　闫新战　赵泽龙

杨玉浦　王晓楠　任万菊　郑光纯　杨国宁

张隽若　王亨鑫　蒋若冰　高家擎　王梦瑀

俞　悦　孙大智

数据采集与分析：

戴尚方　王晓楠　杨玉浦　赵泽龙　任万菊

郑光纯　杨国宁　张隽若　王亨鑫　蒋若冰

高家擎　王梦瑀　俞　悦　孙大智　周文月

强　斌　王晓青　韩昊喆　商　宇　狄　文

课题组秘书：

周文月

中国人民大学科学研究基金（中央高校基本科研业务费专项资金资助）项目成果（13XNI015）

主办单位简介：

中国通关网

中国通关网（ETCN）于 2007 年 10 月经海关总署批准，由中国报关协会与北京国际技术合作中心共同主办、北京东方亚港国际资讯有限公司承办。

发展至今，中国通关网先后开通了国际站（www.e-to-china.com）和中文站（www.e-to-china.com.cn），秉持"让贸易更畅通"的服务理念，逐步形成以贸易合规咨询服务、跨境通关服务、企业级单一窗口建设及政企信息化建设为核心的四大业务板块，迄今已为全球 129 个国家和地区超过 700 万用户提供服务。

随着 ETCN 品牌影响力的不断扩大，获得了相关政府部门和行业协会的大力支持。2013 年 6 月 9 日，原海关总署署长于广洲、原副署长鲁培军专门听取中国通关网汇报并要求全国海关支持中国通关网发展。

中国人民大学中国市场营销研究中心

中国人民大学中国市场营销研究中心（MRCC）于 1995 年 6 月经原国家教委批准成立，是中国市场营销研究、推广、交流和应用的权威机构，是中国商业史学会副会长单位、SMEI 全国高校指导委员会主任单位、国际营销科学与信息技术大会主席单位。

中心自成立以来一直以推动品牌理论的研究和传播，助力我国自主品牌的管理实践为宗旨，聘请了包括英国牛津大学营销学 Kunal Basu 教授等多位国际知名学者为学术顾问，并逐步建立起了关注品牌经济、品牌管理、品牌思想史等领域的研究团队，在学术交流、著作发表、网络传播、咨政服务等方面做出了不懈的努力，获得了广泛的社会关注和反响。

近年来，中心一直致力于关注品牌发展的前沿理论和最新动态，先后出版了"中国品牌发展报告"系列研究成果，并围绕品牌定位、品牌测量、品牌经济等前沿和热点问题在国内外学术期刊上发表了多篇具有影响力的研究论文。作为中国品牌研究领域的专业智库，中心将继续深耕品牌管理与品牌发展领域的理论研究，为推动我国品牌研究的深化和品牌决策的优化提供更多有价值的智力支持。

内容简介

　　本书基于 2016 年中国城市商品进出口的各项统计数据，从商品进出口品牌的特性与意义入手，分析了进出口品牌化程度对促进外贸结构转型优化的作用，构建指标评价体系，阐释了 2016 年中国城市商品进出口建设水平的实际情况，并结合城市指标体系结果探讨各城市的进出口品牌化程度，通过城市品牌指数程度和城市品牌潜力指数划分了六大中国城市商品进出口品牌城市聚类，进一步归纳总结出各城市进出口品牌化的表现与特征。本书结合"十三五"的发展理念，深入分析了近年来我国进出口品牌化的相关政策与优秀地区案例。本书共分为十二章，第一至第六章分别为绪论、进出口概况与研究综述、测评指标与测算方法、中国城市 CIBI 及分项指标得分前一百名城市排名、CIBI 特征分析与解读、基于 CIBI 得分的城市聚类聚类分析；第七至第十二章则是对聚类得到的六个城市聚类依次进行详尽的剖析与探究。本书通过对中国城市商品进出口品牌指标体系进行基础性研究，力求为中国进出口产业结构的优化升级，为进出口品牌化的发展创新提供理论依据和决策参考。

序

  随着我国经济发展由高速增长阶段转向高质量发展阶段，品牌发展在政策规划和公共治理中正引起越来越多的关注，并在产业升级和区域发展中扮演着举足轻重的角色，成为中国经济向新常态转型的重要突破口。近年来，品牌发展理念不断被专家学者提及，在一些政策文献中也有所体现，但针对进出口品牌化成体系的理论探索和研究测评仍几乎是空白。在中国进出口发展面临诸多挑战，国际贸易形势日趋严峻的背景下，开展上述领域的学术研究对于推进我国进出口品牌化建设可谓迫在眉睫。

  此次由中国人民大学中国市场营销研究中心和中国通关网所组成的《2018 中国进出口品牌发展报告》课题组，从分析城市基础数据和商品进出口数据入手，提出了进出口商品高低附加值等核心概念，构建了中国城市商品进出口品牌振兴指数（CIBI）评测体系，并依据该体系对我国 274 个城市的进出口品牌化发展水平展开评估，进行数据分析和挖掘，最终完成了这本发展报告。这一系列工作不仅在实践层面上梳理了我国城市进出口品牌化结构，揭示了我国各城市进出口品牌化发展的实际情况、发展阶段和发展类型，更在理论层面进行了极富开拓性和创新性的学术探索，在研究对象、研究视角以及数据分析手段等方面，都在该领域独树一帜，别具特色。

  城市的商品进出口品牌化能力该如何评价，城市的进出口品牌化发展共有哪几种类型，各城市的品牌化能力评价得分是多少，这些都是课题组所探讨并解决的问题。这本报告中呈现出了丰硕的理论成果和研究案例，读来令人深受启发。值得一提的是，地区进出口品牌化水平的提升与该地区经济发展的推进以及产业结构的优化升级有着相辅相成的紧密关系，这本报告全方位地展示了目前各城市进出口品牌化水平的发展现状，包括进出口品牌振兴指数得分排名以及分梯队、分类型的城市划分情况。这些结论大部分和我们目前对国内各区域各城市经济发展情况的理解相一致，但也存在一些不一致的地方，其中的细节和成因则正是这本报告向读者展现的十分有价值的地方。希望这些研究成果能够对未来各区域的政策规划和产业布局起到一定的辅助和引导作用。

近年来，中国人民大学中国市场营销研究中心常务副主任、中国人民大学信息资源管理学院博士生导师钱明辉副教授带领的课题组立足于品牌助力民族振兴这一崇高理想，在品牌发展这一研究领域默默耕耘、严谨治学、披荆斩棘，产出了丰硕的研究成果，得到了国内外学界和业界同行的高度评价。本报告是课题组头一次以进出口品牌化为研究对象，也是学界对该领域进行深入全面研究的一次重要尝试。相信本报告的研究成果能在中国进出口品牌振兴的历史进程中发挥重要作用，引领国内外进出口品牌化研究的发展方向，并期待后续相关研究能够为政策指引和学术创新做出更大的贡献。

郭国庆

中国人民大学中国市场营销研究中心 主任

中国人民大学商学院 教授、博士生导师

2018 年 10 月

前　言

改革开放近四十年来，中国经济由势如破竹的迅猛增长逐渐开始向速度变化、结构优化、动力转换的经济发展新常态转移。在适应新常态、把握新常态、引领新常态、实现高质量发展的战略背景下，中国进出口发展正面临着众多挑战，形势严峻并广受关注。面对新形势和新要求，中国政府继续坚持推进新一轮高水平对外开放，加快培育进出口发展新动能，着力推动进出口产业转型升级，使进出口行业继续为国家经济发展提供长足的动力。

2016 年 6 月，国务院办公厅印发《关于发挥品牌引领作用推动供需结构升级的意见》，指出品牌代表着供需结构升级的方向，并将品牌放在"加快经济发展方式由外延扩张型向内涵集约型转变、由规模速度型向质量效率型转变的重要举措"的关键位置上，这对指导进出口结构优化和质量效益提升提供了关键思路。在党和政府的高度重视下，2016 年，中国进出口逐季回稳，随着国家促进外贸回稳向好政策措施效果的逐步显现，全年呈现前低后高、稳中向好的走势。除了总体数据稳中向好，2016 年中国外贸在结构优化、质量效益提升等方面也表现出一些新变化和亮点，内生动力进一步增强，贸易方式更趋合理，加工贸易梯度转移稳步推进，国际市场多元化取得一定进展。

本书基于 2016 年中国城市商品进出口的各项统计数据，从商品进出口品牌的特性与意义入手，分析了进出口品牌化程度对促进外贸结构转型优化的作用，构建指标评价体系，阐释了 2016 年中国城市商品进出口建设水平的实际情况，并结合城市指标体系结果探讨各城市的进出口品牌化程度，通过城市品牌指数程度和城市品牌潜力指数划分出六类中国城市商品进出口品牌城市，进一步归纳总结各城市进出口品牌化的表现与特征。本书探讨了主要城市在进出口结构转型、效益提升中的成功经验，并分析现阶段城市商品进出口品牌化的问题和挑战，同时对进出口品牌的发展方向进行展望。本书一共包括十二章：

第一章主要介绍城市商品进出口品牌振兴指数提出的背景、指数的内涵，以及指数具有的研究意义。指数提出的背景主要从全球贸易和国内进出口发展来进行阐述，在全国贸易背景下，世界经济不断复苏，国际市场需求在不断扩大。但与此同时，逆全球化趋势不断显现，全球贸易保护主义盛行，尤其是中美经贸摩擦的升级，给中国进出口贸易带来了巨大的挑战。从国内进出口发展背景来看，中国宣布进入经济新常态，推动高质量发展，加强品牌建设，并提出将继续坚持开放的基本国策来应对国际贸易市场的挑战。此外，中国提出"一带一路"倡议，促进与沿线国家的友好交流，也会给中国的进出口贸易带来新的发展机会。基于上述背景，本书提出的城市进出口品牌振兴指数主要是反映中国城市商品进出口的品牌振兴表现与潜力的综合水平，涉及了三个相关方面的研究：进出口能力、进出口品牌和进出口振兴。该指标的构建不仅能够为城市自身衡量进出口品牌振兴水平提供很好的评价工具，还能够弥补进出口品牌化领域相关研究不足的缺陷，具有极高的现实意义和理论意义。

第二章主要对近年来我国进出口发展水平、进出口政策以及学术界对进出口发展的研究展开回顾和解读。这一章节首先对我国进出口在2004—2017年的总体情况和各组成部分进行了描述性统计分析，结果显示近年来我国进出口总量呈现波动，处在质量转型的关键时刻。在政策方面，这一章节从政策发布时间和发布主体两个角度，对中央部门和地方政府的政策关注程度进行回顾，进一步明确了我国进出口当前概况。囿于时代等因素，学术界针对进出口的研究虽然数量较多且开始时间较早，但对当前我国进出口转型的关键时刻来说，尚有不少不足和待补充之处。这一章的主体部分，从进出口竞争力理论与指标体系、进出口竞争力评价方法、进出口竞争力影响因素三个角度进行了文献梳理，总结出当前研究的不足之处，也体现了本研究在理论和实践方面的指导价值。

第三章主要介绍了中国城市商品进出口品牌振兴指数（CIBI）的评价

对象、评价样本、指标体系的构成、指标权重、缺失数据估算和测算等内容。CIBI 的评价对象是本书选取的《2017 年中国城市统计年鉴》中所载我国 274 个城市进出口有形贸易领域的品牌化发展情况。CIBI 的理论基础是产业国际竞争力理论。指标体系包含 2 个一级指标、4 个二级指标、12 个三级指标、61 个四级指标。一级指标包括进出口品牌价值指数和进出口品牌潜力指数，二级指标包含进口品牌准备指数、出口品牌优化指数、品牌发展资源指数和品牌发展能力指数。指标体系测算数据分别来自"中国通关网"所提供的企业进出口报关活动的脱敏数据和历年中国城市统计年鉴公布的统计数据，由于城市年鉴数据存在少量缺失，本书采用指数平滑等方法进行了估算。指数测算方面，本书参考了 TOPSIS 改进方法并利用熵权法确定了显示性指标权重与排名。

　　第四章主要对中国城市 CIBI 及分项指标的测算结果进行展示，包括得分和排名两个维度，主要展示各类的排名前一百名城市的得分情况。主要分为 2016 年城市 CIBI 表现水平和 2012—2015 年中国城市 CIBI 表现水平的变化情况。2016 年的 CIBI 得分汇总主要从 CIBI 整体得分水平及排名、一级指标得分水平及排名、二级指标得分水平及排名、三级指标得分水平及排名这三个层次进行展示。2012—2015 年城市 CIBI 表现水平的变化将只展示前 100 名的城市 CIBI 整体的分水平及排名情况。在本章中简洁明了地展示出了各城市的 CIBI 表现水平，各城市可在其中找到本城市 CIBI 得分以及排名情况。该表将有助于相关城市迅速了解自身 CIBI 得分水平以及在全国范围内的表现情况，并有助于城市从各分项指标的得分及排名情况认识到自身进出口品牌振兴发展的特点，也有助于城市之间的直接比较，为之后对城市 CIBI 表现水平的具体分析做出了铺垫。

　　第五章主要在中国城市 CIBI 及分项指标得分前一百名城市排名的基础上，针对报告选取的 274 个地级市，从全国整体层面对各城市 CIBI 的表现进行综合解读。在主体部分，首先从整体上对全国所有城市的 CIBI 进行指标统计描述，通过对发展时序的分析来解读全国层面 CIBI 随时间发展变化的规律。其次对省级和区域级别的各项指标进行比较分析，考察地理区位划分下的城市共性并以此探究地理区位对城市类型划分的合理性。最后是测算全国各区域的 CIBI 与价值指数和潜力指数之间的相关关系，从而进一步解读 CIBI 指标结果的趋势和特征。在这一分析流程上，得到了城市发展不均衡、同一地理区域内部存在异质性这两个数据总体特征，为进一步总结归纳在中国城市商品进出口品牌振兴指标体系意义下的城市特征，划分城市类型，开展更进一步的数据挖掘提供了诱因。

第六章主要针对城市聚类划分的意义、方法和结果进行了详细解读。中国城市商品进出口品牌城市的划分为本研究更全面、详细和深入地研究中国城市商品进出口品牌化的现实、成因、趋势等方面提供了坚实的理论依据。通过由数据分布态势和城市聚类意义所引导出的城市聚类思路，本书在层次聚类算法的基础上采用 K-Means 算法实现城市聚类的划分。通过聚类实验，研究得到了进出口品牌振兴引领型、进出口品牌优势协同型、进出口品牌基础驱动型、进出口品牌能力起步型、进出口品牌发展潜力型和进出口品牌蓄势准备型这六类进出口品牌城市，并对城市聚类的整体情况做了比较研究，明确了各城市聚类的内涵与定位，进一步体现了城市聚类聚类分析的作用与价值。

第七章主要对进出口品牌振兴引领型城市的 CIBI 得分情况进行解读，首先分析该城市聚类的特点，从整体层面上对 CIBI 表现水平进行分析评价。其次从城市角度对代表城市的 CIBI 表现水平进行深入解读。进出口品牌振兴引领型城市处于第一梯队，其在进出口品牌价值和潜力两个方面表现出振兴引领效应，城市聚类总体得分位居全国首位。该城市类型包含的上海市、深圳市和北京市，均为我国的重点一线城市，处于绝对领先的优势地位。该城市类型 CIBI 表现水平近年来也呈现出明显的上升趋势，表明其振兴引领水平持续提高。从城市层面上，对上海、深圳和北京这三个城市进行细致分析，分别从 CIBI 整体得分水平、一级指标得分情况、二级指标得分情况、三级指标及其分项得分情况进行分析，三个城市的 CIBI 整体表现水平在全国范围内均处于领先地位。但是三个城市在进出口品牌振兴发展水平上表现出了各自的发展特点及其优势和劣势，为此，本章还基于各城市 CIBI 的得分情况，对城市商品进出口品牌振兴水平特点及其优劣势进行了解读。

　　第八章主要对进出口品牌优势协同型城市的 CIBI 得分情况进行解读。首先分析该城市聚类的特点，从整体层面上对 CIBI 表现水平进行分析评价，其次从城市角度对代表城市的 CIBI 表现水平进行深入解读。进出口品牌优势协同型城市处于第二梯队，其在进出口品牌价值和潜力两个方面表现出优势协同效应，得分均高于全国大部分城市，仅次于振兴引领型城市。该城市聚类包括广州市、东莞市等 11 个城市，CIBI 得分在全国排名 4~14 名不等，处于明显领先的优势地位。该城市类型 CIBI 表现水平近年来也呈现出明显的上升趋势，具有较明显的进出口品牌振兴的潜力。从城市层面上来看，从该城市聚类中选择了广州市、东莞市、天津市、苏州市、杭州市五个城市进行细致分析，分别从 CIBI 整体得分水平、一级指标得分情况、二级指标得分情况、三级指标及其分项得分情况进行分析，五个城市的 CIBI 整体表现水平均处于该聚类的前列，而且在全国范围内也处于领先地位。但是五个城市在进出口品牌振兴发展水平上表现出了各自的发展特点及其优势和劣势，为此，本章还结合各城市 CIBI 的得分情况对其城市商品进出口品牌振兴水平的主要特点进行了分析。

　　第九章主要对进出口品牌基础驱动型城市的 CIBI 得分情况进行解读。首先分析该城市聚类的特点，从整体层面上对 CIBI 表现水平进行分析评价，其次从城市角度对代表城市的 CIBI 表现水平进行深入解读。进出口品牌基础驱动型城市处于第三梯队，其在进出口品牌价值和潜力两个方面表现出基础驱动效应，得分表现在全国范围内处于中等偏上水平，次于振兴引领型城市以及优势协同型城市。该城市类型包括有成都市、武汉市等 18 个城市，CIBI 得分在全国排名 15~56 名不等，处于较为领先的优势地位。该城市类型 CIBI 表现水平近年来也呈现出明显的上升趋势，具有较明显的进出口品牌振兴的潜力。从城市层面上来看，从该城市聚类中选择了成都市、武汉市、西安市、郑州市、合肥市五个城市进行细致分析，分别从 CIBI 整体得分水平、一级指标得分情况、二级指标得分情况、三级指标及其分项得分情况进行分析，五个城市的 CIBI 整体表现水平均处于该聚类的前列。但是，五个城市在进出口品牌振兴发展水平上各有其特点，本章结合各城市 CIBI 得分情况对其进行了深入解读。

第十章主要对进出口品牌能力起步型城市的 CIBI 得分情况进行解读。首先分析该城市聚类的特点，从整体层面上对 CIBI 表现水平进行分析评价，其次从城市角度对代表城市的 CIBI 表现水平进行深入解读。进出口品牌能力起步型城市处于第四梯队，其在进出口品牌价值和潜力两个方面表现出能力起步效应，得分表现在全国范围内处于中等水平，略低于进出口品牌基础驱动型城市。该城市类型包含有佛山市、大连市等 20 个城市，CIBI 得分在全国排名 18~51 名不等，处于较为领先的地位。该城市类型 CIBI 表现水平近年来也呈现出明显的上升趋势，具有较明显的进出口品牌振兴的潜力。从城市层面上来看，从该城市聚类中选择了佛山市、大连市、无锡市、惠州市、中山市五个城市进行细致分析，分别从 CIBI 整体得分水平、一级指标得分情况、二级指标得分情况、三级指标及其分项得分情况进行分析。五个城市的 CIBI 整体表现水平均处于所在城市聚类的前列，同时又各有其特点，为此，本章也结合各城市 CIBI 得分对其商品进出口品牌振兴水平进行了深入解读。

第十一章主要对进出口品牌发展潜力型城市的 CIBI 得分情况进行解读。首先分析该城市聚类的特点，从整体层面上对 CIBI 表现水平进行分析评价，其次从城市角度对代表城市的 CIBI 表现水平进行深入解读。进出口品牌发展潜力型城市处于第五梯队，其在进出口品牌价值和潜力两个方面表现出一定的发展潜力，得分表现在全国范围内处于较低水平。该城市类型包含有金华市、徐州市等 76 个城市，CIBI 得分在全国排名 52~172 名不等，处在全国中等偏下地位。但该城市类型 CIBI 表现水平近年来也呈现出明显的上升趋势，具有较明显的进出口品牌振兴的潜力。从城市层面上来看，从该城市聚类中选择了金华市、徐州市、鄂尔多斯市、淄博市、泰州市五个城市进行细致分析，分别从 CIBI 整体得分水平、一级指标得分情况、二级指标得分情况、三级指标及其分项得分情况进行分析。五个城市的 CIBI 整体表现水平均处于所在城市聚类的前列，在全国范围内处在中等水平，本章基于各城市 CIBI 得分对其商品进出口品牌发展特点以及优劣势进行了阐释。

第十二章主要对进出口品牌蓄势准备型城市的 CIBI 得分情况进行解

读。首先分析该城市聚类的特点，从整体层面上对 CIBI 表现水平进行分析评价，其次从城市角度对代表城市的 CIBI 表现水平进行深入解读。进出口品牌蓄势准备型城市处于第六梯队，其在进出口品牌价值和潜力两个方面表现在全国范围内处于相对靠后地位。该城市类型包含有日照市、松原市等 145 个城市，CIBI 得分在全国排名 72~274 名不等，处在全国相对落后地位。但该城市类型 CIBI 表现水平近年来也呈现出明显的上升趋势，具有较明显的进出口品牌振兴的潜力。从城市层面上来看，从该城市聚类中选择了日照市、松原市、铜陵市、防城港市、鹰潭市五个城市进行细致分析，分别从 CIBI 整体得分水平、一级指标得分情况、二级指标得分情况、三级指标及其分项得分情况进行分析，五个城市的 CIBI 整体表现水平均处于所在城市聚类的前列，在全国范围内处在中等水平，并且表现出不同的发展特点，本章也基于其 CIBI 得分对此进行了解读。

习近平主席在 2016 年 4 月博鳌亚洲论坛上引用了桓宽《盐铁论·忧边第十二》中"明者因时而变，知者随事而制"的观点，指的是贤明的人会根据时期的不同而改变策略和方法，有大智慧的人会伴随着事物发展方向的不同而制定相应的管理制度。我国的进出口品牌化事业也正是如此，在经历了改革开放 30 多年的不断发展积累之后，一方面已经具备了发展进出口品牌化的基础条件，另一方面我国经济也需要进出口品牌发挥引领作用，促进供需结构升级。2018 年是全面建成小康社会决胜阶段的重要一年，是供给侧结构改革攻坚的关键时期，是"一带一路"倡议深入推进的重要机遇期，更是进一步推动中国进出口品牌化事业发展的最佳时间点。希望本书可以通过对中国城市商品进出口品牌指标体系的基础研究，为中国进出口产业结构的优化升级，为进出口品牌事业的持续发展提供参考。

本书课题组

2018 年 6 月

目　录
CONTENTS

第一章　绪论

随着经济全球化的不断深入以及国际市场竞争的不断加剧，世界已经逐步进入品牌经济时代。品牌不仅是国家形象的、国家核心竞争力的体现，更是参与全球化经济的重要资源，代表着供给结构和需求结构的升级方向。国际市场竞争越来越多地体现为品牌的竞争，拥有国际品牌的数量和质量，体现了一个国家的经济实力和科技水平。习近平总书记高度重视品牌建设，强调要"推动中国制造向中国创造转变、中国速度向中国质量转变、中国产品向中国品牌转变"。国家进出口品牌化程度是该国国际品牌形象的直接表现，是影响一国国际品牌竞争力的重要因素，而国家进出口品牌化是各城市进出口品牌化程度的综合表现。在当今复杂的贸易背景下，中国城市进出口品牌化程度以及城市是否具有足够的条件来提高自身的品牌化效应，将是衡量该城市是否具有进出口品牌化振兴前景的重要因素。如何来评估和提升我国城市进出口品牌的竞争力是地方政府和企业都十分关注的问题，因此建立城市进出口品牌化评价指数是一个很好的切入点。建立城市进出口品牌化评价指数是一个复杂的系统工程，本部分主要是对构建进出口品牌化评价指数的研究背景、指数内涵以及研究意义三个方面进行阐述。

1.1 研究背景

中国城市进出口品牌振兴水平的研究是在一定背景驱动条件下产生的，本书首先从国外视角出发，分析了当前世界经济和全球贸易局势，以及当前局势对中国贸易产生的影响，中国应该如何抓住机会来迎接新一轮的挑战。之后从国内视角出发，着重分析国内经济形态的转变以及进出口相关的变化趋势。除了进出口贸易之外，本书还分析了品牌经济在当今时代的重要性，从而为进出口品牌振兴指数的提出奠定了基础。本部分主要是从全球贸易和中国进出口发展两个方面对背景进行详细分析。

1.1.1 全球贸易背景

2018 年国际金融危机爆发以来，全球各国经济普遍呈现低增长趋势，全球贸易也呈现出疲软态势，全球治理体系和国际秩序加速变革，实体经济再次受到重视，新一轮科技革命步伐加快。人类社会正处在前所未有的历史大变革时代。近几年世界经济渐次摆脱危机阴影，全球贸易回暖，国际贸易市场的总体需求也在持续增加，为各国贸易的发展带来曙光。然而，当今全球贸易面临的紧张局势依然存在：贸易保护主义盛行、逆全球化趋势显现、贸易战频繁爆发……这些都不利于经济全球化的进程，不利于贸易秩序的公平稳定，将会给世界各国的贸易经济带来巨大的挑战。与此同时，世界各国开始注重品牌效应，各国之间的竞争也逐渐转变为品牌的竞争，大多数国家开始自主研发创新，提升本国产品的品牌效应，增强本国产品在国际贸易中的竞争力。中国如何在紧张的全球贸易背景下展示出贸易大国的风范，维持全球贸易秩序的公平稳定，将是全世界人民所关注的重点话题。

（1）全球经济继续保持复苏势头，国际市场需求总体继续增长

经济全球化是生产力发展的产物，同时也推动了生产力的发展，促进了生产要素在全球范围内的流动、国际分工水平的提高和国际贸易的迅速发展。20 世纪 80 年代以来，全球化深入发展，全球经济增长也因此经历了长期繁荣。1950—2008 年，全球贸易总额增长了 7 倍，全球贸易增速是 GDP 增速的 3 倍以上。事实上，自 1870 年以来，全球贸易增速在绝大多数时间都快于产出增速。然而 2008 年金融危机之后，这一趋势发生了变化，据全球贸易增长报告统计显示，1990—2007 年全球贸易年平均增长率为 6.9%，2008—2016 年则降至 2.9%，全球贸易已经连续多年低于全球经济增长速度。全球贸易在金融危机后曾出现反弹，然而在经历了短暂的复苏之后再次陷入低迷。全球金融危机爆发已过 10 年，世界经济复苏过程缓慢且

低效，在 2015 年、2016 年经济下降之后 2017 年稍有回温，表现为世界经济增速出现小幅回升，美、欧、日经济企稳向上，新兴经济体改革深化，资源出口国止跌回升，这都为未来全球贸易复苏带来重要的推动力。全球经济普遍复苏所带来的需求反弹是推动贸易回暖的一个关键，据国际货币基金组织（IMF）预计，2017 年全球四分之三的经济体增长速度都有所加快，是 10 年来最大范围的增长提速。然而事实上，2017 年经济增长仍远低于危机前水平，推动经济进入新周期的动力之一的新技术革命尚处于孕育阶段，导致经济周期底部仍将不断被延长，全球仍期待着新一轮技术革命带动生产效率的大幅度提升，以重启新一轮经济周期[①]。

从贸易环境来看，全球经济稳步复苏有助于遏制贸易保护主义，因此全球整体贸易环境在之后有望保持温和并具有改善趋势，尤其是制造业和服务业的各项需求指标逐步走高，表明全球经济活动整体尚处于扩张状态，全球需求还有极大的提升空间，为下一阶段的国际贸易持续增长奠定了坚实的基础。

（2）全球贸易保护主义升级，逆全球化趋势显现

贸易保护主义是一种为了保护本国产业免受国外竞争压力而对进口产品设定极高关税、限定进口配额或其他减少进口额的经济政策。国际金融危机爆发以来，贸易保护主义思潮始终影响着各国政府的相关决策，而世界贸易经济长期处于低增长趋势，全球贸易保护主义压力在短期内难以消除，严重制约了经济的增长。欧美等发达国家或地区更加重视货物贸易出口和扩展国际市场，为此他们日益完善其贸易救济机制，不断强化贸易救济调查执法，加大对国内产业的保护力度，为自身贸易增长"保驾护航"[②]。世界银行 2018 年 6 月 5 日发布的《全球经济展望》报告，贸易保护主义升级将给全球经济带来相当大的下行风险。贸易保护主义引起的全球关税广泛上升将会对全球贸易产生重大负面影响，其中美国的政策不确定性对新兴市场和发展中经济体投资的影响尤为明显，特别是与美国贸易高度相关

① 上海社会科学院世界经济研究所宏观分析组.复苏向好的世界经济：新格局、新风险、新动力——2018 年世界经济分析报告［J］.世界经济研究，2018（1）：3-19.
② 陆燕，于鹏.当前全球贸易保护主义发展新动向［J］.对外经贸实务，2016（09）：4-8.

的经济体。2017 年 8 月，特朗普抛弃了美国长期倡导的自由化政策方针，宣布要采取措施改变美国贸易赤字，并授权美国贸易代表对华发起影响巨大的 301 调查。2018 年 3 月 1 日，特朗普宣布计划对钢铁和铝进口征收关税，中国予以回应，中美贸易摩擦加剧。美国主要目的就是限制《中国制造 2025》所设定的十大高科技产业的发展，通过提高关税来提高这些产品的价格，从而削弱它们在美国市场上的竞争力，来阻止中国的高新技术产业发展超过美国。1985 年日本高新技术产业的快速崛起，美国感受到来自日本的威胁，对日本开展贸易战，迫使日本放弃计算机产业和芯片技术的发展，导致日本在相关产业发展水平下降，在当代科技革命中与美国还有一定的差距。中美经贸摩擦带给中国的既有机遇又有挑战，中国应抓住这个机会，冷静应战，吸取日本的教训，作为负责任大国的形象，坚定捍卫公平的全球贸易秩序。

逆全球化是逆全球化潮流而动的一种现象，同样也在国际金融危机后受到广泛重视，英国脱欧使逆全球化引发国际上的高度警觉，特朗普当选美国总统更使这种趋势备受全球关注。逆全球化主要表现为贸易保护主义卷土重来、世界投资水平下降、资本流动性降低、自由贸易受到破坏等，这些正在冲击着全球贸易经济的格局。国际金融危机爆发之前，全球贸易快速发展，是全球化的重要标志，而在金融危机之后，随着各方政策的调整，全球贸易有了暂时性的反弹，但随着刺激政策进入消化期阶段，近年来全球贸易持续低迷。从贸易的名义金额来看，全球贸易额增速已经连续五年低于 GDP 增速，2015 年、2016 年全球贸易额分别陷入 –13.2%、–3.2% 的负增长，与 1980 年以来的 6.8% 平均增长水平形成鲜明的对比。

贸易保护主义升级和逆全球化思潮泛起使全球贸易治理缺乏领导力，多边、区域等层面连续受挫，未来发展方向充满不确定性，将会是每个国家面临的挑战。而推动自由贸易和完善世界经济与金融治理来重振全球化进程，是应对逆全球化的良策。全球化发展对于中国来说依然是利大于弊，中国应该继续推动全球化并且利用其提供的机会，为遏制逆全球化发展发挥更加重要的作用。

（3）世界品牌经济时代已到来，品牌竞争愈加重要品牌经济是生产力与市场经济发展到一定阶段的产物，是以品牌为核心整合经济要素，带动经济整体运营的一种市场经济高阶段的形态。人类社会经济形态经历了由自给自足的自然经济形态到小商品市场经济形态再到大商品市场的经济形态发展过程，在自然经济与小商品经济状态下，由于交易规模、种类有限，交易频率低，持续交易少，交易规则与价值度量微弱，品牌问题不突出。自工业革命开始，人类社会进入大宗商品市场经济社会，交易规模与种类大幅度上升，跨国交易越来越频繁，许多国家为了增强自己产品在国际市场的竞争优势，打造产品的价值差异，进行自主研发创新，提升产品的附加值，在全球市场上形成自己的品牌优势。

近年来，在经济全球化大趋势的发展下，世界进入品牌经济时代，全球各个领域的竞争越来越体现为品牌的竞争。纵观世界经济的发展，经济强国都是品牌强国，发达国家20%的强势品牌占据了80%的市场份额[①]，通过品牌溢价获得较高利润。虽然我国已经成为世界第二大经济体和第一大贸易国，生产的500多种主要工业品中有220多种产量位居世界第一，但与此形成鲜明对比的是我国国际知名的品牌数量寥寥无几，大多是贴牌生产和代工产品，自主品牌产品所占的比重仅仅略高于10%。因为我国大部分产品缺乏核心技术和品牌优势，在全球价值链中处于"微笑曲线"的底部，这使我国大部分产品在国际市场中缺乏竞争优势，在世界经济时代的发展处于不利地位。

1.1.2 中国进出口发展背景

在全球经济化的背景下，我国进出口贸易得到迅速发展，进出口贸易已经成为我国经济增长的重要组成部分。2001年加入世界贸易组织（WTO）之后，我国进出口贸易额呈现逐年递增的发展趋势，2013年全国两会期间，我国首次提出对外贸易转型新概念，即出口贸易发展方式由粗放型向集约型转变，对我国进出口结构产生了较大的影响。随着"一带一路"倡议的提出，中国在世界贸易经济的影响力日益扩大，已经成为世界

---

① 刘平均.加强品牌建设，推动中国品牌走向世界［J］.山东经济战略研究，2016（Z2）：12-14.

第二大经济贸易体，对世界贸易的积极发展做出了巨大的贡献。随着国家品牌战略的提出，中国将积极打造具有国际影响力的国家品牌，加快推动中国品牌走向世界。

（1）中国坚持开放的基本国策，坚持打开国门搞建设

习近平总书记在党的十九大报告中指出，中国坚持对外开放的基本国策，坚持打开国门搞建设，积极促进"一带一路"国际合作，打造国际合作新平台。2018 年 4 月 10 日，在贸易保护主义升级、逆全球化思潮泛滥、给国际市场带来明显冲击、使刚刚向好的世界经济增长前景又充满不确定性的关键时刻，习总书记在博鳌论坛年会上再次向世界表明中国坚定推进开放的决心以及维护全球化和贸易投资自由化的态度。自改革开放以来，我国制定了对外开放的基本国策，从 1978 年开始改革，2001 年加入WTO，每一次改革都面临着各种挑战，但每一次重大改革的方向都明确坚持了对外开放的基本国策，坚持了打开国门搞建设的基本理念。

（2）中国经济进入新常态，由高速增长转变为中高速增长

党的十八大以来，我国经济面临增长速度换挡期、结构调整阵痛期、前期刺激政策消化期"三期叠加"的巨大压力，以习近平同志为核心的党中央综合分析世界经济长周期和我国发展阶段性特征及其相互作用，做出了我国经济发展进入新常态的重大判断。2014 年 5 月，习近平同志在考察河南的行程当中表示："中国发展处于重要战略机遇期，我们要增强信心，从当前中国经济发展的阶段特征出发，适应新常态，保持战略上的平常心态。"

2017 年 12 月 18 日至 20 日，中央经济工作会议明确了以新发展理念为主要内容的习近平新时代中国特色社会主义思想，会议指出，应坚持适应把握引领经济发展新常态，立足大局，把握规律。经济新常态具有新特征，主要体现为：中国经济从高速增长转为中高速增长，中国 GDP 从 2012年开始回落，2012 年、2013 年、2014 年上半年 GDP 增速分别为 7.7%、7.7%、7.4%，是经济增长阶段的根本性转变，经济结构不断优化升级，从要素驱动、投资驱动转向创新驱动。新常态下，中国经济正面临着前所未有的机遇和挑战，需要转变思想观念、加强政策协同、推动跨越式发展，

把创新、协调、绿色、开放、共享的发展理念贯穿经济发展的全过程。

（3）中国加强品牌建设，以高水平开放推动高质量发展

近年来，党中央、国务院高度重视品牌建设工作，将加强品牌建设作为经济社会转型的重要战略举措，我国正迎来品牌建设的最好时期。2017年4月，国务院批准将每年的5月10日设立为"中国品牌日"，体现了国家对品牌建设的高度重视，展示了实施品牌战略的坚定决心。习近平总书记曾在2014年提出，推动中国制造向中国创造转变、中国速度向中国质量转变、中国产品向中国品牌转变。《2018年国务院政府工作报告》表明中国经济由高速增长阶段转向高质量增长。高质量发展的根本在于经济的活力、创新力和竞争力，供给侧结构性改革是根本途径。在过去五年，供给侧结构性改革强化了市场功能，科技创新和技术扩散为高质量发展提供了技术支撑，全球价值链的变化为高质量发展提供了机遇。中国应进一步拓展开放的范围和层次，以高水平开放推动高质量发展。在外贸表现上来看，中国要实现高质量发展，就要加强品牌的建设。品牌是企业乃至国家竞争力的综合体现，是全社会的共同财富，在新的历史时期，应该充分发挥市场决定性作用、企业主体作用、政府推动作用和社会参与作用，努力培育中国品牌，积极推动中国品牌走向世界。

（4）"一带一路"倡议深入推进，沿线国家与地区实现互联互通

2013年9月至10月，中国国家主席习近平在出访中亚和东南亚国家期间，先后提出共建"丝绸之路经济带"和"21世纪海上丝绸之路"的重大倡议，得到国际社会高度关注。"一带一路"旨在借用古代丝绸之路的历史符号，高举和平发展的旗帜，积极发展与沿线国家的经济合作伙伴关系，共同打造政治互信、经济融合、文化包容的利益共同体、命运共同体和责任共同体。2015年3月28日，国家发展改革委、外交部、商务部联合发布了《推动共建丝绸之路经济带和21世纪海上丝绸之路的愿景与行动》。"一带一路"经济开放后，承包工程项目突破30000个。2018年1月25日，商务部发布的数据显示，"一带一路"经贸合作取得了明显的成效，2017年我国与沿线国家贸易额达7.4万亿元，同比增长17.8%。共建"一带一路"能够顺应世界多极化、经济全球化、文化多样化、社会信息化的潮流，秉持

开放的区域合作精神，致力于维护全球自由贸易体系和开放型世界经济，能够促进经济要素自由流动、资源的高效配置和市场的深度融合，能够推动沿线各国贸易政策协调，以便于开展更大范围的深层次区域合作，共同打造开放包容的区域经济合作架构，为我国企业进一步扩大对外合作范围、提升品牌竞争力提供了前所未有的条件和机会。

1.2 指数内涵

中国城市商品进出口品牌振兴指数（Commodity Import-export Brand Revitalization Index，以下简称 CIBI）是衡量中国各城市在商品进出口品牌化水平与品牌振兴潜力中所体现出竞争优势的评价性指数化工具，反映该城市进出口商品品牌振兴表现与潜力的综合水平。另外，CIBI 指数测算的部分基础指标来自商品的进出口通关活动，因此 CIBI 也可以简称为"品牌通关指数"。

CIBI 提出的目的是为了更好地反映中国城市商品进出口品牌建设的能力与现状，引导城市商品进出口水平由规模效应转向高质量发展，推动中国城市商品进出口品牌化建设，提高我国城市商品进出口的国际竞争力。从理论逻辑与实践作用来看，该指数的构建涉及三个方面的基础性研究：城市进出口竞争力、城市进出口品牌、进出口振兴水平。

1.2.1 进出口竞争力

竞争力是竞争主体在争夺竞争对象的过程中所表现出来的力量，竞争力的本质特征是竞争主体之间存在的差距，这种差距可能是资源上的，也可能是能力上的，还有可能是外部环境上的（张金昌，2001）[1]。进出口竞争力构成了指数模型的主体部分，是评价城市进出口品牌振兴的主要因素，主要体现在城市进出口能力、城市资源、城市环境这三个方面。

（1）进出口能力

---

① 张金昌. 国际竞争力评价的理论和方法研究［D］. 中国社会科学院研究生院，2001.

　　城市进出口能力表现一个城市的进出口水平，通过统计数据来定量描述该城市的进出口水平，主要反映的是该城市进出口的业绩水平，是发展成果的直接体现，也是该城市进出口竞争力水平的直接评价指标。进出口能力包括城市进出口规模、进出口效率和进出口贡献。

　　其中，进出口规模能衡量城市进出口发展水平是一个不争的事实，外贸出口规模直接反映了一个地区的经济开放程度，也是一个开放城市经济增长的重要动力[①]。Markusen 认为，在一个自由贸易的环境中：（1）如果某一产业在国内出口总额中的比例下降或者在其国内进口总额中的比例上升，并且进口总额在国内市场上占生产和消费总额的比例缩小，则该产业缺乏竞争力。（2）如果一个产业在世界市场上的出口份额下降或在世界市场上该产业产品的进口总额中该国家所占的份额上升，说明该产业缺乏国际竞争力。这从两个层次上充分说明了一个产业的进出口规模能够衡量该产业的竞争力[②]。从进出口效率层面来看，产业效率是指产业的资源配置效率，即从消费者的效用满足程度和生产者的生产效率大小角度考察资源的利用状态。进出口效率主要含义是衡量进出口资源配置的一种状态，随着我国进出口结构的不断完善，进出口效率已经成为评价城市进出口竞争力的重要因素。Balassa 提出了"显示性比较优势指标"，一个国家在产业或产品的贸易上的比较优势可以用该产业或产品在该国出口中所占的份额与世界贸易中该产品占总贸易额的份额之比来显示。这一指标反映了一个国家某一产业或者某一产品与世界平均贸易水平的相对优势，它剔除了国家总量波动和世界总量波动的影响，从效率角度衡量某地区或产业的贸易进出口水平[③]。从进出口贡献层面上，贡献率是分析经济效益的一个指标，它是指有效或有用成果数量与资源消耗及占用量之比，即产出量与投入量之比，用于分析经济增长中各因素作用大小的程度。进出口贡献有两层含

---

① 王艳辉，王丽，凌伯山.沈阳市外贸出口经济贡献度的实证分析［J］.东北大学学报（社会科学版），2005：194–198.

② Markusen. International Productivity and Competitiveness. BERTG.HICKMAN［J］. New York. Oxford，1992：8.

③ Balassa，B. Trade Liberation and Revealed Comparative Advantage. The Manchester School of Economic and Social Studies［J］，1965：92–123.

义，第一层主要是进出口对当地区域经济发展的贡献水平，第二层主要是当地高低附加值产品进出口或规模以上企业对当地进出口竞争力的贡献水平。进出口贡献是衡量一个地区进出口竞争力不可忽视的一项构成要素。

（2）城市资源

城市资源反映了进出口相关资源的累积程度，是城市发展进出口的必要条件，是提升自身进出口竞争力的主要因素。城市要想提高自身的进出口竞争力，取得较高的进出口能力表现，就要发展丰富自己的城市资源，为进出口的发展提供必要的条件。城市资源主要体现在金融资源、工业资源与人力资源。

从金融资源角度来说，金融是现代经济的核心，一个国家（地区）的金融资源成为该国（地区）经济发展的重要制约因素[1]。影响进出口竞争力的金融资源主要有地区经济发展基础、外资资源以及存贷款资源。国内相关学者借鉴 King & Levine[2] 模型，验证金融资源区域空间配置的非均衡对区域经济增长的差距效应，得出金融资源空间配置水平与净出口值为正相关关系[3]。有学者分析了我国金融发展与出口商品结构的关系，充分肯定了金融发展对出口商品结构优化的促进作用[4]。从工业资源角度来说，工业资源是能为工业所利用的包括自然资源和人文资源在内的一切资源，是资源的产业范畴，包括矿能、水能等自然资源，农业原料等经济资源，以及与工业发展紧密相连的社会资源，是一个很复杂的资源体系[5]。工业资源是城市发展经济的基础，工业资源的丰富程度从一定程度上也能影响该城市的进出口发展能力。从人力资源角度来说，人力资源从广义上是指一切智力正常的人，从狭义上是指能推动国民经济及社会发展，并且具有体力劳动和智力劳动能力的人们的综合[6]。国内学者利用 2003—2013 年期间我国 31

① 王认真 . 区域金融资源空间非均衡配置经济效应分析 [J]. 统计与决策，2014（11）：140-143.
② King R G, Levine R. Finance and Growth：Schumpeter Might Be Right. The Quarterly Journal of Economics [J]. 1993.
③ 王认真 . 区域金融资源空间非均衡配置经济效应分析 [J]. 统计与决策，2014（11）：140-143.
④ 陈建国，杨涛 . 中国对外贸易的金融促进效应分析 [J]. 财贸经济，2005（1）：83-86.
⑤ 郭文卿，李学军 . 工业资源开发学基本问题探讨 [J]. 自然资源学报，1990（2）：126-133.
⑥ 明洁，张洪燕 . 我国高层次外贸人才需求类型及素质特征分析 [J]. 对外经贸实务，2012（2）：30-33.

个省市的面板数据，实证研究国际人才流入对我国进口贸易的影响，结果表明国际人才流入会对我国进口贸易产生显著的促进作用。其中，国际人才流入对中西部地区进口贸易的影响较为显著，对一般贸易的影响较为显著，对资本技术密集型商品进口贸易的影响较为显著[①]。综合已有研究成果可以总结出人力资源也是城市进出口能力的体现，是影响城市进出口竞争力的重要因素。

（3）城市环境

城市环境作为城市进出口竞争力的主要影响因素，反映了该城市环境对其进出口竞争力的影响程度，张金昌学者提出产业国际竞争力评价理论，其中指出，从长期的角度来衡量一个产业是否有竞争力，能否将产业所拥有的资源变成产业发展所需要的能力，主要还是取决于产业当时当地的发展环境[②]，具体包括交通通信等交通环境、文化环境、宜居环境等。

从交通环境方面来看，世界贸易和现代物流的发展越来越强调货物周转的高效性，一国或地区的城市交通基础设施日益成为影响对外贸易的重要因素，完善的交通基础设施能够有效地提高货物的周转速度，促进对外贸易的发展[③]。特别是随着"一带一路"倡议的推进，六大经济走廊交通基础设施建设将对中国和各大经济走廊进出口贸易产生积极的影响，尤其对沿线城市的进出口拉动效果明显[④]。从文化环境方面来看，在政治、经济、文化三大系统中，文化处于最高层次，起着统率和导向作用，社会经济的发展必须有正确的指导方向和目标。一个地区的文化背景将对该地区的经济发展产生深远的影响。从宜居环境方面来看，宜居城市是指经济、社会、文化、环境协调发展，人居环境良好，能够满足居民物质和精神生活需求，适宜人类工作、生活和居住的城市，即人文环境与自然环境协调，经济持续繁荣，社会和谐稳定，文化氛围浓郁，设施舒适齐备，适于人类

---

① 魏浩，袁然.国际人才流入与中国进口贸易发展［J］.世界经济与政治论坛，2017（1）：112-133.

② 张金昌.国际竞争力评价的理论和方法研究［D］.中国社会科学院研究生院，2001.

③ 戴桂林，袁铀升.钻石模型视角下青岛市对外贸易竞争力分析［J］.黑龙江对外经贸，2010（2）：30-32.

④ 许娇，陈坤铭，杨书菲，林昱君."一带一路"交通基础设施建设的国际经贸效应［J］.亚太经济，2016（03）：3-11.

工作①。城市的建设宜居性与经济发展基本处于协调状态，良好的协调关系将进一步推进城镇建设的持续发展②。

1.2.2 进出口品牌

品牌价值是指一个品牌所蕴含的利益与资产，对品牌价值的评价不能仅局限于其货币价值，还要揭示有形资产、质量、服务、技术创新和无形资产等要素对品牌价值的影响③。品牌价值表现在有形实体上就是商品附加价值的提高，本书将品牌因素纳入指数模型，利用各城市进出口产品的高低附加值来衡量品牌溢价程度。目前来看，我国进出口中体现的品牌价值并不明显，我国出口商品大部分采用贴牌生产，具有自主研发品牌的出口不到10%，严重削弱了我国出口商品的国际竞争力。除此之外，有学者曾在研究我国中小企业发展中指出，我国中小企业在发展过程中遭遇国外知名产品以及国外资本的冲击，在国内外市场的竞争优势极不明显，品牌战略对于提高我国中小企业产品和服务的竞争地位是非常重要的④。中国要想提高进出口国际竞争力，就应该进口低附加价值商品，将其转化为高附加价值商品并出口，使中国的商品在国际市场上具有竞争优势。反映在城市水平上就是该城市进出口商品品牌化的程度，出口高附加价值商品的水平以及进口低附加价值商品的水平，从而比较各城市商品进出口品牌化水平。在品牌优势的建设过程中，创新是提升产品性能和质量、提高产品附加值和美誉度的根本途径，也是加强企业品牌建设的底气所在。推动企业加强有自主知识产权的核心技术的研发与应用，能够为打造更多的中国品牌奠定坚实的基础。

CIBI 将进出口品牌因素纳入评价指数中，旨在凸显进出口商品品牌在进出口中的重要作用，只有加快进出口品牌化发展，才能增加中国进出口的竞争力，提高自身的比较优势，才能在国际贸易市场中稳定持久地发展

① 李丽萍，吴祥裕.宜居城市评价指标体系研究［J］.中共济南市委党校学报，2007（1）：16–21.
② 白青卓，王宏伟.天津市城镇建设宜居性与经济发展协调度研究［J］.东南大学学报（哲学社会科学版），2016（S1）：62–63，74.
③ 刘平均.加强品牌建设，推动中国品牌走向世界［J］.山东经济战略研究，2016（Z2）：12–14.
④ 徐文，罗红玲.我国外贸出口品牌战略研究［J］.2011（22）：92–93.

下去。

1.2.3 进出口振兴水平

振兴水平体现出一个行业（地区）的发展前景，城市进出口的振兴水平具体体现该城市进出口贸易发展的前景及趋势，是在对影响城市进出口发展的各种因素进行分析总结后得出的对城市进出口发展前景的总体评价。CIBI 引入振兴水平的主要作用是为了对城市进出口品牌化的能力和潜力做出综合评价，意在表达城市进出口品牌化的能力表现和潜力表现将会综合影响城市进出口的发展前景。城市在发展进出口的同时，不仅要关注进出口的直接能力表现，还要关注潜在的影响因素，诸如人力资源、文化环境等。除此之外，引入振兴水平的另一个重要原因是表达对中国贸易在国际贸易中扩大影响力、增强竞争力，不仅要在数量上，还要在质量上达到世界领先水平的殷切期望。

我国贸易曾在古代达到巅峰。古时有丝绸之路，连接亚洲、非洲和欧洲的路上商业贸易，最初的作用是运输古代中国出产的丝绸、瓷器等商品，后来逐渐成为东方与西方在经济、政治、文化等诸多方面进行交流的主要道路，推动了沿线国家的共同发展。中国把丝绸、茶叶等具有中国品牌价值的产品输往世界各地，形成一股吹响全球的东方文明之风。宋元时期，中国造船技术和航海技术的大幅度提升以及指南针的运用，私人海上贸易得到巨大发展，这一时期，中国同世界 60 多个国家有着直接的商贸往来，引起了西方世界一窥东方文明的幻想，刺激大航海时代的热潮。可见当时的中国在国际贸易中处于举足轻重的位置，是中国外贸史上的一段鼎盛时期。明朝时期实行海禁，并修建明长城，是闭关锁国的象征。1723年，清雍正年间禁止天主教，限制贸易，是闭关锁国的开始，体现为对海外贸易的各种限制性政策。闭关锁国使中国减少了与世界接触的机会，严重阻碍了经济发展，彻底丧失对外贸易的主动权，是导致中国逐渐沦为半殖民地半封建社会的重要原因之一。

1978 年中国进行改革开放，自此始终坚持开放的基本国策，使中国经济快速成长，成为世界第一大贸易国。但中国产品品牌化程度低，在国际上缺乏竞争优势。在经济新常态来临之际，中国如何进行高质量发展，加快推进中国产品走向世界，如何通过建设"一带一路"倡议、国家品牌战略等来提高中国产品的品牌化效应，重回"丝绸之路"时代的鼎盛时期，将是我们所关注的，也是 CIBI 指标构建的初衷。

1.3 研究意义

中国城市商品进出口品牌振兴指数作为一个全新的评价型指数化工具，衡量中国各城市在商品进出口品牌化水平与品牌振兴潜力中所体现出的竞争优势。不仅有助于让各城市全面了解自身商品进出口品牌化的振兴水平，辅助中央相关决策部门和地方政府做出更适合的战略政策调整，还有助于弥补进出口领域区域品牌化研究的不足，具有极高的现实意义和理论意义。

1.3.1 现实意义

当前国内在进出口品牌化这一领域研究较少，缺乏整体评价性指标体系。国内相关研究大多集中于区域进出口竞争力和区域品牌化两个独自的领域，将城市商品进出口加以品牌化，并比较其表现力和发展水平的研究少之又少。在世界进入品牌经济时代、习近平总书记提出加快推进中国品牌走向世界这样一个背景下，急需一个综合、全面的评价指标来衡量目前我国品牌在世界经济的表现水平及发展水平，而国内品牌在世界经济体系中的表现水平主要依靠进出口实现，发展水平受到国内经济、政治、文化、社会、环境等多方面因素的影响。据此，我们构建 CIBI 评价指数能够全面客观地评价各城市地区进出口品牌振兴的表现和潜力的综合水平，并能辅助相关决策部门做出战略或政策调整，在一定程度上能够推动城市进出口品牌化进程的发展，具有极高的实践意义、指导意义和研究意义。

首先，通过对各城市 CIBI 表现水平的研究，分析各地区在分项指标上的差异水平，有助于中央相关部门更加深入地了解我国城市在商品进出口品牌化中所呈现的总体水平以及品牌化发展前景的振兴水平，识别出各城市影响进出口品牌化因素，辅助相关部门对当前进出口战略规划开展整体评价，有助于中央决策部门对进出口战略规划进行宏观调整以及各地方政府对地方进出口政策的调整，从而对如何将城市商品进出口水平由规模效应转向高质量发展，推动中国城市商品进出口品牌化建设，提高我国城市商品进出口的国际竞争力具有积极的实践意义。

其次，通过城市的 CIBI 表现水平将我国城市进行梯度划分，本书形成六个具有各自特点的城市集群，有助于城市明确自身定位，深入了解自身在商品进出口品牌化和振兴潜力方面所具有的竞争力水平，找到进出口领域的差异化发展目标；还有助于城市通过比较自身近五年 CIBI 表现水平的变化，来了解发展进出口商品品牌化对城市经济效益的影响。CIBI 对城市明确自身发展目标，充分发挥自身的优势、弥补自身的不足，抓住机遇加快商品进出口品牌化建设，从而增强国际竞争力具有积极的指导意义。

最后，通过构建 CIBI 评价体系，提供一种全新的城市商品进出口品牌化的评价思路，从商品品牌的振兴表现和振兴发展水平对城市在进出口商品品牌化的竞争优势进行比较评价，有助于科学研究机构对中国城市进出口和品牌化等领域展开相关研究，也有助于公共舆论更加了解城市品牌、城市发展商品进出口品牌化的成果、进出口商品品牌化程度为城市带来经济效益的提升水平以及在发展商品品牌化过程中所存在的问题，对外界深入了解我国城市进出口表现水平、发展潜力、品牌化程度具有极大的研究意义。

1.3.2 理论意义

通过对进出口品牌振兴理论和评价方法的研究，可以发现恰当的理论和方法将对进出口研究做出较大的贡献，而评价指标的选取对评价结果有着重要的影响。当前国内外在进出口品牌化这一角度研究较少，研究影响力较大的是波特的钻石模型（1990），之后几乎没有一个权威的评价体系，而且钻石模型没有将品牌化纳入评价模型中，同样不适用于我国进出口品牌化的研究范围。缺少整体性、综合性、较权威的研究体系，将不利于我国对进出口进行全面的深入研究，也不利于对我国城市进出口做出整体评价。本书在前人相关研究基础上提出城市商品进出口品牌振兴指数，综合研究各城市商品进出口的品牌价值水平以及品牌发展水平，形成一个全面综合的评价体系，弥补了相关进出口领域中品牌研究的不足，为进出口研究提供了新的思路，同时也为国家品牌战略的实施提供理论支持。

第一，CIBI 评价体系的构建提供了一种全新的评价城市进出口竞争力的视角和方法，综合研究各城市商品进出口的品牌价值以及品牌发展潜力水平，从品牌化视角评价各城市进出口的竞争优势，有助于丰富在城市进出口相关领域的研究，拓展研究方向。

第二，CIBI 评价体系的构建丰富了区域品牌化的研究内容，大多数区域品牌化研究集中于构建相关评价性指标来反映以区域为整体的品牌化进程，进而对区域形象的构建做出评价，增强该区域的国际竞争力与影响力。与此不同的是，CIBI 从进出口视角来评价区域商品品牌的国际竞争力，衡量品牌化商品在区域进出口贸易中的表现水平，从而体现出该区域商品在进出口方面的品牌化程度，为区域品牌化研究提供了新的研究思路。

第三，通过构建 CIBI 这一评价性指数化工具，将城市进出口商品品牌振兴与潜力的综合水平以指数形式加以表达，便于对各城市不同时点进出口品牌的振兴水平加以比较，也有利于对中国各个城市之间在同一时点的进出口商品品牌化和振兴发展水平的横向比较，有助于丰富我国进出口领域指数化研究的内容，为指数化研究在进出口领域的应用提供了新的研究思路。

1.4 本章小结

本章首先介绍了 CIBI 指标体系研究的背景，指出当前全球贸易形势不容乐观：贸易保护主义抬头、逆全球化思潮泛滥、中美贸易不断发生摩擦……这些将会阻止世界贸易经济良好平稳的发展。中国作为一个开放包容的大国，坚持开放的基本国策，提出"一带一路"倡议，与沿线国家互通友好，共同发展，为全球化的发展做出了贡献。从另一方面上来看，世界进入品牌经济时代，中国虽然已经成为第一贸易国，但我国大部分产品缺少技术优势和核心竞争力，在国际贸易中的品牌影响力较小，为增强中国品牌的国际影响力，中国提出了国家品牌战略，加快推动中国品牌走向世界。

正是在这样一个背景下，中国城市商品进出口品牌振兴指数应运而生。该指标主要涉及以下三个方面的研究：进出口竞争力、进出口品牌、进出口振兴水平，是三个研究综合得出的指标体系。其中进出口竞争力主要从竞争力角度分析城市进出口发展状况，竞争力主要体现在能力、资源条件、环境条件三个方面；进出口品牌主要从品牌化视角看城市进出口水平，是针对国家品牌战略为进出口研究增加的一个创新之处，主要衡量城市具有品牌价值的产品进出口情况；进出口振兴水平主要是基于对中国进出口发展前景的期望，具体在各城市表现为在对该城市各项指标进行测算之后所具有的进出口品牌振兴的水平。

最后本章指出 CIBI 有助于全面、综合评价各城市商品进出口品牌的振兴水平，辅助地方政府更好地了解各自城市的进出口情况，充分发挥城市的优势，弥补劣势，抓住机遇加快进出口品牌振兴建设，具有一定的现实意义。除此之外，CIBI 指标体系在前人研究的基础上，弥补了城市进出口品牌化相关研究的不足，为该领域学者进行进出口研究提出了新的思路和方向，也为各地方政府进行进出口政策调整提供理论支持，具有一定的理论意义。

第二章　进出口概况与研究综述

进出口作为我国国民经济发展的"三驾马车"之一，一直以来都受到实务界和理论界的关注。近年来，世界经济前景仍不明确，我国进出口总体增速有所下降，处在从数量到质量转型的关键时期。本章通过对进出口发展水平和相关政策的梳理，从政策和规模两个角度来明确当前我国进出口的发展概况，并通过对进出口竞争力理论与指标体系、进出口竞争力评价方法、进出口竞争力影响因素三个方面的文献梳理来阐释我国进出口发展研究概况。

2.1 我国进出口发展水平

一个国家和地区的进出口贸易是国民经济的重要组成部分，对社会经济的发展起着举足轻重的作用。英国经济学家大卫·李嘉图的比较利益理论，以及 1937 年英国经济学家罗伯特逊"对外贸易——一国经济增长的发动机"的命题，都阐述了对外贸易能够促进经济增长，且作用是显著的。目前世界经济前景仍不明确，我国进出口总体增速有所下降，但在国民经济中仍占有极为重要的地位。

2.1.1 我国进出口产值规模

据海关统计，2017 年，我国货物贸易进出口总值 27.79 万亿元，比 2016 年增长 14.2%，扭转了此前连续两年下降的局面。其中，出口 15.33 万亿元，增长 10.8%；进口 12.46 万亿元，增长 18.7%；贸易顺差 2.87 万亿元，收窄 14.2%。货物和服务净出口对 GDP 贡献率为 9.1%。从图 2-1 中可以看到我国 2017 年 1-12 月进出口产值的变化情况。

图 2-1　2017 年 1—12 月我国进出口产值统计图

　　从季度来看，2017 年，我国进出口值逐季提升，分别为 6.17 万亿元、6.91 万亿元、7.17 万亿元和 7.54 万亿元，分别增长 21.3%、17.2%、11.9% 和 8.6%；从贸易方式角度看，一般贸易进出口较快增长，比重上升。2017 年，我国一般贸易进出口 15.66 万亿元，增长 16.8%，占我国进出口总值的 56.4%，比 2016 年提升 1.3 个百分点，贸易方式结构有所优化。

　　此外，机电产品、传统劳动密集型产品仍为出口主力。2017 年，我国机电产品出口 8.95 万亿元，增长 12.1%，占我国出口总值的 58.4%。其中，汽车出口增长 27.2%，计算机出口增长 16.6%，手机出口增长 11.3%。同期，传统劳动密集型产品合计出口 3.08 万亿元，增长 6.9%，占出口总值的 20.1%。

2.1.2 我国进出口发展历程

　　根据国家统计数据的计算，2004 年我国进出口产业进出口总额为 16.69 万亿元，而到了 2016 年这一数据扩大为 24.34 万亿元，产值增加了近 8 万亿元，产值总体呈上升趋势。

　　此外，就出口数据来说，2007 年我国出口总额为 9.36 万亿元，到了 2016 年，这一数字变成了 13.64 万亿元，上涨了 47.84%，总体呈逐年上升趋势；就出口数据来说，2007 年我国进口总额为 7.33 万亿元，到了 2016 年，这一数字变成了 10.50 万亿元，上涨了 43.21%，总体呈逐年上升趋势。

到 2011 年，中国实现对外出口 1.9 万亿美元，进口 1.8 万亿美元，在世界进口和出口贸易中比重分别达到 10.5% 和 9.6%，成为世界贸易的第一大出口国和第二大进口国，世界贸易大国的地位得以确立。

图 2-2　2007—2016 年中国对外贸易规模的变化情况

2.2 我国进出口相关政策

通过制定规范和促进进出口发展的相关政策，以此推动进出口规模增长和结构转型与升级，是提高国家经济实力的重要战略选择。本节通过对我国进出口政策文本的梳理与分析，对我国进出口总体情况进行总结。本节以"进出口""进口""出口"等为关键词进行检索，搜索 2018 年 6 月 1 日前公开性政策文本，包含法律、行政法规、部门规章、国务院及其下属机构规范性文件、地方性法规、地方政府规章、省和直辖市政府及其下属机构规范性文件等不同效力级别的有关进出口的政策文本。最终，共检索到中央层面政策文本 1551 个，地方层面政策文本 787 个，合计 2338 个，并对部分相关性较差及重复的政策文本进行剔除，最终筛选出 1564 个有关规范和促进进出口发展和转型的政策文本。在对政策文本加以遴选后，进一步确定了文本量化分析的两个维度，从政策数量、政策发布主体两个维度展开频数统计分析。

2.2.1 政策数量

近年来，我国制定和发布了进一步促进和规范进出口发展的条例、意见等，推动进出口规模增长、促进进出口结构转型与升级已经成为我国提高综合国力的战略选择。《国务院关于完善进出口商品质量安全风险预警和快速反应监管体系切实保护消费者权益的意见》（国发〔2017〕43号）[①]中指出：以保障进出口商品质量安全和促进质量提升为核心，持续推动质量安全治理体系和治理能力现代化。为应对进出口发展出现的状况，2013年7月26日发布的《国务院办公厅关于促进进出口稳增长、调结构的若干意见》（国办发〔2013〕83号）[②]也指出，2013年以来，进出口形势复杂严峻，进出口增速明显放缓，制约进出口发展的困难增多，加快转变外贸发展方式的任务紧迫。2015年7月22日，《国务院办公厅关于促进进出口稳定增长的若干意见》（国办发〔2015〕55号）[③]中提出，各地区、各部门要进一步提高认识，更加重视外贸工作，加强组织领导，顾全大局，增强工作主动性、针对性和有效性。要深化与"一带一路"沿线国家的经贸合作，突出创新驱动，切实加大稳增长政策落实力度，共同推动对外贸易平稳健康发展。各地区要结合实际主动作为，多措并举，促进本地区对外贸易稳定增长和转型升级。

纵观我国历年进出口政策文本的情况，可以发现我国进出口历经了较长的发展过程。根据研究中搜集到的有关进出口的政策文本，将时间划分为七个阶段：1982年及以前、1983—1988年、1989—1994年、1995—2000年、2001—2006年、2007—2012年、2013—2018年6月。从政策文本搜索结果来看，改革开放初期及以前，我国进出口规范性文件较少，进出口总体发展水平较为落后。1995年以后，尤其是经历了初期发展，进入21世纪以来，政策文本数量大规模出现并且数量保持在较高水平。

[①]　国务院.国务院关于完善进出口商品质量安全风险预警和快速反应监管体系切实保护消费者权益的意见.国发〔2017〕43号.2017-09-14.

[②]　国务院办公厅.国务院办公厅关于促进进出口稳增长、调结构的若干意见.国办发〔2013〕83号.2013-07-26.

[③]　国务院办公厅.国务院办公厅关于促进进出口稳定增长的若干意见.国办发〔2015〕55号.2015-07-22.

通过比较中央和地方出台的政策以及前期研究成果，可以发现以下特点：一方面，我国进出口经济政策的中央部门机构带动性较强，中央部门机构文件和地方政府文件呈正相关关系，且可以看出在发展中，中央政策数量一直占据主体地位，从发布时间和政策内容上看，都显示出中央部门机构文件具有较强的引领性；另一方面，我国地方政府在推出进出口政策方面的积极性和主动性在增强，21 世纪以前，地方层面出台政策数量和增速远远落后于中央部门机构文件，但进入 21 世纪，地方政府文件数量增速明显上升，在规模数量上已经接近于中央部门文件。图 2-3 为我国进出口政策文本数量增长情况。

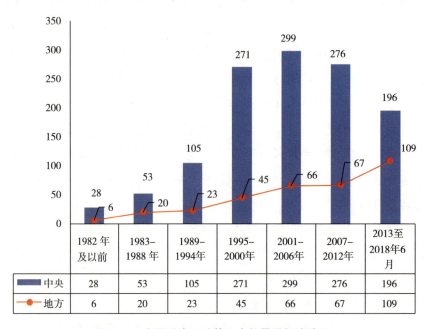

	1982 年及以前	1983–1988 年	1989–1994年	1995–2000年	2001–2006年	2007–2012年	2013至2018年6月
中央	28	53	105	271	299	276	196
地方	6	20	23	45	66	67	109

图 2-3　中国进出口政策文本数量增长统计图

2.2.2 政策发布主体

本节从政策发布主体角度进行相关分析，通过判断政策文本的效力级别来确定进出口政策强度的变化趋势。当前，进出口政策的发布主体主要是国务院、国务院各机构、中央其他机构、省级政府部门及省级机构，其中国务院及国务院各机构发文较多，占政策主体数量的 64.96%。可见，在政策发布主体方面，中央调控和主导的色彩比较浓重，现有的政策文本大多是指导性、引领性文件，旨在对进出口进行规范和进行宏观调控。

在进出口政策的发布主体中，国务院各机构包括国务院办公厅、各部如财政部、各署如海关总署等机构。其中，中央与地方政府发文数量之比为3.89:1。在效力级别上属于行政法规的有53个，属于部门规章的有1175个。相关的地方政府及其机构分布较为广泛，地方政府规章共有25个，地方性规范文件有311个。从效力级别上看，效力级别高的政策文件较多，对调控和实践的指导性较强。表2-1为我国进出口政策发布主体统计表。

表2-1　中国进出口政策发布主体统计表

效力级别	中央政府及其下属机构					地方政府及其下属机构	
	行政法规			部门规章		地方政府规章	地方规范性文件
发布主体	国务院	国务院各机构	中央其他机构	国务院各机构	中央其他机构	省级政府部门	省级机构
数量（个）	38	11	4	1016	159	25	311
百分比（%）	2.43	0.70	0.26	64.96	10.17	1.60	19.88

2.3 进出口竞争力研究综述

近年来，进出口结构转型与升级的呼声日益高涨，通过规模增长和结构转型来提高我国进出口竞争力已成为我国实现经济增长的战略选择。本节通过梳理进出口竞争力相关研究成果，从进出口竞争力理论与指标体系、进出口竞争力评价方法、进出口竞争力影响因素三个角度进行文献回顾，进一步阐述国内外进出口竞争力研究现状。

2.3.1 进出口竞争力理论与指标体系

城市进出口竞争力构成了一国的进出口竞争力，而一国的进出口竞争力来源于其国际竞争力，最终是由该国产业的国际竞争力决定的。许多学者都曾经对城市进出口竞争力构建模型进行研究，但仍未形成一个主流的模型。各个学者对国际竞争力的概念界定也不尽相同，不同学者从不同角度出发对国际竞争力给予了不同的理解和定义，建立了自己的国际竞争力分析理论和评价方法（张金昌，2001）[①]。基于内部化优势理论、绝对优势理论和资源禀赋理论，一国或一个企业之所以比其他国家或企业有竞争优势，主要是因为其在生产率、生产要素或所有权（指企业对品牌、技术能力等的所有权）方面有比较优势。总体来说，当前国内外对于进出口竞争力相关理论成果较为丰富。

比较优势理论和竞争优势理论是国际贸易理论的核心理论，对于产业国际贸易竞争力的研究不可或缺。大卫·李嘉图（1817）在其代表作《政治经济学及赋税原理》中提出了比较成本贸易理论[②]。比较优势理论认为，国际贸易的基础是生产技术的相对差别（而非绝对差别），以及由此产生的相对成本的差别。每个国家都应根据"两利相权取其重，两弊相权取其轻"的原则，集中生产并出口其具有"比较优势"的产品，进口其具有"比较劣势"的产品。20世纪后期，迈克尔·波特提出了竞争优势理论[③]。该理论认为，一国在国际市场中的优势主要来自竞争优势而不是比较优势；国家的竞争优势就是企业竞争优势之和；决定竞争优势的因素包括生产要素、需求要素、相关和支持产业、企业竞争状态以及政府、机遇等。

在有关产业国际竞争力分析模型的讨论中，迈克尔·波特（1990）在竞争优势的理论基础之上，提出了波特钻石模型，又称国家竞争优势理论。钻石模型的四个关键要素分别为生产要素、需求条件、关联和支持性产业的表现、企业的战略结构和竞争行为，另外还有两个辅助要素分别为政府决策和机遇。该模型是一个动态的研究体系，是相互制约彼此促进的完备系统，任何一个关键要素的发挥程度都取决于其他要素的运行情况。波特认为，一国或者经济内部的特定产业能否取得成功或能否在国际竞争中获得优势主要取决于四个关键要素之间相互配合的程度。政府和机遇是关键要素之外能够对竞争优势产生重要影响的变量。

① 张金昌，国际竞争力评价的理论和方法研究［J］.中国社会科学院研究生院，2001.
② 李嘉图.政治经济学及赋税原理［M］.北京：光明日报出版社，2009.
③ 波特.竞争优势［M］.北京：中信出版社，2014.

中国社会科学研究院研究员金碚（2003）在进行中国工业国际竞争力的研究中，建立了一个比较清晰的基于因果关系框架的关于产业国际竞争力模型，他认为一个国家的某一产业的国际竞争力强弱，可以从结果和原因两个方面来分析[①]。从结果分析，竞争力直接表现为一国产品在市场上的占有份额。一国的某种工业品在该种产品市场上占有的份额越大，因而获得的利润越多，表明该国的这种产品的竞争力越强。从原因来分析，一切有助于开拓市场、占据市场并以此获得利润的因素，都可以是竞争力研究的对象。该模型揭示了市场占有率和市场规模对产业国际竞争力的强势影响。韩国学者赵东城（1992）在钻石模型的基础之上，基于韩国经验构建了九要素模型，用于研究发展中国家的产业国际竞争力，该模型把机遇看成是影响产业国际竞争力的外部因素，把国内需求、政府等看成是影响产业国际竞争力的主要因素[②]。李创（2006）在钻石模型基础之上，基于中国国情，提出了产业国际竞争力的圆轮模型，认为国际竞争力是由资源、市场、科技、管理、相关产业、政府、环境及不确定因素八个因素的相互影响、相关作用而形成的[③]。其中，产业国际竞争力形成的内部因素包括资源、市场、科技与管理。相关产业、政府、环境及不确定因素则是外部因素。模型揭示在分析产业国际竞争力乃至分析进出口竞争力时，将内部因素与外部因素分离开来。

在有关进出口竞争力指标体系的讨论中，周星等（2000）在对产业国际竞争力评价准则充分了解的基础之上，将资产与过程相结合，从四个方面构建衡量产业国际竞争力的指标体系，包括国内产业的素质指标、产业结构现状及发展趋势指标、产业发展的环境制度因素指标以及产业国际化程度和能力指标[④]。指标侧重于反映一国产业的总体国际竞争力，对研究进出口的竞争力具有较强的借鉴意义。张金昌（2001）在研究中提出，从产业成长的过程来看，一国产业的竞争力，是由发展该产业所需的资源

① 金碚，胥和平，谢晓霞.中国工业国际竞争力［J］.北京：经济管理出版社，1997（18）：63-64.
② Dong-Sung Cho. A Dynamic Approach to International Competitiveness：The Case of Korea［J］. The Competitive Advantages of Far Eastern Business，1992（1）：17-36.
③ 李创.分析产业国际竞争力的圆轮模型［J］.经济导刊，2008（2）：54-55.
④ 周星，付英.产业国际竞争力评价指标体系探究［J］.科研管理，2000，21（3）：29-34.

条件、将这些资源变成竞争优势的能力以及与其相适应的环境条件所决定的，而对于产业国际竞争力的评价应从能力、环境和资源这三个方面的表现综合判断。在分析产业的国际竞争能力时，张金昌提出从产业的整体来看，可以从产业的收益能力、产业的规模效益、产业的社会效益、产业的生产效率以及产业的国际竞争优势几个方面进行综合分析[①]。

通过对进出口竞争力理论和指标体系的研究，一方面可以有效地了解我国进出口在不同地区的发展状况，识别不同地区进出口发展的特殊影响因素，对进出口发展水平的研究提供初步的了解；另一方面，可以清晰地梳理当前国内外对于进出口竞争力的研究进展，为构建合理、恰当的衡量进出口竞争力的指标体系打下基础。通过对已有文献的梳理来看，一方面，当前国内针对进出口竞争力研究缺乏对进出口质量的考量，在进出口品牌化这一角度研究较少，缺乏整体评价性指标体系，这对进一步深入研究造成较大的阻碍；另一方面，我们可以从当前国内外对于进出口竞争力的文献整理中发现，衡量进出口竞争力要从市场规模、市场绩效、市场效率等多个角度进行分析；通过前期对品牌资产的研究也可以发现，在对品牌竞争力的分析中，产品附加价值的分析必不可少，同时要兼顾市场占有率、市场超额利润等指标，这些综合性的分析对衡量进出口品牌发展水平的指标体系的构建具有较强的指导意义。总体来看，我国近些年进出口总额增长呈现疲态，进出口正处于从数量为先转向质量为先的关键性过渡时期，但就进出口品牌化模型构建以及体系建设等定量分析方面存在明显的研究不够深入等问题，这在一定程度上阻碍了我国进出口的进一步转型和发展。因此，我们应从政府的角度予以重视，在学术领域予以支持，尽快填补进出口品牌化定量研究方面的空白。

2.3.2 进出口竞争力评价方法

在有关进出口竞争力的研究中，不少学者通过产业竞争力相关理论和模型进行了国家和地区的研究，刘菲（2015）以山东省为例，对山东省进

---

① 张金昌，国际竞争力评价的理论和方法研究 [J]．中国社会科学院研究生院，2001.

出口商品结构与产业结构关系进行探索，并研究如何通过改善进出口商品结构促进产业结构升级[①]。她提出，对外贸易结构如何影响产业结构，产业结构如何作用于对外贸易结构成为一个非常具有研究意义的热点。但是由于对外贸易结构包含的范围特别广，有进出口商品结构、对外贸易方式结构、对外贸易模式结构、对外贸易区域结构等，在研究中可根据实际情况选择进出口商品结构为切入点。梁燕群（2009）论述我国高新技术产品出口贸易的发展历程及存在问题，定量分析了我国在科技与创新方面的不足[②]。她指出了构建高新技术产品出口贸易技术创新能力评价指标体系的意义，并在文献研究的基础上构建了评价高新技术产品出口贸易创新能力的指标体系。

在有关进出口区域进出口竞争力研究中，白杰等（2014）通过个案研究法对我国电子进出口贸易及保税仓储发展概况进行了探究[③]。他认为，中国作为一个进出口大国，一直以来进出口业务都是经济发展的一个重点，与电子有关的进出口及保税仓储不仅是我国担任世界工厂背景的产物，也是经济全球化、制造业进入精益化及居民消费进入个性化时代必然产物。李德运（2010）通过定量回归分析探究汇率变动对新疆进出口贸易影响[④]。他在对相关背景阐述之后，运用 1985—2010 年人民币实际有效汇率、新疆进出口贸易的年度数据和 Eviews 软件进行了相应的实证研究。

在对英文文献考察中，M Sultan 等（2015）通过使用增强引力模型来找出巴基斯坦的出口、进口和总贸易决定因素和潜力，以期发现进出口竞争力决定因素[⑤]。研究中，M Sultan 等在分析了整个 38 个国家的 2000—2013 年期间小组数据的基础上，从重力模型获得的结果证实，出口和进口决定因素与总贸易决定因素不同，同样，巴基斯坦的进出口潜力与总贸易决定因

① 刘菲.山东省优化进出口商品结构促进产业结构升级研究［D］.哈尔滨商业大学，2015.

② 梁燕群.我国高新技术产品出口贸易创新能力评价指标体系研究［J］.科技进步与对策，2009，26（11）：128-131.

③ 白杰，张志敏.我国电子进出口贸易及保税仓储发展概况［J］.科技风，2014（10）：257-257

④ 李德运.汇率变动对新疆进出口贸易影响的实证研究［D］.石河子大学，2011

⑤ Sultan M, Munir K. Export, Import and Total Trade Potential of Pakistan: A Gravity Model Approach［J］. Mpra Paper, 2015.

素也存在较大差异。Zhang X Z（2017）在分析和总结国际碳标识体系的发展现状的基础上，研究了中国农产品进出口贸易竞争力现状[①]。结果表明，随着国际贸易中碳标识体系的日益增多，中国未来农产品进口在发达国家将增加，出口农产品的价格优势将减弱，出口空间大大缩小。为了更好地应对碳标签制度对中国农产品贸易的影响，中国应建立和完善碳标签制度，尽快发展低碳农业，提高贸易竞争力，为农产品企业绿色转型提供政策支持，加强国际合作，改善贸易环境，同时发展国内农业，减少对进口农产品的依赖等。

通过对以往学者针对区域进出口竞争力研究评价的梳理，一方面有助于梳理以往区域进出口发展水平和区域进出口的研究水平，这对后期通过指标体系进行城市聚类划分有了初步的判断标准，也有助于对区域进出口环境和政策进行研究。另一方面，我们可以发现：第一，以往学者针对进出口竞争力实证研究的研究对象过于宏观，论述层面过多集中在国家和省一级层面。随着城镇化的发展，城市在经济中开始作为重要的经济主体，从城市层面进行进出口竞争力的研究，可以更有效地对区域进出口竞争力进行评价。第二，以往的研究所使用的研究方法过于单一。进出口是一个宏观的概念和范围，以往针对进出口的研究往往只采用定量或个案研究，这不利于解释进出口各部分之间的相关性，对进出口发展的意义和作用往往有限。针对进出口的研究，应从具体的层面，采用综合性的分析方法，对进出口进行资源、环境和能力等多方面考察。

2.3.3 进出口竞争力影响因素

影响进出口品振兴的因素是复杂多元的，许多学者曾对进出口竞争力的影响因素进行探究。周玉翠（2009）曾定量分析我国对外贸易的影响因素[②]，包括经济发展水平、人口素质水平、教育水平、外商投资等，其中指出外商投资对外贸区域差异的影响最大，区位因素是对外贸易的基本影响

---

① Zhang X Z, Wang Y, Wei H H, et al. The impacts and countermeasures of Carbon Label on import and export trade of China's agricultural products［J］. China Population Resources & Environment，2017.

② 周玉翠．区域经济差异及其空间结构新视角［M］. 湖北：中南大学出版社，2009.

因素。岳昌君（2002）计算了 1998 年我国各省市按照国际贸易标准分类的各类商品显现的比较优势和贸易条件[①]，认为沿海地区和内陆地区出口发展存在显著差异。谢邵琼（2002）认为，由于在收入水平、技术水平、人力资本、政策支持、资金状况、运输条件等方面存在差异[②]，东西部对外贸易发展差异明显。赵伟等（2004）建立了包括进出口总额与增长率、贸易结构、贸易企业性质等 28 个变量的指标体系[③]，对 1999—2002 年中国 31 个省的面板数据进行因子分析，并根据因子得分将 31 个省分为发达型、发展型、成长型、潜力型、开发型五大类，认为中国各个省市对外贸易发展差距明显。

在对英文文献考察中，Lin Qing（2011）基于 VAR 模型的脉冲响应分析和方差分解，对进出口贸易与现代港口物流的互动关系进行实证研究[④]。研究结果表明，进出口贸易与现代港口物流之间存在着稳定的互动关系，对现代港口物流的进出口贸易意义重大，并且，长期以来，进出口货物的增长受益于现代港口物流。最后，她提出了发展现代物流，促进中国对外贸易发展的一些建议。LV Yu-hua（2009）基于 1998—2007 年的 Panal data（面板数据）[⑤]，构建了中国进出口贸易引力模型，并对 26 个贸易伙伴国与中国的影响因素进行了实证研究。结果表明，中国人均 GDP、贸易伙伴国家人均 GDP、国家之间距离以及亚太经合组织对出口影响较大，而传统经济规模仍然发挥主要影响。Mao Haitang（2009）构建了半参数变系数部分线性模型[⑥]，以研究通货膨胀对进出口贸易的影响。研究采用最小二乘法估计模型估计的参数，并与简单多元线性回归模型进行比较。其结论为：线性模型的半变系数参数更有效，预测能力更强，能够更好地反映进出口贸易与通

① 岳昌君.我国外贸出口的地区差异［J］.山东科技大学学报（社会科学版），2002，4（1）：57-59.

② 谢邵琼.东西部对外贸易的差距——从影响贸易的因素角度分析［J］.上海经济研究，2002（8）：16-21.

③ 赵伟，何莉.中国对外贸易发展省际差异及其结构分解［J］.《经济地理》，2007（2）：187-195.

④ Lin Qing.Interactive Effect of Import and Export Trade and Modern Port Logistics in China——Empirical Study Base on VAR Model［J］.Journal of Harbin University of Commerce（Social Science Edition），2011-03.

⑤ Yu-Hua L V. Influence Factors of China Import and Export Trade Flows——Empirical Study on Trade Gravity Model by Panal Data［J］. On Economic Problems，2009.

⑥ Mao H. The Model of Impact of Import and Export Trade on the Inflation and Corresponding Analysis［J］. Mathematical Theory & Applications，2009.

货膨胀之间的关系，此外，Mao Haitang 运用经济学理论提出了在中国抑制通货膨胀的建议和措施，具有相当的借鉴意义。

进出口竞争力影响因素之间是综合性、相互作用的关系，对进出口竞争力变化影响也是多方面的。岑露等（2018）采用多个出口竞争力指标和156 种工业制成品出口比较优势指数，对月度时间序列数据进行了实证分析，指出出口竞争力的变化原因较为复杂，技术、金融、结构、税收政策等多方面的因素都发挥了作用[①]。通过实证研究，岑露等提出，从长期看，为提升中国出口竞争力，需要从技术、金融、结构和税收政策等多方面着手。重视 2014 年以来中国高科技含量制成品比较优势的下滑，积极提升出口商品的技术水平，能够为提升出口竞争力做出重要贡献。合理利用外资，充分发挥外资企业在缓解外贸企业外部融资约束、改善出口商品比较优势方面的积极作用，有助于提升出口竞争力。此外，扩大贸易对手国范围，优化出口商品结构，注重贸易方式的转变，发挥出口退税政策的杠杆作用也能够为出口竞争力的改善做出贡献。Fang Hong-yan 等（2016）通过建立一个线性回归模型来研究影响中国进出口增长率的因素[②]。作者通过设计 GDP 增长率、工业生产指数、间接汇率为自变量，利用线性回归模型得出自变量与进出口增长率之间的关系。文章提出，根据分析影响中国进出口贸易增长的因素来设计一些对策，对中国经济的发展具有促进作用。

根据上述对进出口竞争力影响因素研究的梳理，我们发现：第一，当前学者针对进出口竞争力影响因素的研究过于单一，缺乏统一的影响因素体系。当前学者更多针对某一特定影响因素与进出口竞争力之间关系进行研究，对于影响进出口竞争力的众多因素缺乏整理和综合性的关系考察，缺少对于影响因素体系的实证研究。第二，当前针对进出口竞争力影响因素之间相关关系的研究较少。进出口的影响因素是多重的，而影响因素之间的关系也是复杂的，但进出口竞争力影响因素之间相关关系的研究对构建进出口竞争力影响因素综合体系和提高进出口竞争力具有重要意义。

[①] 岑露等.2008 年以来中国出口竞争力的变化趋势和原因分析 [J].当代金融研究，2018（1）：43-56.

[②] Fang H Y. The factors affecting China's import and export trade analysis——basing on macroscopic [J]. Northern Economy & Trade, 2016.

2.3.4 研究述评

从上述研究中，我们可以发现：第一，虽然国内外关于进出口竞争力理论成果较为丰富，但区域进出口竞争力指标体系的研究较少。进出口竞争力指标体系是定量化评价区域进出口竞争力的重要模型基础，对于提高区域进出口竞争力具有重要意义。第二，当前国内外针对进出口竞争力研究缺乏对进出口质量的考量，在进出口品牌化这一角度研究较少。当前，我国进出口面临质量转型的关键时期，建立综合考量进出口质量和价值竞争力的指标体系，推动进出口转型，是当下迫切要进行的任务。第三，在针对进出口竞争力进行的实证研究中，多数研究将研究对象聚焦在国家或省级层面，部分学者研究层面从具有产业出发，但针对城市层面的进出口竞争力研究极为匮乏。第四，当前众多学者针对进出口竞争力影响因素进行了较为深入的定性、定量分析，但缺乏对于影响因素的体系整合和相关研究。

本书在进行了以往研究的梳理之后，主要针对以上问题进行了改进，建立了中国城市商品进出口品牌振兴指数（Commodity Import-export Brand Revitalization Index，以下简称 CIBI）。CIBI 是衡量中国各城市在商品进出口品牌溢价发展前景中体现出的竞争优势的评价指数，反映该城市进出口商品品牌振兴表现以及品牌振兴潜力的综合水平。在对 CIBI 构建的基础之上，本书综合分析了中国通关网提供的商品进出口通关数据以及中国城市统计年鉴的城市基础数据，针对具体城市进行了进口竞争力评价，并提出发展建议，同时，对当前学术界进出口竞争力研究具有较大的参考价值。

2.4 本章小结

在经济学的研究视域中，进出口是提高国家国民福利水平的重要手段。在当前的全球竞争当中，进出口水平是一个国家综合国力的重要体现，进出口在国家社会发展和国家综合国力的增长中起着至关重要的作用。近年来，我国进出口发展呈现波动趋势，我国进出口面临结构转型和升级的关键性时刻。

首先，本章对我国进出口在 2004—2017 年的总体情况和各组成部分进行了描述性统计分析。数据显示，近年来，我国进出口发展速度放缓，但进出口总量已经达到较大规模，在我国经济体系中占据着至关重要的作用。

其次，本章通过对我国进出口行业政策文本的梳理与分析，对我国进出口行业总体发展情况进行了总结。在对政策的梳理中可以发现：一方面，我国进出口经济政策的中央部门机构带动性较强，中央政策数量一直占据主体地位；另一方面，2001 年以来，我国地方政府文件数量增速明显上升，在推出进出口政策方面的积极性和主动性明显增强。

最后，本章通过梳理进出口竞争力相关研究成果，从进出口竞争力理论和指标体系、进出口竞争力评价方法、进出口竞争力影响因素三个角度进行文献回顾，进一步阐述我国进出口竞争力研究现状。研究梳理发现：第一，虽然国内外关于进出口竞争力理论成果较为丰富，但区域进出口竞争力指标体系的研究较少。进出口竞争力指标体系是定量化评价区域进出口竞争力的重要模型基础，对于提高区域进出口竞争力具有重要意义。第二，当前国内外针对进出口竞争力研究缺乏对进出口质量的考量，在进出口品牌化这一角度研究较少。当前，我国进出口面临质量转型的关键时期，建立综合考量进出口质量和价值竞争力的指标体系，推动进出口转型，是当下迫切要进行的任务。第三，在针对进出口竞争力进行的实证研究中，多数研究将研究对象聚焦在国家或省级层面，部分学者研究层面从已有产业出发，但针对城市层面的进出口竞争力研究极为匮乏。第四，当前众多学者针对进出口竞争力影响因素进行了较为深入的定性、定量分析，但缺乏对于影响因素的体系整合和相关研究。

第三章 测评指标与测算方法

在国内外经济、贸易发展环境的共同作用下，我国对外贸易增长逐步进入稳速发展阶段，外贸发展方式转型升级步伐加快，贸易结构正在优化与改善，打造进出口领域品牌产品，提升产品附加值与产品竞争力成为进出口领域转型核心任务。因此，如何科学、客观地对进出口品牌化发展状况做出合理、有效的评价，已日益成为一项重要的议题。本章根据进出口竞争力相关理论以及品牌发展相关理论，以产业竞争力资源、能力、环境学说为核心，结合进出口品牌化已有研究成果，构建了 CIBI 的指标体系，并通过熵权法和 TOPSIS 法（Technique for Order Preference by Similarity to an Ideal Solution，又称优劣解距离法）进行指数测算，以期对我国主要城市进出口有形贸易品牌化发展情况展开测评。

3.1 CIBI 的指标体系

明确 CIBI 的指标构成与体系构成，是评价进出口品牌化发展状况的核心工作。以本书第一章、第二章中所述进出口竞争力基本理论和进出口品牌化研究综述为基础，本节主要是对 CIBI 的评价对象、样本选择和评价体系构成与解释展开研究。

3.1.1 评价对象界定与评价样本选择

CIBI 的评价对象是本书选取的《2017 年中国城市统计年鉴》所载我国 274 个城市进出口有形贸易领域的品牌化发展情况。有形贸易就是通常所说的商品进出口，如石油、粮食、电子计算机等的输入或输出。由于商品是看得见的实物，有具体的形态、质量和重量，所以把这种贸易称为有形贸易①。

传统理论上有形贸易，即货物进出口。随着经济的发展，国际贸易的内涵已突破传统理论范畴，将无形贸易包括在内。《联合国国际货物销售合同公约》（CISG）与《国际商事合同通则》（PICC）分别代表了国际贸易领域在新旧形势下的发展状况：CISG 仅适用于国际货物销售合同，反映了作为有形贸易的国际贸易的内容，服务贸易被明显排除于适用范围之外，对于知识产权则更无涉及，甚至一些易于引起争议的货物也被排除于公约适用范围之外。PICC 反映的国际贸易的内容则包括有形贸易和无形贸易，它适用于国际商事合同，即国际货物销售合同、国际服务贸易合同和国际知识产权转让合同。由于"中国通关网"所提供的企业进出口报关活动的脱敏数据主要为各省市有形贸易即商品贸易数据，故本书评价对象具体界定在进出口有形贸易领域。

3.1.2 测评指标体系

根据学术界长期以来对产业国际竞争力和品牌发展的研究与实践，产业国际竞争力难以用单一指标说明，品牌发展情况及其影响因素也是多维度的，因此，有关进出口品牌发展情况需要用一个指标集合来反映。第二章的文献梳理表明，当前针对进出口领域品牌化发展指标体系十分有限，少数已有的指标体系大多也未能从品牌发展的本质特征出发来进行品牌化发展水平的测量。

本书在参考产业国际竞争力和品牌发展相关理论的基础上，提出基于产业竞争力资源、能力、环境学说的指标体系来对进出口品牌化发展情况进行评价。产业竞争力资源、能力、环境学说是指从产业成长的过程来看，一国的产业竞争力，是由发展该产业所需的资源条件、将这些资源变成竞争优势的能力以及与其相适应的环境条件所决定的（张金昌，2001）②。资源、能力、环境学说从产业成长过程角度动态解释产业竞争力的决定性因素：通常当一个产业诞生之后，发展这一产业所需要的资源（物质、技

---

① 杨书奥，朱丹. 有形贸易与无形贸易 [J]. 世界知识，1986（19）：18-19.
② 张金昌. 国际竞争力评价的理论和方法研究 [D]. 中国社会科学院研究生院，2001.

术、人力等资源等）也随之确定，从长期来看，只有存在或创造出这些资源之后，这一产业才能得到迅速发展。即使一个国家已经存在了某个产业发展所需要的各种资源条件，如果没有将这些资源变成实际产业活动所需要的能力（包括生产技术方面、市场开发方面以及其他经营管理方面），这一产业也是不能获得较大发展的。从长期来看，能否将某些资源变成产业，能否形成产业发展所需要的能力，主要取决于该产业当时当地的发展环境。

根据资源、能力、环境学说，在分析产业竞争能力时，从产业的整体来看，可以从产业的收益能力、产业的规模效益、产业的社会效益、产业的生产效率以及产业的国际竞争优势几个方面进行综合分析。考虑到下级指标的解释性，本书结合张颖（2011）[①]等对进出口品牌化发展指标体系的考虑，将其归纳为产业规模、产业效率和产业贡献三个方面。其中产业品牌化情况的衡量，主要从品牌化的本质特征出发，结合已有学者的研究和相关理论，根据产品附加值额度作为品牌化衡量主要指标。根据进口和出口属性的不同，在进口指标中采用低附加值产品总额数据，在出口中采用高附加值产品总额数据，以保证指标方向的一致性。附加值权重百分比主要依据产品对外贸易的运输方式、贸易方式等属性，结合德尔菲法具体得出。在综合城市所有商品进出口数据的基础之上，根据各运输方式的各贸易方式在进（出）口下的权重 w_{ij} 计算该市高附加值进（出）口额 HT_k，公式为：

$$HT_k = \sum\sum T_k * w_{ij} \qquad 公式3.1$$

其中，HT_k 表示该市高附加值进（出）口额，T_k 表示该市各运输方式总进（出）口额，w_{ij} 表示各运输方式的各贸易方式在进（出）口下的权重。

根据对指标体系的考虑，本书将能力、资源与环境归纳为进出口品牌价值指数和进出口品牌潜力指数。指标体系包含 2 个一级指标、4 个二级指标、12 个三级指标、61 个四级指标。其中一级指标是进出口品牌价值指数和进出口品牌潜力指数，二级指标包含进口品牌准备指数、出口品牌优

---

① 张颖.出口品牌的理论与政策研究［D］.南开大学，2011.

化指数、品牌发展资源指数和品牌发展能力指数。指标体系结构如表 3-1 所示：

表 3-1　CIBI 指标体系

指数名称	一级指标	二级指标	三级指标	四级指标	数据来源
中国城市商品进出口品牌振兴指数	进出口品牌价值指数	进口品牌准备指数	进口价值规模指数	低附加价值产品进口额	中国通关网数据
				低附加价值产品人均进口额	中国通关网、年鉴综合计算数据
				进口规模以上企业数	中国通关网数据
			进口价值效率指数	低附加价值产品进口额同比增长率	中国通关网、年鉴综合计算数据
				低附加价值产品人均进口额同比增长率	
				进口市场占有率同比增长率	
				进口规模以上企业数同比增长率	
				进口显性比较优势①	
			进口价值贡献指数	低附加价值产品进口额贡献率	
				低附加价值产品进口额对生产总值贡献率	
				进口规模以上企业数贡献率	
		出口品牌优化指数	出口价值规模指数	高附加价值产品出口额	中国通关网数据
				高附加价值产品人均出口额	中国通关网、年鉴综合计算数据
				出口规模以上企业数	中国通关网数据
			出口价值效率指数	高附加价值产品出口额同比增长率	中国通关网、年鉴综合计算数据
				高附加价值产品人均出口额同比增长率	
				出口市场占有率同比增长率	
				出口规模以上企业数增长率	
				出口显性比较优势②	
			出口价值贡献指数	高附加价值产品出口额贡献率	
				高附加价值产品出口额对生产总值贡献率	
				出口规模以上企业数贡献率	

① 该市低附加价值产品进口额占总进口额比例与全国低附加价值产品进口额占总进口额比例之比。
② 该市高附加价值产品出口额占总出口额比例与全国高附加价值产品出口额占总出口额比例之比。

指数名称	一级指标	二级指标	三级指标	四级指标	数据来源
进出口品牌潜力指数	品牌发展资源指数	城市金融资源指数	地区生产总值	中国城市统计年鉴数据
				人均地区生产总值	
				在岗职工平均工资	
				当地实际使用外资金额	
				外商直接投资合同项目	
				年末金融机构人民币存款余额	
				年末金融机构贷款余额	
			城市人力资源指数	就业失业比	
				每万人在校大学生数	
				每万人在中等职业学生数	
				普通高等学校数	
				中等职业学校数	
				科学研究从业人数	
				教育从业人数	
			城市工业资源指数	规模以上工业企业数	
				规模以上工业总产值	
				一般工业固体废物综合利用率	
		品牌发展环境指数	城市交通环境指数	客运量	中国城市统计年鉴数据
				货运量	
				每万人拥有公共汽车	
				人均城市道路面积	
				邮政局数	
				邮政业务收入	
				电信业务收入	
				互联网宽带接入用户数	
			城市文化环境指数	公共图书馆藏书量	
				每百人公共图书馆藏书	
				公共财政支出	
				文体从业人员数	
			城市宜居环境	人口密度	
				居民用地面积	
				城市维护建设资金支出	
				排水管道长度	
				医院床位数	
				医生数	
				绿地面积	
				建成区绿化覆盖率	
				污水处理厂集中处理率	
				生活垃圾无害化处理率	

3.1.3 测评指标解释

本书中，CIBI 是衡量中国各城市在商品进出口品牌溢价发展前景中体现出的竞争优势的评价指数，反映该城市进出口商品品牌振兴表现以及品牌振兴潜力的综合水平，通过进出口品牌价值指数、进出口品牌潜力指数进行测算。为了明确各指标项具体内涵，本书从进出口品牌价值指数、进出口品牌潜力指数两个角度针对以往学者相关研究进行了梳理。

多数学者针对进出口品牌价值进行过研究，在产业国家竞争力评价理论中[①]，产业竞争结果是由产业盈利能力、产业市场份额、产业增加值和产业的高级化程度四个方面来进行衡量。从国际比较角度来看，产业的盈利能力可以通过计算一国产业的平均资产利润率或产业内企业的总利润率来解释，市场份额可以通过计算该产业出口占世界该产业总出口比例来表示，增加值可以以收入法或支出法两种方法来计算。针对产业而言，张金昌认为产业实现利润总额、资产利润率、产业增加值、产业生产率及产业出口份额是进行产业竞争力评价比较好的指标。周玉翠（2009）在分析我国对外贸易的区域差异中[②]，将外贸进出口总值作为区域进出口的评价指标，指出外贸进出口总值多集中于东部沿海地区。许雄奇、张宗益（2003）运用不平衡指数、变差系数、集中指数等指标对 1992—2001 年中国出口贸易的省际差异和东、中、西部三大地带差异进行定量分析[③]，主要从出口依存度、增长率、出口对经济增长的拉动度和贡献率指标对 30 个省市进行聚类分析。

根据产业国家竞争力评价理论，进出口品牌潜力分为资源和环境两个部分。在产业竞争力决定因素模型中，资源条件作为影响产业竞争力的重要因素。资源条件包括地区发展该产业天然的资源优势、该产业发展所需的人为优势、该产业已经形成的技术水平、该产业所处的发展阶段以及该产业的国内外市场竞争结构。关于资源要素的研究比较有影响力的是迈克

① 张金昌.国际竞争力评价的理论和方法研究［D］.中国社会科学院研究生院，2001.
② 周玉翠.我国对外贸易的区域差异研究［J］.经济问题探索，2009（10）：102-107.
③ 许雄奇，张宗益.中国出口发展的地区差异实证研究：1992—2001[J].上海经济研究，2003（1）：3-10.

尔·波特的钻石模型[①]，波特把资源要素按等级划分成基本要素（或初级要素）和高级要素两大类，前者包括自然资源、气候、地理位置、人口统计等特征，后者包括通讯基础设施、复杂和熟练劳动力、科研设施以及专门技术知识。波特认为，高级要素对竞争优势具有重要的作用。更重要的是与自然赋予的基本要素不同，高级要素是个人、企业以及政府投资的结果。环境因素作为产业竞争力因素决定模型中重要的一部分，在一个地区的进出口发展商也起着至关重要的作用。产业国际竞争力评价理论提出，从长期的角度来衡量一个产业是否有竞争力，能否将产业所拥有的资源变成产业发展所需要的能力，主要还是取决于产业当时当地的发展环境，这些发展环境包括市场、政策、政治法律以及文化价值方面的。本书认为影响城市进出口品牌振兴的环境因素主要有交通环境、文化环境和宜居环境。其中，交通环境主要指衡量城市的交通设施以及通信设施建设情况；文化环境主要指该城市的文化背景以及文化建设成果；宜居环境主要指城市居民的生活质量。

结合以上研究，本书用进出口品牌价值指数和进出口品牌潜力指数来进行 CIBI 的测算。其中，进出口品牌价值指数反映了该地区进出口商品附加价值高低等品牌振兴表现的相对水平，通过进口品牌准备指数和出口品牌优化指数进行测算。进出口品牌潜力指数反映了该地区商品进出口基础资源与区域环境等品牌振兴潜力的相对水平，由品牌发展全年资源指数、品牌发展环境指数测算，表 3-2 列出了对各指标的解释。

表 3-2　CIBI 测评指标解释

名称	解释	数据来源
城市 CIBI	衡量中国各城市在商品进出口品牌溢价发展前景中体现出的竞争优势的评价指数，反映该城市进出口商品品牌振兴表现以及品牌振兴潜力的综合水平	由进出口品牌价值指数、进出口品牌潜力指数测算

---

① 迈克尔·波特.竞争优势［M］.北京：中信出版社，2014.

	名称	解释	数据来源
一级指标	进出口品牌价值指数	反映该地区进出口商品附加价值高低等品牌振兴表现的相对水平	由进口品牌准备指数、出口品牌优化指数测算
二级指标	进口品牌准备指数	反映该地区商品进口为进出口品牌价值创造的相对准备程度	由进口价值规模指数、进口价值效率指数、进口价值贡献指数测算
三级指标	进口价值规模指数	反映该地区低附加价值商品进口的相对规模水平	由低附加价值产品进口额、低附加价值产品人均进口额、进口规模以上企业数测算
三级指标	进口价值效率指数	反映该地区低附加价值商品进口规模的相对增长水平	由低附加价值产品进口额同比增长率、低附加价值产品人均进口额同比增长率、进口市场占有率同比增长率、进口规模以上企业数同比增长率、进口显性比较优势测算
三级指标	进口价值贡献指数	反映该地区低附加价值商品进口对区域经济发展的相对贡献水平	由低附加价值产品进口额贡献率、低附加价值产品进口额对生产总值贡献率（负影响）、进口规模以上企业数贡献率测算
二级指标	出口品牌优化指数	反映该地区商品出口为进出口品牌价值优化的相对实现程度	由出口价值规模指数、出口价值效率指数、出口价值贡献指数测算
三级指标	出口价值规模指数	反映该地区出口品牌价值的发展规模的相对水平	由高附加价值产品出口额、高附加价值产品人均出口额、出口规模以上企业数测算
三级指标	出口价值效率指数	反映该地区出口品牌价值的规模增长程度的相对水平	由高附加价值产品出口额同比增长率、高附加价值产品人均出口额同比增长率、出口市场占有率同比增长率、出口规模以上企业数增长率、出口显性比较优势测算
三级指标	出口价值贡献指数	反映该地区出口品牌价值的发展对全地区总体经济发展贡献的相对水平	由高附加价值产品出口额贡献率、高附加价值产品出口额对生产总值贡献率、出口规模以上企业数贡献率测算
一级指标	进出口品牌潜力指数	反映该地区商品进出口基础资源与区域环境等品牌振兴潜力的相对水平	由品牌发展全年资源指数、品牌发展环境指数测算
二级指标	品牌发展资源指数	反映该地区商品进出口品牌化潜力的资源相对积累程度	由城市金融资源指数、城市人力资源指数、城市工业资源指数测算
三级指标	城市金融资源指数	反映该地区经济发展基础、外资利用、存贷款等金融资源的相对规模水平	由地区生产总值、人均地区生产总值、在岗职工平均工资、当地实际使用外资金额、外商直接投资合同项目、年末金融机构人民币存款余额、年末金融机构贷款余额测算

	名称	解释	数据来源
三级指标	城市人力资源指数	反映该地区受教育人口、就业人口等人力资源的相对规模水平	由就业失业比、每万人在校大学生数、每万人在中等职业学生数、普通高等学校数、中等职业学校数、科学研究从业人数、教育从业人数测算
三级指标	城市工业资源指数	反映该地区工业企业、生产总值、固废利用等工业资源的相对规模水平	由规模以上工业企业数、规模以上工业总产值、一般工业固体废物综合利用率测算
二级指标	品牌发展环境指数	反映该地区商品进出口品牌化潜力的环境相对优化程度	由城市交通环境指数、城市文化环境指数、城市宜居环境指数测算
三级指标	城市交通环境指数	反映该地区通讯、邮政、运输及相关基础设施等交通环境的相对发展水平	由客运量、货运量、每万人拥有公共汽车、人均城市道路面积、邮政局数、邮政业务收入、电信业务收入、互联网宽带接入用户数测算
三级指标	城市文化环境指数	反映该地区公共图书馆、科教公共支出、文体事业等文化环境的相对发展水平	由公共图书馆藏书量、每百人公共图书馆藏书、公共财政支出（科学技术支出、教育支出）、文体从业人员数测算
三级指标	城市宜居环境指数	反映该地区人口密度、市政建设、医疗卫生、环境保护等宜居环境的相对发展水平	由人口密度、居民用地面积、城市维护建设资金支出、排水管道长度、医院床位数、医生数、绿地面积、建成区绿化覆盖率、污水处理厂集中处理率、生活垃圾无害化处理率测算

3.2 CIBI 的测算方法

在明确 CIBI 指标体系结构及内涵的基础之上，本节对 CIBI 的测算方法进行说明。CIBI 采用熵权法确定指标权重，通过 TOPSIS 模型对各地的发展指数进行排序。

3.2.1 指标权重的确定

CIBI 指标体系的数据来源于"中国通关网"所提供的企业进出口报关活动的脱敏数据和历年中国城市统计年鉴公布的统计数据，具体采用了 TOPSIS 改进方法和熵权法确定权重和排名。显示性指标权重详见表3–3：

表 3-3 CIBI 指标权重

CIBI										
进出口品牌价值指数						进出口品牌潜力指数				
0.5						0.5				
进口品牌准备指数			出口品牌优化指数			品牌发展资源指数			品牌发展环境指数		
0.25			0.25			0.23			0.27		
进口价值规模指数	进口价值效率指数	进口价值贡献指数	出口价值规模指数	出口价值效率指数	出口价值贡献指数	城市金融资源指数	城市人力资源指数	城市工业资源指数	城市交通环境指数	城市文化环境指数	城市宜居环境指数
0.23	0.01	0.01	0.19	0.05	0.01	0.14	0.07	0.02	0.10	0.08	0.09

1. TOPSIS 模型及其适用性改进

TOPSIS 模型（C.L.Hwang and K.Yoon，1981）即"逼近理想解排序法"，为有限方案多目标决策分析的一种常用决策技术，是一种距离综合评价法。TOPSIS 方法是通过计算各个评价单位到最优理想点及最劣理想点的距离得到该目标的综合得分，从而以此为依据对各个评价单元进行排序。模型的具体步骤如下：

（1）设有 m 个目标，n 个属性（或称为评价指标），专家对其中第 i 个目标的第 j 个属性的评估值为 x_{ij}，则初始判断矩阵 V 为：

$$V = \begin{vmatrix} x_{11} & x_{12} & \cdots & x_{1n} \\ x_{21} & x_{22} & \cdots & x_{2n} \\ \vdots & \vdots & \vdots & \vdots \\ x_{i1} & \cdots & x_{ij} & \cdots \\ \vdots & \vdots & \vdots & \vdots \\ x_{m1} & x_{m2} & \cdots & x_{mn} \end{vmatrix}$$

（2）在目标决策中，由于各个指标的量纲可能不同，需要对决策矩阵进行归一化处理：

$$V' = \begin{vmatrix} x_{11}^{'} & x_{12}^{'} & \cdots & x_{1n}^{'} \\ x_{21}^{'} & x_{22}^{'} & \cdots & x_{2n}^{'} \\ \vdots & \vdots & \vdots & \vdots \\ x_{i1}^{'} & \cdots & x_{ij}^{'} & \cdots \\ \vdots & \vdots & \vdots & \vdots \\ x_{m1}^{'} & x_{m2}^{'} & \cdots & x_{mn}^{'} \end{vmatrix}$$

其中，

$$x_{ij}^{'} = x_{ij} \left/ \sqrt{\sum_{k=1}^{n} x_{ij}^{2}} \right. , \ i=1, \ 2\cdots m; \ j=1, \ 2\cdots n. \qquad \text{公式 3.2}$$

（3）根据 DELPHI 法获取专家群体对属性的信息权重矩阵 B，形成加权判断矩阵。

$$Z = V^{'}B = \begin{vmatrix} x_{11}^{'} & x_{12}^{'} & \cdots & x_{1n}^{'} \\ x_{21}^{'} & x_{22}^{'} & \cdots & x_{2n}^{'} \\ \vdots & \vdots & \vdots & \vdots \\ x_{i1}^{'} & \cdots & x_{ij}^{'} & \cdots \\ \vdots & \vdots & \vdots & \vdots \\ x_{m1}^{'} & x_{m2}^{'} & \cdots & x_{mn}^{'} \end{vmatrix} \begin{vmatrix} w_1 & 0 & \cdots & 0 \\ 0 & w_2 & \cdots & 0 \\ \vdots & \vdots & \vdots & \vdots \\ 0 & \cdots & w_j & \cdots \\ \vdots & \vdots & \vdots & \vdots \\ 0 & 0 & \cdots & w_n \end{vmatrix}$$

$$= \begin{vmatrix} f_{11} & f_{12} & \cdots & f_{1n} \\ f_{21} & f_{22} & \cdots & f_{2n} \\ \vdots & \vdots & \vdots & \vdots \\ f_{i1} & \cdots & f_{ij} & \cdots \\ \vdots & \vdots & \vdots & \vdots \\ f_{m1} & f_{m2} & \cdots & f_{mn} \end{vmatrix} \qquad \text{公式 3.3}$$

（4）根据加权判断矩阵获取评估目标的最优劣理想解：

理想最优解：

$$f_j^* = \begin{cases} \max(f_{ij}), j \in J^* \\ \min(f_{ij}), j \in J^{'} \end{cases} \quad j=1,2,...,n. \qquad \text{公式 3.4}$$

理想最劣解：

$$f_j^{'} = \begin{cases} \min(f_{ij}), j \in J^* \\ \max(f_{ij}), j \in J^{'} \end{cases} \quad j=1,2,...,n. \qquad 公式 3.5$$

其中，J^* 为效益型指标，$J^{'}$ 为成本型指标。

（5）计算各目标值与理想值之间的欧氏距离：

$$S_i^* = \sqrt{\sum_{j=1}^{m}(f_{ij}-f_j^*)^2}, j=1,2,...,n, \qquad 公式 3.6$$

$$S_i^{'} = \sqrt{\sum_{j=1}^{m}(f_{ij}-f_j^{'})^2}, j=1,2,...,n. \qquad 公式 3.7$$

（6）计算各个目标的相对贴近度：

$$C_i^* = S_i^{'} / (S_i^* + S_i^{'}), i=1,2,...,m. \qquad 公式 3.8$$

依照相对贴近度的大小对目标进行排序，形成决策依据，根据依据给出可行方案，并分析此方案的优缺点。

虽然 TOPSIS 方法由于具有考虑最优、最烈理想点，计算方法简单等优点被广泛应用于多属性决策问题当中，但是，由于传统的 TOPSIS 方法存在权重确定不够严谨及忽略指标相关性的问题，本书对 TOPSIS 做出了改进。

现有权重确定方法基本可以分为主观权重和客观权重，本书基于吴冲等（2014）的研究结论[1]，在确定各指标权重的时候采用熵权法，保证权重的客观性及有效性。

2. 熵权法的选择

熵权法是在客观条件下，由评价指标值来确定指标权重的一种方法，具有操作性和客观性强的特点，能够反映数据隐含的信息，增强指标的分辨意义和差异性，以避免因选用指标的差异过小造成的分析困难，全面反映各类信息。其思路是评价对象在某项指标上的值相差越大越重要，权重响应也越大。根据各项指标的变异程度，可以客观地计算出各项指标的权重，为多指标综合评价提供依据。第 j 项指标下第 i 个方案指标值的比重 p_{ij}：

[1] 吴冲，万翔宇. 基于改进熵权法的区间直觉模糊 TOPSIS 方法［J］. 运筹与管理，2014（5）：42–47.

$$p_{ij} = u_{ij} / \sum_{i=1}^{m} u_{ij} \qquad\qquad 公式\ 3.9$$

其中第 j 项指标的熵值：

$$e_j = -k \cdot \sum_{i=1}^{m} p_{ij} \ln p_{ij} \qquad\qquad 公式\ 3.10$$

式中，常数 k 与系统的样本数 m 有关，此时令 $k = 1/\ln m$，则 $0 \leq e \leq 1$。

3.2.2 缺失数据的估算

在对 CIBI 相关数据进行处理的过程中，个别地区的指标对应的数据可能存在缺失或失真的问题，这就需要对数据进行估算和矫正，以减少缺失或失真数据对指数的影响。从实际数据采集的情况来看，缺失数据主要集中在部分城市的个别指标上。为了解决数据采集过程中所遇到的部分数据缺失的问题，本书针对不同的数据缺失情形，分别设计了不同的缺失数据估算方法与模型，如表 3-4 所示。通过多轮估算和微调，本书最后确定了指数计算所需的全部数据。

表 3-4　CIBI 缺失数据的估算方法

情形	描述	对策	算法
1. 自贡市 2017 年年鉴人口数据缺乏，但有 GDP 和人均 GDP 数据	原始数据中部分城市没有人口数据，但有总量数据和人均数据	用总量数据比上人均数据得到人口数据	$P_k = \dfrac{\sum T_i}{Ave}$
2. 张家口市 2017 年年鉴每万人在校大学生数缺失，但 2016 年及以前年鉴有该项数据	原始数据缺乏今年的数据，但有往年数据	采用布朗指数平滑的时间序列方法，通过往年数据进行估算	$S_t = aY_t + (1-a)S_{t-1}$
3. 朔州市 2017 年年鉴外商直接投资合同数缺失，2016 年年鉴该项数据也缺乏，但山西省其他城市该项数据缺失很少	原始数据缺乏今年的数据，往年数据同样缺乏，但所在省其他城市该项数据缺失很少	采用该省其他城市该项数据的均值作为该市该项数据的值	$C_k = \dfrac{\sum_{i=1}^{N-1} W_i C_i}{N-1}$
4. 儋州市 2017 年年鉴外商直接投资合同数缺失，2016 年年鉴该项数据也缺乏，海南省其他城市该项数据缺失很多	原始数据缺乏今年的数据，往年数据同样缺乏，所在省其他城市该项数据缺失很多	采用全国其他城市该项数据的均值作为该市该项数据的值	$C_k = \dfrac{\sum_{i=1}^{N-j} W_i C_i}{N-j}$

3.3 本章小结

本章主要介绍了 CIBI 的评价对象、评价样本、指标体系的构成、指标权重、缺失数据估算和测算等内容。CIBI 的评价对象是中国 274 个城市商品进出口品牌振兴水平，即是本书选取的《2017 年中国城市统计年鉴》所载我国 274 个地级市的进出口品牌化情况。指标体系测算数据分别来自"中国通关网"所提供的企业进出口报关活动的脱敏数据和历年中国城市统计年鉴公布的统计数据，并对小部分缺失数据进行了估算。在权重确定方面，本书采用 TOPSIS 改进方法和熵权法确定了显示性指标权重与排名。

CIBI 的理论基础是产业国际竞争力理论。指标体系包含 2 个一级指标、4 个二级指标、12 个三级指标、61 个四级指标。一级指标包括进出口品牌价值指数和进出口品牌潜力指数，二级指标包含进口品牌准备指数、出口品牌优化指数、品牌发展资源指数和品牌发展能力指数。本书各指标重点解读了各显示性指标的指标构成和测算方法，对指标构成、子指标含义、子指标测算和各指标数据来源进行了详细说明。

第四章　中国城市 CIBI 及分项指标得分前一百名城市排名

本章报告了中国城市 CIBI 及分项指标测算结果，主要对各得分前 100 名城市的表现情况进行列示，包括 2016 年城市 CIBI 表现水平以及 2012—2015 年中国城市 CIBI 表现水平的变化情况。2016 年的 CIBI 得分主要从 CIBI 整体得分水平及排名、一级指标得分水平及排名、二级指标得分水平及排名、三级指标得分水平及排名这三个层次进行报告。2012—2015 年城市 CIBI 表现水平的变化将只列示前 100 名的城市 CIBI 整体得分水平及排名情况。

4.1 2016 年中国城市 CIBI 得分前一百名城市排名

表 4-1　2016 年中国城市 CIBI 及一级指标得分前一百名城市排名

城市	CIBI 指数		一级指标			
			城市品牌价值指数		城市品牌潜力指数	
	得分	排名	得分	排名	得分	排名
上海市	85.97	1	87.19	2	84.74	2
深圳市	84.65	2	90.19	1	79.10	3
北京市	80.45	3	74.77	4	86.13	1
广州市	73.07	4	68.83	8	77.31	4
东莞市	72.20	5	76.62	3	67.78	13
天津市	71.25	6	67.73	10	74.77	5
苏州市	69.26	7	69.11	7	69.41	12
杭州市	68.90	8	67.38	11	70.42	8

| 城市 | CIBI 指数 | | 一级指标 | | | |
| | | | 城市品牌价值指数 | | 城市品牌潜力指数 | |
	得分	排名	得分	排名	得分	排名
重庆市	68.50	9	64.19	25	72.82	6
厦门市	68.29	10	70.61	5	65.96	20
南京市	67.59	11	65.24	17	69.93	9
珠海市	67.51	12	70.51	6	64.52	31
宁波市	67.38	13	68.61	9	66.14	19
青岛市	66.85	14	67.00	12	66.70	16
成都市	66.83	15	62.74	36	70.91	7
武汉市	66.19	16	62.67	37	69.71	11
西安市	66.14	17	62.53	38	69.75	10
佛山市	65.60	18	66.35	14	64.84	28
郑州市	65.53	19	63.86	28	67.19	14
大连市	65.50	20	65.93	16	65.08	25
无锡市	65.38	21	65.06	19	65.70	21
惠州市	64.79	22	66.85	13	62.72	45
合肥市	64.69	23	62.48	39	66.91	15
福州市	64.55	24	63.84	30	65.25	24
中山市	64.50	25	66.03	15	62.98	43
常州市	64.36	26	64.61	21	64.11	37
烟台市	64.31	27	64.66	20	63.96	39
南通市	64.29	28	64.20	24	64.37	35
济南市	64.21	29	61.97	43	66.45	17
长沙市	64.11	30	61.82	45	66.40	18
绍兴市	63.89	31	64.51	22	63.28	41
嘉兴市	63.80	32	64.36	23	63.23	42
沈阳市	63.71	33	61.88	44	65.53	23
昆明市	63.58	34	61.48	49	65.69	22
潍坊市	63.56	35	63.32	33	63.81	40
石家庄市	63.56	36	62.20	41	64.92	27

城市	CIBI 指数		一级指标			
			城市品牌价值指数		城市品牌潜力指数	
	得分	排名	得分	排名	得分	排名
长春市	63.54	37	62.07	42	65.02	26
泉州市	63.52	38	62.97	34	64.08	38
温州市	63.52	39	62.76	35	64.28	36
太原市	63.46	40	62.41	40	64.51	32
榆林市	63.33	41	65.10	18	61.56	53
南昌市	63.26	42	61.77	46	64.75	30
威海市	63.26	43	63.76	31	62.75	44
台州市	63.11	44	63.57	32	62.65	46
东营市	63.02	45	63.84	29	62.20	48
南宁市	63.00	46	61.58	47	64.43	33
哈尔滨市	62.97	47	61.12	51	64.82	29
舟山市	62.91	48	64.10	26	61.72	52
儋州市	62.84	49	63.91	27	61.76	51
贵阳市	62.83	50	61.26	50	64.40	34
江门市	60.95	51	61.53	48	60.37	80
金华市	60.85	52	60.54	57	61.16	57
乌鲁木齐市	60.79	53	59.23	91	62.34	47
徐州市	60.76	54	59.76	74	61.77	50
鄂尔多斯市	60.60	55	60.39	58	60.82	69
兰州市	60.59	56	59.27	89	61.91	49
淄博市	60.58	57	60.13	62	61.02	59
泰州市	60.57	58	60.32	59	60.82	68
扬州市	60.50	59	60.04	64	60.96	62
临沂市	60.50	60	59.97	66	61.02	60
唐山市	60.46	61	59.83	69	61.08	58
湖州市	60.44	62	60.69	55	60.20	86
镇江市	60.42	63	59.97	67	60.87	66
盐城市	60.38	64	59.75	75	61.01	61

城市	CIBI 指数		一级指标			
			城市品牌价值指数		城市品牌潜力指数	
	得分	排名	得分	排名	得分	排名
汕头市	60.31	65	60.16	60	60.46	76
芜湖市	60.30	66	59.69	77	60.91	65
保定市	60.26	67	59.35	86	61.17	56
呼和浩特市	60.26	68	59.08	97	61.44	54
海口市	60.21	69	59.05	98	61.38	55
银川市	60.20	70	59.45	84	60.95	63
连云港市	60.17	71	59.81	71	60.53	74
日照市	60.16	72	60.90	53	59.43	97
漳州市	60.11	73	60.03	65	60.19	87
揭阳市	60.05	74	59.96	68	60.13	90
济宁市	60.04	75	59.52	80	60.56	72
松原市	60.01	76	61.01	52	59.02	98
洛阳市	60.01	77	59.09	96	60.93	64
淮安市	60.00	78	59.36	85	60.64	70
廊坊市	59.99	79	59.58	79	60.40	78
广安市	59.98	80	59.09	95	60.86	67
秦皇岛市	59.97	81	59.81	72	60.14	89
滨州市	59.97	82	60.08	63	59.87	93
九江市	59.94	83	59.82	70	60.07	92
邯郸市	59.93	84	59.32	87	60.54	73
沧州市	59.93	85	59.52	82	60.35	82
赣州市	59.92	86	59.46	83	60.38	79
铜陵市	59.89	87	60.15	61	59.63	96
菏泽市	59.87	88	59.52	81	60.22	85
聊城市	59.86	89	59.63	78	60.09	91
肇庆市	59.81	90	59.77	73	59.85	94
宜昌市	59.80	91	59.23	92	60.37	81
泰安市	59.77	92	59.13	94	60.42	77

城市	CIBI 指数		一级指标			
			城市品牌价值指数		城市品牌潜力指数	
	得分	排名	得分	排名	得分	排名
防城港市	59.77	93	60.79	54	58.74	100
鹰潭市	59.76	94	60.60	56	58.91	99
南阳市	59.76	95	59.04	99	60.48	75
马鞍山市	59.74	96	59.75	76	59.72	95
西宁市	59.73	97	59.24	90	60.23	84
遵义市	59.73	98	58.86	100	60.59	71
德州市	59.72	99	59.27	88	60.17	88
襄阳市	59.72	100	59.16	93	60.28	83

4.2 2016 年中国城市 CIBI 二级指标得分前一百名城市排名

4.2.1 2016 年中国城市进出口品牌价值指数及分项指标得分前一百名城市排名

表 4-2 2016 年中国城市进出口品牌价值指数及分项指标得分前一百名城市排名

城市	一级指标		二级指标			
	城市品牌价值指数		出口品牌优化指数		进口品牌准备指数	
	得分	排名	得分	排名	得分	排名
深圳市	90.19	1	97.51	1	82.88	2
上海市	87.19	2	90.57	2	83.82	1
东莞市	76.62	3	78.91	3	74.33	4
北京市	74.77	4	68.06	15	81.48	3
厦门市	70.61	5	73.88	4	67.34	7
珠海市	70.51	6	73.27	5	67.75	6
苏州市	69.11	7	73.22	6	65.00	13

续表

城市	一级指标		二级指标			
	城市品牌价值指数		出口品牌优化指数		进口品牌准备指数	
	得分	排名	得分	排名	得分	排名
广州市	68.83	8	70.46	9	67.20	8
宁波市	68.61	9	71.60	7	65.62	10
天津市	67.73	10	68.45	14	67.01	9
杭州市	67.38	11	70.75	8	64.02	17
青岛市	67.00	12	69.08	10	64.91	14
惠州市	66.85	13	68.90	12	64.80	16
佛山市	66.35	14	68.96	11	63.75	19
中山市	66.03	15	68.51	13	63.54	21
大连市	65.93	16	66.51	21	65.34	12
南京市	65.24	17	66.63	20	63.84	18
榆林市	65.10	18	61.66	51	68.55	5
无锡市	65.06	19	67.48	17	62.65	27
烟台市	64.66	20	65.70	26	63.62	20
常州市	64.61	21	66.84	18	62.39	30
绍兴市	64.51	22	67.81	16	61.20	48
嘉兴市	64.36	23	66.00	24	62.72	25
南通市	64.20	24	66.16	22	62.24	32
重庆市	64.19	25	66.13	23	62.24	31
舟山市	64.10	26	64.82	28	63.38	22
儋州市	63.91	27	62.40	43	65.42	11
郑州市	63.86	28	66.67	19	61.06	52
东营市	63.84	29	62.82	40	64.87	15
福州市	63.84	30	65.18	27	62.51	29
威海市	63.76	31	64.54	29	62.98	24
台州市	63.57	32	65.92	25	61.21	47
潍坊市	63.32	33	63.37	37	63.27	23
泉州市	62.97	34	63.93	32	62.01	34
温州市	62.76	35	64.40	30	61.11	50

城市	一级指标		二级指标			
	城市品牌价值指数		出口品牌优化指数		进口品牌准备指数	
	得分	排名	得分	排名	得分	排名
成都市	62.74	36	64.20	31	61.27	45
武汉市	62.67	37	63.41	36	61.93	35
西安市	62.53	38	63.84	33	61.22	46
合肥市	62.48	39	63.50	34	61.45	39
太原市	62.41	40	63.44	35	61.38	44
石家庄市	62.20	41	62.91	38	61.49	38
长春市	62.07	42	61.47	52	62.66	26
济南市	61.97	43	62.53	41	61.40	42
沈阳市	61.88	44	61.95	47	61.81	36
长沙市	61.82	45	62.25	45	61.39	43
南昌市	61.77	46	62.42	42	61.11	51
南宁市	61.58	47	61.74	49	61.41	41
江门市	61.53	48	62.89	39	60.16	58
昆明市	61.48	49	61.77	48	61.19	49
贵阳市	61.26	50	61.73	50	60.80	56
哈尔滨市	61.12	51	61.23	53	61.01	54
松原市	61.01	52	59.40	90	62.61	28
日照市	60.90	53	60.29	65	61.50	37
防城港市	60.79	54	59.52	88	62.07	33
湖州市	60.69	55	62.08	46	59.31	74
鹰潭市	60.60	56	60.30	63	60.91	55
金华市	60.54	57	62.32	44	58.77	99
鄂尔多斯市	60.39	58	59.34	92	61.43	40
泰州市	60.32	59	60.89	57	59.76	59
汕头市	60.16	60	60.95	55	59.37	71
铜陵市	60.15	61	59.27	96	61.04	53
淄博市	60.13	62	60.59	59	59.67	60
滨州市	60.08	63	59.96	72	60.19	57

续表

城市	一级指标		二级指标			
	城市品牌价值指数		出口品牌优化指数		进口品牌准备指数	
	得分	排名	得分	排名	得分	排名
扬州市	60.04	64	61.10	54	58.97	87
漳州市	60.03	65	60.82	58	59.24	76
临沂市	59.97	66	60.58	60	59.37	70
镇江市	59.97	67	60.45	62	59.49	65
揭阳市	59.96	68	60.95	56	58.98	84
唐山市	59.83	69	60.27	66	59.38	69
九江市	59.82	70	60.30	64	59.34	73
连云港市	59.81	71	60.00	71	59.63	61
秦皇岛市	59.81	72	60.19	67	59.43	68
肇庆市	59.77	73	60.06	69	59.47	67
徐州市	59.76	74	60.51	61	59.00	83
盐城市	59.75	75	60.00	70	59.51	63
马鞍山市	59.75	76	59.90	76	59.60	62
芜湖市	59.69	77	60.13	68	59.25	75
聊城市	59.63	78	59.75	82	59.51	64
廊坊市	59.58	79	59.80	78	59.36	72
济宁市	59.52	80	59.86	77	59.19	77
菏泽市	59.52	81	59.55	87	59.49	66
沧州市	59.52	82	59.96	73	59.07	79
赣州市	59.46	83	59.91	75	59.01	82
银川市	59.45	84	59.78	79	59.11	78
淮安市	59.36	85	59.91	74	58.81	96
保定市	59.35	86	59.75	81	58.96	88
邯郸市	59.32	87	59.62	84	59.03	81
德州市	59.27	88	59.61	86	58.92	89
兰州市	59.27	89	59.75	80	58.78	98
西宁市	59.24	90	59.62	85	58.85	92
乌鲁木齐市	59.23	91	59.66	83	58.80	97

城市	一级指标		二级指标			
	城市品牌价值指数		出口品牌优化指数		进口品牌准备指数	
	得分	排名	得分	排名	得分	排名
宜昌市	59.23	92	59.48	89	58.98	85
襄阳市	59.16	93	59.34	94	58.97	86
泰安市	59.13	94	59.39	91	58.87	90
广安市	59.09	95	59.33	95	58.85	93
洛阳市	59.09	96	59.34	93	58.84	95
呼和浩特市	59.08	97	59.12	100	59.04	80
海口市	59.05	98	59.24	97	58.85	91
南阳市	59.04	99	59.23	98	58.84	94
遵义市	58.86	100	59.13	99	58.59	100

4.2.2 2016 年中国城市进出口品牌潜力指数及分项指标得分前一百名城市排名

表 4-3　2016 年中国城市进出口品牌潜力指数及分项指标得分前一百名城市排名

城市	一级指数		二级指标			
	城市品牌潜力指数		城市品牌环境指数		城市品牌资源指数	
	得分	排名	得分	排名	得分	排名
北京市	86.13	1	88.26	1	83.63	2
上海市	84.74	2	84.27	2	85.30	1
深圳市	79.10	3	81.23	3	76.60	3
广州市	77.31	4	78.41	4	76.02	4
天津市	74.77	5	73.94	5	75.74	5
重庆市	72.82	6	72.72	6	72.93	7
成都市	70.91	7	70.97	7	70.84	9
杭州市	70.42	8	70.18	8	70.71	11
南京市	69.93	9	69.83	9	70.05	12
西安市	69.75	10	66.02	14	74.13	6

续表

城市	一级指数		二级指标			
	城市品牌潜力指数		城市品牌环境指数		城市品牌资源指数	
	得分	排名	得分	排名	得分	排名
武汉市	69.71	11	68.02	12	71.70	8
苏州市	69.41	12	68.29	11	70.71	10
东莞市	67.78	13	68.54	10	66.90	18
郑州市	67.19	14	65.42	17	69.27	13
合肥市	66.91	15	66.94	13	66.88	19
青岛市	66.70	16	65.51	16	68.08	16
济南市	66.45	17	65.04	21	68.10	15
长沙市	66.40	18	64.75	23	68.33	14
宁波市	66.14	19	65.36	19	67.05	17
厦门市	65.96	20	65.77	15	66.20	26
无锡市	65.70	21	65.37	18	66.09	28
昆明市	65.69	22	65.24	20	66.22	25
沈阳市	65.53	23	64.77	22	66.43	22
福州市	65.25	24	64.32	26	66.34	23
大连市	65.08	25	64.55	25	65.70	31
长春市	65.02	26	63.75	32	66.51	21
石家庄市	64.92	27	63.86	30	66.16	27
佛山市	64.84	28	64.02	28	65.80	30
哈尔滨市	64.82	29	63.59	34	66.26	24
南昌市	64.75	30	63.06	40	66.73	20
珠海市	64.52	31	63.77	31	65.39	32
太原市	64.51	32	63.21	38	66.03	29
南宁市	64.43	33	64.08	27	64.83	35
贵阳市	64.40	34	63.66	33	65.26	33
南通市	64.37	35	63.86	29	64.98	34
温州市	64.28	36	64.59	24	63.92	43
常州市	64.11	37	63.49	35	64.83	36
泉州市	64.08	38	63.47	36	64.79	38

城市	一级指数 城市品牌潜力指数		二级指标 城市品牌环境指数		城市品牌资源指数	
	得分	排名	得分	排名	得分	排名
烟台市	63.96	39	63.22	37	64.82	37
潍坊市	63.81	40	63.21	39	64.52	39
绍兴市	63.28	41	62.55	43	64.13	41
嘉兴市	63.23	42	62.56	42	64.02	42
中山市	62.98	43	62.71	41	63.31	45
威海市	62.75	44	62.31	46	63.27	46
惠州市	62.72	45	62.42	45	63.07	47
台州市	62.65	46	62.48	44	62.85	50
乌鲁木齐市	62.34	47	61.03	54	63.87	44
东营市	62.20	48	61.61	49	62.89	49
兰州市	61.91	49	59.89	85	64.27	40
徐州市	61.77	50	61.51	50	62.08	53
儋州市	61.76	51	60.79	58	62.90	48
舟山市	61.72	52	61.72	48	61.71	57
榆林市	61.56	53	61.19	53	61.99	54
呼和浩特市	61.44	54	60.44	69	62.61	51
海口市	61.38	55	60.72	60	62.16	52
保定市	61.17	56	61.00	55	61.37	64
金华市	61.16	57	60.61	64	61.80	56
唐山市	61.08	58	60.56	66	61.70	58
淄博市	61.02	59	60.64	63	61.47	63
临沂市	61.02	60	60.85	57	61.21	68
盐城市	61.01	61	60.74	59	61.33	65
扬州市	60.96	62	60.40	71	61.62	60
银川市	60.95	63	60.07	81	61.98	55
洛阳市	60.93	64	60.43	70	61.52	61
芜湖市	60.91	65	60.57	65	61.31	66
镇江市	60.87	66	60.21	78	61.64	59

续表

城市	一级指数		二级指标			
	城市品牌潜力指数		城市品牌环境指数		城市品牌资源指数	
	得分	排名	得分	排名	得分	排名
广安市	60.86	67	62.01	47	59.51	97
泰州市	60.82	68	60.24	76	61.50	62
鄂尔多斯市	60.82	69	61.19	52	60.37	86
淮安市	60.64	70	60.28	74	61.06	69
遵义市	60.59	71	61.25	51	59.83	95
济宁市	60.56	72	60.52	67	60.60	76
邯郸市	60.54	73	60.66	61	60.41	83
连云港市	60.53	74	60.65	62	60.39	85
南阳市	60.48	75	60.20	79	60.81	71
汕头市	60.46	76	60.92	56	59.91	93
泰安市	60.42	77	60.21	77	60.65	75
廊坊市	60.40	78	59.70	92	61.22	67
赣州市	60.38	79	60.25	75	60.54	79
江门市	60.37	80	60.44	68	60.29	88
宜昌市	60.37	81	60.34	73	60.40	84
沧州市	60.35	82	60.06	82	60.69	72
襄阳市	60.28	83	60.16	80	60.42	81
西宁市	60.23	84	59.66	93	60.90	70
菏泽市	60.22	85	60.00	83	60.47	80
湖州市	60.20	86	59.86	86	60.58	78
漳州市	60.19	87	59.78	89	60.68	73
德州市	60.17	88	59.82	87	60.59	77
秦皇岛市	60.14	89	59.70	91	60.65	74
揭阳市	60.13	90	60.38	72	59.84	94
聊城市	60.09	91	59.90	84	60.30	87
九江市	60.07	92	59.78	88	60.41	82
滨州市	59.87	93	59.61	94	60.16	89
肇庆市	59.85	94	59.73	90	59.98	91

城市	一级指数		二级指标			
	城市品牌潜力指数		城市品牌环境指数		城市品牌资源指数	
	得分	排名	得分	排名	得分	排名
马鞍山市	59.72	95	59.38	96	60.12	90
铜陵市	59.63	96	59.39	95	59.91	92
日照市	59.43	97	59.33	97	59.55	96
松原市	59.02	98	58.89	98	59.16	99
鹰潭市	58.91	99	58.77	99	59.07	100
防城港市	58.74	100	58.55	100	58.97	101

4.3 2016 年中国城市 CIBI 三级指标得分前一百名城市排名

4.3.1 2016 年中国城市进出口品牌价值指数三级指标得分前一百名城市排名

（1）2016 年中国城市出口优化指数及分项指标得分前一百名城市排名

表 4-4　2016 年中国城市出口优化指数及分项指标得分前一百名城市排名

城市	三级指标		分项指标					
	出口品牌优化指数		出口效率指数		出口规模指数		出口贡献指数	
	得分	排名	得分	排名	得分	排名	得分	排名
深圳市	97.51	1	72.61	85	99.59	1	69.33	187
上海市	90.57	2	73.53	52	92.00	2	71.02	127
东莞市	78.91	3	72.73	78	79.43	3	71.32	111
厦门市	73.88	4	71.98	99	74.05	4	71.32	116
珠海市	73.27	5	72.82	70	73.32	5	71.29	124
苏州市	73.22	6	73.15	62	73.25	6	71.32	118
宁波市	71.60	7	71.87	105	71.59	7	71.32	112
杭州市	70.75	8	72.45	89	70.63	8	71.20	126

城市	三级指标		分项指标					
	出口品牌优化指数		出口效率指数		出口规模指数		出口贡献指数	
	得分	排名	得分	排名	得分	排名	得分	排名
广州市	70.46	9	72.68	82	70.28	9	72.38	59
青岛市	69.08	10	72.54	86	68.82	10	71.32	119
佛山市	68.96	11	72.34	91	68.70	11	71.36	102
惠州市	68.90	12	72.87	69	68.56	12	74.29	17
中山市	68.51	13	72.70	80	68.19	14	71.33	105
天津市	68.45	14	72.15	95	68.25	13	65.20	274
北京市	68.06	15	72.14	96	67.69	15	74.94	9
绍兴市	67.81	16	71.85	110	67.41	16	76.69	7
无锡市	67.48	17	73.71	50	67.00	17	71.34	103
常州市	66.84	18	72.75	73	66.34	18	74.24	23
郑州市	66.67	19	74.03	44	66.10	19	71.33	107
南京市	66.63	20	72.97	67	66.05	20	77.29	5
大连市	66.51	21	72.71	79	66.03	21	71.32	120
南通市	66.16	22	72.75	74	65.62	23	73.01	38
重庆市	66.13	23	72.22	93	65.65	22	71.32	113
嘉兴市	66.00	24	72.75	76	65.47	24	71.32	115
台州市	65.92	25	72.18	94	65.42	25	71.32	114
烟台市	65.70	26	72.66	84	65.15	26	71.32	110
福州市	65.18	27	72.77	71	64.58	27	71.32	123
舟山市	64.82	28	73.14	64	64.16	28	71.27	125
威海市	64.54	29	72.68	83	63.80	30	77.81	2
温州市	64.40	30	71.88	104	63.87	29	65.74	270
成都市	64.20	31	73.19	59	63.50	31	71.32	121
泉州市	63.93	32	71.76	114	63.29	32	71.34	104
西安市	63.84	33	74.56	33	63.01	33	71.33	106
合肥市	63.50	34	73.11	65	62.65	35	77.68	3
太原市	63.44	35	76.07	17	62.43	37	74.30	15
武汉市	63.41	36	72.75	77	62.67	34	71.32	117

城市	三级指标		分项指标					
	出口品牌优化指数		出口效率指数		出口规模指数		出口贡献指数	
	得分	排名	得分	排名	得分	排名	得分	排名
潍坊市	63.37	37	72.76	72	62.65	36	69.17	196
石家庄市	62.91	38	71.41	127	62.17	38	74.31	14
江门市	62.89	39	71.14	136	62.17	39	74.36	11
东营市	62.82	40	72.48	88	62.00	40	74.27	22
济南市	62.53	41	73.61	51	61.65	41	71.33	108
南昌市	62.42	42	71.47	125	61.64	42	74.29	18
儋州市	62.40	43	78.49	5	61.15	47	74.34	12
金华市	62.32	44	70.86	150	61.59	43	73.01	39
长沙市	62.25	45	70.95	148	61.54	44	71.32	109
湖州市	62.08	46	71.06	141	61.36	45	69.88	181
沈阳市	61.95	47	70.70	157	61.18	46	74.29	16
昆明市	61.77	48	69.67	191	61.05	48	74.28	21
南宁市	61.74	49	73.43	54	60.78	50	74.29	19
贵阳市	61.73	50	69.96	181	60.99	49	74.28	20
榆林市	61.66	51	83.55	2	60.01	56	74.32	13
长春市	61.47	52	73.49	53	60.49	51	73.87	25
哈尔滨市	61.23	53	71.15	134	60.41	52	71.32	122
扬州市	61.10	54	70.91	149	60.27	53	73.00	41
汕头市	60.95	55	70.65	159	60.12	54	73.01	36
揭阳市	60.95	56	71.42	126	60.07	55	73.31	27
泰州市	60.89	57	72.31	92	59.94	58	73.02	30
漳州市	60.82	58	70.98	146	59.96	57	73.01	35
淄博市	60.59	59	70.52	166	59.78	59	69.89	179
临沂市	60.58	60	71.17	133	59.73	60	69.87	184
徐州市	60.51	61	74.97	29	59.30	64	76.90	6
镇江市	60.45	62	71.52	123	59.52	61	73.01	37
鹰潭市	60.30	63	76.86	10	58.68	82	95.39	1
九江市	60.30	64	74.16	41	59.16	68	74.56	10

城市	三级指标		分项指标					
	出口品牌优化指数		出口效率指数		出口规模指数		出口贡献指数	
	得分	排名	得分	排名	得分	排名	得分	排名
日照市	60.29	65	71.06	140	59.38	62	72.99	54
唐山市	60.27	66	71.09	139	59.36	63	73.00	52
秦皇岛市	60.19	67	72.34	90	59.18	66	73.09	28
芜湖市	60.13	68	70.59	163	59.29	65	69.88	182
肇庆市	60.06	69	70.55	164	59.18	67	72.34	60
盐城市	60.00	70	71.25	131	59.10	69	69.90	175
连云港市	60.00	71	70.64	161	59.09	70	73.00	43
滨州市	59.96	72	70.98	147	59.03	71	72.97	58
沧州市	59.96	73	71.80	112	58.91	75	77.37	4
淮安市	59.91	74	71.03	143	58.97	72	73.02	32
赣州市	59.91	75	73.96	46	58.77	80	73.00	50
马鞍山市	59.90	76	76.00	22	58.63	84	73.00	45
济宁市	59.86	77	71.57	121	58.88	77	73.01	34
廊坊市	59.80	78	71.13	137	58.85	78	73.00	42
银川市	59.78	79	70.78	153	58.85	79	72.98	56
兰州市	59.75	80	69.31	203	58.92	74	73.00	51
保定市	59.75	81	69.52	194	58.95	73	69.90	177
聊城市	59.75	82	73.18	60	58.70	81	69.91	174
乌鲁木齐市	59.66	83	67.98	235	58.91	76	73.02	33
邯郸市	59.62	84	75.26	28	58.38	91	73.00	49
西宁市	59.62	85	74.11	42	58.45	87	73.00	48
德州市	59.61	86	71.48	124	58.66	83	69.91	173
菏泽市	59.55	87	71.40	128	58.60	85	69.88	180
防城港市	59.52	88	76.75	13	58.16	96	72.98	55
宜昌市	59.48	89	70.54	165	58.54	86	73.00	47
松原市	59.40	90	76.80	12	58.03	100	73.04	29
泰安市	59.39	91	70.72	155	58.43	88	73.02	31
鄂尔多斯市	59.34	92	74.48	34	58.13	98	72.99	53

续表

城市	三级指标		分项指标					
	出口品牌优化指数		出口效率指数		出口规模指数		出口贡献指数	
	得分	排名	得分	排名	得分	排名	得分	排名
洛阳市	59.34	93	70.59	162	58.43	89	69.90	176
襄阳市	59.34	94	71.05	142	58.40	90	69.88	183
广安市	59.33	95	73.84	48	58.16	97	73.00	44
铜陵市	59.27	96	70.40	170	58.37	92	69.75	185
海口市	59.24	97	69.97	180	58.36	93	69.89	178
南阳市	59.23	98	70.72	154	58.26	95	73.01	40
遵义市	59.13	99	72.00	98	58.06	99	73.00	46
呼和浩特市	59.12	100	68.79	217	58.27	94	72.97	57

（2）2016 年中国城市出口优化指数及分项指标得分前一百名城市排名

表 4-5　2016 年中国城市进口准备指数及分项指标得分前一百名城市排名

城市	三级指标		分项指标					
	进口品牌准备指数		进口效率指数		进口规模指数		进口贡献指数	
	得分	排名	得分	排名	得分	排名	得分	排名
上海市	83.82	1	63.36	8	90.49	1	63.69	4
深圳市	82.88	2	63.57	5	89.22	2	63.02	11
北京市	81.48	3	63.56	6	87.33	3	63.58	6
东莞市	74.33	4	62.94	14	78.01	4	63.63	5
榆林市	68.55	5	99.79	1	60.03	54	66.77	3
珠海市	67.75	6	62.57	44	69.41	5	63.21	8
厦门市	67.34	7	62.62	43	68.93	6	61.88	51
广州市	67.20	8	62.74	29	68.67	7	62.47	50
天津市	67.01	9	62.43	49	68.49	8	62.65	38
宁波市	65.62	10	62.92	15	66.52	9	62.65	42
儋州市	65.42	11	63.66	4	66.04	11	62.87	21
大连市	65.34	12	62.62	42	66.21	10	62.89	14
苏州市	65.00	13	62.10	56	65.92	12	62.65	40
青岛市	64.91	14	62.76	26	65.62	13	62.65	39

城市	三级指标		分项指标					
	进口品牌准备指数		进口效率指数		进口规模指数		进口贡献指数	
	得分	排名	得分	排名	得分	排名	得分	排名
东营市	64.87	15	63.31	9	65.39	15	63.10	10
惠州市	64.80	16	62.77	25	65.45	14	63.12	9
杭州市	64.02	17	62.83	21	64.41	16	62.65	36
南京市	63.84	18	62.68	35	64.23	17	62.64	43
佛山市	63.75	19	62.81	24	64.05	18	62.87	20
烟台市	63.62	20	62.63	41	63.94	19	62.87	16
中山市	63.54	21	62.92	17	63.74	20	62.87	17
舟山市	63.38	22	62.68	34	63.59	21	62.87	24
潍坊市	63.27	23	63.00	13	61.51	35	98.97	1
威海市	62.98	24	63.51	7	62.84	22	62.70	33
嘉兴市	62.72	25	62.74	28	62.71	24	62.87	18
长春市	62.66	26	62.92	16	62.58	25	62.68	34
无锡市	62.65	27	62.33	51	62.74	23	62.64	46
松原市	62.61	28	77.55	2	58.01	98	72.11	2
福州市	62.51	29	63.02	12	62.34	26	62.89	13
常州市	62.39	30	62.66	38	62.29	27	62.72	32
重庆市	62.24	31	62.83	22	62.02	30	63.36	7
南通市	62.24	32	62.71	31	62.09	29	62.65	37
防城港市	62.07	33	61.82	66	62.20	28	61.01	75
泉州市	62.01	34	62.90	19	61.72	33	62.87	26
武汉市	61.93	35	62.53	46	61.73	32	62.64	47
沈阳市	61.81	36	62.71	32	61.52	34	62.65	35
日照市	61.50	37	60.60	99	61.78	31	61.00	81
石家庄市	61.49	38	62.89	20	61.04	37	62.65	41
合肥市	61.45	39	62.53	47	61.08	36	62.87	25
鄂尔多斯市	61.43	40	72.31	3	58.38	78	62.49	49
南宁市	61.41	41	63.20	10	60.84	43	62.88	15
济南市	61.40	42	62.74	27	60.96	40	62.86	30

城市	三级指标		分项指标					
	进口品牌准备指数		进口效率指数		进口规模指数		进口贡献指数	
	得分	排名	得分	排名	得分	排名	得分	排名
长沙市	61.39	43	62.92	18	60.89	42	62.86	29
太原市	61.38	44	62.55	45	60.98	39	62.87	19
成都市	61.27	45	62.02	60	61.00	38	62.64	44
西安市	61.22	46	61.99	61	60.93	41	62.64	45
台州市	61.21	47	62.64	40	60.79	44	61.82	52
绍兴市	61.20	48	62.67	37	60.71	47	62.85	31
昆明市	61.19	49	62.81	23	60.66	48	62.86	27
温州市	61.11	50	62.70	33	60.59	51	62.87	22
南昌市	61.11	51	62.65	39	60.60	49	62.89	12
郑州市	61.06	52	61.93	62	60.72	46	62.86	28
铜陵市	61.04	53	62.05	58	60.75	45	61.32	53
哈尔滨市	61.01	54	62.45	48	60.51	52	62.87	23
鹰潭市	60.91	55	62.03	59	60.59	50	61.09	54
贵阳市	60.80	56	62.38	50	60.26	53	62.63	48
滨州市	60.19	57	61.29	77	59.85	56	61.04	63
江门市	60.16	58	61.09	83	59.87	55	60.78	96
泰州市	59.76	59	61.06	84	59.35	57	60.78	95
淄博市	59.67	60	61.61	69	59.06	59	61.06	58
连云港市	59.63	61	60.85	92	59.23	58	60.78	98
马鞍山市	59.60	62	62.18	52	58.82	67	61.04	65
盐城市	59.51	63	61.16	79	58.98	62	60.79	94
聊城市	59.51	64	62.12	55	58.71	71	61.05	59
镇江市	59.49	65	60.81	95	59.05	60	60.99	84
菏泽市	59.49	66	62.17	53	58.67	72	61.04	62
肇庆市	59.47	67	60.95	90	58.98	61	61.00	82
秦皇岛市	59.43	68	61.06	85	58.90	64	61.01	73
唐山市	59.38	69	60.76	96	58.92	63	60.96	91
临沂市	59.37	70	61.14	82	58.80	68	61.04	64

续表

城市	三级指标		分项指标					
	进口品牌准备指数		进口效率指数		进口规模指数		进口贡献指数	
	得分	排名	得分	排名	得分	排名	得分	排名
汕头市	59.37	71	60.97	89	58.84	65	61.01	74
廊坊市	59.36	72	61.02	87	58.82	66	61.03	66
九江市	59.34	73	62.14	54	58.48	76	61.04	61
湖州市	59.31	74	60.98	88	58.77	69	60.78	97
芜湖市	59.25	75	61.28	78	58.61	73	60.81	93
漳州市	59.24	76	60.83	94	58.71	70	61.01	71
济宁市	59.19	77	61.14	81	58.56	74	61.00	79
银川市	59.11	78	62.08	57	58.20	89	60.97	88
沧州市	59.07	79	61.47	72	58.31	83	61.07	57
呼和浩特市	59.04	80	61.61	70	58.23	87	60.96	92
邯郸市	59.03	81	61.72	68	58.18	90	61.00	83
赣州市	59.01	82	61.15	80	58.31	82	61.03	67
徐州市	59.00	83	61.03	86	58.34	79	61.02	68
揭阳市	58.98	84	61.87	64	58.08	92	61.01	76
宜昌市	58.98	85	61.76	67	58.10	91	61.01	72
襄阳市	58.97	86	61.90	63	58.06	95	61.05	60
扬州市	58.97	87	60.20	114	58.52	75	61.02	69
保定市	58.96	88	60.83	93	58.33	81	61.02	70
德州市	58.92	89	60.64	98	58.34	80	61.08	55
泰安市	58.87	90	61.35	74	58.07	93	60.97	87
海口市	58.85	91	60.12	118	58.41	77	60.77	99
西宁市	58.85	92	61.39	73	58.07	94	60.52	100
广安市	58.85	93	61.54	71	58.00	100	61.00	78
南阳市	58.84	94	61.35	75	58.04	96	60.98	85
洛阳市	58.84	95	61.34	76	58.04	97	61.00	80
淮安市	58.81	96	60.29	111	58.29	86	61.00	77
乌鲁木齐市	58.80	97	60.19	115	58.30	84	61.07	56
兰州市	58.78	98	60.12	117	58.29	85	60.96	90

| 城市 | 三级指标 | | 分项指标 | | | | | |
| | 进口品牌准备指数 | | 进口效率指数 | | 进口规模指数 | | 进口贡献指数 | |
	得分	排名	得分	排名	得分	排名	得分	排名
金华市	58.77	99	60.39	106	58.21	88	60.97	86
遵义市	58.59	100	60.29	110	58.00	99	60.96	89

4.3.2　2016 年中国城市进出口品牌潜力指数三级指标得分前一百名城市排名

（1）2016 年中国城市品牌环境指数及分项指标得分前一百名城市排名

表 4-6　2016 年中国城市品牌环境指数及分项指标得分前一百名城市排名

| 城市 | 三级指标 | | 分项指标 | | | | | |
| | 城市品牌环境指数 | | 环境指数 | | 文化指数 | | 宜居指数 | |
	得分	排名	得分	排名	得分	排名	得分	排名
遵义市	88.26	1	62.97	35	67.82	9	85.64	3
北京市	84.27	2	84.32	2	86.21	3	89.61	1
深圳市	81.23	3	82.51	3	91.85	1	85.75	2
长沙市	78.41	4	63.95	26	62.49	39	71.86	8
苏州市	73.94	5	68.15	8	71.13	4	71.81	9
嘉兴市	72.72	6	61.84	46	63.89	19	65.24	31
菏泽市	70.97	7	59.57	82	59.82	61	63.25	45
榆林市	70.18	8	61.26	51	62.45	42	67.29	17
常州市	69.83	9	62.78	38	62.47	41	67.27	18
无锡市	68.54	10	64.62	20	63.07	31	78.49	4
南昌市	68.29	11	62.68	39	65.32	13	68.50	13
太原市	68.02	12	61.90	45	69.40	6	64.58	35
济宁市	66.94	13	60.06	69	59.58	71	64.00	39
兰州市	66.02	14	59.91	72	59.27	83	63.23	46
潍坊市	65.77	15	62.33	42	64.22	18	74.74	7
台州市	65.51	16	62.16	43	64.41	17	68.23	14

续表

城市	三级指标		分项指标					
	城市品牌环境指数		环境指数		文化指数		宜居指数	
	得分	排名	得分	排名	得分	排名	得分	排名
南京市	65.42	17	67.62	10	64.67	15	62.61	52
珠海市	65.37	18	63.44	31	67.50	10	65.40	27
泉州市	65.36	19	64.17	24	62.01	45	71.55	10
临沂市	65.24	20	60.13	65	59.91	60	62.91	49
重庆市	65.04	21	71.91	6	63.33	24	63.56	42
成都市	64.77	22	71.71	7	63.75	20	64.37	36
威海市	64.75	23	61.48	49	62.64	34	63.48	43
宜昌市	64.59	24	59.80	76	59.65	70	62.90	50
南宁市	64.55	25	62.59	40	62.61	35	69.74	12
上海市	64.32	26	78.87	4	66.10	12	65.26	29
长春市	64.08	27	62.92	36	64.46	16	63.59	41
郑州市	64.02	28	65.75	17	68.68	7	67.21	19
邢台市	63.86	29	58.14	103	60.72	50	65.21	32
杭州市	63.86	30	72.99	5	60.67	51	64.05	38
广州市	63.77	31	85.12	1	89.63	2	75.14	6
徐州市	63.75	32	61.02	54	62.99	32	65.54	26
舟山市	63.66	33	61.04	53	59.14	88	62.19	56
厦门市	63.59	34	66.12	14	63.60	22	62.55	54
青岛市	63.49	35	65.03	19	63.11	30	65.26	30
福州市	63.47	36	64.59	21	62.10	44	64.80	34
昆明市	63.22	37	65.94	15	61.23	49	66.81	20
宁波市	63.21	38	65.86	16	61.77	47	63.35	44
绍兴市	63.21	39	61.63	48	62.30	43	66.03	23
保定市	63.06	40	61.30	50	63.33	25	62.75	51
芜湖市	62.71	41	59.86	75	60.62	52	66.67	21
大连市	62.56	42	63.35	32	62.49	38	65.90	25
天津市	62.55	43	66.88	11	60.26	56	63.06	48
聊城市	62.48	44	59.54	84	58.69	97	63.18	47

城市	三级指标		分项指标					
	城市品牌环境指数		环境指数		文化指数		宜居指数	
	得分	排名	得分	排名	得分	排名	得分	排名
武汉市	62.42	45	66.72	12	65.32	14	67.85	16
合肥市	62.31	46	64.04	25	63.28	26	65.91	24
银川市	62.01	47	59.40	90	59.75	67	60.38	93
石家庄市	61.72	48	63.21	34	62.55	36	66.21	22
西安市	61.61	49	64.45	23	63.21	27	67.99	15
邯郸市	61.51	50	60.24	61	59.36	79	60.72	83
岳阳市	61.25	51	57.79	112	57.14	112	59.46	100
贵阳市	61.19	52	64.54	22	61.71	48	63.86	40
广安市	61.19	53	66.14	13	68.25	8	77.14	5
金华市	61.03	54	60.71	57	58.90	93	60.04	97
松原市	61.00	55	58.88	98	58.91	92	60.56	88
九江市	60.92	56	59.71	77	59.36	80	61.33	71
铜陵市	60.85	57	58.73	99	60.14	59	61.36	70
海口市	60.79	58	61.71	47	61.94	46	69.84	11
东莞市	60.74	59	67.66	9	70.32	5	61.60	63
盐城市	60.72	60	60.19	63	60.55	53	60.41	91
哈尔滨市	60.66	61	62.80	37	58.56	98	60.77	81
滨州市	60.65	62	59.34	92	58.86	95	61.69	61
温州市	60.64	63	65.04	18	67.34	11	61.80	60
安庆市	60.61	64	57.31	132	56.62	147	59.66	99
乌鲁木齐市	60.57	65	60.19	64	59.22	85	60.97	75
唐山市	60.56	66	60.08	66	58.89	94	61.37	69
淮安市	60.52	67	59.66	79	59.12	89	60.94	77
赣州市	60.44	68	60.08	68	59.68	69	62.02	58
连云港市	60.44	69	59.45	88	59.31	82	60.85	80
湖州市	60.43	70	59.45	87	59.81	62	60.33	95
揭阳市	60.40	71	60.83	55	58.45	100	60.58	87
马鞍山市	60.38	72	58.93	96	59.37	78	60.65	84

城市	三级指标		分项指标					
	城市品牌环境指数		环境指数		文化指数		宜居指数	
	得分	排名	得分	排名	得分	排名	得分	排名
德州市	60.34	73	59.56	83	60.26	57	60.59	85
江门市	60.28	74	60.60	58	59.42	76	60.09	96
儋州市	60.25	75	60.35	59	59.44	74	60.76	82
廊坊市	60.24	76	59.28	93	58.84	96	61.86	59
洛阳市	60.21	77	60.08	67	59.72	68	60.48	90
鹰潭市	60.21	78	58.68	100	59.75	66	61.53	65
南通市	60.20	79	63.51	30	62.49	40	60.38	94
扬州市	60.16	80	59.98	70	59.55	72	60.58	86
淄博市	60.07	81	59.42	89	58.94	91	60.93	78
济南市	60.06	82	63.77	28	58.49	99	60.92	79
漳州市	60.00	83	59.62	81	59.18	87	61.45	66
日照市	59.90	84	58.93	97	59.79	63	61.57	64
晋中市	59.89	85	57.71	114	56.83	135	59.78	98
眉山市	59.86	86	60.34	60	59.76	65	61.08	74
烟台市	59.82	87	62.38	41	62.53	37	60.50	89
南阳市	59.78	88	59.90	73	59.21	86	61.13	73
西宁市	59.78	89	59.51	86	59.78	64	60.96	76
泰安市	59.73	90	59.37	91	59.23	84	61.40	67
呼和浩特市	59.70	91	59.88	74	59.43	75	61.37	68
襄阳市	59.70	92	59.62	80	60.18	58	61.19	72
秦皇岛市	59.66	93	59.07	95	59.50	73	60.40	92
泰州市	59.61	94	59.93	71	59.40	77	62.13	57
东营市	59.39	95	61.06	52	63.65	21	62.61	53
沧州市	59.38	96	60.22	62	58.94	90	61.65	62
沈阳市	59.33	97	63.80	27	63.50	23	64.24	37
鄂尔多斯市	58.89	98	60.78	56	63.17	29	65.27	28
肇庆市	58.77	99	59.20	94	59.31	81	62.52	55
汕头市	58.55	100	59.52	85	60.34	54	65.07	33

（2）2016 年中国城市品牌环境指数及分项指标得分前一百名城市排名

表 4-7　2016 年中国城市品牌环境指数及分项指标得分前一百名城市排名

城市	三级指标		分项指标					
	城市品牌资源指数		人力指数		工业指数		金融指数	
	得分	排名	得分	排名	得分	排名	得分	排名
岳阳市	85.30	1	73.53	13	99.49	1	87.63	1
深圳市	83.63	2	92.27	1	97.61	2	79.10	3
榆林市	76.60	3	81.20	2	90.92	3	79.52	2
呼和浩特市	76.02	4	68.24	27	80.23	13	68.39	8
太原市	75.74	5	68.14	30	77.44	17	68.02	9
鄂尔多斯市	74.13	6	70.15	23	77.49	16	61.76	46
南阳市	72.93	7	63.85	48	76.44	20	62.88	31
沈阳市	71.70	8	67.04	36	69.34	48	62.60	35
菏泽市	70.84	9	67.72	34	78.23	15	61.83	45
青岛市	70.71	10	80.35	3	80.04	14	66.19	13
泉州市	70.71	11	64.44	43	74.49	27	64.76	17
淄博市	70.05	12	61.12	77	68.70	52	64.46	18
遵义市	69.27	13	77.63	5	65.19	78	60.88	52
泰安市	68.33	14	61.61	70	75.30	23	61.88	43
海口市	68.10	15	60.45	99	70.93	41	62.01	42
南昌市	68.08	16	68.06	32	80.69	10	65.54	14
天津市	67.05	17	72.99	16	70.76	45	67.07	10
合肥市	66.90	18	78.99	4	82.17	9	74.95	4
邯郸市	66.88	19	64.56	42	69.13	50	62.15	39
邢台市	66.73	20	69.22	25	76.29	22	61.05	51
嘉兴市	66.51	21	68.21	29	71.47	39	63.47	26
连云港市	66.43	22	62.26	63	72.38	34	62.49	36
洛阳市	66.34	23	60.74	87	71.79	36	63.10	29
株洲市	66.26	24	58.69	128	62.93	99	60.64	54
贵阳市	66.22	25	76.34	9	89.33	5	61.66	49
厦门市	66.20	26	65.49	38	73.11	31	68.61	7

城市	三级指标		分项指标					
	城市品牌资源指数		人力指数		工业指数		金融指数	
	得分	排名	得分	排名	得分	排名	得分	排名
广州市	66.16	27	76.55	7	68.17	56	62.21	38
咸阳市	66.09	28	61.88	65	70.92	42	63.42	27
秦皇岛市	66.03	29	60.90	83	75.08	24	61.88	44
儋州市	65.80	30	62.42	60	73.92	29	64.06	19
西安市	65.70	31	73.04	15	72.20	35	66.60	12
武汉市	65.39	32	76.36	8	83.21	8	72.21	6
南京市	65.26	33	73.17	14	80.63	11	60.26	56
苏州市	64.98	34	61.72	69	68.95	51	62.85	32
九江市	64.83	35	71.37	21	71.68	38	62.12	41
赣州市	64.83	36	63.54	51	68.38	54	63.00	30
北京市	64.82	37	68.07	31	89.55	4	63.92	20
福州市	64.79	38	71.86	18	74.97	25	62.74	34
宁波市	64.52	39	71.82	19	85.92	6	63.71	23
临沂市	64.27	40	65.18	39	72.65	33	58.55	98
日照市	64.13	41	60.53	96	69.42	47	61.69	48
汕头市	64.02	42	60.68	89	72.86	32	63.48	25
桂林市	63.92	43	58.44	135	62.94	98	61.44	50
盐城市	63.87	44	61.48	74	68.64	53	58.63	97
金华市	63.31	45	72.17	17	80.26	12	63.89	21
鹰潭市	63.27	46	64.14	45	76.54	19	63.63	24
漳州市	63.07	47	61.99	64	70.91	43	64.95	16
绍兴市	62.90	48	71.69	20	77.00	18	66.74	11
珠海市	62.89	49	74.93	10	84.80	7	65.10	15
台州市	62.85	50	63.44	52	76.34	21	61.76	47
信阳市	62.61	51	58.43	136	63.80	86	59.23	80
上海市	62.16	52	70.39	22	63.69	89	58.90	91
成都市	62.08	53	62.41	61	67.50	61	59.20	83
芜湖市	61.99	54	69.84	24	69.96	46	72.50	5

城市	三级指标		分项指标					
	城市品牌资源指数		人力指数		工业指数		金融指数	
	得分	排名	得分	排名	得分	排名	得分	排名
宜昌市	61.98	55	64.07	46	67.34	62	59.25	78
潍坊市	61.80	56	62.37	62	64.12	84	58.55	99
济宁市	61.71	57	67.31	35	74.93	26	63.82	22
长春市	61.70	58	64.76	41	65.79	74	59.55	69
杭州市	61.64	59	64.31	44	63.00	96	59.78	65
乌鲁木齐市	61.62	60	61.86	66	71.77	37	59.01	87
泰州市	61.52	61	62.48	59	74.18	28	58.69	95
南通市	61.50	62	61.53	72	64.81	80	60.07	59
衡阳市	61.47	63	58.82	126	63.77	87	60.04	60
阜阳市	61.37	64	58.28	138	62.87	100	58.99	88
滨州市	61.33	65	60.66	90	67.03	63	59.89	63
广安市	61.31	66	61.57	71	65.80	73	59.26	75
宜春市	61.22	67	58.82	127	64.06	85	59.35	72
肇庆市	61.21	68	61.52	73	65.65	76	59.49	70
沧州市	61.06	69	61.19	75	68.23	55	58.65	96
大连市	60.90	70	76.55	6	66.57	67	58.87	92
吉林市	60.81	71	58.20	141	66.16	71	58.71	94
石家庄市	60.69	72	63.68	49	64.35	81	59.25	79
盘锦市	60.68	73	58.84	125	64.33	82	59.26	76
三明市	60.65	74	57.79	148	66.12	72	59.60	68
东莞市	60.65	75	60.80	86	66.95	64	58.91	90
东营市	60.60	76	63.02	56	63.75	88	59.25	77
绵阳市	60.59	77	59.50	112	63.07	94	58.94	89
温州市	60.58	78	61.05	79	67.69	58	59.30	74
三门峡市	60.54	79	59.18	117	63.69	90	59.22	82
廊坊市	60.47	80	61.00	81	65.79	75	59.72	66
襄阳市	60.42	81	62.51	58	66.56	68	59.01	86
惠州市	60.41	82	60.89	84	66.20	70	59.34	73

城市	三级指标		分项指标					
	城市品牌资源指数		人力指数		工业指数		金融指数	
	得分	排名	得分	排名	得分	排名	得分	排名
湖州市	60.41	83	60.93	82	64.84	79	59.22	81
德州市	60.40	84	61.14	76	67.71	57	59.04	85
佛山市	60.39	85	60.55	95	67.63	59	60.04	61
长沙市	60.37	86	68.36	26	70.77	44	62.15	40
郑州市	60.30	87	59.12	120	63.04	95	59.83	64
开封市	60.29	88	63.19	54	66.91	65	60.18	58
荆州市	60.16	89	58.45	134	64.25	83	60.26	57
十堰市	60.12	90	57.80	145	63.57	92	59.96	62
揭阳市	59.98	91	60.55	94	67.54	60	59.67	67
重庆市	59.91	92	63.95	47	71.23	40	60.65	53
眉山市	59.91	93	60.88	85	65.46	77	59.35	71
烟台市	59.84	94	61.83	67	63.63	91	59.15	84
蚌埠市	59.83	95	58.47	133	63.23	93	58.44	100
酒泉市	59.55	96	57.88	143	62.99	97	62.46	37
哈尔滨市	59.51	97	60.71	88	66.82	66	58.77	93
汉中市	59.22	98	58.49	132	61.78	118	56.79	132
徐州市	59.16	99	63.54	50	73.81	30	63.29	28
银川市	59.07	100	62.77	57	66.39	69	60.36	55

4.4 2012—2015 年中国城市 CIBI 得分前一百名城市排名

表 4-8 2012—2015 年中国城市 CIBI 得分前一百名城市排名

城市	2012		2013		2014		2015	
	CIBI 得分	排名	CIBI 得分	排名	CIBI 得分	排名	CIBI 得分	排名
上海市	82.06	1	82.22	2	79.77	1	86.40	1

城市	2012		2013		2014		2015	
	CIBI 得分	排名	CIBI 得分	排名	CIBI 得分	排名	CIBI 得分	排名
深圳市	80.22	2	84.40	1	76.92	3	84.01	2
北京市	79.18	3	79.33	3	78.78	2	81.02	3
广州市	70.70	4	70.36	5	73.14	4	72.26	4
天津市	69.35	5	69.30	6	68.90	5	71.89	5
东莞市	67.98	8	71.00	4	67.60	9	71.48	6
重庆市	68.21	7	68.03	8	67.47	10	68.88	7
苏州市	68.75	6	68.38	7	67.17	11	68.64	8
杭州市	67.24	10	66.64	9	67.64	8	68.22	9
厦门市	65.83	16	65.97	11	65.10	20	67.86	10
珠海市	65.57	17	64.96	17	65.47	16	67.49	11
南京市	67.27	9	66.18	10	67.69	7	67.38	12
宁波市	66.01	15	65.95	12	65.19	19	67.01	13
青岛市	66.12	14	65.95	13	65.62	14	66.71	14
成都市	66.34	11	65.86	14	66.69	12	66.44	15
武汉市	66.17	12	65.23	16	66.22	13	66.06	16
大连市	66.16	13	65.75	15	65.37	17	65.62	17
郑州市	64.65	22	64.17	22	65.34	18	65.32	18
佛山市	64.76	20	64.84	18	64.12	27	65.20	19
西安市	64.60	23	64.43	20	64.92	21	65.20	20
无锡市	64.92	19	64.58	19	63.99	28	65.01	21
惠州市	63.85	29	63.80	23	63.48	32	64.93	22
福州市	63.89	28	63.57	29	64.34	25	64.33	23
中山市	63.48	36	63.73	24	62.94	41	64.29	24
烟台市	63.91	26	63.61	28	63.36	35	64.21	25
长沙市	63.95	25	63.63	27	64.68	24	64.05	26
南通市	63.54	34	63.65	26	63.15	37	64.02	27
合肥市	63.97	24	63.49	30	64.87	22	64.01	28
常州市	63.72	30	63.65	25	63.11	39	64.01	29
沈阳市	64.69	21	64.30	21	64.82	23	64.01	30

续表

城市	2012		2013		2014		2015	
	CIBI 得分	排名	CIBI 得分	排名	CIBI 得分	排名	CIBI 得分	排名
济南市	63.90	27	63.43	31	65.58	15	63.97	31
绍兴市	63.43	37	63.33	34	62.82	45	63.73	32
潍坊市	62.99	45	62.77	43	62.90	42	63.68	33
嘉兴市	63.11	41	63.23	37	62.87	43	63.65	34
昆明市	63.61	32	63.33	33	63.69	30	63.62	35
石家庄市	63.50	35	63.33	35	64.18	26	63.55	36
遵义市	55.39	155	59.72	86	59.74	73	63.47	37
长春市	63.55	33	63.18	38	63.42	33	63.45	38
太原市	63.15	40	63.00	40	63.76	29	63.42	39
泉州市	63.09	42	63.15	39	62.86	44	63.39	40
温州市	63.04	44	63.00	42	62.75	47	63.33	41
南昌市	62.94	46	62.60	46	63.63	31	63.28	42
哈尔滨市	63.20	38	63.00	41	63.14	38	63.12	43
舟山市	62.83	47	59.97	70	60.31	52	63.08	44
台州市	62.74	48	62.68	44	62.21	50	63.06	45
南宁市	63.19	39	62.62	45	63.30	36	63.03	46
贵阳市	60.64	51	60.29	55	62.97	40	63.03	47
儋州市	59.60	99	63.29	36	68.20	6	62.95	48
威海市	62.56	50	63.35	32	60.32	51	62.92	49
宿迁市	57.49	123	59.60	96	57.43	108	62.90	50
娄底市	53.24	204	53.23	225	55.09	195	60.98	51
东营市	60.37	60	60.11	62	60.19	56	60.92	52
江门市	60.48	59	60.34	51	60.09	61	60.80	53
金华市	60.52	56	62.43	47	60.18	57	60.63	54
兰州市	60.51	58	59.91	73	62.32	49	60.58	55
乌鲁木齐市	60.63	52	60.23	58	60.24	54	60.56	56
唐山市	60.51	57	62.34	48	60.25	53	60.47	57
海口市	59.90	77	59.93	72	60.09	60	60.44	58
扬州市	63.65	31	60.28	56	60.06	62	60.44	59

续表

城市	2012		2013		2014		2015	
	CIBI 得分	排名	CIBI 得分	排名	CIBI 得分	排名	CIBI 得分	排名
淄博市	60.62	54	62.27	50	60.14	58	60.42	60
呼和浩特市	60.23	64	59.82	75	62.50	48	60.40	61
湖州市	60.06	69	60.06	65	59.75	72	60.39	62
日照市	60.22	65	60.25	57	62.79	46	60.36	63
徐州市	60.54	55	60.30	53	60.21	55	60.35	64
菏泽市	57.66	101	57.62	103	57.48	101	60.32	65
临沂市	60.27	63	60.34	52	60.12	59	60.31	66
泰州市	60.13	66	60.10	63	59.94	65	60.31	67
镇江市	60.33	61	60.23	59	59.99	64	60.28	68
保定市	60.11	67	60.10	64	59.93	67	60.25	69
汕头市	59.86	80	60.11	61	59.80	70	60.24	70
芜湖市	60.10	68	60.04	68	59.90	68	60.23	71
盐城市	60.06	70	60.00	69	59.94	66	60.22	72
连云港市	59.87	78	59.80	76	59.76	71	60.15	73
洛阳市	59.95	73	60.05	67	59.70	75	60.13	74
廊坊市	59.84	82	59.74	83	59.67	79	60.13	75
上饶市	55.40	153	57.38	147	57.25	141	60.07	76
漳州市	59.78	83	59.78	80	59.68	77	60.06	77
广安市	53.15	230	53.21	226	53.00	234	60.05	78
肇庆市	59.72	85	59.60	94	59.56	83	60.04	79
济宁市	59.94	74	59.96	71	59.71	74	59.98	80
揭阳市	57.44	135	55.38	165	59.41	100	59.98	81
秦皇岛市	59.64	93	57.52	118	59.49	93	59.96	82
滨州市	59.65	92	59.69	87	59.48	96	59.93	83
淮安市	60.01	72	59.77	81	59.65	81	59.92	84
驻马店市	55.41	151	57.51	122	57.29	131	59.90	85
中卫市	52.97	256	53.12	252	52.80	263	59.89	86
铜陵市	59.62	96	59.72	85	60.01	63	59.88	87
邯郸市	59.91	75	59.91	74	59.68	78	59.88	88

续表

城市	2012		2013		2014		2015	
	CIBI 得分	排名	CIBI 得分	排名	CIBI 得分	排名	CIBI 得分	排名
丽水市	55.40	152	55.38	166	57.24	142	59.88	89
赣州市	57.65	102	59.58	98	59.51	88	59.86	90
鄂尔多斯市	59.86	79	62.29	49	59.58	82	59.86	91
衡阳市	59.65	91	59.57	100	59.50	90	59.85	92
银川市	59.68	88	59.76	82	59.85	69	59.85	93
宜昌市	57.63	104	57.60	107	59.49	95	59.82	94
南阳市	59.62	97	59.74	84	59.50	91	59.81	95
株洲市	59.66	89	57.61	105	59.53	86	59.80	96
防城港市	55.36	157	53.01	264	57.38	117	59.80	97
襄阳市	57.49	124	57.63	102	59.42	99	59.80	98
西宁市	57.57	113	57.52	120	57.47	104	59.78	99
沧州市	59.69	87	59.79	79	59.53	85	59.78	100

4.5 本章小结

　　本章主要对 CIBI 得分排名前一百的主要城市的 CIBI 测算结果进行了报告，利用图表形式对主要城市 2016 年 CIBI 整体得分排名情况、一级指标得分及排名情况、二级指标得分及排名情况、三级指标得分及排名情况分别进行展示。此外，还对 2012—2015 年主要城市的 CIBI 总体得分及排名的变化情况进行了报告。本章内容有助于相关城市快速了解自身 CIBI 得分与排名情况，较为直接地认识自身进出口品牌振兴综合水平在全国范围内的地位，以及各分项指标的排名情况和在全国所处的地位。

第五章　CIBI 特征分析与解读

为了从全国整体层面对各城市 CIBI 的表现进行综合解读，本章首先从整体上对全国所有城市的 CIBI 进行指标统计描述，通过对发展时序的分析来解读全国层面 CIBI 随时间发展变化的规律。其次，对省级和区域级别的各项指标进行比较分析，考察地理区位划分下的城市共性并以此探究地理区位对城市聚类划分的合理性。最后是测算全国各区域的 CIBI 与价值指数和潜力指数之间的相关关系，从而进一步解读 CIBI 指标结果的趋势和特征。

5.1　全国层面总体概况

本节主要从指标体系结果的全国层面分析 CIBI 指数、品牌价值指数和品牌潜力指数，分为对指标统计量情况进行分析的指标统计描述和依时间的发展变化情况进行解读的时序分析。

5.1.1　指标统计描述

指标统计描述即是对全国所有城市 CIBI 指数、品牌价值指数和品牌潜力指数这三个指标的均值、标准差、峰度、偏度这些统计量进行描述。

表 5-1　全国层面指标统计描述

统计指标	均值	标准差	峰度	偏度
CIBI	58.08	5.09	1.89	6.20
城市品牌价值指数	57.88	5.02	2.38	10.21
城市品牌潜力指数	58.29	5.36	1.76	5.08

通过表 5-1 可以看出，全国的 CIBI 指数均值为 58.08，峰度为 1.89，

标准差为 5.09，说明全国各城市的 CIBI 指数分布相对分散，全国 CIBI 指数的偏度为 6.20，说明全国各城市的 CIBI 指数呈现较大程度的右偏分布，存在一些城市发展状况明显优于其他城市的情况。全国各城市的城市品牌价值指数为 57.88，标准差为 5.02，说明全国各城市的品牌价值指数离散程度较大。峰度为 2.38，各城市品牌价值指数相对集中于全国平均值，偏度为 10.21，说明全国各城市的品牌价值指数呈现比较严重的右偏分布，价值指数最高的城市与较低的城市之间有较大差距，说明全国各城市进出口方面发展不均衡。全国各城市的城市品牌潜力指数为 58.29，标准差为 5.36，说明不同城市在进出口品牌发展资源和发展环境方面差别较大。峰度为 1.76，各城市品牌价值指数相对集中于全国平均值，偏度为 5.08，呈现一定程度的右偏分布，城市间的差距不大。

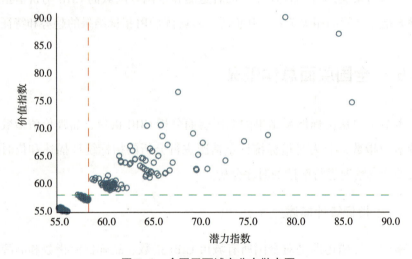

图 5-1　全国层面城市分布散点图

通过图 5-1 可以看出全国大部分城市的品牌潜力指数和价值指数分布在全国平均值附近，但仍有少量城市的潜力指数和价值指数远高于平均水平，在进出口的各个方面要优于大部分城市。整体来看，各城市的发展并不均衡。

5.1.2 发展时序分析

本部分从全国层面 2012—2016 年的 CIBI 指数、价值指数、潜力指数的均值和标准差的发展变化进行分析，了解全国 CIBI 指数的变化情况。

图 5-2　CIBI 均值和标准差

通过图 5-2 可以看出，2012—2014 年全国的 CIBI 指数发展较为稳定，在 2014 年有小幅度的下滑，但从 2015 年开始，全国 CIBI 的平均指数有所上升，上涨至 58.10，2016 年仍保持在一定的水平。CIBI 指数的标准差在 2014 年之后开始显著上升，结合 CIBI 指数平均水平的上升，可以看出各城市的进出口发展差距变大，少数城市获得快速发展，CIBI 指数大幅度提高。

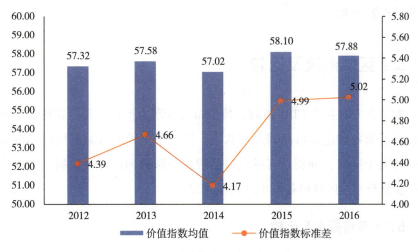

图 5-3　价值指数均值和标准差

通过图 5.3 可以看出，2012—2016 年全国各城市的进出口品牌价值指数的平均水平变化程度较小，2015 年价值指数均值有小幅度上升。价值指数的标准差在 2014 年明显下降，2015 年又迅速上升至 4.99，2016 年有小幅度上升，说明 2015 年之后全国各城市的价值指数水平差距逐渐增大。

图 5-4　潜力指数均值和标准差

通过图 5-4 可以看出，2012—2016 年五年间全国进出口品牌潜力指数发展均衡，均值始终保持在 58 以上。2014 年全国各城市潜力指数的标准差显著升高，标准差达到 5.45，说明全国各城市的进出口品牌振兴潜力的差距开始逐渐拉大。

5.2 区域概况及比较

本节首先对各省 CIBI 指数、价值指数和潜力指数及其描述性数据进行分析，了解各省进出口品牌发展状况。然后将全国所有城市按照地域分布划分为七个区域，分别对其进出口品牌振兴指数和描述性数据进行分析，进一步分析不同区域内各城市的发展状况。

5.2.1 各省概况及比较

对区域概况进行比较首先是在省一级进行解读，本部分对全国各省的 CIBI 指数、价值指数和潜力指数进行分析，了解得分情况及各城市的分布情况。

（1）各省指数分布

本节首先对全国各省的 CIBI 指数的各项指标进行分析，了解全国各省、直辖市和自治区的得分情况和分布情况。

表 5-2　各省份进出口品牌价值指数分项指标得分情况

区域	城市数	CIBI 均值	价值指数	潜力指数	区域排名
上海市	1	85.97	87.19	84.74	1
北京市	1	80.45	74.77	86.13	2
天津市	1	71.25	67.73	74.77	3
重庆市	1	68.50	64.19	72.82	4
浙江省	11	62.73	62.91	62.55	5
江苏省	13	62.41	61.89	62.94	6
广东省	21	61.43	62.10	60.76	7
山东省	17	60.97	60.79	61.16	8
海南省	3	60.21	60.05	60.38	9
福建省	9	60.05	60.18	59.92	10
新疆维吾尔自治区	2	59.24	58.30	60.18	11
河北省	11	58.92	58.47	59.37	12
陕西省	7	58.37	57.98	58.77	13
江西省	11	57.92	57.78	58.06	14
青海省	2	57.58	57.62	57.53	15
河南省	17	57.43	56.98	57.87	16
安徽省	16	57.00	56.69	57.32	17
湖南省	13	56.94	56.58	57.31	18
湖北省	12	56.86	56.44	57.29	19
贵州省	5	56.44	55.90	56.98	20
内蒙古自治区	8	56.42	56.23	56.60	21
吉林省	7	56.25	56.18	56.33	22
辽宁省	14	56.08	56.08	56.07	23
云南省	6	55.63	55.34	55.91	24
四川省	16	55.61	55.20	56.02	25
西藏自治区	1	55.45	54.86	56.04	26

续表

区域	城市数	CIBI 均值	价值指数	潜力指数	区域排名
广西壮族自治区	14	55.16	55.13	55.20	27
宁夏回族自治区	4	54.96	54.93	54.99	28
山西省	11	54.95	54.79	55.12	29
黑龙江省	11	54.52	54.34	54.70	30
甘肃省	7	54.23	54.28	54.19	31

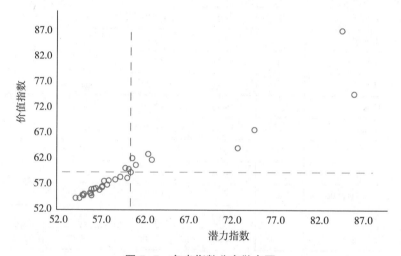

图 5-5　各省指数分布散点图

通过表 5-2 可以看出，2016 年 CIBI 指数前四名均为直辖市，分别是上海市、北京市、天津市和重庆市，得分分别为 85.97、80.45、71.25 和 68.50，各直辖市之间得分差距较大，比排名第五的浙江省高出较多，说明全国各省进出口的发展程度并不均衡，且四个直辖市远超全国平均水平。

通过表 5-2 和图 5-5 可以看出，上海、北京、天津和重庆四个直辖市的进出口品牌潜力指数和价值指数显著高于全国其他省份，且上海市和北京市更是遥遥领先。从图中可以看出，全国大部分省的品牌价值指数和潜力指数低于平均水平，进一步说明 CIBI 指数排名靠前的省市在进出口的各方面均具有较大优势，全国的发展相对失衡。

（2）各省统计量描述

本节在计算各省 CIBI 各项指数和排名的基础上，进一步通过对偏度、峰度等统计量进行分析，了解各省内城市的发展状况。

表 5-3　各省份城市聚类进出口品牌价值指数相关统计指标得分情况

省	所属区域	CIBI 均值	偏度	峰度	CIBI 排名
上海市	华东	82.06			1
北京市	华北	79.18			2
天津市	华北	69.35			3
重庆市	西南	68.21			4
江苏省	华东	62.33	0.99	0.50	5
浙江省	华东	61.80	−0.42	−0.03	6
山东省	华东	60.33	−0.16	1.00	7
西藏自治区	西南	60.28			8
广东省	华南	60.02	1.63	3.11	9
福建省	华东	59.51	0.58	−1.20	10
河北省	华北	58.59	−0.46	−0.14	11
海南省	华南	58.27	−1.71		12
新疆维吾尔自治区	西北	57.99			13
青海省	西北	57.53			14
辽宁省	东北	57.42	1.33	1.45	15
安徽省	华东	57.22	0.86	1.59	16
河南省	华中	57.20	0.55	0.90	17
山西省	华北	57.04	0.96	−0.75	18
湖南省	华中	56.99	0.72	1.07	19
贵州省	西南	56.95	0.50	−2.61	20
湖北省	华中	56.79	2.05	5.16	21
陕西省	西北	56.58	1.50	2.77	22
江西省	华中	56.24	1.13	1.13	23
内蒙古自治区	华北	56.19	0.36	−2.11	24
黑龙江省	东北	55.74	1.05	−0.14	25
四川省	西南	55.46	2.69	8.63	26
吉林省	东北	55.24	1.92	3.31	27
云南省	西南	55.10	2.19	4.84	28

省	所属区域	CIBI 均值	偏度	峰度	CIBI 排名
广西壮族自治区	华南	54.90	1.85	2.91	29
宁夏回族自治区	西北	54.67	2.00	4.00	30
甘肃省	西北	54.43	2.18	4.72	31

通过表 5-3 可以看出，除浙江省、山东省、河北省和海南省之外，其余省偏度均为正，说明 CIBI 指数普遍呈现右偏分布，其中四川省的偏度最高，达到了 2.69，说明四川省内各城市发展非常不均衡。且各省峰度差别较大，整体来看，CIBI 指数高的省份峰度要略低于 CIBI 指数低的省份，说明 CIBI 指数较高的省份内各城市发展不均衡，在进出口各方面有较大差距。

5.2.2 区域概况及比较

在上一节对各省的 CIBI 指数分析的基础上，为了进一步区分不同的进出口品牌城市类型，本节将全国按照地域划分为华东、华南、华北、华中、西北、西南和东北地区七个区域，分别对各区域的 CIBI 指数均值和进出口品牌价值指数和潜力指数进行分析，了解各区域整体的进出口品牌发展状况。

表 5-4　各区域进出口品牌价值指数分项指标得分情况

区域	城市数	CIBI 均值	价值指数均值	潜力指数均值	区域排名
华东地区	67	60.84	60.68	61.00	1
华南地区	38	59.03	59.37	58.68	2
华北地区	32	57.99	57.44	58.54	3
华中地区	53	57.28	56.93	57.64	4
西北地区	22	56.44	56.24	56.64	5
西南地区	29	56.20	55.65	56.74	6
东北地区	32	55.58	55.50	55.66	7

可以看出，华东地区包含 67 个城市，CIBI 指数均值为 60.84，位居全国第一，价值指数均值为 60.68，潜力指数均值为 61.00，均远高于全国平均水平，说明华东地区在进出口品牌的整体发展状况优于全国其他地区，在

发展潜力和进出口品牌价值等方面均具有很大的优势。华南地区包含 38 个城市，CIBI 指数均分为 59.03，位居全国第二，价值指数均值为 59.37，潜力指数为 58.58，各项指数仅次于华东地区，但仍高于全国平均水平，在进口品牌规模、效率，出口品牌优化，品牌发展资源和发展环境等各方面均有较好的发展现状和潜力。

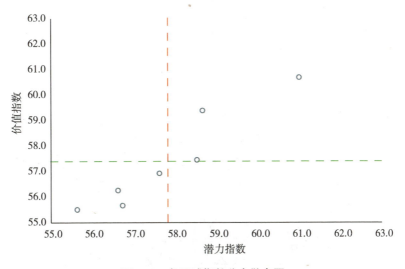

图 5-6　各区域指数分布散点图

整体来看，各区域进出口品牌发展状况差异较大，区域内各城市发展不均衡，CIBI 得分较高的城市各方面显著优于区域内其他城市。

5.3 指标相关性分析

从 CIBI 指标体系上看，价值指数与潜力指数作为两个独立且综合的测评指标，对二者的相关性进行分析能够进一步揭示一个城市的类型特征，因此本节以相关系数分析来探索各城市划分是否具有某些一致的特点。除此之外，相关系数的差异表明各城市 / 省份 / 地区内部的价值指数和潜力指数不同的相关关系，若相关系数有一定的差距，则表明所比较对象在进出口潜力和进出口价值上的转化能力之间具有差异，需要进一步加以解释。

本节分为相关系数的测算方法，即各区域与全国的价值指数、潜力指数相关系数的具体值、排名和相应的描述；分区域结合其发展现实、地理历史及政策文件进行相关系数的时序分析，并指出各区域内部发展不平衡，引出进一步探究城市聚类划分的研究思路。

5.3.1 相关系数概述

相关系数的测算方法方面，本文选用 Pearson 相关系数计算法来计算各地区、省份内部价值指数和潜力指数之间的相关系数。Pearson 相关系数的适用范围为：（1）两个变量之间是线性关系，都是连续数据；（2）两个变量的总体是正态分布或接近正态的单峰分布；（3）两个变量的观测值是成对的，每对观测值之间相互独立。

这些条件在本文研究的各省份 / 地区中全部满足，因此可以使用 Pearson 相关系数进行相关性检验。Pearson 相关系数计算公式表达为：

假设有两个变量 X 和 Y，那么 X 和 Y 之间的相关系数表示为：

$$\rho_{x,y} = \frac{cov(X,Y)}{\sigma_X \sigma_Y} = \frac{\sum_1^n (X_i - \bar{X})(Y_i - \bar{Y})}{\sqrt{\sum_1^n (X_i - \bar{X})^2 \sum_1^n (Y_i - \bar{Y})^2}} \qquad 公式\ 5.1$$

其中，在本文的实际应用中，X 表示价值指数，Y 表示潜力指数。Pearson 相关系数取值范围为 $-1 \sim 1$。

Pearson 相关系数的绝对值的取值在 $0 \sim 0.2$ 范围表示极弱相关或无相关，$0.2 \sim 0.4$ 表示弱相关，$0.4 \sim 0.6$ 表示中等程度相关，$0.6 \sim 0.8$ 表示强相关，$0.8 \sim 1$ 表示极强相关。

Pearson 相关系数计算完成后要附以显著性检验，其检验目的为检查样本相关系数对总体相关系数的代表性。检验统计量为：$t = \acute{A}\sqrt{\dfrac{n-2}{1-\rho^2}} \sim t(n-2)$

【n 表示样本个数】，并将统计量的概率 p 值与显著性水平 α 进行比较，判断总体相关性是否显著。

本文的相关系数是价值指数和潜力指数之间的相关系数，表示两者之间是否有明显的线性相关关系。

表 5-3 各区域 + 全国的价值指数、潜力指数相关系数的具体值和排名

地区	省份	CIBI	价值指数	潜力指数	相关系数	相关系数排名
华北地区		57.99	57.44	58.54	0.99	
	山西省	54.95	54.79	55.12	1.00	3
	河北省	58.92	58.47	59.37	0.98	8
	内蒙古自治区	56.42	56.23	56.61	0.98	10
	北京市	80.45	74.77	86.13	–	–
	天津市	67.73	74.77	71.25	–	–
西南地区		56.20	55.65	56.74	0.98	
	云南省	55.63	55.34	55.91	1.00	1
	贵州省	56.44	55.90	56.98	1.00	4
	四川省	55.61	55.20	56.02	0.98	11
	西藏自治区	55.45	54.86	56.04	–	–
	重庆市	68.50	64.19	72.82	–	–
东北地区		55.58	55.50	55.66	0.96	
	黑龙江省	54.52	54.34	54.70	1.00	5
	辽宁省	56.08	56.08	56.07	0.97	13
	吉林省	56.25	56.18	56.33	0.95	16
华中地区		57.28	56.93	57.64	0.96	
	河南省	57.43	56.98	57.87	0.99	7
	湖南省	54.95	56.58	57.31	0.98	9
	湖北省	56.86	56.44	57.29	0.97	12
	江西省	57.92	57.78	58.06	0.94	18
华东地区		60.84	60.68	61.00	0.96	
	安徽省	57.00	56.69	57.32	0.96	14
	福建省	60.05	60.18	59.92	0.94	17
	江苏省	62.41	61.89	62.94	0.94	19
	浙江省	63.73	62.91	62.55	0.90	21
	山东省	60.97	60.79	61.16	0.90	22
	上海市	85.97	87.19	84.74	–	–
华南地区		59.03	59.37	58.68	0.92	

地区	省份	CIBI	价值指数	潜力指数	相关系数	相关系数排名
	广西壮族自治区	55.16	55.13	55.20	0.95	15
	广东省	61.43	62.10	60.76	0.91	20
	海南省	60.21	60.05	60.38	0.77	24
西北地区		56.44	56.24	56.64	0.91	
	宁夏回族自治区	54.96	54.93	54.99	1.00	2
	甘肃省	54.23	54.28	54.19	0.99	6
	陕西省	58.37	57.98	56.77	0.82	23
	新疆维吾尔自治区	59.24	58.30	60.18	–	–
	青海省	57.58	57.62	57.51	–	–

分地区来看，各地区两个指标的相关系数均大于 0.9，表示从各地区总体来看，价值指数和潜力指数之间具有强线性相关关系。但是，首先，在部分地区，两者的相关系数明显与该区域相关系数产生偏离，表示地区内部不同城市中，两变量之间的线性相关关系不一定相同。其次，由于存在直辖市或仅含较少城市的省份，导致其相关系数不可计算。最后，部分地区整体的相关系数概率值大于 0.05，即不具有强显著性，不能代表地区的普遍特征。因此按照地区的相关系数对每个城市发展现状进行推断是不可行的。

5.3.2 区域相关性分析

本节对全国各区域的 CIBI 均值、峰度和标准差进行计算和分析，进而了解各区域之间的差异性以及区域内部城市的发展状况，从地域分布的角度看城市商品进出口品牌的发展规律。

表 5-4　各区域进出口品牌价值指数相关统计指标得分情况

CIBI 均值	偏度	区域	城市数	峰度	标准差
60.84	1.93	华东地区	67	8.36	5.01
59.03	1.87	华南地区	38	4.49	6.81

续表

CIBI 均值	偏度	区域	城市数	峰度	标准差
57.99	2.31	华北地区	32	6.93	5.78
57.28	1.19	华中地区	53	1.99	2.88
56.44	1.01	西北地区	22	0.19	3.89
56.20	1.66	西南地区	29	2.00	4.32
55.58	1.50	东北地区	32	1.20	3.73

（1）华北地区

华北地区具有各区域排名第三的 CIBI 得分，包含 32 个城市。其中，偏度 2.3，排名第一，表明其 CIBI 具有最严重的右偏分布，即具有 CIBI 极大值（北京市等），地区内部有远超本地平均发展水平的城市；峰度 6.93，排名第二，表明其城市 CIBI 集中度较高，大多城市集中在平均值附近分布；标准差 5.78，排名第二，结合 CIBI 峰度较高和偏度大，可以看出华北地区内部城市发展不均衡，集中高的同时又具有较多高偏离值。

"九五"计划中，国家在华北地区以环渤海作为发展重点，使得北京和天津以及部分河北城市的发展程度较其他城市偏高。而国家目前推行"京津冀"一体化，使得华北地区较去年 CIBI 偏度（2.41）和峰度（7.60）均有所下降。

（1）华东地区

华东地区具有各区域排名第一的 CIBI 得分，包含 67 个城市。其中，偏度 1.92，排名第二，表明其 CIBI 具有严重的右偏分布，即具有 CIBI 极大值（上海市等），地区内部有远超本地平均发展水平的城市；峰度 8.35，排名第一，表明其城市 CIBI 集中度极高，大多城市集中在平均值附近分布；标准差 5.01，排名第三，结合 CIBI 峰度高和偏度较大，可以看出华东地区内部城市发展不均衡，集中高的同时具有较多高偏离值。

"九五"计划中，以上海市为代表的"长三角"城市聚类作为发展重点，使得部分城市的发展离中程度较高；"十一五"和"十二五"计划，鼓励东部城市率先发展。因此，华东地区有一定的不均衡问题。

（2）华中地区

华中地区具有各区域第四的 CIBI 得分，包含 53 个城市。其中，偏度

1.19，排名第六，表明其 CIBI 具有极其轻微的右偏分布，城市内部不存在极大极小值；峰度 1.99，排名第五，表明其城市 CIBI 集中度低，城市分散分布在平均值附近；标准差 2.88，排名第七，结合 CIBI 峰度低和偏度低，可以看出华中地区内部城市发展较为均衡，无高偏离值的同时也并不集中。

华中地区发展较受地域、资源问题桎梏，因此我国在"十一五"计划和"十二五"计划中两度强调要促进中部城市的崛起，推动华中地区的兴起，华中地区城市发展较为平衡。

（3）华南地区

华南地区具有各区域第二的 CIBI 得分，包含 38 个城市。其中，偏度 1.87，排名第三，表明其 CIBI 具有较严重的右偏分布，即具有 CIBI 极大值（广州市等），地区内部有超过本地平均发展水平的城市；峰度 4.49，排名第三，表明其城市 CIBI 集中度较高，城市较集中分布在平均值附近；标准差 6.81，排名第一，结合 CIBI 偏度较大和峰度较高，可以看出华南地区内部城市发展具有不均衡问题。

华南地区中，广西壮族自治区、海南省发展较广东省有一定的落后。我国实施"粤港澳大湾区"战略，作为同"京津冀""长三角"城市聚类对等的发展城市聚类，可以较大地推动广西壮族自治区和海南省的发展，弥补不平衡的发展现状。

（4）西南地区

西南地区具有各区域第六的 CIBI 得分，包含 29 个城市。其中，偏度 1.65，排名第四，表明其 CIBI 具有一定的右偏分布，即具有较一般的 CIBI 极大值（重庆市等），地区内部具有超过本地平均发展水平的城市；峰度 1.99，排名第四，表明其城市 CIBI 集中度一般，城市较集中分布在平均值附近；标准差 4.32，排名第四，结合 CIBI 偏度和峰度均较一般，发现西南地区内部城市发展具有较轻微的不均衡问题。

西南地区一直是我国西部大开发战略的重要发展区域之一，于"十一五""十二五"计划中均受到重点强调，要推动西部大开发发展。同时，我国目前进行的"一带一路"倡议，选取成都为代表的西南地区作为重要对外开放区域，可以较大地推动西南地区的整体发展，同时也会带来不均衡问题的出现。

（5）东北地区

东北地区具有各区域第七的 CIBI 得分，包含 32 个城市。其中，偏度 1.50，排名第五，表明其 CIBI 具有较轻微的右偏分布，即具有偏离程度较小的 CIBI 极大值，地区内部具有稍微超过本地平均发展水平的城市；峰度 1.19，排名第六，表明其城市 CIBI 集中度较低，城市较松散地分布在平均值附近；标准差 3.73 排名第六，结合其较低的偏度和较低的峰度，可以看出东北地区内部城市发展具有轻微的不均衡问题。

（6）西北地区

西北地区具有各区域第五的 CIBI 得分，包含 22 个城市。其中，偏度 1.00，排名第七，表明其 CIBI 具有极其轻微的右偏分布，即各个城市 CIBI 离中程度极小；峰度 0.18，排名第七，表明其城市 CIBI 集中度极低，城市极其松散地分布在平均值附近；标准差 3.89，排名第五，结合其极低的偏度和极低的峰度，发现西北地区内部城市发展没有不均衡问题，但是有不集中问题。

（7）东北地区

东北地区是我国老牌重工业地区，其内部城市发展处于同一水平，但是在近年重工业不振的现状下，东北地区处于经济衰颓状态。我国于"十一五""十二五"计划中重点强调要振兴东北工业，可以较大地拉动东北整体经济发展，并且由于其资源条件等的类似性，不均衡问题难以出现。

5.4 本章小结

综合指标结果各维度的表现，包括全国层面总体概况、各区域概况以及指标相关性分析，从全国层面而言，指标结果展现了两个明显的特征：一是全国城市指标得分结果的分布并不均匀，各城市之间的差异可能很大；二是各地理区域内部的城市表现并不统一，各区域内部发展不平衡，区域内部存在异质性。

就全国层面所有城市的分布而言，虽然在全国均值附近集中了大量的城市，但仍有部分城市的潜力指数和价值指数远高于平均水平，在进出口的各个方面要优于大部分城市。另外，极个别城市是数据的离群点，各项指标表现都高于整体的均值中心，这使得数据分布上呈现右偏，整体来看，城市之间的发展并不均衡。

分地理区域划分城市旨在探索在地理区位下的同一类城市是否表现出相同的数据特征，展现出相近的发展态势。但从分区域的指标结果统计量描述分析可以发现区域内各城市发展依旧是不均衡的，数据分布存在着偏离；从相关性分析的角度也展现了部分相关系数高的区块并不能代表地区的普遍特征，同一区域下的城市指标结果依旧很不均衡，除样本量较少的部分省份以外，大部分地区中均有着相关性较弱省份和相关性很强省份同时存在的情况，因而不能判定同一地理区位下的所有城市都表现出了相同的特征。

因此，结合城市发展不均衡，同一地理区域内部存在异质性这两个数据表现，为了进一步总结归纳在中国城市商品进出口品牌振兴指标体系意义下的城市特征，划分城市类型，更进一步的数据挖掘是需要的。

第六章 基于 CIBI 得分的城市聚类分析

城市类型的划分是归纳总结城市特征，深入阐释城市商品进出口品牌化程度的有力手段，基于城市指标得分表现的聚类方法确保了城市划分的科学严谨。为了实现基于 CIBI 指标体系的城市聚类分析，本章将首先提出城市分类依据，明确 CIBI 得分特征所体现的问题，并提出了新的城市划分方案，这是通过聚类算法进行指标结果聚类来得以实现的。其次详细阐述城市聚类的原理，方法和过程，梳理分析流程，在逻辑上确保城市聚类的正确性。最后对各城市聚类在指标体系上的表现做了整体性的分析比较，确定其各自的基本定位与特征。

6.1 聚类分析思路

针对前文 CIBI 得分特征所论述的问题，本节通过观察城市指标结果的数据分布态势和阐述城市聚类意义这两个手段，论证了以指标结果进行聚类从而划分城市类型的城市分类方法，并以此推导出本书进行聚类分析的思路。

6.1.1 数据分布态势

从第五章对指标体系结果的整体分析以及分区域分析，本书总结了各城市指标得分的两个特征，一是全国城市指标得分结果的分布并不均匀，各城市之间的差异可能很大；二是各地理区域内部的城市表现并不统一，各区域内部发展不平衡，区域内部存在异质性，以地理区域对城市进行划分并不严谨。

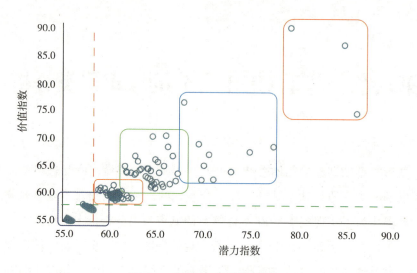

图 6-1　可能的城市类型划分图

以各城市在价值指数和潜力指数得分的二维矩阵分布来看，图 6-1 表现出各城市的得分情况，并在直观上给出了基于指标体系可能的城市聚类划分，如图可以看出，所有城市按其在坐标系中的分布至少可以被划分为五个类型。与简单按照相同地理区位划分城市类型相比，这样的划分方法基本能够保证其内部城市能表现出相近的数据特征，并在类型整体上也能够展现一定的共有特性。

因此，就总结归纳在中国城市商品进出口品牌振兴指标体系意义下的城市特征、划分城市类型这个研究思路而言，基于指标得分结果来进行城市分类，从揭示同类城市的共性、解读各城市类型的表现特点来看，是具有合理性的，聚类分析便是通过科学严谨的手段将其实现。

6.1.2 城市聚类意义

聚类作为一类数据挖掘方法，将数据对象按相似程度划分类别，目的在于使类间元素的同质性最大化和类与类间元素的异质性最大化，使聚到同一个数据集中的样本彼此相似，而属于不同组的样本则不相似。这是本研究划分中国商品进出口品牌城市聚类的有力工具。

本章的聚类研究主要是针对前文所述的两个指标数据特征，一是通过按聚类结果划分城市聚类来对城市进行分类，使同一类型城市的分布尽可能一致，发展态势相近；二是使得聚类结果中城市聚类内部的城市发展趋向均衡，从而在类型整体上表现出共同的特点，进一步揭示城市聚类的发展表现。

依据所有要解决的问题与聚类分析的意义，通过对各城市的指标结果进行聚类研究，本书提出了中国商品进出口品牌城市聚类的概念，阐释了不同城市聚类的发展趋势和整体特点，对研究涉及的所有地级市都给出了合理的定位，并重点分析各城市聚类的主要城市。下文展现了本研究数据聚类发现的具体原理和流程。

6.2　数据聚类发现

本章节从聚类原理和聚类算法入手，阐释了先进行层次聚类再由此结果进行 K-Means 算法聚类的数据聚类发现过程，得到了六个城市进出口品牌城市聚类并初步描述其数据分布等基本概况。

6.2.1 聚类原理

聚类分析又称为群分析，是一种对样品或者指标进行分类的多元统计方法，适用于对数量大且样本标记信息未知的样品或变量进行分析，是在没有任何先验信息的指导下，从一个数据集中发现潜在的相似模式，对数据集进行分组，以使得同一类内的相似性尽可能大，因此聚类是一种无监督模式识别方法。

一般来说，聚类分析是将样品或者变量按照它们在性质上的亲疏程度进行分类，用来描述样品或变量的亲疏程度通常有两个途径，一是把每个样品或者变量看作多维空间上的点，在多维空间坐标中定义点与点、类与类之间的距离，用点与点之间的距离来描述样品或变量之间的亲疏程度；二是计算样品或变量之间的相似系数，用相似系数来描述样品或变量之间的相似程度。

相关系数的度量是衡量聚类分析有效度的重要环节，一般来说相似系

数越大，对象间的相似性越大。令

$$\overline{x}_i = \frac{1}{M}\sum_{k=1}^{M}x_{ik} \quad \overline{x}_j = \frac{1}{M}\sum_{k=1}^{M}x_{jk} \qquad \text{公式 6.1}$$

则 x_i、x_j 的相似系数为

$$s(x_i, x_j) = \frac{1}{1+d(x_i, x_j)} \qquad \text{公式 6.2}$$

除了相似系数的度量，聚类研究和应用过程中通常要解决的另一个重要问题是：如何划分一个给定的数据集，使得划分结果最优，这个问题可以通过聚类算法解决。聚类算法一般有以下六种：基于划分的聚类方法、基于层次的聚类方法、基于密度的聚类方法、基于模型的聚类方法、基于模糊的聚类方法等。

6.2.2 聚类算法

聚类这一数据挖掘实践的基本流程一般是先通过层次聚类方法得到一个较优的聚类族数，再根据该聚类族数设定聚类算法的类数从而最终实现聚类挖掘。

层次聚类是聚类算法的一种，是通过计算不同类别数据点间的相似度来创建一棵有层次的嵌套聚类树。在聚类树中，不同类别的原始数据点是树的最低层，树的顶层是一个聚类的根节点。创建聚类树有自下而上合并和自上而下分裂两种方法，自上而下分裂是将所有样本看作是同一簇，然后进行分裂。自下而上合并时将所有原始样本看作不同的簇，然后进行凝聚。这种聚类的质心思想是：离观测点较近的点相比离观测点较远的点更可能是一类。

常见的层次聚类算法如：（1）采用抽样技术先对数据集 D 随机抽取样本，再采用分区技术对样本进行分区，然后对每个分区局部聚类，最后对局部聚类进行全局聚类的 CURE 算法；（2）采用了随机抽样技术，该算法在计算两个对象的相似度时，同时考虑了周围对象的影响的 ROCK 算法；（3）首先由数据集构造成一个 K– 最近邻图，再通过一个图的划分算法将

图 Gk 划分成大量的子图，每个子图代表一个初始子簇，最后用一个凝聚的层次聚类算法反复合并子簇，找到真正的结果簇的 CHEMALOEN 算法等。针对所研究数据的特点，本报告的聚类发现采用了 CURE 算法来实现层次聚类。

K-Means 算法属于基于划分的聚类方法，是一种典型的原型聚类算法。原型聚类算法是通过样本空间中具有代表性的点进行聚类。K-Means 算法的目的是：把 n 个点划分到 k 个聚类中，使得每个点都属于离它最近的均值（聚类质心）对应的聚类，并且找到每个聚类的聚类质心，使得为了得到每个聚类的质心，K-Means 迭代地进行两步操作：首先选出 k 个初始质心的位置，然后把每个数据点归类到离它最近的质心，这样我们就构造了 k 个聚类。但是，这 k 个初始质心的位置显然不一定是正确的，所以要把质心转移到得到的聚类内部的数据点的平均位置。这个过程中，质心点的位置不断地改变，构造出来的聚类也在变化。通过多次的迭代，这 k 个聚类质心最终会收敛并不再移动。

K-Means 算法最重要的两个步骤是距离的度量以及初始质心的选择。常用的距离度量方法包括欧几里得距离和余弦相似度。一般是目标函数达到最优或者达到最大的迭代次数即可终止。对于不同的距离度量，目标函数往往不同。

当采用余弦相似度时，目标函数一般为最大化对象到其聚类质心的余弦相似度和，如下：

$$\max \sum_{i=1}^{k} \sum_{x \in C_i} \text{cosine}(c_i, x) \qquad \text{公式 6.3}$$

当采用欧式距离时，目标函数一般为最小化对象到其聚类质心的距离的平方和，此时记 k 个聚类中心分别为 $a_1, a_2, \cdots, a_k$，记每个聚类的样本数量分别为 $N_1, N_2, \cdots, N_k$，使用平方误差作为目标函数，公式为：

$$J(a_1, a_2, \cdots, a_k) = \frac{1}{2} \sum_{j=1}^{K} \sum_{i=1}^{n} (x_i - a_j)^2 \qquad \text{公式 6.4}$$

要获取最优解，也就是目标函数尽可能小，对函数求偏导数，可以得

到聚类中心 a 更新的公式为：

$$\frac{\partial J}{\partial a_j} = \sum_{i=1}^{n}\left(x_i - a_j\right) \qquad\qquad 公式6.5$$

令 $\frac{\partial J}{\partial a_j} = 0$，得 $a_j = \frac{1}{N_j}\sum_{i=1}^{n}x_i$

另外常见的选取初始质心的方法有四种：（1）随机选择初始质心。（2）取一个样本，并使用层次聚类技术对它聚类。从层次聚类中提取 k 个聚类，并用这些聚类的质心作为初始质心。（3）随机地选择第一个点，或取所有点的质心作为第一个点。然后，对于每个后继初始质心，选择距离已经选取过的初始质心最远的点。使用这种方法，确保了选择的初始质心不仅是随机的，而且是散开的；但是，这种方法可能选中离群点。（4）使用 canopy 算法。本研究中结合层次聚类法和 K–Means 聚类算法的特点，对所得数据进行了聚类分析。

6.2.3 聚类过程

中国城市进出口品牌振兴指数（CIBI）指标体系中的两个二级指标，进出口价值指数和进出口潜力指数，它们相互独立、定义明确且综合程度高，二者合在一起便反映了指标体系的全部信息，因而以二者作为聚类分析的数据项是最简明完备，也最合适的。

本聚类研究首先设置聚类分析的数据集为各城市在进出口价值指数和进出口潜力指数上的得分情况，表现为在这两个数据项所形成的二维坐标系中的点集，其次是根据层次聚类获得合适的聚类数，其结果为当聚类数为6时是较合适的，因此设置 K–Means 算法聚为六类，得到六个进出口品牌城市聚类，展现在下图的二维坐标系矩阵中。

如图 6-1 所示，本指标体系涵盖所有城市在坐标系中被表示为点集，它们共聚成了六类，我们称这一聚类过程的结果为六类中国商品进出口品牌城市聚类，后续的分析将围绕这六类城市聚类加以展开，阐释它们间的差异并对每一类城市聚类进行深入解读。

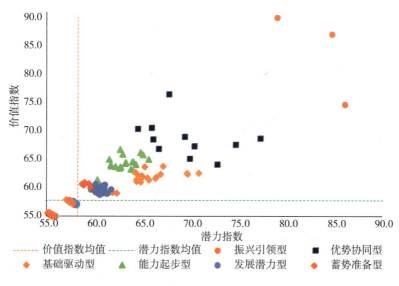

图 6-2　城市聚类聚类二维矩阵图

6.3 进出口品牌城市聚类

本节首先根据聚类结果将所有城市分为六类，讲解其各自的内涵与主要城市，其次比较它们在各个指标上的得分情况，从整体层面上展开论述。

6.3.1 各城市聚类基本概况

结合六个城市聚类在品牌价值指数和品牌潜力指数的表现情况，本研究将这六类城市聚类分别命名为：进出口品牌振兴引领型、进出口品牌优势协同型、进出口品牌基础驱动型、进出口品牌能力起步型、进出口品牌发展潜力型和进出口品牌蓄势准备型，它们的 CIBI 以及价值潜力表现等得分情况如表 6-1 所示：

表 6-1　各城市聚类指标表现得分情况

指数均值	振兴引领	优势协同	基础驱动	能力起步	发展潜力	蓄势准备
CIBI 指数	83.69	69.16	63.84	63.86	58.91	54.70
进出口品牌价值指数	84.05	68.71	61.99	64.54	58.46	54.75

续表

指数均值	振兴引领	优势协同	基础驱动	能力起步	发展潜力	蓄势准备
进出口品牌潜力指数	83.32	69.61	65.68	63.17	59.35	54.64
出口品牌优化指数均值	85.38	71.13	62.76	65.63	58.78	54.93
进口品牌准备指数均值	82.73	66.30	61.23	63.45	58.15	54.58
城市品牌环境指数均值	84.59	69.30	64.56	62.69	59.13	54.59
城市品牌资源指数均值	81.84	69.98	66.99	63.73	59.62	54.70

从指标得分情况上看，进出口品牌振兴引领型城市在基础设施水平和进出口品牌综合价值上均已达到较高水平，包括上海市、北京市、深圳市，其中上海市、北京市是直辖市，深圳是中国四大一线城市之一，它们是全国金融中心、全国政治文化中心、全国经济中心等，是我国发展最好、实力最强的领军城市聚类。

进出口品牌优势协同型城市本身拥有良好的基础环境，在进口或出口品牌化方面也取得了一定成绩，进出口品牌化表现和城市自身条件协同发展，包括广州市、东莞市、天津市、苏州市、杭州市、南京市等，主要分布省份为广东省、江苏省、浙江省、山东省和福建省，大多分布于东南沿海地区，另外包含天津市与重庆市两个直辖市，是发达程度很高的一二线城市。

进出口品牌基础驱动型城市主要依靠城市进出口相关基础资源的积累，实现进出口领域的品牌影响力，依托城市进出口发展潜力，为进出口品牌化打好基础，驱动其快速成长，展现出一定的进出口品牌振兴雏形，包括成都市、武汉市、西安市、郑州市、合肥市等18个城市，均为省会城市。

进出口品牌能力起步型城市在进口品牌准备指数或出口品牌优化指数上有一定亮点，整体进出口品牌发展已进入起步阶段，包括佛山市、大连市、无锡市、惠州市、中山市等20个城市，主要分布省份为浙江省、广东省、山东省和江苏省，它们在地区进出口水平和经济发展中已表现出一定的体量和影响力。

进出口品牌发展潜力型城市具备一定的品牌发展潜力，城市进出口基础资源相对良好，正在尝试把城市进出口潜力转化为进出口品牌价值表现，同时带动城市经济社会基础的发展，包括金华市、徐州市、鄂尔多斯市、淄博市、泰州市等 72 个城市，主要分布在河北省和内蒙古自治区，以及江苏省、浙江省、山东省。

进出口品牌蓄势准备型城市则尚未完全展现品牌振兴的潜力，有待进一步发展进出口基础资源，包括日照市、松原市、铜陵市、防城港市、鹰潭市等 145 个城市，分布于全国各省，相对集中于中西部省份。

6.3.2 城市聚类得分概述

结合图 6-3 我们从进出口品牌价值指数、CIBI 指数和进出口品牌潜力指数三个指标对六个城市聚类的基本概况进行分析。

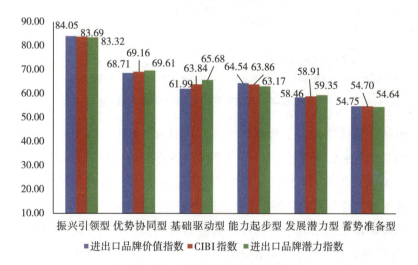

图 6-3　全国层面指标统计描述

从 CIBI 指数来看，六个城市聚类的 CIBI 均分整体呈现递减趋势，CIBI 平均得分依次为 79.02、61.47、55.08、54.97、52.23、51.44，振兴引领型远高于其余类型的城市类型，基础驱动型和能力起步型两个城市类型的 CIBI 平均得分相差不大。优势协同型位于振兴引领型和基础驱动型之间，比振兴引领型的 CIBI 平均得分低 7.55 分，比基础驱动型高 6.39 分。

从进出口品牌价值指数来看，整体呈递减趋势，但是能力起步型略高于基础驱动型。进出口品牌价值指数平均值分别为 79.55、60.89、52.72、

55.80、51.70、51.50，振兴引领型远高于其余的城市类型，能力起步型则比基础驱动型高 3.08。

从进出口品牌潜力指数来看整体仍呈现递减趋势。六个城市聚类的进出口品牌潜力指数平均值分别为 78.48、62.05、57.43、54.15、52.76、51.38，振兴引领型远高于其余的城市类型，基础驱动型则略高于能力起步型。

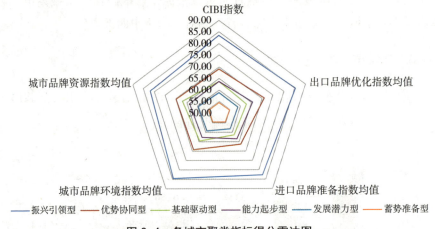

图 6-4　各城市聚类指标得分雷达图

再结合雷达图及以上数据可见，振兴引领型城市在各指标得分上均表现出明显的优势，处于全国最高水平，是各方面均衡发展的领军城市；优势协同型虽在各方面均落后于振兴引领型，但是相比其他类型，仍已做到了均衡发展，各方面均略领先于其他四类城市。

基础驱动型城市与能力起步型城市则表现出不均衡发展的特点，二者在 CIBI 得分上相差甚小，但是相比之下，能力起步型在进出口品牌价值指数上较有优势，而基础驱动型则在进出口品牌潜力指数上得分较高，表现在细化指标项上，则是基础驱动型的优势在于城市品牌资源指数和城市品牌环境指数，能力驱动型的优势在于出口品牌优化指数与进口品牌准备指数，因此能力起步型城市与基础驱动型城市可以在保持并继续发扬优势的基础上，补齐短板。

最后，发展潜力型和蓄势准备型在各方面均比较落后，各指数均值都处于全国较低水平，没有表现出明显优势或潜力，该城市聚类的发展还处于蓄势阶段。二者相比，发展潜力型在进出口品牌潜力指数上略有突破，可以抓住发展契机，努力扩大优势范围，打造具有价值的品牌。蓄势准备型城市占全国城市总数的一半左右，发展水平大多较低，需要努力总结自身优势与劣势，缩小与其他类型城市的差距，并在新的历史机遇期里谋求发展，努力前行。

6.4　本章小结

中国城市商品进出口品牌城市聚类的划分为更全面、详细和深入地研究中国城市商品进出口品牌化的现实、成因、趋势等各方面内容提供了坚实的理论依据，其产生和成形是通过 CIBI 特征分析和城市聚类聚类研究两个分的论证和实验得到的。CIBI 特征分析在整体上分析了指标结果的趋势特征，并为城市聚类研究的合理性奠定基础。

城市聚类研究从 CIBI 特征分析阐述的指标结果特征的问题入手，首先观察了城市在价值指数和潜力指数上的数据分布态势。其次论述了利用聚类结果划分而非简单地理区域划分城市的意义、原理和实现方法，并通过层次聚类和 K-Means 算法聚类实验得到了进出口品牌振兴引领型、进出口品牌优势协同型、进出口品牌基础驱动型、进出口品牌能力起步型、进出口品牌发展潜力型和进出口品牌蓄势准备型这六类城市。最后对城市聚类的整体情况做了比较研究，明确了各城市聚类的内涵与定位。

报告的后续部分为分章节具体探讨各城市聚类的指标表现情况和发展特征。每一个城市聚类为一个章节，主要从 CIBI 总体概况、CIBI 分项指标得分与排名、主要城市分析这三个部分进行全面的分析研究，在具体归纳总结城市聚类特性的同时，也佐证了城市聚类研究的合理性与正确性。

第七章　进出口品牌振兴引领型
城市 CIBI 分析

本章主要介绍进出口品牌振兴引领型城市的基本特征，并对其 CIBI 表现展开详细解读。首先从整体上对该城市聚类的 CIBI 表现加以报告，对该城市聚类的 CIBI 表现进行指标矩阵分析、区域结构分析，以及发展时序分析。其次分析该城市聚类 CIBI 的分项指标和排名情况，包括进出口品牌价值指数分析和进出口品牌潜力指数分析。最后对该城市聚类中的三个城市做详细分析，分别从 CIBI 的各个分项指标对各个城市的商品进出口品牌振兴水平展开分析。

7.1 振兴引领型城市 CIBI 总体概况

本节从整体上分析该城市聚类的 CIBI 表现水平，分别从指标矩阵分析、区域结构分析，以及发展时序分析三个方面来进行报告，并对该城市聚类的 CIBI 表现特征以及在全国所处的地位进行解读。

7.1.1 指标矩阵分析

本部分主要是对进出口品牌振兴引领型城市在全国地位的分析，并从进出口品牌价值指数与潜力指数两个维度对该城市聚类的 CIBI 表现进行概述。

进出口品牌振兴引领型城市 CIBI 总体得分为 83.69。由图 7-1 可知，该城市聚类的 CIBI 表现水平在全国处于最高的位置，并且在进出口品牌价值指数、潜力指数两个方面均处于全国领先地位，优于其他城市类型中的城市。进出口品牌振兴引领型城市的品牌价值指数总体得分为 84.05，相对于全国整体水平的 57.88 分有较大的领先优势，表明该城市聚类进出口整体在全国范围内来看规模最大、效率最高，对地区总体经济发展也有较大贡献。该城市聚类的品牌潜力指数为 83.32，远高于全国平均的 58.29，表明在进出口品牌化的资源和环境方面发展较好，具有很高的进出口品牌振兴潜力。

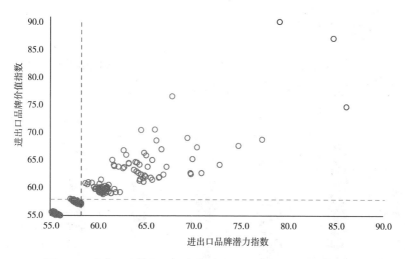

图 7-1　进出口品牌振兴引领型城市价值指数与潜力指数分析

7.1.2 区域结构分析

本部分主要是对进出口品牌振兴引领型城市进行区域结构分析，重点分析该城市聚类中所包含城市的基本特征，以及城市的 CIBI 表现水平。

表 7-1　进出口品牌振兴引领型城市 CIBI 表现

城市	所属省份	CIBI 得分	同类型城市中排名	全国排名
上海市	上海市	85.97	1	1
深圳市	广东省	84.65	2	2
北京市	北京市	80.45	3	3

由表 7-1 可以看出，进出口品牌振兴引领型城市包括上海市、深圳市、北京市三个城市，其中上海市、北京市是直辖市，深圳是中国四大一线城市之一。该城市聚类中有全国经济中心、全国金融中心、全国政治文化中心等，是我国发展最好、实力最强的领军城市类型。

从城市的 CIBI 得分来看，上海市 CIBI 得分为 85.97，在城市聚类中排名第 1，全国排名第 1；深圳市所属省份为广东省，CIBI 得分为 84.65，在城市聚类中排名第 2，全国排名第 2；北京市 CIBI 得分为 80.45，在城市聚类中排名第 3，全国排名第 3。

7.1.3 发展时序分析

本部分主要对进出口品牌振兴引领型城市 2012—2016 年的 CIBI 表现水平及该城市类型 CIBI 得分逐年增长率进行分析。

图 7-2　进出口品牌振兴引领型城市 CIBI 均值及历年变化趋势

由图 7-2 可以看出，进出口品牌振兴引领型城市的 CIBI 平均表现水平在 2012—2014 年呈下降趋势，2013 年和 2014 年的下降幅度分别为 1.55% 和 2.63%。2014—2016 年，该城市聚类的 CIBI 得分均值开始回暖上升，2016 年，CIBI 平均表现水平有大幅度上升，分数增长近 6 分，增长幅度达到 7.51%。总体上来看，该城市聚类 CIBI 得分均值呈现出先下降后增长的趋势，表现出该类型城市进出口品牌振兴平均水平在克服不利因素努力寻求提升，具有较好的发展前景。

7.2 CIBI 分项指标得分与排名

本节主要从 CIBI 分项指标的得分及排名来对进出口品牌振兴引领型城

市总体特征进行分析,分项指标有商品进出口品牌振兴价值指数和商品进出口品牌振兴潜力指数。其中,商品进出口品牌振兴价值主要从出口优化指数和进口准备指数两个方面进行分析;商品进出口品牌振兴潜力主要从资源指数和环境指数两个方面进行分析。

7.2.1 进出口品牌价值指数分析

本部分主要是从进出口品牌价值表现层面对进出口品牌振兴引领型城市进行矩阵分析、区域分析及时序分析。

(1)价值指数的矩阵分析

本部分主要分析进出口品牌振兴引领型城市在进出口品牌价值分项指标上的整体得分情况,其中分项指标包括进口品牌准备指数和出口品牌优化指数。

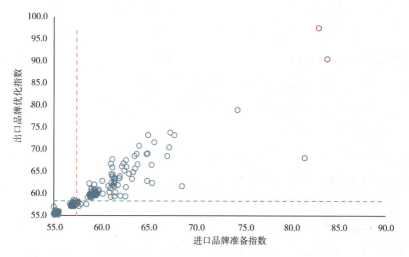

图 7-3 进口品牌准备指数 – 出口品牌优化指数二维分析矩阵

进出口品牌振兴引领型城市的平均进出口品牌价值指数得分为 84.05,较全国平均水平的 52.62 分有非常大的领先优势。由图 7-3 所得,该城市聚类的进口品牌准备指数得分与出口品牌优化指数得分均为全国最高水平,反映出该城市聚类中城市进口水平为其进出口品牌价值创造的准备程度较高,在进口价值规模、进口价值效率和进口价值贡献等方面都有很大的发展优势,且该城市聚类中城市出口水平为其进出口品牌价值优化的实现程度也很大。除此之外，该城市聚类的出口品牌优化指数得分略大于进口品牌准备指数得分，体现该城市类型的出口价值更高，为其进出口品牌振兴起到了较强的优化作用。总体来说，进出口品牌振兴引领型城市在进出口品牌价值层面上表现出非常明显的优势，在全国城市商品进出口品牌价值发展水平上处于绝对领先地位。

（2）价值指数的区域分析

本部分主要从进出口品牌振兴引领型城市的区域结构层次上对其进出口价值水平进行分析。

表 7-2　进出口品牌振兴引领型城市进出口品牌价值指数分项指标得分情况

城市	进口品牌准备指数	同类排名	全国排名	出口品牌优化指数	同类排名	全国排名
上海市	83.82	1	1	90.57	2	2
深圳市	82.88	2	2	97.51	1	1
北京市	81.48	3	3	68.06	3	15

由表 7-2 可以看出，在进口品牌准备指数方面，上海市进口品牌准备指数得分为 83.82，在振兴引领型城市中排名第 1，全国排名第 1；深圳市进口品牌准备指数得分为 82.88，在同类型城市中排名第 2，全国排名第 2；北京市进口品牌准备指数得分为 81.48，在同类型城市中排名第 3，全国排名第 3。可以看出，该城市聚类中的城市进口品牌准备指数占据全国前三，反映该城市聚类中城市商品进口为其进出口品牌价值创造的准备程度很高，在全国范围内处于领先地位。

在出口品牌优化指数方面，上海市出口品牌优化指数得分为 90.57，在同类型城市中排名第 2，全国排名第 2；深圳市出口品牌优化指数得分为 97.51，在同类型城市中排名第 1，全国排名第 1；北京市出口品牌优化指数得分为 68.06，在同类型城市中排名第 3，全国排名第 15。可以看出，该城市聚类中的深圳市和上海市的出口品牌优化指数得分位居全国前二，远高于全国平均得分 53.12；北京市在出口优化这一方面表现相对较差，位居全国第 15 名，但仍处于全国城市的前列。总体上说明该城市聚类的品牌价值的发展规模很好，城市商品出口为其进出口品牌价值优化的实现程度很高，对该城市的总体经济发展贡献很大。

（3）价值指数的时序分析

本部分主要从时序角度出发，对进出口品牌振兴引领型城市总体的进出口品牌价值 2012—2016 年的变化情况分析，并分析其二级指标的变化趋势，包括进口品牌准备指数和出口品牌优化指数。

图 7-4　进出口品牌振兴引领型城市价值指数及其分项指标 2012—2016 年变化情况

由图 7-4 可以看出，该城市聚类的城市品牌价值指数在 2012—2013 年有缓慢上升趋势，进口品牌准备指数同样呈现此趋势，出口品牌优化指数变化较为平稳。在 2013—2014 年，该城市聚类的城市品牌价值指数、进口品牌准备指数、出口品牌优化指数均有不同程度的下降，尤其是出口品牌优化程度下降趋势较为明显。2014 年后该城市聚类的城市品牌价值指数、进口品牌准备指数和出口品牌优化指数开始回暖，且该城市聚类在 2015 年后的所有指数均开始显著上升。在 2012—2016 年中，除了第三年该城市聚类进口品牌准备指数略高于出口品牌优化指数，其他年份均为出口品牌优化指数大于进口品牌准备指数，反映了该城市聚类总体商品出口为其进出口品牌价值优化的实现程度相对较高。

7.2.2 进出口品牌潜力指数分析

本部分主要分析进出口品牌振兴引领型城市在进出口品牌潜力指数及其分项指标的得分情况，其中分项指标包括品牌发展资源指数和品牌发展环境指数。

（1）潜力指数的矩阵分析

本部分主要分析进出口品牌振兴引领型城市整体在进出口品牌潜力层面分项指标上的得分情况，包括品牌发展资源指数以及品牌发展环境指数。

进出口品牌振兴引领型城市的平均进出口品牌潜力指数得分为 83.32，远远高于全国平均水平 53.12。由图 7-5 所得，该城市聚类的进出口品牌发展资源指数和环境指数在全国均处于绝对领先地位，其中上海市和北京市在全国范围内表现突出，深圳市在城市聚类中表现相对较差，但仍优于全国其他城市。总体上表明该城市聚类进出口品牌化潜力的资源相对积累程度和环境相对优化程度在全国所有城市中发展最好，城市金融资源指数、城市人力资源指数、城市工业资源指数等均高于全国绝大部分城市，同时在交通、文化和宜居环境建设方面有很好的发展和积累。

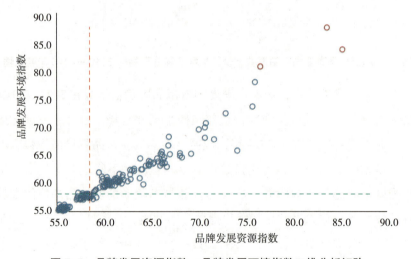

图 7-5　品牌发展资源指数 – 品牌发展环境指数二维分析矩阵

（2）潜力指数的区域分析

本部分主要从进出口品牌振兴引领型城市的区域结构层次上对其进出口潜力指数进行分析。

进出口品牌振兴引领型城市的平均品牌发展资源指数得分为 81.84，占据全国品牌发展资源指数的前三名，其中上海市以 85.30 分位居全国首位。该城市聚类的平均品牌发展环境指数得分为 84.59，同样占据全国品牌发展环境指数的前三名，其中北京市以 88.26 分获得全国头名。

表 7-3　进出口品牌振兴引领型城市进出口品牌潜力指数分项指标得分情况

城市	品牌发展资源指数	同类排名	全国排名	品牌发展环境指数	同类排名	全国排名
上海市	85.30	1	1	84.27	2	2
深圳市	76.60	3	3	81.23	3	3
北京市	83.63	2	2	88.26	1	1
均分	81.84			84.59		

通过表 7-3 可以看出，该城市聚类中进出口品牌潜力指数得分前三名依次为北京市、上海市、深圳市。北京市品牌潜力指数得分为 86.13，位于全国第 1 名；上海市市品牌潜力指数得分为 84.74，位于全国第 2 名；深圳市品牌潜力指数得分为 79.10，位于全国第 3 名。进出口品牌潜力指数的得分表现出这些城市在基础资源与环境等方面处于全国前列，振兴潜力的水平很高，在品牌发展资源和环境方面具有很大的优势。

（3）潜力指数的时序分析

本部分主要从时序角度出发，对进出口品牌振兴引领型城市的进出口品牌潜力 2012—2016 年的变化情况进行分析，其中包括二级指标品牌发展资源指数和品牌发展环境指数。

图 7-6　进出口品牌振兴引领型城市潜力指数及其分项指标 2012—2016 年变化情况

由图 7-6 可以看出，进出口品牌振兴引领型城市的城市品牌潜力指数、城市品牌资源指数和城市品牌环境指数的变化趋势相似，2012—2016 年该城市聚类的三个指数变化呈现反复的波动趋势，具体表现为 2012—2013 年下降，2013—2014 年上升，2014—2015 年下降，而 2015—2016 年又呈现上升趋势，表明该城市聚类总体的商品进出口基础资源与区域环境等潜力水平处于较不稳定的状态。2015 年的大幅度增长使得该城市聚类弥补了之前的下降颓势，城市品牌潜力指数、城市品牌资源指数和城市品牌环境指数均重新达到新的高度。

7.3 主要城市分析

在进出口品牌振兴引领型城市中共有三个城市，分别是上海市，深圳市和北京市。本节将对此三个城市的 CIBI 表现以及分项指标水平分别进行分析。

7.3.1 上海市

上海市地处长江入海口，是中国四大直辖市之一，也是"长三角"城市聚类成员之一。上海市是长江经济带的龙头城市，也是中国重要的经济、交通、科技、工业、金融、会展和航运中心。

2016 年，全市实现生产总值（GDP）25000 亿元，比上年增长 6.9%。过去五年年均增长 7.5%。新增就业岗位 59.7 万个，城镇登记失业率控制在 4.1%。居民消费价格上涨 2.4%。城镇和农村常住居民人均可支配收入分别比上年增长 8.4% 和 9.5%。第三产业增加值占全市生产总值的比重达到 67.8%，比五年前提高 10.5 个百分点。一般公共预算收入比上年增长 13.3%，达到 5519.5 亿元，是五年前的 1.9 倍。

（1）上海市 CIBI 概况

2016 年上海市进出口品牌振兴指数得分为 85.97，在振兴引领型城市中排名第 1，位居全国第 1；进出口品牌价值指数得分为 87.19，在振兴引领型城市中排名第 2，位居全国第 2，进出口品牌潜力指数得分为 84.74，在振兴

引领型城市中排名第 2，位居全国第 2。（具体得分参见表 7-4 ）

表 7-4　上海市 CIBI 及其一级指标的得分情况

综合指标	得分	同类排名	全国排名	一级指标	得分	同类排名	全国排名
CIBI	85.97	1	1	进出口品牌价值指数	87.19	2	2
				进出口品牌潜力指数	84.74	2	2

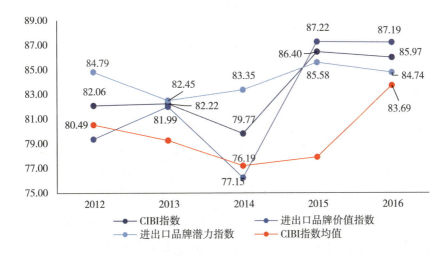

图 7-7　上海市 CIBI 指数及一级指标变化趋势

由图 7-7 可以看出，2012—2016 年，上海市 CIBI 水平在 2012—2013 年间小幅上升，2013—2014 年小幅下降至 80 分以下，2014—2015 年上升至 85 分以上。上海市进出口品牌潜力指数在 2012—2013 年小幅下降，随后 2013—2014 年缓慢上升。上海市进出口品牌价值指数 2012—2013 年小幅上升，在 2013—2014 年大幅下降至 80 分以下，但在 2014 年之后又有明显上升，且得分超过长期占据相对优势的进出口品牌潜力指数。在 2015—2016 年，CIBI 及其分项指标得分均有小幅度的下降趋势。上海市 CIBI 中品牌潜力指数显著高于同类型城市均值，表明其具有较大的发展潜力。

（2）上海市进出口品牌价值指数分析

2016 年，上海市的商品进口为进出口品牌价值创造的准备程度主要体现在进口价值规模指数、进口价值效率指数、进口价值贡献指数三个方面；商品出口为进出口品牌价值创造的优化程度主要体现在出口价值规模

指数、出口价值效率指数、出口价值贡献指数三个方面。（具体得分情况参见表 7-5）

表 7-5 上海市进出口品牌价值指数分项指标表现水平

二级指标	得分	同类排名	全国排名	三级指标	得分	同类排名	全国排名
进口品牌准备指数	83.82	1	1	进口价值规模指数	90.49	1	1
				进口价值效率指数	63.36	3	8
				进口价值贡献指数	63.69	1	4
出口品牌优化指数	90.57	2	2	出口价值规模指数	92.00	2	2
				出口价值效率指数	73.53	1	52
				出口价值贡献指数	71.02	2	127

从进口品牌准备指数得分情况来看，上海市在进口价值规模指数方面得分 90.49，同类排名第 1，位居全国第 1 位。表明上海市低附加值商品进口额在振兴引领型城市和全国范围内排在首列，显示出其对低附加值商品有大额进口需求，在城市聚类和全国都处于领先地位。上海市在进口价值效率指数方面得分 63.36，同类排名第 3，位居全国第 8 位。在城市聚类中，上海市低附加值进口增长率排名最后，说明其低附加值商品进口额同比增长率横向比较很低，但是在全国范围内增长率较高。上海市在进口价值贡献指数方面得分 63.69，同类排名第 1，位居全国第 4 位。在城市聚类中，上海市进口价值贡献指数排在首位，表示其低附加值产品对进口额贡献率很高，低附加值商品进口在其 GDP 中占据重要地位，上海市在低附加值商品的进口方面处于同类型城市的领先地位。

从出口品牌优化指数得分情况来看，上海市在出口价值规模指数方面得分 92.00，同类排名第 2，位居全国第 2 位。表明上海市高附加值商品出口额在全国范围内处于领先地位，高附加值商品出口规模较大。上海市在出口价值效率指数方面得分 73.53，同类排名第 1，位居全国第 52 位，表明上海市高附加值产品出口增长率横向比较排名高，但是在全国范围内较一般。上海市在出口价值贡献指数方面得分 71.02，同类排名第 2，位居全国第 127 位。反映了上海市高附加值商品出口贡献率水平一般，表现欠佳，其高附加值产品出口对该市的 GDP 贡献程度处于较低水平。从总体得分来

看，上海市进口品牌准备指数及其分级指标和出口价值规模指数均在全国
处于领先地位，表明该城市进出口品牌价值的发展规模相对水平及低附加
价值商品进口规模的相对增长水平均优于全国大部分城市。但是上海市其
出口价值贡献指数得分较低，在全国排名 127 名，表明该城市出口品牌价
值的规模增长程度相对水平较低。

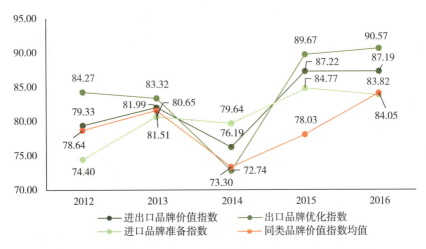

图 7-8　上海市 2012—2016 年进出口品牌价值指数变化趋势

由图 7-8 可以看出，2013-2014 年，上海市城市品牌价值指数及其分项
指标均有所下降，2014—2015 年均有不同程度的回升，2015 年后上海市城
市品牌价值指数和出口品牌优化指数趋于稳定，进口品牌准备指数小幅下
降。除此之外，上海市在整个发展过程中均表现为出口品牌优化指数大于
进口品牌准备指数，表明上海市的出口为其品牌价值的优化水平高于其进
口为其品牌价值的准备水平，但是在 2014 年情况有所改变。

（3）上海市进出口品牌潜力指数分析

2016 年，上海市商品进出口品牌潜力的资源积累程度主要体现在上海
市金融资源指数、人力资源指数以及工业资源指数三个方面；商品进出口
品牌化潜力的环境优化程度主要体现在上海市的交通环境指数、文化环境
指数以及宜居环境指数三个方面。

由表 7-6 可以看出，在品牌发展资源方面，上海市的城市金融资源指
数得分为 87.63，在同类中排名第 1，位居全国第 1 位。表明上海市的地区

生产总值、职工平均工资和外资使用情况处于城市聚类中领先地位，在全国范围内处领先地位。上海市的城市人力资源指数得分为 77.63，在同类型城市中排名第 2，位居全国第 5 位。表明上海市就业失业比较高，且教育和科研从业人员、学生数量均处于领先地位，有极强的人力资本优势与潜力。上海市的城市工业资源指数得分为 97.61，在同类型城市中排名第 1，位居全国第 2 位。表明上海市规模以上工业企业数及其产出、废物综合利用率均处于绝对领先地位，具有巨大的工业资本优势。

表 7-6　上海市进出口品牌潜力指数分项指标表现水平

二级指标	得分	同类排名	全国排名	三级指标	得分	同类排名	全国排名
品牌发展资源指数	85.30	1	1	城市金融资源指数	87.63	1	1
				城市人力资源指数	77.63	2	5
				城市工业资源指数	97.61	1	2
品牌发展环境指数	84.27	2	2	城市交通环境指数	78.87	3	4
				城市文化环境指数	89.63	2	2
				城市宜居环境指数	85.75	2	2

在品牌发展环境方面，上海市城市交通环境指数得分为 78.87，在同类型城市中排名第 3，位居全国第 4 位。表明上海市客运量、货运量较大，人均道路较多且通信较方便，在全国处于领先地位，但是横向比较较差。上海市城市文化环境指数得分为 89.63，在城市聚类中排名第 2，位居全国第 2 位。表明上海的公共图书馆总藏书量、人均藏书量大，文体从业人员多，人力资本潜力大。上海市城市宜居环境指数得分为 85.75，在同类型城市中排名第 2，位居全国第 2 位。表明上海市绿地、人均居住面积、医生数量、人口密度、垃圾无污染处理率均较高，宜居性较高。

由图 7-9 可以看出，2012—2016 年，上海市城市品牌潜力指数及出口品牌资源指数有小幅下降，进口品牌指数总体呈小幅上升趋势。在任意时间段，上海市的城市品牌潜力指数及其分项指标均领先于城市聚类平均值，在城市聚类中处于领先地位，但 2015 年之后上海市城市品牌潜力指数呈现下降趋势，到达城市聚类均值附近，在城市聚类中的领先地位下降。除此之外，可以看出该城市聚类的品牌潜力指数在 2012—2016 年变化波动较频繁，但是上海市呈现出稳定上升的趋势，持续在发展潜力水平方面保持着领先优势，且变化较为稳定。

图 7-9　上海市 2012—2016 年进出口品牌潜力指数变化趋势

（4）上海市 CIBI 分析小结

上海市 CIBI 总体表现水平在全国处于领先地位，在振兴引领型城市中位居第 1，其城市品牌价值指数波动较大，但是始终大幅领先于城市聚类均值，其进出口品牌潜力指数波动相对较小。在 2014 年城市聚类总体潜力水平下降的情况下，上海市依然保持着上升的趋势。随着 2014 年《关于上海市支持外贸稳定增长的实施意见》的落实和推进，上海市 2014 年进出口逐年向好，进出口量平稳上升，具体表现为进口价值准备指数和出口价值优化指数平稳上升。

结合上海市 CIBI 表现水平以及相关进出口贸易政策，该市商品进出口品牌振兴所具有的优势和劣势，其面临的机会与挑战主要体现在以下几个方面：上海市进出口品牌振兴的优势表现在其巨大的发展潜力，分别体现在优越的发展环境和丰富的发展资源，表明上海市对于进出口品牌振兴的资源积累程度、环境优化程度均较高，有极大的发展潜力。而劣势表现在上海市商品出口价值指数较低，具体表现在出口品牌优化程度表现欠佳，尤其是出口的贡献指数和效率指数在全国排名相对靠后，表明上海市商品品牌进出口对其区域经济发展的贡献水平较低，品牌价值发展规模的相对水平较低。上海市如何利用自身的地理优势和经济条件，落实好外贸的稳定增长，并增强本市进出口商品的品牌化效应，提高竞争力，将是上海市进出口品牌振兴所面临的挑战。

7.3.2 深圳市

深圳市地处广东省南部，也是"珠三角"城市聚类成员之一。深圳市是中国改革开放建立的第一个经济特区，是中国改革开放的窗口，现已发展为有一定影响力的国际化城市。

2016 年，全市实现生产总值（GDP）17500 亿元，比上年增长 8.9%。规模以上工业增加值 6785 亿元，增长 7.7%。固定资产投资 3298 亿元，增长 21.4%。辖区公共财政收入 7238.8 亿元，地方一般公共预算收入 2727.1 亿元，分别增长 30.4% 和 30.9%。进出口总额 27500 亿元，其中出口 16400 亿元，连续 23 年居国内城市首位。社会消费品零售总额 5017.8 亿元，增长 2%。居民消费价格涨幅 2.2%。

（1）深圳市 CIBI 概况

2016 年深圳市进出口品牌振兴指数得分为 84.65，在振兴引领型城市中排名第 2，位居全国第 2；进出口品牌价值指数得分为 90.19，在振兴引领型城市中排名第 1，位居全国第 1；进出口品牌潜力指数得分为 79.10，在振兴引领型城市中排名第 3，位居全国第 3。（具体得分参见表 7–7）

表 7–7　深圳市 CIBI 及其一级指标的得分情况

综合指标	得分	同类排名	全国排名	一级指标	得分	同类排名	全国排名
CIBI	84.65	2	2	进出口品牌价值指数	90.19	1	1
				进出口品牌潜力指数	79.10	3	3

由表 7–10 可以看出，2012—2016 年，深圳市 CIBI 水平在 2013—2014 年大幅下降至 80 分以下，随后回升增长。深圳市进出口品牌价值指数得分在 2013—2014 年大幅下降至 80 分以下，随后大幅回升，在 2015 年之后又有小幅下降。深圳市进出口品牌潜力指数在 2013—2014 年小幅下降，随后稳定上升。相对于其进出口品牌潜力指数，深圳市在进出口品牌价值指数

方面表现出了较大的相对优势，反映出该市进出口商品附加价值高低等品牌振兴表现的相对水平较高。随着 2015—2016 年振兴引领型城市的 CIBI 较快上升，深圳市 CIBI 在振兴引领型城市中的领先优势正在减弱，趋向于城市聚类的平均水平。

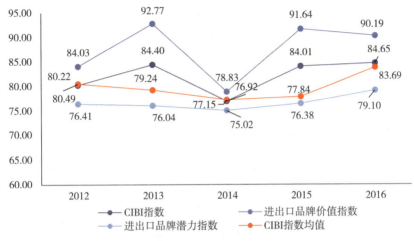

图 7-10　深圳市 CIBI 指数及一级指标变化趋势

（2）深圳市进出口品牌价值指数分析

2016 年，深圳市的商品进口为进出口品牌价值创造的准备程度主要体现在进口价值规模指数、进口价值效率指数、进口价值贡献指数三个方面；商品出口为进出口品牌价值创造的准备程度主要体现在出口价值规模指数、出口价值效率指数、出口价值贡献指数三个方面。（具体得分情况参见表 7-8）

表 7-8　深圳市进出口品牌价值指数分项指标表现水平

二级指标	得分	同类排名	全国排名	三级指标	得分	同类排名	全国排名
进口品牌准备指数	82.88	2	2	进口价值规模指数	89.22	2	2
				进口价值效率指数	63.57	1	5
				进口价值贡献指数	63.02	3	11
出口品牌优化指数	97.51	1	1	出口价值规模指数	99.59	1	1
				出口价值效率指数	72.61	2	85
				出口价值贡献指数	69.33	3	187

　　从进口品牌准备指数得分情况来看，深圳市在进口价值规模指数方面得分 89.22，同类型城市中排名第 2，位居全国第 2 位。表明深圳市低附加值商品进口额在振兴引领型城市中处于中等水平，在全国范围内排名极为靠前，显示出其对低附加值商品有大额进口需求，在全国范围内中处于领先地位。深圳市在进口价值效率指数方面得分 63.57，同类型城市中排名第 1，位居全国第 5 位。在城市聚类中，深圳市低附加值进口增长率排名第 1，在全国范围内排名靠前，表明其低附加值商品进口额同比增长率较高。深圳市在进口价值贡献指数方面得分 63.02，同类型城市中排名第 3，位居全国第 11 位。在城市聚类中，深圳市进口价值贡献指数排处于较低水平，表明其低附加值产品对进口额贡献较一般，低附加值商品进口在其 GDP 中占比不高。

　　从出口品牌优化指数得分情况来看，深圳市在出口价值规模指数方面得分 99.59，同类型城市中排名第 1，位居全国第 1 位。表明深圳市高附加值商品出口额在全国范围内处于领先地位，高附加值商品出口规模极大。深圳市在出口价值效率指数方面得分 72.61，同类型城市中排名第 2，位居全国第 85 位。表明该市在高附加值产品出口增长率方面缺乏竞争优势。深圳市在出口价值贡献指数方面得分 69.33，同类型城市中排名第 3，位居全国第 187 位。表明深圳市高附加值商品出口贡献率在同类型城市中排名较低，在全国范围内也处于平均水平，表明其高附加值产品出口对 GDP 贡献率一般。

图 7-11　深圳市 2012—2016 年进出口品牌价值指数变化趋势

由图 7-11 可以看出，2013—2014 年，深圳市城市品牌价值指数及其分项指标有较大程度的下滑，其中出口品牌优化指数下滑程度最大。2014—2015 年均有不同程度的回暖，2015 年随后又有小幅下降。深圳市的城市品牌价值指数大幅度领先于城市聚类平均值，表明其进出口的数量、增长率等均处于领先地位。随着 2015 年后进出口品牌振兴引领型城市的品牌价值指数大幅度上升，深圳市表现出了小幅度的下降趋势，在城市聚类中的优势逐渐减弱。

（3）深圳市进出口品牌潜力指数分析

2016 年，深圳市商品进出口品牌潜力的资源积累程度主要体现在深圳市金融资源指数、人力资源指数以及工业资源指数三个方面；商品进出口品牌化潜力的环境优化程度主要体现在深圳市的交通环境指数、文化环境指数以及宜居环境指数三个方面。

表 7-9　深圳市进出口品牌潜力指数分项指标表现水平

二级指标	得分	同类排名	全国排名	三级指标	得分	同类排名	全国排名
品牌发展资源指数	76.60	3	3	城市金融资源指数	79.10	3	3
				城市人力资源指数	68.07	3	31
				城市工业资源指数	90.92	2	3
品牌发展环境指数	81.23	3	3	城市交通环境指数	82.51	2	3
				城市文化环境指数	86.21	3	3
				城市宜居环境指数	75.14	3	6

由表 7-9 可以看出，在品牌发展资源方面，深圳市城市金融资源指数得分为 79.10，在城市聚类中排名第 3，位居全国第 3 位。表明深圳市的地区生产总值、职工平均工资以及外资使用等相关城市资源上处于城市聚类中落后地位，相较城市聚类其他城市有一定的短板，但在全国处于较为领先地位。深圳市城市人力资源指数得分为 68.07，在城市聚类中排名第 3，位居全国第 31 位。表明深圳市就业失业比、教育和科研从业人员、学生数量均处于城市聚类中落后地位，与振兴引领型城市中其他城市相比人力资本方面有所短缺。深圳市城市工业资源指数得分为 90.92，在城市聚类中排名第 2，位居全国第 3 位。表明深圳市在全国范围内规模以上工业企业数及

其产出、废物综合利用率处于领先地位，具有较大的工业资本优势。

在品牌发展环境方面，深圳市城市交通环境指数得分为 82.51，在城市聚类中排名第 2，位居全国第 3 位。表明深圳市内交通客运量、货运量较大，人均道路较多且通信方便，在全国处于领先地位。深圳市城市文化环境指数得分为 86.21，在城市聚类中排名第 3，位居全国第 3 位。表明深圳的公共图书馆总藏书量、人均藏书量较大，文体从业人员较多。深圳市在城市宜居环境指数得分为 75.14，在同类型城市中排名第 3，位居全国第 6位。表明深圳市绿地、人均居住面积、医生数量、人口密度、垃圾无污染处理率均较高，宜居性较高。

图 7-12　深圳市 2012—2016 年进出口品牌潜力指数变化趋势

由图 7-12 可以看出，2012—2016 年，深圳市城市品牌潜力指数及其分项指标总体呈现稳中上升的态势，只在 2013—2014 年小幅下降。在 2012—2016 年，深圳市的城市品牌潜力指数及其分项指标均低于所在城市聚类平均值，表明深圳市商品进出口基础资源与区域环境等品牌振兴潜力的相对水平较低。

（4）深圳市 CIBI 分析小结

深圳市 CIBI 整体情况表现在全国处于领先地位，在振兴引领型城市中处于中等水平，在商品进出口品牌价值指数上表现出较大的优势。深圳市品牌潜力指数变化不明显，且一直处于所在城市聚类平均水平以下，表明该市商品进出口基础资源与区域环境等品牌振兴潜力的相对水平低于城市聚类平均水平。

结合深圳市 CIBI 表现水平及相关进出口贸易政策，该市商品进出口品牌振兴所具有的优势和劣势，其面临的机会与挑战主要体现在以下几个方面：深圳市进出口品牌振兴的优势体现在优越的发展环境、丰富的金融资本和强大的工业力量，表明深圳市对于进出口品牌振兴的金融和工业资源积累程度、环境优化程度较高，有较大的发展潜力。而劣势表现在其人才指数方面表现欠佳，导致其人力资本优势不明显，表现一般。且深圳市商品出口价值指数较低，具体表现在出口品牌优化程度表现欠佳，尤其是出口的贡献指数和效率指数在全国排名相对靠后，表明深圳市商品品牌进出口对其区域经济发展的贡献水平较低，品牌价值发展规模的相对水平较低。2016—2017 年深圳市政府重视引进培养高素质人才，推进人才工作立法，制定更具吸引力的人才政策，是深圳市补缺人才短板的一大发展机会。如何提高进出口品牌振兴发展的潜力水平，丰富城市内相关资源、优化发展环境，将是深圳市面临的挑战之一。

7.3.3 北京市

北京市位于华北平原北部，是东北、华北等地区联系的枢纽，是中国的首都、直辖市、国家中心城市、超大城市、国际大都市，也是全国政治中心、文化中心、国际交往中心、科技创新中心。

2016 年，全市实现生产总值（GDP）22968.6 亿元，同比增长 6.9%，增速比上年放缓 0.4 个百分点。第一产业增加值 140.2 亿元，下降 9.6%；第二产业增加值 4526.4 亿元，增长 3.3%；第三产业增加值 18302 亿元，增长 8.1%。按常住人口计算，全市人均地区生产总值达到 10.6 万元。全市规模以上工业增加值按可比价格计算，同比增长 1%，全市规模以上工业企业实现销售产值 17408.2 亿元，同比下降 3%。全市实现进出口总值 3195.9 亿美元，同比下降 23.1%。

（1）北京市 CIBI 概况

2016 年北京市进出口品牌振兴指数得分为 80.45，在振兴引领型城市中排名第 3，位居全国第 3；进出口品牌价值指数得分为 74.77，在振兴引领型城市中排名第 3，位居全国第 4；进出口品牌潜力指数得分为 86.13，在振兴引领型城市中排名第 1，位居全国第 1。(具体得分参见表 7-10)

表 7-10　北京市 CIBI 及其一级指标的得分情况

综合指标	得分	同类排名	全国排名	一级指标	得分	同类排名	全国排名
CIBI	80.45	3	3	进出口品牌价值指数	74.77	3	4
				进出口品牌潜力指数	86.13	1	1

图 7-13　北京市 CIBI 指数及一级指标变化趋势

由表 7-13 可以看出，2012—2016 年，北京市 CIBI 及其分项指标得分总体上呈上升趋势，但是在 2013—2014 年，北京市的进出口品牌价值指数得分有小幅度的下滑，在之后有所回升。在 2015—2016 年，北京市 CIBI 指数及进出口品牌价值指数得分均有小幅度的下降趋势，与 2015 年后振兴引领型城市的 CIBI 的表现快速上升形成对比。北京市 CIBI 在 2015—2016 年后，在振兴引领型城市中的领先优势正在减弱。相对于其进出口品牌价值指数，北京市的进出口品牌潜力指数表现较好，在全国处于领先地位，反映其商品进出口基础资源与环境等发展较好，其进出口商品品牌振兴潜力的水平相对较高，有较大的进出口品牌振兴潜力。

（2）北京市进出口品牌价值指数分析

2016 年，北京市的商品进口为进出口品牌价值创造的准备程度主要体现在进口价值规模指数、进口价值效率指数、进口价值贡献指数三个方面；商品出口为进出口品牌价值创造的准备程度主要体现在出口价值规模指数、出口价值效率指数、出口价值贡献指数三个方面。（具体得分情况参见表 7–11）

表 7–11　北京市进出口品牌价值指数分项指标表现水平

二级指标	得分	同类排名	全国排名	三级指标	得分	同类排名	全国排名
进口品牌准备指数	81.48	3	3	进口价值规模指数	87.33	3	3
				进口价值效率指数	63.56	2	6
				进口价值贡献指数	63.58	2	6
出口品牌优化指数	68.06	3	15	出口价值规模指数	67.69	3	15
				出口价值效率指数	72.14	3	96
				出口价值贡献指数	74.94	1	9

从进口品牌准备指数得分情况来看，北京市在进口价值规模指数方面得分 87.33，同类型城市中排名第 3，位居全国第 3 位。表明北京市低附加值商品进口额在振兴引领型城市中处于较低水平，在全国范围内排名前列，显示出其对低附加值商品的大额进口需求。北京市在进口价值效率指数方面得分 63.56，同类型城市中排名第 2，位居全国第 6 位。城市聚类中，北京市低附加值进口增长率排名居中，在全国范围内排名靠前，说明其低附加值商品进口额同比增长率较高。北京市在进口价值贡献指数方面得分 63.58，同类型城市中排名第 2，位居全国第 6 位。在城市聚类中，北京市进口价值贡献指数排处于平均水平，表示其低附加值产品对进口额贡献率与振兴引领型城市中其他城市相比较一般，低附加值商品进口在其 GDP 中占比不高。

从出口品牌优化指数得分情况来看，北京市在出口价值规模指数方面得分 67.69，同类型城市中排名第 3，位居全国第 15 位。表明北京市高附加值商品出口额在全国范围内靠前，大规模出口高附加值商品，但在同类型城市中排名较靠后。北京市在出口价值效率指数方面得分 72.14，同类型城市中排名第 3，位居全国第 96 位。表明北京市高附加值产品出口增长率横向比较排名低。北京市在出口价值贡献指数方面得分 74.94，同类型城市中排名第 1，位居全国第 9 位。表明北京市高附加值商品出口贡献率在同类型城市中排名极高，全国排名处于较高水平。从总体来看，北京市进口品牌准备指数及其分项指标、出口价值规模指数和出口价值贡献指数均在全国位于前列，表明该城市进出口品牌价值的发展规模相对水平及其低附加值产品对进出口额贡献率较高，但其在出口价值效率指数得分较低，在全国排名第 96 位，表明该城市出口品牌价值的规模增长程度相对水平较低。

图 7-14　北京市 2012—2016 年进出口品牌价值指数变化趋势

由图 7-14 可以看出，2013—2014 年，北京市城市品牌价值指数及其分项指标均有所下降，2014—2015 年均有不同程度的回升，2015 年后又有小幅下降，但所在振兴引领型城市的品牌价值指数有较大的提高。2012—2016年北京市城市品牌价值指数均低于振兴引领型城市城市品牌价值指数均值，表明北京市在城市聚类中处于劣势地位。除此之外，北京市在近五年的发展过程中均表现为出口品牌优化指数小于进口品牌准备指数，反映了北京市的出口为其品牌价值的优化水平低于其进口为其品牌价值的准备水平，表明北京市应该多关注出口商品的品牌效应，提高出口商品的竞争力。

（3）北京市进出口品牌潜力指数分析

2016 年，北京市商品进出口品牌潜力的资源积累程度主要体现在北京市金融资源指数、人力资源指数以及工业资源指数三个方面；商品进出口品牌化潜力的环境优化程度主要体现在北京市的交通环境指数、文化环境指数以及宜居环境指数三个方面。

表 7-12　北京市进出口品牌潜力指数分项指标表现水平

二级指标	得分	同类排名	全国排名	三级指标	得分	同类排名	全国排名
品牌发展资源指数	83.63	2	2	城市金融资源指数	79.52	2	2
				城市人力资源指数	92.27	1	1
				城市工业资源指数	80.04	3	14
品牌发展环境指数	88.26	1	1	城市交通环境指数	84.32	1	2
				城市文化环境指数	91.85	1	1
				城市宜居环境指数	89.61	1	1

由表 7-12 可以看出，在品牌发展资源方面，北京市在城市金融资源指数得分为 79.52，在城市聚类中排名第 2，位居全国第 2 位。表明北京市的地区生产总值、职工平均工资和外资使用情况均处于全国领先地位，有较强的金融资本优势。北京市在城市人力资源指数得分为 92.27，在城市聚类中排名第 1，位居全国第 1 位。表明北京市就业失业比较高，且教育和科研从业人员、学生数量均处于绝对领先地位，有极强的人力资本优势与潜力。北京市在城市工业资源指数得分为 80.04，在城市聚类中排名第 3，位居全国第 14 位。表明北京市规模以上工业企业数及其产出、废物综合利用率虽然在该城市聚类中处于一个较为靠后的地位，但在全国排名中处于优势地位，在工业资源及发展方面具有优势。

在品牌发展环境方面，北京市城市交通环境指数得分为 84.32，在同类型城市中排名第 1，位居全国第 2 位。表明北京市客运量、货运量较大，人均道路多且通信方便，领跑全国。北京市城市文化环境指数得分为 91.85，在城市聚类中排名第 1，位居全国第 1 位。表明北京的公共图书馆总藏书量、人均藏书量大，文体从业人员多。北京市城市宜居环境指数得分为 89.61，在同类型城市中排名第 1，位居全国第 1 位。表明北京市绿地、人均居住面积、医生数量、人口密度、垃圾无污染处理率均极高，宜居性高。

图 7-15 北京市 2012—2016 年进出口品牌潜力指数变化趋势

由图 7-15 可以看出，2012—2016 年，北京市进出口品牌潜力指数及城市品牌环境指数得分总体上呈现平稳上升的趋势，出口品牌资源指数总体下降，下降趋势在 2014—2015 年较为明显。在任意时间段，北京市的城市品牌潜力指数及其分项指标均领先于城市聚类平均值，在城市聚类中处于领先地位。

（4）北京市 CIBI 分析小结

北京市 CIBI 总体表现水平在全国处于领先地位，但在振兴引领型城市中处于平均水平之下，表明该城市商品进出口品牌振兴表现与潜力的综合水平在城市聚类中不具有明显的优势。北京市城市品牌价值指数增长速度较缓，但始终大幅领先于城市聚类均值，表明其进出口品牌发展潜力极大。

北京市在进出口品牌发展上的主要优势在于进出口品牌潜力指数高，北京市的金融业发达、交通发达，文化环境和宜居指数较高，表明北京市教育资源丰富，人才丰富，对于进出口品牌振兴的环境优化程度较高，有极大的发展潜力。劣势在于工业资源指数在全国排名较低，且该城市出口品牌价值的规模增长程度相对水平较低，在振兴引领型城市中不占优势。如何在疏解非首都功能、加快制造业转型升级的前提下增加工业资源，在维持进口品牌价值指数优势地位的同时进一步提高高附加价值产品出口额，提高出口品牌价值的规模增长速度，对北京市的发展来说至关重要。

7.4 本章小结

本章主要对进出口品牌振兴引领型城市的 CIBI 水平进行解读，该城市聚类包含上海市、深圳市和北京市三个城市，且城市 CIBI 水平全国排名为 1~3 名，说明该城市聚类 CIBI 表现水平处于全国领先地位，并且在进出口品牌价值指数、潜力指数两个方面均远高于全国平均水平，且优于全国绝大部分城市，反映出了明显的振兴引领效应。2012—2016 年，该城市聚类的 CIBI 水平波动较大，总体上呈现出缓慢上升的趋势。

从进出口品牌价值角度来看，该城市聚类进出口品牌价值指数得分远高于全国平均水平，反映出该城市聚类进出口商品附加价值等品牌振兴表现的相对水平较高。在进口品牌准备指数和出口品牌优化指数方面都具有明显的优势，反映出该城市聚类商品进口为进出口品牌价值创造的准备程度和商品出口为进出口品牌价值优化的实现程度较高，在全国具有引领作用。

从进出口品牌潜力角度来看，该城市聚类进出口品牌潜力指数得分远高于全国平均水平，表明该城市聚类商品进出口基础资源与区域环境等品牌振兴潜力的相对水平普遍较高。在品牌发展资源指数和品牌发展环境指数方面都有明显的优势，反映出该城市聚类进出口品牌化潜力的资源积累程度和商品进出口品牌化潜力的环境优化程度较高，在全国处于领先地位。

最后将该城市聚类中的三个城市进行城市层面的 CIBI 水平解读，分别从 CIBI 总体表现水平、各分项指标表现水平、该城市商品进出口品牌振兴所具有的优劣势，以及面临的机会和挑战来对各城市进行分析。其中，上海市和北京市在进出口品牌潜力指数上表现出相对优势，深圳市在进出口品牌价值指数上表现出相对优势。各个城市应该认识到自己在发展进出口贸易中的优势和劣势，抓住机会，打造具有价值的商品品牌，继续扩大在全国的振兴引领优势，充分发挥对全国商品进出口品牌的引领作用。

第八章 进出口品牌优势协同型
城市 CIBI 分析

本章主要介绍进出口品牌优势协同型城市的基本特征，并对其 CIBI 表现展开详细解读。首先从整体上对该城市聚类的 CIBI 表现加以报告，对该城市聚类的 CIBI 表现进行指标矩阵分析、区域结构分析，以及发展时序分析。其次分析该城市聚类 CIBI 的分项指标和排名情况，包括进出口品牌价值指数分析和进出口品牌潜力指数分析。最后从该城市聚类中选取五个具有代表性的城市作为重点分析对象，分别从 CIBI 的各个分项指标对该城市的商品进出口品牌振兴水平展开分析。

8.1 优势协同型城市 CIBI 总体概况

本节从整体上分析该城市聚类的 CIBI 表现水平，分别从指标矩阵分析、区域结构分析及发展时序分析三个方面来进行报告，并对该城市聚类的 CIBI 表现特征及在全国所处的地位进行解读。

8.1.1 指标矩阵分析

本部分主要是对进出口品牌优势协同型城市在全国地位的分析，并从进出口品牌价值指数与潜力指数两个维度对该城市聚类的 CIBI 表现进行概述。

进出口品牌优势协同型城市 CIBI 总体得分为 61.45。由图 8-1 可知，该城市聚类的 CIBI 表现水平在全国处于相对较高的位置，仅次于进出口品牌振兴引领型城市，并且在进出口品牌价值指数、潜力指数两个方面均高于全国平均水平，且优于全国大部分城市。进出口品牌优势协同型城市的品

牌价值指数总体得分为 60.89，相对于全国整体水平的 52.62 有较大的领先
优势，表明该城市聚类进出口的规模较大、效率较高，对地区总体经济发
展也有较大贡献。该城市聚类的品牌潜力指数为 62.02，远高于全国平均的
53.12，表明在进出口品牌化的资源和环境方面发展较好，具有较高的进出
口品牌振兴的潜力。

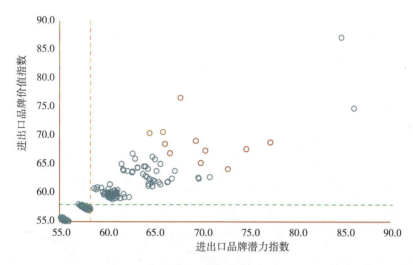

图 8-1　进出口品牌优势协同型城市价值指数与潜力指数分析

8.1.2 区域结构分析

本部分主要是对进出口品牌优势协同型城市进行区域结构分析，重点
分析该城市聚类中所包含城市的基本特征以及城市的 CIBI 表现水平。

表 8-1　进出口品牌优势协同型城市 CIBI 表现

城市	所属省份	CIBI 得分	同类型城市中排名	全国排名
广州市	广东省	73.07	1	4
东莞市	广东省	72.20	2	5
天津市	天津市	71.25	3	6
苏州市	江苏省	69.26	4	7
杭州市	浙江省	68.90	5	8
重庆市	重庆市	68.50	6	9

城市	所属省份	CIBI 得分	同类型城市中排名	全国排名
厦门市	福建省	68.29	7	10
南京市	江苏省	67.59	8	11
珠海市	广东省	67.51	9	12
宁波市	浙江省	67.38	10	13
青岛市	山东省	66.85	11	14

由表 8-1 可以看出，进出口品牌优势协同型城市包括广州市、东莞市、天津市等 11 个城市，其中包含天津市、重庆市两个直辖市，广州市、杭州市、南京市三个省会城市。该城市聚类中有三个城市位于广东省，两个城市位于江苏省，两个城市位于浙江省，其他城市分别位于重庆市、天津市、山东省和福建省。

从同类型城市中排名前五的城市来看，广州市所属省份为广东省，CIBI 得分为 73.07，在同类型城市中排名第 1，全国排名第 4；同属广东省的是东莞市，CIBI 得分为 72.20，在同类型城市中排名第 2，全国排名第 5；天津市 CIBI 得分为 71.25，在同类型城市中排名第 3，全国排名 6；苏州市所属省份为江苏省，CIBI 得分为 69.26，在同类型城市中排名第 4，全国排名第 7；杭州市所属省份为浙江省，CIBI 得分为 68.90，在同类型城市中排名第 5，全国排名第 8。

8.1.3 发展时序分析

本部分主要对进出口品牌优势协同型城市 2012—2016 年的 CIBI 表现水平及该城市聚类 CIBI 得分逐年增长率进行分析。

由图 8-2 可以看出，进出口品牌优势协同型城市的 CIBI 平均表现水平在 2012—2015 年趋于稳定，发展较为平缓。在 2013 年，城市聚类的 CIBI 得分均值出现了下滑，下滑幅度为 0.53%。但在 2016 年该城市聚类的 CIBI 平均表现水平有大幅度的上升，分数增长近 5 分，增长幅度达到 6.95%。总体上来看，该城市聚类 CIBI 得分均值呈现出逐年增长的趋势，表现出该城市聚类城市进出口品牌振兴平均水平在逐年提升。

图 8-2　进出口品牌优势协同型城市 CIBI 均值及历年变化趋势

8.2 CIBI 分项指标得分与排名

本节主要从 CIBI 分项指标的得分及排名来对进出口品牌优势协同型城市总体特征进行分析，分项指标有商品进出口品牌振兴价值指数和商品进出口品牌振兴潜力指数。其中，商品进出口品牌振兴价值水平主要从出口优化指数和进口准备指数两个方面进行分析；商品进出口品牌振兴潜力主要从资源指数和环境指数两个方面进行分析。

8.2.1 进出口品牌价值指数分析

本部分主要是从进出口品牌价值表现层面对进出口品牌优势协同型城市进行矩阵分析、区域分析及时序分析。

（1）价值指数的矩阵分析

本部分主要分析进出口品牌优势协同型城市在进出口品牌价值层面上分项指标上的整体得分情况，其中分项指标包括进口品牌准备指数和出口品牌优化指数。

进出口品牌优势协同型城市的平均进出口品牌价值指数得分为 60.89，较全国平均水平的 52.62 分有较大领先优势。从图 8-3 可以看出，该城市聚类的进口品牌准备指数得分与出口品牌优化指数得分均高于全国平均水平，仅低于品牌振兴引领型城市的城市得分。反映出该城市聚类中城市进口水平为其进出口品牌价值创造的准备程度较高，在进口价值规模、进口价值效率和进口价值贡献等方面都有较大的发展优势，且该城市聚类中城市出口水平为其进出口品牌价值优化的实现程度也较大。除此之外，该城市聚类的出口品牌优化指数得分略微大于进口品牌准备指数得分，表明该城市聚类的出口价值更高，为该城市的进出口品牌振兴起到了较强的优化作用。总体来说，进出口品牌优势协同型城市在进出口品牌价值层面上表现出较强的优势，在全国城市商品进出口品牌价值发展水平上处于相对领先地位。

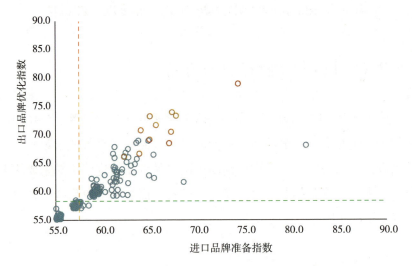

图 8-3　进口品牌准备指数 – 出口品牌优化指数二维分析矩阵

（2）价值指数的区域分析

本部分主要从进出口品牌优势协同型城市的区域结构层次上对其进出口价值水平进行分析。

表 8-2　进出口品牌优势协同型城市进出口品牌价值指数分项指标得分情况

城市	进口品牌准备指数	同类排名	全国排名	出口品牌优化指数	同类排名	全国排名
广州市	68.83	5	8	77.31	1	4

续表

城市	进口品牌准备指数	同类排名	全国排名	出口品牌优化指数	同类排名	全国排名
东莞市	76.62	1	3	67.78	7	13
天津市	67.73	7	10	74.77	2	5
苏州市	69.11	4	7	69.40	6	12
杭州市	67.38	8	11	70.42	4	8
重庆市	62.24	11	31	66.13	11	23
厦门市	67.34	3	7	73.88	2	4
南京市	63.84	10	18	66.63	10	20
珠海市	67.75	2	6	73.26	3	5
宁波市	65.62	6	10	71.60	5	7
青岛市	64.91	8	14	69.08	8	10

　　由表 8-2 可以看出，广州市进口品牌准备指数得分为 68.83，在群内排名第 5，全国排名第 8；东莞市进口品牌准备指数得分为 76.62，在群内排名第 1，全国排名第 3；天津市进口品牌准备指数得分为 67.73，在群内排名第 7，全国排名第 10；苏州市进口品牌准备指数得分为 69.11，在群内排名第 4，全国排名第 7；杭州市进口品牌准备指数得分为 67.38，在群内排名第 8，全国排名第 11。可以看出，该城市聚类的进口品牌准备指数大多排在全国前 10 名，反映该城市聚类中城市商品进口为其进出口品牌价值创造的准备程度较高。

　　在出口品牌优化指数方面，广州市出口品牌优化指数得分为 77.31，在群内排名第 1，全国排名第 4；东莞市出口品牌优化指数得分为 67.78，在群内排名第 7，全国排名第 13；天津市出口品牌优化指数得分为 74.77，在群内排名第 2，全国排名第 5；苏州市出口品牌优化指数得分为 69.40，在群内排名第 6，全国排名第 12；杭州市出口品牌优化指数得分为 70.42，在群内排名第 4，全国排名第 8。可以看出，该城市聚类前 5 名的出口品牌优化指数得分远高于全国平均得分 53.12，表明该城市聚类的品牌价值的发展规模较好，城市商品出口为其进出口品牌价值优化的实现程度较高，对该城市的总体经济发展贡献较大。

（3）价值指数的时序分析

本部分主要从时序角度出发，对进出口品牌优势协同型城市总体的进出口品牌价值 2012—2016 年的变化情况分析，并分析其二级指标变化趋势，包括进口品牌准备指数和出口品牌优化指数。

图 8-4　进出口品牌优势协同型城市价值指数及其
分项指标 2012—2016 年变化情况

由图 8-4 可以看出，该城市聚类的城市品牌价值指数在 2012—2014 年有轻微下降趋势，出口品牌优化指数同样呈现下降趋势，但进口品牌准备指数在稳步上升。在 2014 年后，该城市聚类的城市品牌价值指数和出口品牌优化指数开始回暖，且该城市聚类在 2015 年后的所有指数均开始显著上升，且出口品牌优化指数上升幅度大于进口品牌准备指数。在 2012—2016年中，除了第三年该城市聚类出口品牌优化指数略低于进口品牌准备程度，其他年份均为出口品牌优化指数大于进口品牌准备程度，反映了该城市聚类总体商品出口为其进出口品牌价值优化的实现程度相对较高。

8.2.2 进出口品牌潜力指数分析

本部分主要分析进出口品牌优势协同型城市在进出口品牌潜力指数以及其分项指标上的得分情况，其中分项指标包括品牌发展资源指数和品牌发展环境指数。

（1）潜力指数的矩阵分析

本部分主要分析进出口品牌优势协同型城市整体在进出口品牌潜力层面分项指标上的得分情况，包括品牌发展资源指数以及品牌发展环境指数。进出口品牌优势协同型城市的平均进出口品牌潜力指数得分为 62.02，相比于全国平均水平 53.12 较高。由图 8-5 所得，该城市聚类的进出口品牌发展资源指数和环境指数在全国均处于相对较高的地位，仅次于品牌振兴引领型城市。但是城市聚类内品牌潜力指数得分较为分散，城市聚类内领先城市已经接近振兴引领型城市的得分，也有相当一部分城市潜力指数得分被基础驱动型城市赶超。总体上表明进出口品牌优势协同型城市的进出口品牌化潜力的资源相对积累程度和环境相对优化程度在全国所有城市中发展较好，城市金融资源指数、城市人力资源指数、城市工业资源指数均高于全国大部分城市，同时在交通、文化和宜居环境建设方面有很好的发展和积累。

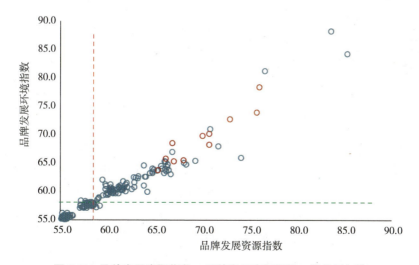

图 8-5 品牌发展资源指数—品牌发展资源指数二维分析矩阵

（2）潜力指数的区域分析

本部分主要从进出口品牌优势协同型城市的区域结构层次上对其进出口潜力指数进行分析。

进出口品牌优势协同型城市的平均品牌发展资源指数得分为 69.98，各个城市的全国排名在第 4 名至第 32 名不等。该城市聚类的平均品牌发展环境指数得分为 69.30，各个城市的全国排名主要分布在第 4 名至第 31 名。珠海市在资源指数和环境指数上得分均不高，分别在全国排名为第 32 名和第 31 名。

表 8-3　进出口品牌优势协同型城市进出口品牌潜力指数分项指标得分情况

城市	品牌发展资源指数	同类排名	全国排名	品牌发展环境指数	同类排名	全国排名
广州市	76.02	1	4	78.41	1	4
东莞市	66.90	9	18	68.54	6	10
天津市	75.74	2	5	73.94	2	5
苏州市	70.71	4	10	68.29	7	11
杭州市	70.71	5	11	70.18	4	8
重庆市	72.93	3	7	72.72	3	6
厦门市	66.20	10	26	65.77	8	15
南京市	70.05	6	12	69.83	5	9
珠海市	65.39	11	32	63.78	11	31
宁波市	67.05	8	17	65.36	10	19
青岛市	68.08	7	16	65.51	9	16
均分	69.98			69.30		

通过表 8-3 可以看出，该城市聚类中进出口品牌潜力指数得分前 5 名为广州市、天津市、重庆市、杭州市和南京市。广州市品牌潜力指数得分为 71.63，位于该城市聚类第 1 名；天津市品牌潜力指数得分为 68.46，位于该城市聚类第 2 名；重庆市品牌潜力指数得分为 66.02，位于该城市聚类第 3 名；杭州市品牌潜力指数得分为 63.03，位于该城市聚类第 4 名；南京市品牌潜力指数得分为 64.42，位于该城市聚类第 5 名。这些城市的商品进出口基础资源与区域环境等品牌振兴潜力的相对水平较高，在品牌发展资源和环境方面具有较大的优势。

（3）潜力指数的时序分析

本部分主要从时序角度出发，对进出口品牌优势协同型城市的进出口品牌潜力 2012—2016 年的变化情况进行分析，其中包括二级指标品牌发展资源指数和品牌发展环境指数。

图 8-6　进出口品牌优势协同型城市潜力指数及其
分项指标 2012—2016 年变化情况

由图 8-6 可以看出，进出口品牌优势协同型城市的城市品牌潜力指数、城市品牌资源指数和城市品牌环境指数的变化趋势相同，2012—2015 年该城市聚类的三个指数变化较为平稳，但是 2015 年后均开始大幅度增长，表明在 2015 年，该城市聚类商品进出口基础资源与区域环境等品牌潜力水平均得到了较大的提升。

8.3 主要城市分析

进出口品牌优势协同型城市共有 11 个城市，本节将对其中 CIBI 得分排名前五的主要城市（广州市、东莞市、天津市、苏州市、杭州市）CIBI 表现以及分项指标水平分别进行分析。

8.3.1 广州市

广州市位于我国东南部，是"珠三角"经济区中的城市之一，是我国参与经济全球化的主体区域，也是我国南方对外开放的门户，具有较好的经济发展基础和较高的经济发展水平。

2016 年实现地区生产总值（GDP）19610.94 亿元，按照可比价格计算（下同），增长 8.2%；合同外资金额 99.01 亿美元，增长 18.4%，实际使用外商直接投资金额 57.01 亿美元，增长 5.3%；年末常住人口 1404.35 万人，城镇人口比重 86.06%，年末户籍人口 870.49 万人，自然增长率 10.4‰；全年工业增加值 5369.4 亿元，增长 6.2%；全年商品进出口总值 8566.92 亿元，增长 3.1%，进出口差额 1807.18 亿元，增加 44.3 亿元。

（1）广州市 CIBI 概况

2016 年广州市进出口品牌振兴指数得分为 73.07，在优势协同型城市中排名第 1，位居全国第 4；进出口品牌价值指数得分为 68.83，在优势协同型城市中排名第 5，位居全国第 8；进出口品牌潜力指数得分为 77.31，在优势协同型城市中排名第 1，位居全国第 4。（具体得分参见表 8-4）

表 8-4　广州市 CIBI 及其一级指标的得分情况

综合指标	得分	同类排名	全国排名	一级指标	得分	同类排名	全国排名
CIBI	73.07	1	4	进出口品牌价值指数	68.83	5	8
				进出口品牌潜力指数	77.31	1	4

图 8-7　广州市 CIBI 指数及一级指标变化趋势

由图 8-7 可以看出，2012—2016 年，广州市 CIBI 水平在 2013—2014 年小幅上升，随后基本保持稳定态势。广州市进出口品牌潜力指数在

2013—2014 年大幅上升至 80 以上，随后大幅下降，趋于稳定。相反地，广州市进出口品牌价值指数，在 2013—2014 年呈下降趋势，在 2014—2015 年上升，之后趋于平稳。广州市 CIBI 中城市进出口品牌潜力指数显著高于全国均值，相对于其进出口品牌价值指数表现较好，反映了广州市商品进出口基础资源与区域环境等品牌振兴潜力的相对水平较高，有较大的进出口品牌振兴潜力。

（2）广州市进出口品牌价值指数分析

2016 年，广州市的商品进口为进出口品牌价值创造的准备程度主要体现在进口价值规模指数、进口价值效率指数、进口价值贡献指数三个方面；商品出口为进出口品牌价值创造的准备程度主要体现在出口价值规模指数、出口价值效率指数、出口价值贡献指数三个方面。（具体得分情况参见表 8-5）

表 8-5　广州市进出口品牌价值指数分项指标表现水平

二级指标	得分	同类排名	全国排名	三级指标	得分	同类排名	全国排名
进口品牌准备指数	67.20	4	8	进口价值规模指数	68.67	4	7
				进口价值效率指数	62.74	6	29
				进口价值贡献指数	62.47	10	50
出口品牌优化指数	70.46	7	9	出口价值规模指数	70.28	7	9
				出口价值效率指数	72.68	5	82
				出口价值贡献指数	72.38	2	59

从进口品牌准备指数得分情况来看，广州市在进口价值规模指数方面得分 68.67，同类型城市中排名第 4，位居全国第 7 位。表明广州市低附加值商品进口额在优势协同型城市中排在中前列，在全国范围内排名较为靠前，显示出其对低附加值商品的大额进口需求。广州市在进口价值效率指数方面得分 62.74，同类型城市中排名第 6，位居全国第 29 位。在城市聚类中，广州市低附加值进口增长率排名居中，在全国范围内排名靠前，说明其低附加值商品进口额同比增长率较高。广州市在进口价值贡献指数方面得分 62.47，同类型城市中排名第 10，位居全国第 50 位。在城市聚类中，广州市进口价值贡献指数排名靠后，表示其低附加值产品对进口额贡献率

低，表明其主要进口产品并非低附加值产品。

从出口品牌优化指数得分情况来看，广州市在出口价值规模指数方面得分 70.28，同类型城市中排名第 7，位居全国第 9 位。表明广州市高附加值商品出口额在全国范围内极为靠前，大规模出口高附加值商品。广州市在出口价值效率指数方面得分 72.68，同类型城市中排名第 5，位居全国第 82 位。表明广州市高附加值产品出口增长率较一般，出口额趋于稳定。广州市在出口价值贡献指数方面得分 72.38，同类型城市中排名第 2，位居全国第 59 位。表明广州市高附加值商品出口贡献率在同类型城市中排名极高，全国排名处于中上水平。从总体得分来看，广州市在进口价值规模指数和出口价值规模指数在全国处于领先地位，表明该城市进出口品牌价值的发展规模相对水平较高。其在出口价值效率指数得分较低，表明该城市出口品牌价值的规模增长程度相对水平较低。

图 8-8　广州市 2012—2016 年进出口品牌价值指数变化趋势

由图 8-8 可以看出，2013—2014 年，广州市城市品牌价值指数及其分项指标均有所下降，2014—2015 年均有不同程度的回升，2015 年后趋于稳定，但所在优势协同型城市的品牌价值指数有较大的提高。随着优势协同型城市城市品牌价值指数均值的上升，广州市在进出口品牌价值指数方面的领先地位逐渐削弱。除此之外，广州市在整个发展过程中均表现出出口品牌优化指数大于进口品牌准备指数，表明广州市的出口水平为其品牌价

值的优化水平高于其出口为其品牌价值的准备水平，但是在 2014 年情况有
所改变。

（3）广州市进出口品牌潜力指数分析

2016 年，广州市商品进出口品牌潜力的资源积累程度主要体现在广州
市金融资源指数、人力资源指数以及工业资源指数三个方面；商品进出口
品牌化潜力的环境优化程度主要体现在广州市的交通环境指数、文化环境
指数以及宜居环境指数三个方面。

表 8-6　广州市进出口品牌潜力指数分项指标表现水平

二级指标	得分	同类排名	全国排名	三级指标	得分	同类排名	全国排名
品牌发展资源指数	76.02	1	4	城市金融资源指数	72.21	2	6
				城市人力资源指数	81.20	1	2
				城市工业资源指数	83.21	5	8
品牌发展环境指数	78.41	1	4	城市交通环境指数	85.12	1	1
				城市文化环境指数	71.12	1	4
				城市宜居环境指数	77.14	3	5

由表 8-6 可以看出，在品牌发展资源方面，广州市城市金融资源指数
得分为 72.21，在城市聚类中排名第 2，位居全国第 6 位。表明广州市的地
区生产总值、职工平均工资和外资使用情况均处于城市聚类、全国中领先
地位，有较强的金融资本优势。广州市城市人力资源指数得分为 81.20，在
城市聚类中排名第 1，位居全国第 2 位。表明广州市就业失业比较高，且
教育和科研从业人员、学生数量均处于绝对领先地位，有极强的人力资本
优势与潜力。广州市城市工业资源指数得分为 83.21，在城市聚类中排名第
5，位居全国第 8 位。表明广州市规模以上工业企业数及其产出、废物综合
利用率处于领先地位，具有工业资本优势。

在品牌发展环境方面，广州市城市交通环境指数得分为 85.12，在城市
聚类和全国均为第 1 名。表明广州市客运量、货运量较大，人均道路多且
通信方便，领跑全国。广州市在城市文化环境指数得分为 71.12，在城市聚
类中排名第 1，位居全国第 4 位。表明广州的公共图书馆总藏书量、人均藏
书量大，文体从业人员多。广州市城市宜居环境指数得分为 77.14，在同类

型城市中排名第 3，位居全国第 5 位。表明广州市绿地、人均居住面积、医生数量、人口密度、垃圾无污染处理率均较高，宜居性高。

图 8-9 广州市 2012—2016 年进出口品牌潜力指数变化趋势

由图 8-9 可以看出，2012—2016 年，广州市进出口品牌潜力指数及城市品牌环境指数得分在 2013—2014 年有一个突增，随后回到 2013 年值附近，并且保持缓慢增长。在 2012—2016 年，广州市的城市品牌潜力指数及其分项指标均远远领先于所在城市聚类平均值，表明广州市商品进出口基础资源与区域环境等品牌振兴潜力的相对水平较高。

（4）广州市 CIBI 分析小结

广州市 CIBI 总体表现水平在全国处于领先地位，在优势协同型城市中位居第 1，尤其在商品进出口品牌潜力指数上表现出较大的优势。其中，广州市在商品进出口价值指数的表现优势不明显，但是随着 2014 年《广东省支持外贸稳定增长实施方案》的落实和推进，广州市 2014 年进出口逐年向好，进出口量平稳上升，具体表现为进口价值准备指数和出口价值优化指数平稳上升。近年来，广州市工业产值增速正在逐渐放缓，固定资产投资增长速度明显降低，投资结构不断调整，第一产业投资额不断减少，2016年在政策驱动下主要转向教育、租赁和商业服务业，2017 年则转向卫生和社会工作、金融业、信息传输、软件和信息技术服务业，两年中交通运输、仓储和邮政业稳定增长。

结合广州市 CIBI 表现水平以及相关进出口贸易政策，该市商品进出口品牌振兴所具有的优势和劣势，以及其面临的机会与挑战主要体现在以下几个方面：广州市进出口品牌振兴的优势表现在其巨大的发展潜力，分别体现在优越的发展环境和丰富的发展资源，表明广州市对于进出口品牌振兴的资源积累程度、环境优化程度均较高，有极大的发展潜力。而劣势表现在广州市商品进出口价值指数较低，具体表现在出口品牌优化程度和进口品牌准备程度表现欠佳，尤其是进出口的贡献指数和效率指数在全国排名相对靠后，表明广州市商品品牌进出口对其区域经济发展的贡献水平较低，品牌价值的发展规模的相对水平较低。从政策与投资方向考虑未来，广州市的机会在于其不断坚持的交通业建设与近年来教育、医疗投资带来的交通优势与人力资本优势，加之保税物流模式创新带来的贸易流程简化、金融业服务创新带来的金融资本富集、电商发展带来的出口增加，使得广州市具有成为优秀的进出口贸易领导城市的潜力。挑战方面，广州工业产值增长率放缓，如何在工业结构转型升级的阵痛期内，维持进出口品牌价值指数，并向振兴引领型城市发展，维持并建设广州市的进出口品牌建设，将会是一个巨大的挑战。

8.3.2 东莞市

东莞市位于我国东南部，是广东省地级市之一，也是"珠三角"城市聚类成员之一。东莞市的服务业、工业、商业等均为"珠三角"城市聚类做出了巨大贡献，有"世界工厂"之称。

2016 年东莞市实现地区生产总值（GDP）6827.67 亿元，按照可比价格计算（下同），增长 8.1%；合同外资金额 47.32 亿美元，下降 6.5%，实际使用外商直接投资金额 39.26 亿美元，下降 26.2%；年末常住人口 736.42 万人，城镇人口比重 89.14%，年末户籍人口 200.94 万人，自然增长率 8.64‰；全年工业增加值 2878.23 亿元，增长 7.0%；全年商品进出口总值 11415.99 亿元，增长 9.8%。

（1）东莞市 CIBI 概况

2016 年东莞市进出口品牌振兴指数得分为 72.20，在优势协同型城市中排名第 2，位居全国第 5；进出口品牌价值指数得分为 76.62，在优势协同型城市中排名第 1，位居全国第 3；进出口品牌潜力指数得分为 67.78，在优势协同型城市中排名第 7，位居全国第 13。（具体得分参见表 8-7）

表 8-7 东莞市 CIBI 及其一级指标的得分情况

综合指标	得分	同类排名	全国排名	一级指标	得分	同类排名	全国排名
CIBI	72.20	2	5	进出口品牌价值指数	76.62	1	3
				进出口品牌潜力指数	67.78	7	13

图 8-10 东莞市 CIBI 指数及一级指标变化趋势

由图 8-10 可以看出，2012—2016 年，东莞市 CIBI 水平在 2013—2014 年小幅下降，随后回升增长。东莞市进出口品牌价值指数得分在 2013—2014 年大幅下降至 70 分以下，随后大幅回升，在 2015 年之后趋于稳定。东莞市进出口品牌潜力指数在 2012—2016 年持续缓慢上升，幅度较小。相对于其进出口品牌潜力指数，东莞市在进出口品牌价值指数方面表现出了较大的优势，反映出该市进出口商品附加价值高低等品牌振兴表现的相对水平较高。2015 年之后随着优势协同型城市快速发展，东莞市 CIBI 在该城市聚类中的领先地位正逐渐下降。

（2）东莞市进出口品牌价值指数分析

2016 年，东莞市的商品进口为进出口品牌价值创造的准备程度主要体现在进口价值规模指数、进口价值效率指数、进口价值贡献指数三个方面；商品出口为进出口品牌价值创造的准备程度主要体现在出口价值规模指数、出口价值效率指数、出口价值贡献指数三个方面。（具体得分情况参见表 8-8）

表 8-8　东莞市进出口品牌价值指数分项指标表现水平

二级指标	得分	同类排名	全国排名	三级指标	得分	同类排名	全国排名
进口品牌准备指数	74.33	1	4	进口价值规模指数	78.01	1	4
				进口价值效率指数	62.94	1	14
				进口价值贡献指数	63.63	1	5
出口品牌优化指数	78.91	1	3	出口价值规模指数	79.43	1	3
				出口价值效率指数	72.73	4	78
				出口价值贡献指数	71.32	3	111

从进口品牌准备指数得分情况来看，东莞市在进口价值规模指数方面得分 78.01，同类型城市中排名第 1，位居全国第 4 位。表明东莞市低附加值商品进口额在优势协同型城市中排在首列，在全国范围内排名极为靠前，显示出其对低附加值商品有大额进口需求，在城市聚类中处于领先地位。东莞市在进口价值效率指数方面得分 62.94，同类型城市中排名第 1，位居全国第 14 位。在城市聚类中，东莞市低附加值进口增长率排名第 1，在全国范围内排名靠前。表明其低附加值商品进口额同比增长率较高。东莞市在进口价值贡献指数方面得分 63.63，同类型城市中排名第 1，位居全国第 5 位。在城市聚类中，东莞市进口价值贡献指数排在首位，表明其低附加值产品对进口额贡献率很高，低附加值商品进口在其 GDP 中占据重要地位，东莞市在低附加值商品的进口方面处于城市聚类的领先地位。

从出口品牌优化指数得分情况来看，东莞市在出口价值规模指数方面得分 79.43，同类型城市中排名第 1，位居全国第 3 位。表明东莞市高附加值商品出口额在全国范围内处于领先地位，高附加值商品出口规模较大。东莞市在出口价值效率指数方面得分 72.73，同类型城市中排名第 4，位居全国第 78 位。反映该市在高附加值产品出口增长率方面缺乏竞争优势。东莞市在出口价值贡献指数方面得分 71.32，同类型城市中排名第 3，位居全国第 111 位。反映东莞市高附加值商品出口贡献率水平一般，表现欠佳，其高附加值产品出口对该市的 GDP 贡献程度处于较低水平。

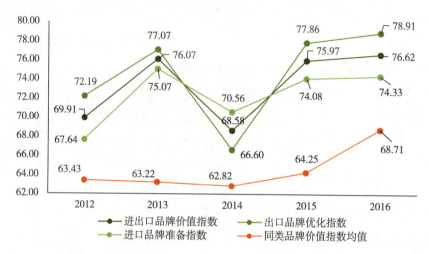

图 8-11　东莞市 2012—2016 年进出口品牌价值指数变化趋势

由图 8-11 可以看出，2013—2014 年间，东莞市城市品牌价值指数及其分项指标有着不同程度的下滑，其中出口品牌优化指数下滑程度较大。2014—2015 年均有不同程度的回暖，2015 年随后趋向稳定。东莞市的城市品牌价值指数大幅度领先于城市聚类平均值，表明其进出口的数量、增长率等均处于领先地位。随着 2015 年后进出口品牌优势协同型城市的品牌价值指数大幅度上升，东莞市表现出了平缓的上升水平，在城市聚类中的优势逐渐减弱。

（3）东莞市进出口品牌潜力指数分析

2016 年，东莞市商品进出口品牌潜力的资源积累程度主要体现在东莞市金融资源指数、人力资源指数以及工业资源指数三个方面；商品进出口品牌化潜力的环境优化程度主要体现在东莞市的交通环境指数、文化环境指数以及宜居环境指数三个方面。

由表 8-9 可以看出，在品牌发展资源方面，东莞市城市金融资源指数得分为 63.92，在城市聚类中排名第 10，位居全国第 20 位。表明东莞市的地区生产总值、职工平均工资以及外资使用等相关城市资源上处于城市聚类中落后地位，相较城市聚类其他城市有一定的短板，但在全国范围内处于较为领先的地位。东莞市城市人力资源指数得分为 68.36，在城市聚类中排名第 6，位居全国第 26 位。表明东莞市就业失业比、教育和科研从业人员、学生数量均处于城市聚类居中位置，有一定的人力资本优势与潜力。东莞市城市工业资源指数得分为 82.17，在城市聚类中排名第 6，位居全国第 9 位。表明东莞市规模以上工业企业数及其产出、废物综合利用率处于领先地位，具有明显的工业资本优势。

表 8-9 东莞市进出口品牌潜力指数分项指标表现水平

二级指标	得分	同类排名	全国排名	三级指标	得分	同类排名	全国排名
品牌发展资源指数	66.90	9	18	城市金融资源指数	63.92	10	20
				城市人力资源指数	68.36	6	26
				城市工业资源指数	82.17	6	9
品牌发展环境指数	68.54	6	10	城市交通环境指数	67.66	5	9
				城市文化环境指数	66.10	7	12
				城市宜居环境指数	71.81	5	9

在品牌发展环境方面，东莞市城市交通环境指数得分为 67.66，在城市聚类中排名第 5，位居全国第 9 位。表明东莞市客运量、货运量较大，人均道路较多且通信方便，在全国处于领先地位。东莞市城市文化环境指数得分为 66.10，在城市聚类中排名第 7，位居全国第 12 位。表明东莞的公共图书馆总藏书量、人均藏书量较大，文体从业人员较多。东莞市城市宜居环境指数得分为 71.81，在同类型城市中排名第 5，位居全国第 9 位。表明东莞市绿地、人均居住面积、医生数量、人口密度、垃圾无污染处理率均较高，宜居性较高。

由图 8-12 可以看出，2012—2016 年，东莞市城市品牌潜力指数及其分项指标得分较为稳定，品牌环境指数逐年来呈现稳定小幅上升，品牌资源指数稳定且变化幅度小。整体看来，东莞市商品进出口品牌潜力指数得分在城市聚类中处于平均水平，表明东莞市商品进出口基础资源与区域环境等品牌振兴潜力的相对水平在全国范围内处于较高水平。

图 8-12 东莞市 2012—2016 年进出口品牌潜力指数变化趋势

（4）东莞市 CIBI 分析小结

东莞市 CIBI 整体情况表现在全国处于领先地位，在优势协同型城市中处于前列，尤其在商品进出口品牌价值指数上表现出较大的优势。其城市品牌价值指数波动较大，但是始终大幅领先于城市聚类均值，品牌潜力指数变化不大，且处于城市聚类平均水平。

东莞市特点在于领先且波动的进出口品牌价值指数与平稳于平均线附近的进出口品牌潜力指数。2014 年东莞市推动了对外贸易结构转型，力图将以加工贸易为主的贸易模式转变为以一般贸易为主的贸易模式，使得东莞市进出口比较优势、企业数量均受到影响，反映在指数中是 2014 年东莞市城市品牌价值指数及其分项指标均大幅下降。到了 2015 年时转型升级获得显著成功，大幅改变进出口贸易结构，并且使得产业优势转变，进出口品牌价值指数回暖，这次改型中出口价值优化指数变化范围最大，也可以看出转型对出口的转变效果最为明显。

东莞市的主要优势在于其巨大的进出口商品额，以及较为可观的贸易增长率，使得东莞市的进出口品牌价值指数领先该城市聚类，结合其目前正在进行的第二次贸易转型升级、智能制造转型和人才引进计划，以及工业产值、制造业固定资产投资稳定上升的现状，东莞市的机会在于其品牌价值指数有机会进一步攀升；东莞市目前的劣势在于其进出口品牌潜力指数表现平庸，特别是金融指数表现较差，亟待提升；东莞市目前面临的挑战在于随着进出口额不断扩大，城市交通、人文环境、金融等将越发成为限制 CIBI 增长的桎梏因素，需要尽快开始相关方面的政策引导与资本投资。

8.3.3 天津市

天津市位于我国华北地区，是中国四大直辖市之一，也是"京津冀"城市聚类重要支柱之一，是我国北方最大的沿海开放城市之一，也是"滨海新区"经济特区所在城市。其工业基础雄厚，高校林立，是我国重要城市之一。

2016 年实现地区生产总值（GDP）17885.39 亿元，按照可比价格计算（下同），增长 9.0%；合同外资金额 308.26 亿美元，实际使用外商直接投资金额 101.00 亿美元，增长 12.2%；年末常住人口 1562.12 万人，城镇人口比重 82.93%，年末户籍人口 1044.40 万人，自然增长率 1.83‰；全年工业增加值 7328.70 亿元，增长 8.3%；全年商品进出口总值 1026.51 亿美元，下降 10.2%。

（1）天津市 CIBI 概况

2016 年天津市进出口品牌振兴指数得分为 71.25，在优势协同型城市中排名第 3，位居全国第 6；进出口品牌价值指数得分为 67.73，在优势协同型城市中排名第 7，位居全国第 10；进出口品牌潜力指数得分为 74.77，在优势协同型城市中排名第 2，位居全国第 5。（具体得分参见表 8-10）

表 8-10　天津市 CIBI 及其一级指标的得分情况

综合指标	得分	同类排名	全国排名	一级指标	得分	同类排名	全国排名
CIBI	71.25	3	6	进出口品牌价值指数	67.73	7	10
				进出口品牌潜力指数	74.77	2	5

由图 8-13 可以看出，2012—2015 年，天津市 CIBI 及其分项指标得分总体上呈上升趋势，但是在 2013 年天津市的进出口品牌潜力指数得分有小幅度的下滑，在 2014 年有所回升。在 2015—2016 年，CIBI 及其分项指标得分均有小幅度的下降趋势，与 2015 年后优势协同型城市的 CIBI 的表现快速上升形成对比。天津市 CIBI 在 2015—2016 年后，在优势协同型城市中的

领先优势正在减少，趋向于城市聚类的平均水平。相对于其进出口品牌价值指数，天津市的进出口品牌潜力指数表现较好，反映了其商品进出口基础资源与区域环境等品牌振兴潜力的水平相对较高，有较大的进出口品牌振兴潜力。

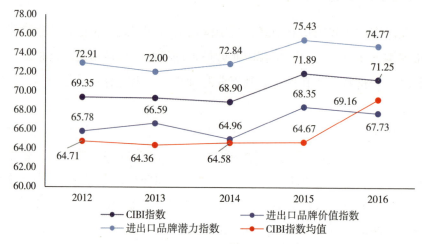

图 8-13　天津市 CIBI 指数及一级指标变化趋势

（2）天津市进出口品牌价值指数分析

2016 年，天津市的商品进口为进出口品牌价值创造的准备程度主要体现在进口价值规模指数、进口价值效率指数、进口价值贡献指数三个方面；商品出口为进出口品牌价值创造的准备程度主要体现在出口价值规模指数、出口价值效率指数、出口价值贡献指数三个方面。（具体得分情况参见表8-11）

表 8-11　天津市进出口品牌价值指数分项指标表现水平

二级指标	得分	同类排名	全国排名	三级指标	得分	同类排名	全国排名
进口品牌准备指数	67.01	5	9	进口价值规模指数	68.49	5	8
				进口价值效率指数	62.43	10	49
				进口价值贡献指数	62.65	5	38
出口品牌优化指数	68.45	9	14	出口价值规模指数	68.25	9	13
				出口价值效率指数	72.15	9	95
				出口价值贡献指数	65.20	7	118

从进口品牌准备指数得分情况来看，天津市在进口价值规模指数方面

得分 68.49，同类型城市中排名第 5，位居全国第 8 位。表明天津市低附加值商品进口额在优势协同型城市中处于平均水平，在全国范围内排名靠前，显示出其对低附加值商品的大额进口需求。天津市在进口价值效率指数方面得分 62.43，同类型城市中排名第 10，位居全国第 49 位。在城市聚类中，天津市低附加值进口增长率排名靠后，说明其低附加值商品进口额同比增长率在城市聚类内处于较低水平。天津市在进口价值贡献指数方面得分 62.65，同类型城市中排名第 5，位居全国第 38 位。在城市聚类中，天津市进口价值贡献指数处于平均水平，表示其低附加值产品对进口额贡献率较一般，低附加值商品进口在其 GDP 中占比不高。

从出口品牌优化指数得分情况来看，天津市在出口价值规模指数方面得分 68.25，同类型城市中排名第 9，位居全国第 13 位。表明天津市高附加值商品出口额在全国范围内靠前，大规模出口高附加值商品，但在城市聚类内较排名靠后。天津市在出口价值效率指数方面得分 72.15，同类型城市中排名第 9，位居全国第 95 位。表明天津市高附加值产品出口增长率较低。天津市在出口价值贡献指数方面得分 65.20，同类型城市中排名第 7，位居全国第 118 位。表明天津市高附加值商品出口贡献率在同类型城市中排名较低，表明其高附加值产品出口对 GDP 贡献率较差。

图 8-14 天津市 2012—2016 年进出口品牌价值指数变化趋势

由图 8-14 可以看出，2012—2016 年，天津城市品牌价值指数及其分项指标波动明显，尤其是 2014 年出口品牌优化指数呈现大幅度下降，2015—2016 年的品牌价值指数以及其两项分项指标均有所下降。从图中可以看出，天津品牌价值指数在优势协同型城市中地位已经下降至平均水平。

（3）天津市进出口品牌潜力指数分析

2016 年，天津市商品进出口品牌潜力的资源积累程度主要体现在天津市金融资源指数、人力资源指数以及工业资源指数三个方面；商品进出口品牌化潜力的环境优化程度主要体现在天津市的交通环境指数、文化环境指数以及宜居环境指数三个方面。

表 8-12　天津市进出口品牌潜力指数分项指标表现水平

二级指标	得分	同类排名	全国排名	三级指标	得分	同类排名	全国排名
品牌发展资源指数	75.74	2	5	城市金融资源指数	74.95	1	4
				城市人力资源指数	73.58	4	12
				城市工业资源指数	89.33	3	5
品牌发展环境指数	73.94	2	5	城市交通环境指数	66.88	7	11
				城市文化环境指数	70.32	2	5
				城市宜居环境指数	85.64	1	3

由表 8-12 可以看出，在品牌发展资源方面，天津市城市金融资源指数得分为 74.95，在城市聚类中排名第 1，位居全国第 4 位。表明天津市的地区生产总值、职工平均工资和外资使用情况处于城市聚类中领先地位，在全国范围内处领先地位。天津市城市人力资源指数得分为 73.58，在城市聚类中排名第 4，位居全国第 12 位。表明天津市就业失业比、教育和科研从业人员、学生数量均处于城市聚类较高位置，有不错的人力资本优势。天津市城市工业资源指数得分为 89.33，在城市聚类中排名第 3，位居全国第 5 位。表明天津市规模以上工业企业数及其产出、废物综合利用率均处于领先地位，具有巨大的工业资本优势。

在品牌发展环境方面，天津市城市交通环境指数得分为 66.88，在城市聚类中排名第 7，位居全国第 11 位。表明天津市客运量、货运量较大，人均道路较多且通信较方便，在全国处于领先地位，但是横向比较较低，亟待改善交通条件。天津市城市文化环境指数得分为 70.32，在城市聚类中排名第 2，位居全国第 5 位。说明天津的公共图书馆总藏书量、人均藏书量大，文体从业人员多，人力资本潜力大。天津市在城市宜居环境指数得分为 85.64，在同类型城市中排名第 1，位居全国第 3 位。表明天津市绿地、人均居住面积、医生数量、人口密度、垃圾无污染处理率高，宜居性较高。

图 8-15　天津市 2012—2016 年进出口品牌潜力指数变化趋势

由图 8-15 可以看出，2012—2016 年，天津市城市品牌潜力指数呈现稳中上升的态势，其分项指标品牌资源指数变化较为稳定，在 75 分上下波动，品牌环境指数于 2014—2015 年大幅上升，随后下降。整体看来，天津市进出口品牌潜力指数在城市聚类中处于领先地位，表明天津市商品进出口基础资源与区域环境等品牌振兴潜力的相对水平较高。

（4）天津市 CIBI 分析小结

天津市 CIBI 指数得分较优势协同型城市平均水平有一定的领先优势，其进出口品牌价值指数于 2015 年前在平均值以上波动，目前已经失去领先地位，而进出口品牌潜力指数远高于城市聚类均值，同时也在小范围内波动。2014 年，天津组织进行了综合交通改革和基础设施建设工作，推动"京津冀"交通一体化发展，使得天津品牌发展环境指数有所上升，同期外商投资企业进出口下降，使得天津出口品牌优化指数显著下降，2015 年天津自由贸易试验区的建立使得天津的对外贸易情况好转，指数回暖。

天津市的主要优势在于其进出口品牌潜力指数高，尤其是其中的金融业、宜居指数较高，且天津市教育资源丰富。2016—2017 年天津推行降低实体经济企业成本、大力发展服务业、促进产业交融政策，以及 2017 年对第三产业的固定资产投资占比超 65%，实体经济投资占比超 60% 的情况，天津市应该利用这个机会大力振兴进出口品牌建设，最大化投入产出比；天津市的劣势在于其商品进出口价值指数较低，处于城市聚类的平均水平，挑战在于面对其目前重点依赖的工业和未来大力发展的服务业之间错位问题时，天津如何发展进出口产业，实现商品进出口品牌的建设。

8.3.4 苏州市

苏州市位于江苏省东南部，处在长江三角洲与太湖平原的中心地带，也是"长三角"城市聚类成员之一，是我国经济重镇、文化名城。苏州市是江苏省的经济中心、工商业中心、对外贸易中心和物流中心。

2016 年实现地区生产总值（GDP）15475.09 亿元，按照可比价格计算（下同），增长 6.7%；合同外资金额 57.25 亿美元，实际使用外商直接投资金额 60.03 亿美元，下降 14.5%；年末常住人口 1064.74 万人，城镇人口比重 75.70%，年末户籍人口 678.2 万人，自然增长 4.85‰；全年工业增加值 49.38 亿元，增长 0.1%；全年商品进出口总值 2737.58 亿美元，下降 10.2%。

（1）苏州市 CIBI 概况

2016 年苏州市进出口品牌振兴指数得分为 69.26，在优势协同型城市中排名第 4，位居全国第 7；进出口品牌价值指数得分为 69.11，在优势协同型城市中排名第 4，位居全国第 7；进出口品牌潜力指数得分为 69.41，在优势协同型城市中排名第 6，位居全国第 12。（具体得分参见表 8-13）

表 8-13　苏州市 CIBI 及其一级指标的得分情况

综合指标	得分	同类排名	全国排名	一级指标	得分	同类排名	全国排名
CIBI	69.26	4	7	进出口品牌价值指数	69.11	4	7
				进出口品牌潜力指数	69.41	6	12

由图 8-16 可以看出，2012—2015 年，苏州市 CIBI 及品牌潜力指数得分在 70 分左右波动，在 2012—2014 年出现小幅度的下降，但在 2014 年之

后有所回升。2014 年后，苏州市的商品进出口品牌价值指数明显上升，得分超过了长期占据相对优势的进出口品牌潜力指数。但从城市聚类 CIBI 的增长幅度来看，苏州市 CIBI 在城市聚类内的领先优势逐渐消失，已经降到了优势协同型平均水平。

图 8-16　苏州市 CIBI 指数及一级指标变化趋势

（1）苏州市进出口品牌价值指数分析

2016 年，苏州市的商品进口为进出口品牌价值创造的准备程度主要体现在进口价值规模指数、进口价值效率指数、进口价值贡献指数三个方面；商品出口为进出口品牌价值创造的准备程度主要体现在出口价值规模指数、出口价值效率指数、出口价值贡献指数三个方面。（具体得分情况参见表8-14）

表 8-14　苏州市进出口品牌价值指数分项指标表现水平

二级指标	得分	同类排名	全国排名	三级指标	得分	同类排名	全国排名
进口品牌准备指数	65.00	7	13	进口价值规模指数	65.92	7	12
				进口价值效率指数	62.10	11	56
				进口价值贡献指数	62.65	7	40
出口品牌优化指数	73.22	4	6	出口价值规模指数	73.25	4	6
				出口价值效率指数	73.15	1	62
				出口价值贡献指数	71.32	10	126

从进口品牌准备指数得分情况来看，苏州市在进口价值规模指数方面

得分 65.00，同类型城市中排名第 7，位居全国第 13 位。表明苏州市低附加值商品进口额在优势协同型城市中排在较靠后位置，在全国范围内排名靠前，显示出其对低附加值商品的大额进口需求，横向比较进口额较少。苏州市在进口价值效率指数方面得分 65.92，同类型城市中排名第 7，位居全国 12 位。在城市聚类中，苏州市低附加值进口增长率排名最后；说明其低附加值商品进口额同比增长率横向比较很低，但是在全国范围内增长率较高。苏州市在进口价值贡献指数方面得分 62.65，同类型城市中排名第 7，位居全国第 40 位。在城市聚类中，苏州市进口价值贡献指数排在中间位置，表示其低附加值产品对进口额贡献率在群内较一般，低附加值商品进口在其 GDP 中占比不高。

从出口品牌优化指数得分情况来看，苏州市在出口价值规模指数方面得分 73.25，同类型城市中排名第 4，位居全国第 6 位。表明苏州市高附加值商品出口额在全国范围内靠前，横向比较也较靠前，说明苏州市大规模出口高附加值商品。苏州市在出口价值效率指数方面得分 73.15，同类型城市中排名第 1，位居全国第 62 位。表明苏州市高附加值产品出口增长率横向比较排名高，但是在全国范围内较一般。苏州市在出口价值贡献指数方面得分 71.32，同类型城市中排名第 10，位居全国第 126 位。表明苏州市高附加值商品出口贡献率在同类型城市中排名低，表明其高附加值产品出口对 GDP 贡献率低。

图 8-17　苏州市 2012—2016 年进出口品牌价值指数变化趋势

由图 8-17 可以看出，2012—2014 年，苏州市的进口品牌优化指数和品牌价值指数呈下降趋势，2014 年呈大幅下降，随后上升回稳定值。苏州市进口品牌准备指数一直保持在较低位置，且变化幅度较稳定。除此之外，2012—2016 年苏州市均呈现出口品牌优化指数大于进口品牌准备指数，表现其出口为进出口品牌价值优化的实现程度相对较高。从该城市聚类进出口品牌价值指数变化趋势来看，苏州市在城市聚类中所具有的优势逐渐消失。

（3）进出口品牌潜力指数分析

2016 年，苏州市商品进出口品牌潜力的资源积累程度主要体现在苏州市金融资源指数、人力资源指数以及工业资源指数三个方面；商品进出口品牌化潜力的环境优化程度主要体现在苏州市的交通环境指数、文化环境指数以及宜居环境指数三个方面。

表 8-15　苏州市进出口品牌潜力指数分项指标表现水平

二级指标	得分	同类排名	全国排名	三级指标	得分	同类排名	全国排名
品牌发展资源指数	70.71	4	10	城市金融资源指数	68.39	4	8
				城市人力资源指数	67.31	10	35
				城市工业资源指数	99.49	1	1
品牌发展环境指数	68.29	7	11	城市交通环境指数	68.15	4	8
				城市文化环境指数	68.24	4	8
				城市宜居环境指数	68.50	6	13

由表 8-15 可以看出，在品牌发展资源方面，苏州市城市金融资源指数得分为 68.39，在城市聚类中排名第 4，位居全国第 8 位。表明苏州市的地区生产总值、职工平均工资和外资使用情况较好，在全国范围内处领先地位。苏州市城市人力资源指数得分为 67.31，在城市聚类中排名第 10，位居全国第 35 位。表明苏州市就业失业比、教育和科研从业人员、学生数量均处于城市聚类靠后位置，人力资本方面有所短缺。苏州市城市工业资源指数得分为 99.49，在城市聚类中排名第 1，位居全国第 1 位。表明苏州市规模以上工业企业数及其产出、废物综合利用率均处于绝对的领先地位，具有极强大的工业资本优势。

在品牌发展环境方面，苏州市城市交通环境指数得分为 68.15，在城市聚类中排名第 4，位居全国第 8 位。表明苏州市客运量、货运量较大，人均道路较多且通信较方便，在全国处于领先地位，但是横向比较一般。苏州市城市文化环境指数得分为 68.24，在城市聚类中排名第 4，位居全国第 8 位。表明苏州的公共图书馆总藏书量、人均藏书量较大，文体从业人员较多，有一定的人力资本潜力。苏州市城市宜居环境指数得分为 68.50，在同类型城市中排名第 6，位居全国第 13 位。表明苏州市绿地、人均居住面积、医生数量、人口密度、垃圾无污染处理率比较高，宜居性高。

图 8-18　苏州市 2012—2016 年进出口品牌潜力指数变化趋势

由图 8-18 可以看出，2012—2016 年，苏州市城市品牌潜力指数及其分项指标有稳定的小幅下降，且在 2014 年之后下降幅度比较明显。在 2015 年后潜力指数缓慢上升，但上升幅度小于该城市聚类的平均水平，且苏州市的品牌潜力指数已经到达城市聚类均值附近，在城市聚类中不再具有明显的优势地位。

（4）苏州市 CIBI 分析小结

苏州市 CIBI 总体情况表现在全国位于前列，在优势协同型城市中有一定优势地位。2014 年之后苏州省在进出口方面均获得较大程度的发展。2014 年苏州市加工贸易转型升级步伐加快，"苏州造"内外贸一体化网上销售平台建成运营，同时积极参与"一带一路"建设，抓住丝绸之路沿线国家元首访苏机遇，有效促进经贸文化交流。此外，对台合作全面深化，交流领域不断拓宽，为苏州市的经济和进出口规模提供了持续发展的能量。

结合苏州市 CIBI 表现水平以及相关进出口贸易政策，该市进出口品牌的优势在于其极其优越的工业力量；而劣势在于其进出口规模较小，且其交通、人才、环境指数方面表现欠佳。从政策与投资方向上看，苏州市的机会在于其优越的工业能力带来的发展基础，以及较高的低附加值产品进口额和高附加值出口额、领先城市聚类的高附加值产品出口增长率带来的巨大工业利润。挑战在于苏州市的转型期间对人才的需求大，缺口急需弥补，对交通、金融业等方面的要求持续升高。

8.3.5 杭州市

杭州市是浙江省省会，位于中国东南沿海、浙江省北部、钱塘江下游、京杭大运河南端。杭州市是副省级市，是浙江省的政治、经济、文化、教育、交通和金融中心。

2016 年，全市实现生产总值（GDP）11050.49 亿元，比上年增长9.5%。其中第一产业增加值 304.84 亿元，第二产业增加值 3977.39 亿元，第三产业增加值 6768.26 亿元，分别增长 1.9%、4.7% 和 13.0%。常住人口人均生产总值 121394 元，增长 7.7%。全市实现货物进出口总额 4485.97 亿元，增长 8.7%。其中，进口总额 1172.17 亿元，增长 14.6%；出口总额 3313.80 亿元，增长 6.7%。全市服务贸易进出口总额 1399.64 亿元，增长 18.0%。其中，出口总额 945.67 亿元，增长 19.0%。

（1）杭州市 CIBI 概况

2016 年杭州市进出口品牌振兴指数得分为 68.90，在优势协同型城市中排名第 5，位居全国第 8；进出口品牌价值指数得分为 67.38，在优势协同型城市中排名第 8，位居全国第 11；进出口品牌潜力指数得分为 70.42，在优势协同型城市中排名第 4，位居全国第 8。（具体得分参见表 8-16）

表 8-16　杭州市 CIBI 及其一级指标的得分情况

综合指标	得分	同类排名	全国排名	一级指标	得分	同类排名	全国排名
CIBI	68.90	5	8	进出口品牌价值指数	67.38	8	11
				进出口品牌潜力指数	70.42	4	8

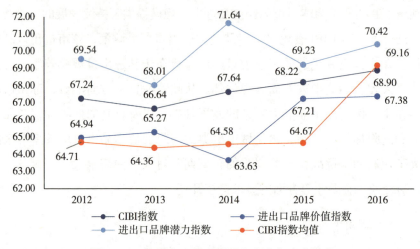

图 8-19 杭州市 CIBI 指数及一级指标变化趋势

由图 8-19 可以看出,杭州市 CIBI 水平在 2012—2013 年呈现小幅度下降,2013 年之后稳步回升,总体上 CIBI 表现水平在五年内较为稳定。杭州市进出口品牌潜力指数在 2013—2014 年略有上升,涨幅在 5 分左右,随后又小幅度下降,随后趋于稳定。杭州市进出口品牌价值指数,在 2013—2014 年小幅度下降,随后在 2014—2015 年上升,趋于保持稳定。杭州市 CIBI 中品牌潜力指数显著高于均值,表明其具有较大的发展潜力。

(2)杭州市进出口品牌价值指数分析

2016 年,杭州市的商品进口为进出口品牌价值创造的准备程度主要体现在进口价值规模指数、进口价值效率指数、进口价值贡献指数三个方面;商品出口为进出口品牌价值创造的准备程度主要体现在出口价值规模指数、出口价值效率指数、出口价值贡献指数三个方面。(具体得分情况参见表 8-17)

表 8-17 杭州市进出口品牌价值指数分项指标表现水平

二级指标	得分	同类排名	全国排名	三级指标	得分	同类排名	全国排名
进口品牌准备指数	64.02	9	17	进口价值规模指数	64.41	9	16
				进口价值效率指数	62.83	3	21
				进口价值贡献指数	62.65	4	36

续表

二级指标	得分	同类排名	全国排名	三级指标	得分	同类排名	全国排名
出口品牌优化指数	70.75	6	8	出口价值规模指数	70.63	6	8
				出口价值效率指数	72.45	7	89
				出口价值贡献指数	71.20	10	126

从进口品牌准备指数得分情况来看，杭州市在进口价值规模指数方面得分 64.41，同类型城市中排名第 9，位居全国第 16 位。数据表明杭州市低附加值商品进口额在优势协同型城市中排在中后部分，但在全国范围内排名比较靠前，显示出其对低附加值商品的进口需求较高。杭州市在进口价值效率指数方面得分 62.83，同类型城市中排名第 3，位居全国第 21 位。在城市聚类中，杭州市低附加值进口增长率排名靠前，在全国范围内排名处于第一梯队，说明其低附加值商品进口额同比增长率较高。杭州市在进口价值贡献指数方面得分 62.65，同类型城市中排名第 4，位居全国第 36 位。在城市聚类中，杭州市进口价值贡献指数排名处于中前部，表示其低附加值产品对进口额贡献较多，低附加值产品对杭州市的发展具有重要的作用。

图 8-20 杭州市 2012—2016 年进出口品牌价值指数变化趋势

从出口品牌优化指数得分情况来看，杭州市在出口价值规模指数方面得分 70.63，同类型城市中排名第 6，位居全国第 8 位。说明杭州市高附加值商品出口额在全国范围内极为靠前，大规模出口高附加值商品。杭州市在出口价值效率指数方面得分 72.45，同类型城市中排名第 7，位居全国第 89 位，表明杭州市高附加值产品出口增长率较一般，出口额趋于稳定。杭州市在出口价值贡献指数方面得分 71.20，同类型城市中排名第 10，位居全国第 126 位。表明杭州市高附加值商品出口贡献率在同类型城市中排名比较靠后，全国排名同样比较靠后。

由图 8-20 可以看出，2013—2014 年，杭州市品牌价值指数及其分项指标整体呈下降趋势，但进口品牌准备指数保持稳定，2014—2015 年有所上升，随后趋向稳定。随着优势协同型城市城市品牌价值指数均值的上升，杭州市在进出口品牌价值指数方面的优势程度相对减小。

（3）杭州市进出口品牌潜力指数分析

2016 年，杭州市商品进出口品牌潜力的资源积累程度主要体现在杭州市金融资源指数、人力资源指数以及工业资源指数三个方面；商品进出口品牌化潜力的环境优化程度主要体现在杭州市的交通环境指数、文化环境指数以及宜居环境指数三个方面。

表 8-18 杭州市进出口品牌潜力指数分项指标表现水平

二级指标	得分	同类排名	全国排名	三级指标	得分	同类排名	全国排名
品牌发展资源指数	70.71	5	11	城市金融资源指数	68.02	5	9
				城市人力资源指数	73.17	5	14
				城市工业资源指数	80.26	8	12
品牌发展环境指数	70.18	4	8	城市交通环境指数	72.99	2	5
				城市文化环境指数	68.68	3	7
				城市宜居环境指数	68.23	7	14

由表 8-18 可以看出，在品牌发展资源方面，杭州市城市金融资源指数得分为 68.02，在城市聚类中排名第 5，位居全国第 9 位。表明杭州市的地区生产总值、职工平均工资和外资使用情况较好，在全国范围内处领先地位。杭州市城市人力资源指数得分为 73.17，在城市聚类中排名第 5，位居全国第 14 位。表明杭州市就业失业比、教育和科研从业人员、学生数量均处于城市聚类靠前位置，人力资本方面具有较好的发展优势。杭州市城市工业资源指数得分为 80.26，在城市聚类中排名第 8，位居全国第 12 位。表

明杭州市规模以上工业企业数及其产出、废物综合利用率虽然在该城市聚类中处于一个较为靠后的地位，但在全国排名中处于优势地位，在工业资源及发展方面具有优势。

在品牌发展环境方面，杭州市城市交通环境指数得分为 72.99，在城市聚类中排名第 2，位居全国第 5 位。表明杭州市客运量、货运量较大，人均道路较多且通信较方便，在全国处于极为靠前的地位。杭州市城市文化环境指数得分为 68.68，在城市聚类中排名第 3，位居全国第 7 位。表明杭州市的公共图书馆总藏书量、人均藏书量较大，文体从业人员较多，有一定的人力资本潜力。杭州市城市宜居环境指数得分为 68.23，在同类型城市中排名第 7，位居全国第 14 位。表明杭州市绿地、人均居住面积、医生数量、人口密度、垃圾无污染处理率比较高，宜居性高，不过横向比较则优势较小，吸引人才与同级其他城市相比缺少优势。

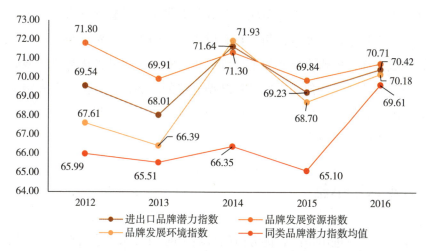

图 8-21　杭州市 2012—2016 年进出口品牌潜力指数变化趋势

由图 8-21 可以看出，2012—2016 年，杭州市进出口品牌潜力指数及城市品牌环境指数得分在 2013—2014 年有一个突增，但随后又有显著的趋势回落，并且保持缓慢增长。在任意时间段，杭州市的城市品牌潜力指数及其分项指标均领先于城市聚类平均值，在城市聚类中处于领先地位。

（4）杭州市 CIBI 分析小结

杭州市 CIBI 指数得分略高于优势协同型城市平均得分，其进出口品牌价值指数和进出口品牌潜力指数均处于平均水平左右，具有一定的发展优势但并不突出。2014 年杭州市进出口品牌价值指数显著上升，之后趋于稳定。2014 年杭州成功争取国务院同意创建中国（杭州）跨境电子商务综合试验区和国家自主创新示范区、杭州都市经济圈转型升级综合改革试点、国家生态文明先行示范区创建、杭州航空口岸 72 小时过境免签政策，认真贯彻省委常委会专题研究杭州工作会议精神，落实杭州发展定位新要求，为杭州科学发展注入了新活力、积蓄了新动能，也为杭州市进出口的发展注入了强大的力量。

结合杭州市现有进出口品牌分项指标，杭州市进出口品牌的优势在于其优越的交通、文化环境和进口规模和价值的增长率；而劣势在于人力资源、金融资源和工业资源发展。从政策与投资方向上考虑，杭州市的机会在于其不断加强统筹发展，推动杭州市的国际化发展，加之保税物流模式创新带来的贸易流程简化、金融业服务创新带来的金融资本富集、电商发展带来的出口增加，使得杭州市具有成为优秀的进出口贸易领导城市的潜力；挑战方面，杭州市目前的进口价值指数在进出口品牌优势协同型城市中并不占有优势，如何在工业结构转型升级的阵痛期内、投资尚未转化为有效资本前，维持进出口品牌价值指数，进一步推动杭州市进口规模的发展，对杭州市的发展来说至关重要。

8.4 本章小结

本章主要对进出口品牌优势协同型城市的 CIBI 水平进行解读，该城市聚类所含城市 11 个，且城市 CIBI 水平全国排名为 4~14 名，说明该城市聚类 CIBI 表现水平在全国处于相对较高的位置，仅次于进出口品牌振兴引领型城市，并且在进出口品牌价值指数、潜力指数两个方面均高于全国平均水平，且优于全国大部分城市，反映出了明显的优势协同效应。2012—2016 年，该城市聚类的 CIBI 水平呈现出稳重上升的趋势，所含城市数量呈现下降趋势。

从进出口品牌价值角度来看，该城市聚类进出口品牌价值指数得分高于全国平均水平，反映出该城市聚类进出口商品附加价值高低等品牌振兴表现的相对水平普遍较高。在进口品牌准备指数和出口品牌优化指数方面都具有明显的优势，反映出该城市聚类商品进口为进出口品牌价值创造的准备程度较高，商品出口为进出口品牌价值优化的实现程度也较高。

从进出口品牌潜力角度来看，该城市聚类进出口品牌潜力指数得分高于全国平均水平，反映出该城市聚类商品进出口基础资源与区域环境等品牌振兴潜力的相对水平普遍较高。在品牌发展资源指数和品牌发展环境指数方面都有明显的优势，反映出该城市聚类进出口品牌化潜力的资源积累程度较高，商品进出口品牌化潜力的环境优化程度较高。

最后从该城市聚类中选取前五名城市作为主要城市进行城市层面的 CIBI 水平解读，同类型城市中排名前五的城市有广州市、东莞市、天津市、苏州市和杭州市。分别从 CIBI 总体表现水平、各分项指标表现水平、该城市商品进出口品牌振兴所具有的优劣势以及面临的机会和挑战来对各城市进行分析。其中，广州市、天津市、杭州市均在进出口品牌潜力指数上表现出相对优势，东莞市在进出口品牌价值指数上表现出相对优势，苏州市在进出口品牌价值和潜力两个方面表现出同样的优势水平。各个城市应该认识到自己在发展进出口贸易上的优势和劣势，并抓住机会，打造具有价值的商品品牌，实现各城市商品进出口品牌的振兴。

第九章 进出口品牌基础驱动型城市聚类 CIBI 分析

本章主要介绍进出口品牌基础驱动型城市的基本特征，并对其 CIBI 表现展开详细解读。首先从整体上对该城市聚类的 CIBI 表现加以报告，对该城市聚类的 CIBI 表现进行指标矩阵分析、区域结构分析，以及发展时序分析。其次分析该城市聚类 CIBI 的分项指标和排名情况，包括进出口品牌价值指数分析和进出口品牌潜力指数分析。最后从该城市聚类中选取五个具有代表性的城市作为重点分析对象，分别从 CIBI 的各个分项指标对该城市的商品进出口品牌振兴水平展开分析。

9.1 基础驱动型城市 CIBI 总体概况

本节从整体上分析该城市聚类的 CIBI 表现水平，分别从指标矩阵分析、区域结构分析，以及发展时序分析三个方面来进行报告，并对该城市聚类的 CIBI 表现特征在全国所处的地位进行解读。

9.1.1 指标矩阵分析

本部分主要是对进出口品牌基础驱动型城市在全国地位的分析，并从进出口品牌价值指数与潜力指数两个维度对该城市聚类的 CIBI 表现进行概述。

进出口品牌基础驱动型城市 CIBI 总体得分为 63.84。由图 9–1 可知，该城市聚类的 CIBI 表现水平在全国处于中上的位置，次于进出口品牌振兴引领型城市和进出口品牌优势协同型，在进出口品牌价值指数、潜力指数两个方面均高于全国平均水平，且优于全国大部分城市。进出口品牌基础驱动型城市的品牌价值指数总体得分为 61.99，相对于全国整体水平的 52.62 有较大的领先优势，表明该城市聚类进出口的规模较大、效率较高，对地区总体经济发展也有较大贡献。该城市聚类的品牌潜力指数为 65.68，远高于全国平均的 53.12，表明在进出口品牌化的资源和环境方面发展较好，具有较高的进出口品牌振兴潜力。

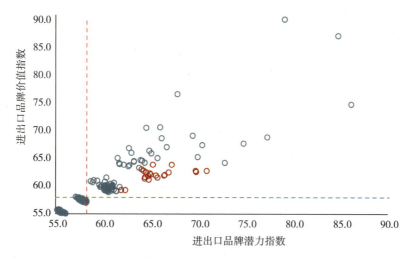

图 9-1　进出口品牌基础驱动型城市价值指数与潜力指数分析

9.1.2 区域结构分析

本部分主要是对进出口品牌基础驱动型城市进行区域结构分析，重点分析该城市聚类中所包含城市的基本特征，以及城市的 CIBI 表现水平。

表 9-1　进出口品牌基础驱动型城市 CIBI 表现

城市	所属省份	CIBI 得分	同类型城市中排名	全国排名
成都市	四川省	66.82	1	15
武汉市	湖北省	66.19	2	16
西安市	陕西省	66.14	3	17
郑州市	河南省	65.53	4	19
合肥市	安徽省	64.69	5	23
福州市	福建省	64.54	6	24
济南市	山东省	64.21	7	29

城市	所属省份	CIBI 得分	同类型城市中排名	全国排名
长沙市	湖南省	64.11	8	30
沈阳市	辽宁省	63.71	9	33
昆明市	云南省	63.58	10	34
石家庄市	河北省	63.56	11	36
长春市	吉林省	63.54	12	37
太原市	山西省	63.46	13	40
南昌市	江西省	63.26	14	42
南宁市	广西壮族自治区	63.00	15	46
哈尔滨市	黑龙江省	62.97	16	47
贵阳市	贵州省	62.83	17	50
乌鲁木齐市	新疆维吾尔自治区	60.79	18	53
兰州市	甘肃省	60.59	19	56

由表 9-1 可以看出，进出口品牌基础驱动型城市包括成都市、武汉市、西安市等 19 个城市，皆为省会城市。

从同类型城市中排名前五的城市来看，成都市所属省份为四川省，CIBI 得分为 66.82，在同类型城市中排名第 1，全国排名第 15；武汉市所属省份为湖北省，CIBI 得分为 66.19，在同类型城市中排名第 2，全国排名第 16；西安市所属省份为陕西省，CIBI 得分为 66.14，在同类型城市中排名第 3，全国排名第 17；郑州市所属省份为河南省，CIBI 得分为 65.53，在同类型城市中排名第 4，全国排名第 19；合肥市所属省份为安徽省，CIBI 得分为 64.69，在同类型城市中排名第 5，全国排名第 23。

9.1.3 发展时序分析

本部分主要对进出口品牌基础驱动型城市 2012—2016 年的 CIBI 表现水平及该城市聚类 CIBI 得分逐年增长率进行分析。

图 9-2 可以看出，进出口品牌基础驱动型城市的 CIBI 平均表现水平在 2012—2014 年略有下降，但降幅极小。从 2015 年开始，城市聚类的 CIBI 得分均值开始上升，2015 年的上升幅度为 0.56%，2016 年该城市聚类的 CIBI

平均表现水平有大幅度的上升，分数增长近 4 分，增长幅度达到 6.12%。总体上来看，该城市聚类 CIBI 得分均值呈现出先平缓再增长的趋势，表现出该城市聚类城市进出口品牌振兴平均水平从 2015 年开始逐步提升。

图 9-2　进出口品牌基础驱动型城市 CIBI 均值及历年变化趋势

9.2 CIBI 分项指标得分与排名

本节主要从 CIBI 分项指标的得分及排名来对进出口品牌基础驱动型城市总体特征进行分析，分项指标有商品进出口品牌振兴价值指数和商品进出口品牌振兴潜力指数。其中，商品进出口品牌振兴价值水平主要从出口优化指数和进口准备指数两个方面进行分析；商品进出口品牌振兴潜力主要从资源指数和环境指数两个方面进行分析。

9.2.1 进出口品牌价值指数分析

本部分主要是从进出口品牌价值表现层面对进出口品牌基础驱动型城市进行矩阵分析、区域分析及时序分析。

（1）价值指数的矩阵分析

本部分主要分析进出口品牌基础驱动型城市在进出口品牌价值层面上分项指标上的整体得分情况，其中分项指标包括进口品牌准备指数和出口品牌优化指数。

进出口品牌基础驱动型城市的平均进出口品牌价值指数得分为 61.99，较全国平均水平的 52.62 分有一定的领先优势。从图 9–3 可以看出，该城市聚类的进口品牌准备指数得分与出口品牌优化指数得分均高于全国平均水平，仅低于品牌振兴引领型城市和优势协同型的城市得分。反映出该城市聚类中城市进口水平为其进出口品牌价值创造的准备程度较高，在进口价值规模、进口价值效率和进口价值贡献等方面都有较大的发展优势，且该城市聚类中城市出口水平为其进出口品牌价值优化的实现程度也较大。除此之外，该城市聚类的出口品牌优化指数得分略微大于进口品牌准备指数得分，表明该城市聚类的出口价值更高，为该城市的进出口品牌振兴起到了较强的优化作用。总体来说，进出口品牌基础驱动型城市在进出口品牌价值层面上表现出一定的优势，在全国城市商品进出口品牌价值发展水平上处于较为靠前的地位。

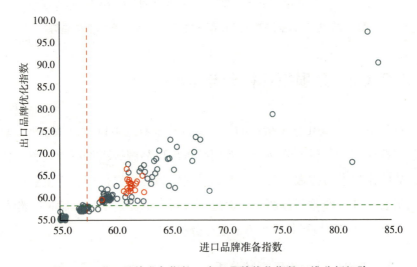

图 9–3　进口品牌准备指数 – 出口品牌优化指数二维分析矩阵

（2）价值指数的区域分析

本部分主要从进出口品牌基础驱动型城市的区域结构层次上对其进出口价值水平进行分析。

由表 9–2 可以看出，成都市进口品牌准备指数得分为 61.27，在群内排名第 11，全国排名第 45；武汉市进口品牌准备指数得分为 61.93，在群内排名第 3，全国排名第 35；西安市进口品牌准备指数得分为 61.22，在群内排名第 12，全国排名第 46；郑州市进口品牌准备指数得分为 61.06，在群内排名第 15，全国排名第 52；合肥市进口品牌准备指数得分为 61.45，在群内排名第 6，全国排名第 39。可以看出，该城市聚类的进口品牌准备指数大多排在全国前 50 名，反映该城市聚类中城市商品进口为其进出口品牌价值创造的准备程度良好。

表 9-2 进出口品牌基础驱动型城市进出口品牌价值指数分项指标得分情况

城市	进口品牌准备指数	同类型城市中排名	全国排名	出口品牌优化指数	同类型城市中排名	全国排名
成都市	61.27	11	45	64.20	3	31
武汉市	61.93	3	35	63.41	7	36
西安市	61.22	12	46	63.84	4	33
郑州市	61.06	15	52	66.67	1	19
合肥市	61.45	6	39	63.50	5	34
福州市	62.51	2	29	65.17	2	27
济南市	61.40	8	42	62.52	9	41
长沙市	61.39	9	43	62.35	11	45
沈阳市	61.81	4	36	61.95	12	47
昆明市	61.19	13	49	61.77	13	48
石家庄市	61.49	5	38	62.91	8	38
长春市	62.66	1	26	61.47	16	52
太原市	61.38	10	44	63.44	6	35
南昌市	61.11	14	51	62.42	10	42
南宁市	61.41	7	41	61.74	14	49
哈尔滨市	61.01	16	54	61.23	17	53
贵阳市	60.80	17	56	61.73	15	50
乌鲁木齐市	58.80	18	97	59.66	19	83
兰州市	58.78	19	98	59.75	18	80

在出口品牌优化指数方面，成都市出口品牌优化指数得分为 64.20，在群内排名第 3，全国排名第 31；武汉市出口品牌优化指数得分为 63.41，在群内排名第 7，全国排名第 36；西安市出口品牌优化指数得分为 63.84，在

群内排名第 4，全国排名第 33；郑州市出口品牌优化指数得分为 66.67，在群内排名第 1，全国排名第 19；合肥市出口品牌优化指数得分为 63.50，在群内排名第 5，全国排名第 34。可以看出，该城市聚类前 5 名的出口品牌优化指数得分远高于全国平均得分 53.12，表明该城市聚类的品牌价值的发展规模相对全国大部分城市较好，城市商品出口为其进出口品牌价值优化的实现程度处于中上水平，对该城市的总体经济发展贡献较大。

（3）价值指数的时序分析

本部分主要从时序角度出发，对进出口品牌基础驱动型城市总体的进出口品牌价值 2012—2016 年的变化情况分析，并分析其二级指标变化趋势，包括进口品牌准备指数和出口品牌优化指数。

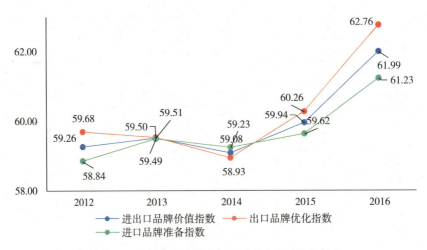

图 9-4　进出口品牌基础驱动型城市价值指数及其
分项指标 2012—2016 年变化情况

由图 9-4 可以看出，该城市聚类的城市品牌价值指数在 2012—2014 年中呈现先上升后下降的发展态势，但是波动幅度极小，在 2014 年之后，价值指数呈现出明显的上升趋势。进口品牌准备指数具有相似的波动趋势，但出口品牌优化指数在 2012—2014 年缓慢下降。在 2014 年后，该城市聚类的出口品牌优化指数开始回暖，且该城市聚类在 2014 年后的所有指数均开始显著上升，且出口品牌优化指数上升幅度大于进口品牌准备指数。在 2012—2016 年中，除了第三年该城市聚类出口品牌优化指数略低于进口品牌准备程度，其他年份均为出口品牌优化指数大于进口品牌准备程度，反映了该城市聚类总体商品出口为其进出口品牌价值优化的实现程度相对较高。

9.2.2 进出口品牌潜力指数分析

本部分主要分析进出口品牌基础驱动型城市在进出口品牌潜力指数以及其分项指标上的得分情况，其中分项指标包括品牌发展资源指数和品牌发展环境指数。

（1）潜力指数的矩阵分析

本部分主要分析进出口品牌基础驱动型城市整体在进出口品牌潜力层面分项指标上的得分情况，包括品牌发展资源指数和品牌发展环境指数。

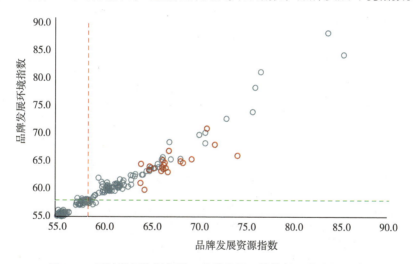

图 9-5　品牌发展资源指数 - 品牌发展环境指数二维分析矩阵

进出口品牌优势协同型城市的平均进出口品牌潜力指数得分为 65.68，相比于全国平均水平 53.12 较高。由图 9-5 所得，该城市聚类的进出口品牌发展资源指数和环境指数在全国均处于相对较高的地位，次于品牌振兴引领型城市和品牌优势协同型城市中部分城市。城市聚类内品牌潜力指数得分较为分散也是该城市聚类的一个重要特征。城市聚类内领先城市已经接近振兴引领型城市的得分，也有相当一部分城市潜力指数得分被基础驱动型城市赶超。总体上表明进出口品牌优势协同型城市的进出口品牌化潜力的资源相对积累程度和环境相对优化程度在全国所有城市中发展较好，城市金融资源指数、城市人力资源指数、城市工业资源指数均高于全国大部分城市，同时在交通、文化和宜居环境建设方面有很好的发展和积累。

（2）潜力指数的区域分析

本部分主要从进出口品牌优势协同型城市的区域结构层次上对其进出口潜力指数进行分析。

表 9-3　进出口品牌基础驱动型城市进出口品牌潜力指数分项指标得分情况

城市	品牌发展资源指数	同类型城市中排名	全国排名	品牌发展环境指数	同类型城市中排名	全国排名
成都市	70.84	3	9	70.97	1	7
武汉市	71.70	2	8	68.02	2	12
西安市	74.13	1	6	66.02	4	14
郑州市	69.27	4	13	65.42	5	17
合肥市	66.88	7	19	66.94	3	13
福州市	66.34	11	23	64.32	10	26
济南市	68.10	6	15	65.04	7	21
长沙市	68.33	5	14	64.75	9	23
沈阳市	66.43	10	22	64.77	8	22
昆明市	66.22	13	25	65.24	6	20
石家庄市	66.16	14	27	63.86	12	30
长春市	66.51	9	21	63.75	13	32
太原市	66.03	15	29	63.21	16	38
南昌市	66.73	8	20	63.06	17	40
南宁市	64.83	17	35	64.08	11	27
哈尔滨市	66.26	12	24	63.59	15	34
贵阳市	65.26	16	33	63.66	14	33
乌鲁木齐市	63.87	19	44	61.03	18	54
兰州市	64.27	18	40	59.89	19	85
均分	67.67			71.63		

进出口品牌基础驱动型城市的平均品牌发展资源指数得分为 66.99，各个城市的全国排名在第 6 名至第 44 名不等。该城市聚类的平均品牌发展环境指数得分为 64.56，各个城市的全国排名主要分布在第 7 名至第 85 名，较为分散，城市聚类内部差距较大。兰州市在资源指数和环境指数上得分均不高，分别在全国排名为第 40 名和第 85 名。

通过表 9-3 可以看出，该城市聚类中进出口品牌潜力指数得分前 5 名为成都市、武汉市、西安市、郑州市、合肥市。成都品牌潜力指数得分为 66.82，位于该城市聚类第 1 名；武汉市品牌潜力指数得分为 66.19，位于该城市聚类第 2 名；西安市品牌潜力指数得分为 66.14，位于该城市聚类第 3 名；郑州市品牌潜力指数得分为 65.53，位于该城市聚类第 4 名；合肥市品牌潜力指数得分为 64.70，位于该城市聚类第 5 名。这些城市的商品进出口基础资源与区域环境等品牌振兴潜力的相对水平较高，在品牌发展资源和环境方面具有较大的优势。

（3）潜力指数的时序分析

本部分主要从时序角度出发，对进出口品牌优势协同型城市的进出口品牌潜力 2012—2016 年的变化情况进行分析，其中包括二级指标品牌发展资源指数和品牌发展环境指数。

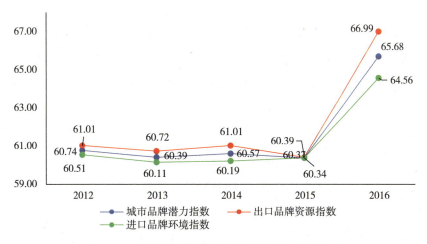

图 9-6　进出口品牌基础驱动型城市潜力指数及其
分项指标 2012—2016 年变化情况

由图 9-6 可以看出，进出口品牌基础驱动型城市的城市品牌潜力指数、城市品牌资源指数和城市品牌环境指数的变化趋势大体上相同，2012—2015 年该城市聚类的城市品牌潜力指数变化波动程度较小，潜力指数整体趋势上较为稳定，但是在 2014—2015 年，出口品牌资源指数出现小幅度下降，出口品牌环境指数出现小幅度的上升，但从整体上看出口品牌资源指数大于进口品牌环境指数。在 2015 年之后，该城市聚类的出口品牌资源指数和进口品牌环境指数出现了大幅度的增长，且出口品牌资源指数上升幅度较大，导致该城市聚类的城市品牌潜力指数出现了较大的上升趋势。

9.3 主要城市分析

在进出口品牌基础驱动型城市中共有 19 个城市，本节将对其中 CIBI 得分排名前五的主要城市（成都市、武汉市、西安市、郑州市、合肥市）CIBI 表现以及分项指标水平分别进行分析。

9.3.1 成都市

成都市位于我国西部，是我国新一线城市之一，是带动西部地区发展的重要支撑，具有良好的经济发展基础和较高的经济发展水平。2017 年实现地区生产总值（GDP）1.2 万亿元，增长 7.5%；固定资产投资 8370 亿元，增长 14.3%；一般公共预算收入 1175 亿元，增长 7%；社会消费品零售总额 5620 亿元，增长 10%；城乡居民人均可支配收入分别增长 8.1%、9.9%，居民消费价格上涨 2%。

（1）成都市 CIBI 概况

2016 年成都市进出口品牌振兴指数得分为 66.83，在基础驱动型城市中排名第 1，位居全国第 15；进出口品牌价值指数得分为 62.74，在基础驱动型城市中排名第 3，位居全国第 36；进出口品牌潜力指数得分为 70.91，在基础驱动型城市中排名第 1，位居全国第 7。（具体得分参见表 9-4）

表 9-4　成都市 CIBI 及其一级指标的得分情况

综合指标	得分	同类排名	全国排名	一级指标	得分	同类排名	全国排名
CIBI	66.83	1	15	进出口品牌价值指数	62.74	3	36
				进出口品牌潜力指数	70.91	1	7

图 9-7　成都市 CIBI 指数及一级指标变化趋势

由图 9-7 可以看出，2012—2016 年，成都市 CIBI 水平基本保持稳定态势。成市进出口品牌潜力指数在 2013—2014 年较大幅上升至 70 以上，随后下降趋于稳定。与此同时，成都市进出口品牌价值指数长期趋于平稳。成都市 CIBI 中城市进出口品牌潜力指数显著高于全国均值，相对于其进出口品牌价值指数表现较好，反映了成都市商品进出口基础资源与区域环境等品牌振兴潜力的相对水平较高，有较大的进出口品牌振兴潜力。

（2）成都市进出口品牌价值指数分析

2016 年，成都市的商品进口为进出口品牌价值创造的准备程度主要体现在进口价值规模指数、进口价值效率指数、进口价值贡献指数三个方面；商品出口为进出口品牌价值创造的准备程度主要体现在出口价值规模指数、出口价值效率指数、出口价值贡献指数三个方面。（具体得分情况参见表 9-5）

表 9-5　成都市进出口品牌价值指数分项指标表现水平

二级指标	得分	同类排名	全国排名	三级指标	得分	同类排名	全国排名
进口品牌准备指数	61.27	11	45	进口价值规模指数	60.99	7	38
				进口价值效率指数	62.02	15	60
				进口价值贡献指数	62.64	14	44
出口品牌优化指数	64.20	3	31	出口价值规模指数	63.49	3	31
				出口价值效率指数	73.19	7	59
				出口价值贡献指数	71.32	17	121

从进口品牌准备指数得分情况来看，成都市在进口价值规模指数方面得分 60.99，同类型城市中排名第 7，位居全国第 38 位。表明成都市低附加值商品进口额在基础驱动型城市中排在中游，在全国范围内排名也不高，显示出其对低附加值商品的进口需求并不是很旺盛。成都市在进口价值效率指数方面得分 62.02，同类型城市中排名第 15，位居全国第 60 位。在城市聚类中，成都市低附加值进口增长率排名靠后，在全国范围内排名居中，说明其低附加值商品进口额同比增长率较为平缓。成都市在进口价值贡献指数方面得分 62.64，同类型城市中排名第 14，位居全国第 44 位。在城市聚类中，成都市进口价值贡献指数排名靠后，表示其低附加值产品对进口额贡献率低，表明其主要进口产品并非是低附加值产品。

从出口品牌优化指数得分情况来看，成都市在出口价值规模指数方面得分 63.49，同类型城市中排名第 3，位居全国第 31 位。表明成都市高附加值商品出口额在区域范围内极为靠前，出口高附加值商品规模较大。成都市在出口价值效率指数方面得分 73.19，同类型城市中排名第 7，位居全国第 59 位。表明成都市高附加值产品出口增长率较一般，出口额趋于稳定。成都市在出口价值贡献指数方面得分 71.32，同类型城市中排名第 17，位居全国第 121 位。表明成都市高附加值商品出口贡献率在同类型城市中排名靠后，全国排名处于较后部位置。从总体得分来看，成都市在进口价值规模指数和出口价值规模指数在全国处于中上游，表明该城市进出口品牌价值的发展规模相对水平较高。其中出口价值效率指数得分较低，在全国排名 60 名，表明该城市出口品牌价值的规模增长程度相对水平较低。

图 9-8　成都市 2012—2016 年进出口品牌价值指数变化趋势

由图 9-8 可以看出，成都市城市品牌价值指数及出口品牌优化指数得分在 2013—2014 年有较为明显的下降，但在 2014 年之后回升至稳定水平。在 2014—2016 年，成都市所在品牌驱动型城市的品牌价值指数有较大的提高。随着优势协同型城市城市品牌价值指数均值的上升，成都市在进出口品牌价值指数方面的领先地位逐渐削弱。另外，成都市在整个发展过程中均展现出出口品牌优化指数大于进口品牌准备指数，表明成都市的出口水平为其品牌价值的优化水平高于其出口为其品牌价值的准备水平。

（3）成都市进出口品牌潜力指数分析

2016 年，成都市商品进出口品牌潜力的资源积累程度主要体现在成都市金融资源指数、人力资源指数以及工业资源指数三个方面；商品进出口品牌化潜力的环境优化程度主要体现在成都市的交通环境指数、文化环境指数以及宜居环境指数三个方面。

由表 9-6 可以看出，在品牌发展资源方面，成都市城市金融资源指数得分为 67.07，在城市聚类中排名第 2，位居全国第 10 位，位于前列。表明成都市的地区生产总值、职工平均工资和外资使用情况均处于城市聚类、全国领先地位，有较强的金融资本优势。成都市城市人力资源指数得分为 76.36，在城市聚类中排名第 4，位居全国第 8 位，也较为领先。表明了成都市就业失业比较高，且教育和科研从业人员、学生数量均处于领先地位，有较强的人力资本优势与潜力。成都市城市工业资源指数得分为76.53，在城市聚类中排名第1，位居全国第10位。表明成都市规模以上工业企业数及其产出、废物综合利用率处于领先地位，具有工业资本优势。

表9-6 成都市进出口品牌潜力指数分项指标表现水平

二级指标	得分	同类排名	全国排名	三级指标	得分	同类排名	全国排名
品牌发展资源指数	70.84	3	9	城市金融资源指数	67.07	2	10
				城市人力资源指数	76.36	4	8
				城市工业资源指数	76.53	1	10
品牌发展环境指数	70.97	1	7	城市交通环境指数	71.53	1	7
				城市文化环境指数	69.82	1	6
				城市宜居环境指数	71.55	2	10

在品牌发展环境方面，成都市城市交通环境指数得分为71.53，在同类型城市中排名第1，全国排名第7。表明成都市客运量、货运量较大，人均道路多且通信方便，在城市聚类内表现突出，在全国处于领先地位。成都市城市文化环境指数得分为69.82，在城市聚类中排名第1，位居全国第6位。表明成都的公共图书馆总藏书量、人均藏书量大，文体从业人员多。成都市城市宜居环境指数得分为71.55，在同类型城市中排名第2，位居全国第10位，均处于领先地位。表明成都市绿地、人均居住面积、医生数量、人口密度、垃圾无污染处理率均较高，宜居性高。

图9-9 成都市2012—2016年进出口品牌潜力指数变化趋势

　　由图 9-9 可以看出，成都市进口品牌潜力指数及城市品牌环境指数得分在 2013—2014 年呈现出较快增长，2014 年后附近，进出口品牌潜力指数及城市品牌环境指数得分一直在 71 左右波动。在 2012—2016 年，成都市的城市品牌潜力指数及其分项指标均远远领先于所在城市聚类平均值，表明成都市商品进出口基础资源与区域环境等品牌振兴潜力的相对水平较高。但是 2016 年城市品牌潜力指数均值突增，反映出成都市的品牌潜力优势在减弱。

　　（4）成都市 CIBI 分析小结

　　成都市 CIBI 总体表现水平在全国较为靠前，在基础驱动型城市中位居第 1，尤其在城市品牌潜力指数的优势较大，但是在商品进出口价值指数的表现优势不明显。但是 2013—2014 年，成都市利用《财富》全球论坛和世界华商大会后续效应，积极提高对外开放水平，2014 年后进出口逐年向好，进出口量平稳上升，具体表现为进口价值准备指数和出口价值优化指数在 2014 年后有一个明显上升。

　　结合成都市 CIBI 表现水平以及相关进出口贸易政策，以及该市商品进出口品牌振兴所具有的优势和劣势，其面临的机会与挑战主要体现在以下几个方面：成都市进出口品牌振兴的优势表现在发展潜力较大，分别体现在品牌发展环境和品牌发展资源都相当靠前，有极大的发展潜力。而劣势表现在成都市商品进出口价值指数较低，具体表现在出口品牌优化程度和进口品牌准备程度表现欠佳，尤其是进出口的贡献指数在全国排名相对靠后，表明成都市商品品牌进出口对其区域经济发展的贡献水平较低。在政策与投资方向上考虑，成都市的机会在于其加快西部金融中心建设，深入实施经济证券化行动计划，大力发展科技金融、绿色金融、普惠金融和消费金融；着力加强城市文化建设，加大优秀科技人才引进培养力度，支持高校院所科技人才兼职或离岗转化研发成果，发挥人才资源优势；着力构建立体交通体系，加快建设西部综合交通枢纽，不断坚持的交通业建设为成都市的发展提供便捷，使得成都市具有巨大的成为西部对外交往中心的潜力。挑战方面，成都市产业核心竞争力不强，创新驱动尚未成为发展主引擎，新旧动能转换、转型发展的任务还很重；在更宽领域、更高层次参与全球资源要素整合的能力还不强，国际竞争力还有待进一步提升。如何在经济转型期继续保持成都市的品牌价值指数优势并向更高水平发展将是一个巨大的挑战。

9.3.2 武汉市

武汉市作为湖北省省会，位于我国中部，是中部六省唯一的副省级市和特大城市。武汉是中国中部地区的中心城市，长江经济带核心城市，全国重要的工业基地、科教基地和综合交通枢纽。

2016 年武汉市地区生产总值增长 8.8% 左右；地方一般公共预算收入1245 亿元，增长 12%；全社会固定资产投资增长 10% 以上；社会消费品零售总额增长 11.5% 左右；城镇常住居民人均可支配收入增长 9% 左右，农村常住居民人均可支配收入增长 10% 左右。

（1）武汉市 CIBI 概况

2016 年武汉市进出口品牌振兴指数得分为 69.19，在基础驱动型城市中排名第 2，位居全国第 16；进出口品牌价值指数得分为 62.67，在基础驱动型城市中排名第 4，位居全国第 37；进出口品牌潜力指数得分为 69.41，在优势协同型城市中排名第 3，位居全国第 11。（具体得分参见表 9-7）

表 9-7　武汉市 CIBI 及其一级指标的得分情况

综合指标	得分	同类排名	全国排名	一级指标	得分	同类排名	全国排名
CIBI	66.19	2	16	进出口品牌价值指数	62.67	4	37
				进出口品牌潜力指数	69.41	3	11

由图 9-10 可以看出，2012—2016 年，武汉市 CIBI 水平一直在 66 左右上下波动。武汉市进出口品牌潜力指数在 2012—2013 年有较大幅度的下降，在 2014 年短暂回升后又开始下降。但与此同时，武汉市进出口品牌价值指数得分的波动幅度较小。相对于其进出口品牌价值指数，武汉市在进出口品牌潜力指数方面表现出了较大的优势，表现出该市进出口商品附加价值较低但发展潜力较大。2015 年之后随着基础驱动型城市快速发展，武汉市 CIBI 在城市聚类中的领先地位正逐渐下降。

图 9-10　武汉市 CIBI 指数及一级指标变化趋势

（2）武汉市进出口品牌价值指数分析

2016 年，武汉市的商品进口为进出口品牌价值创造的准备程度主要体现在进口价值规模指数、进口价值效率指数、进口价值贡献指数三个方面；商品出口为进出口品牌价值创造的准备程度主要体现在出口价值规模指数、出口价值效率指数、出口价值贡献指数三个方面。（具体得分情况参见表 9-8）

表 9-8　武汉市进出口品牌价值指数分项指标表现水平

二级指标	得分	同类排名	全国排名	三级指标	得分	同类排名	全国排名
进口品牌准备指数	61.93	11	45	进口价值规模指数	61.53	7	36
				进口价值效率指数	62.53	3	32
				进口价值贡献指数	62.64	7	38
出口品牌优化指数	63.41	3	31	出口价值规模指数	63.49	5	34
				出口价值效率指数	73.19	10	77
				出口价值贡献指数	71.32	16	117

从进口品牌准备指数得分情况来看，武汉市在进口价值规模指数方面得分 61.53，同类型城市中排名第 7，位居全国第 36 位。表明武汉市低附加值商品进口额在城市聚类中处于中游水平，显示出其对低附加值商品存在一定的需求。武汉市在进口价值效率指数方面得分 62.53，同类型城市中排

名第 3，位居全国第 32 位。在城市聚类中，武汉市低附加值进口增长率排名较为靠前，表明其低附加值商品进口额同比增长率较高。武汉市在进口价值贡献指数方面得分 62.64，同类型城市中排名第 7，位居全国第 38 位，表明其低附加值产品对进口额贡献率较高，低附加值商品进口在其 GDP 中占据一定地位。

从出口品牌优化指数得分情况来看，武汉市在出口价值规模指数方面得分 63.49，同类型城市中排名第 5，位居全国第 34 位。表明武汉市高附加值商品出口额在全国范围内处于上游，高附加值商品出口规模较大。武汉市在出口价值效率指数方面得分 73.19，同类型城市中排名第 10，位居全国第 77 位。反映该市在高附加值产品出口增长率方面缺乏竞争优势。武汉市在出口价值贡献指数方面得分 71.32，同类型城市中排名第 16，位居全国第 117 位。反映武汉市高附加值商品出口贡献率水平一般，表现欠佳，其高附加值产品出口对该市的 GDP 贡献程度处于较低水平。

图 9-11　武汉市 2012—2016 年进出口品牌价值指数变化趋势

由图 9-11 可以看出，2013—2014 年，武汉市城市品牌价值指数及其分项指标有着不同程度的下滑，其中出口品牌优化指数下滑程度较大。但总体波动幅度不是很大，在 2014—2015 年均有不同程度的回升，其中同样是出口品牌优化指数上升幅度最大，2015 年随后趋向稳定。武汉市的城市品牌价值指数大幅度领先于城市聚类平均值，表明其进出口的数量、增长率等均处于领先地位。但 2014 年后，进出口品牌基础驱动型城市的品牌价值指数大幅度上升，到 2015 年，城市聚类的品牌价值指数均值已经赶超武汉市，武汉市在城市聚类中的优势已经逐渐减弱。

（3）武汉市进出口品牌潜力指数分析

2016 年，武汉市商品进出口品牌潜力的资源积累程度主要体现在武汉市金融资源指数、人力资源指数以及工业资源指数三个方面；商品进出口品牌化潜力的环境优化程度主要体现在武汉市的交通环境指数、文化环境指数以及宜居环境指数三个方面。

表 9-9　武汉市进出口品牌潜力指数分项指标表现水平

二级指标	得分	同类排名	全国排名	三级指标	得分	同类排名	全国排名
品牌发展资源指数	71.69	2	8	城市金融资源指数	66.60	3	12
				城市人力资源指数	80.35	1	3
				城市工业资源指数	74.93	3	26
品牌发展环境指数	68.02	2	12	城市交通环境指数	66.72	2	12
				城市文化环境指数	67.82	2	9
				城市宜居环境指数	69.74	4	12

由表 9-9 可以看出，在品牌发展资源方面，武汉市城市金融资源指数得分为 66.60，在城市聚类中排名第 3，位居全国第 12 位。表明武汉市的地区生产总值、职工平均工资以及外资使用等相关城市资源上处于城市聚类中靠前，在全国范围内处于较为领先的地位。武汉市城市人力资源指数得分为 80.35，在城市聚类中排名第 1，位居全国第 3 位。表明武汉市就业失业比、教育和科研从业人员、学生数量均处于城市聚类和全国前列，有明显的人力资本优势与潜力。武汉市城市工业资源指数得分为 74.93，在城市聚类中排名第 3，位居全国第 26 位。表明武汉市规模以上工业企业数及其产出、废物综合利用率具有一定的工业资本优势。

在品牌发展环境方面，武汉市城市交通环境指数得分为 66.72，在城市聚类中排名第 2，位居全国第 12 位。表明武汉市客运量、货运量较大，人均道路较多且通信方便，在全国处于领先地位。武汉市城市文化环境指数得分为 67.82，在城市聚类中排名第 2，位居全国第 9 位。表明武汉的公共图书馆总藏书量、人均藏书量较大，文体从业人员较多。武汉市城市宜居环境指数得分为 69.74，在同类型城市中排名第 4，位居全国第 12 位。表明武汉市绿地、人均居住面积、医生数量、人口密度、垃圾无污染处理率均较高，适宜居住。

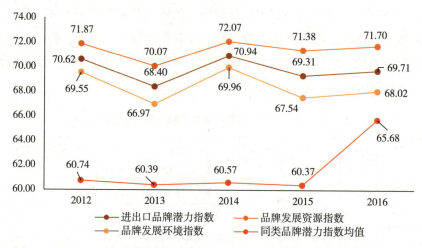

图 9-12　武汉市 2012—2016 年进出口品牌潜力指数变化趋势

由图 9-12 可以看出，2012—2016 年，武汉市城市品牌潜力指数及其分项指标得分常有波动但总体呈现出稳定状态。从总体上看，武汉市商品进出口品牌潜力指数得分在城市聚类中处于上游水平，表明武汉市商品进出口基础资源与区域环境等品牌振兴潜力的相对水平在全国范围内处于较高水平。但是 2015 年后，武汉市所在城市聚类的品牌潜力指数均值迅速上升，与武汉市的差距减小，说明武汉市在商品进出口基础资源与区域环境等品牌振兴潜力等方面的优势减弱。

（4）武汉市 CIBI 分析小结

武汉市 CIBI 整体情况表现在全国处于领先地位，在基础驱动型城市中处于前列，尤其在商品进出口品牌潜力指数上表现出较大的优势。品牌价值指数变化不大，且处于城市聚类平均水平，到 2016 年，与所在城市聚类的城市品牌价值指数均值已经相差不大。

武汉市特点在于具有明显优势且波动趋势较明显的进出口品牌潜力指数与数值较低且较平稳的进出口品牌价值指数。2013 年经济下行压力加大，反映在指数中是 2013 年武汉市城市品牌潜力指数及其分项指标均大幅下降。到了 2014 年稳增长调结构取得积极成效，金融、现代物流、会展、文化创意、信息、现代商贸等现代服务业加快，经济逐季回升向好，表现为进出口品牌潜力指数回升。

综合武汉市 CIBI 表现水平以及相关进出口贸易政策，该市商品进出口品牌振兴所具有的优势和劣势，以及其面临的机会与挑战主要体现在以下几个方面：武汉市的主要优势在于其巨大的资源潜力，包括金融资源、人力资源、工业资源、交通资源、文化资源和良好的宜居环境，使武汉市在同等城市聚类中占有很有利的优势地位；结合武汉市政府迎难而上稳增长促转型、抓创新强驱动，武汉市的品牌价值指数还有望进一步攀升。武汉市目前的劣势在于其进出口品牌价值指数表现平庸，亟待提升。武汉市目前面临的挑战在于商品进出口的规模和增长率都不具有优势，必将限制武汉市 CIBI 的进一步增长，不利于武汉市"内陆开放高地"目标的实现，武汉市需要尽快开始相关方面的政策引导刺激商品进出口，提高城市的进出口水平，增强自身的竞争优势。

9.3.3 西安市

西安市地处关中平原中部，北濒渭河，南依秦岭，是陕西省会、副省级市、关中平原城市聚类核心城市、丝绸之路起点城市、"一带一路"核心区、中国西部地区重要的中心城市，国家重要的科研、教育、工业基地地处关中平原中部。

2016 年西安生产总值连续跨越 4000 亿元、5000 亿元，年均增长 10.9%，增速在 15 个副省级城市中稳居"第一方阵"。人均 GDP 突破 1 万美元，预计达到 10778 美元；财政总收入突破 1000 亿元，达到 1114.98 亿元；非公经济占比突破 50%，达到 52.8%；规模以上工业增加值突破 1000 亿元，达到 1174.67 亿元；金融业增加值 643.88 亿元，占 GDP 比重突破 10%，达到 11.1%。12 项经济指标较 2010 年实现"翻番"。

（1）西安市 CIBI 概况

2016 年西安市进出口品牌振兴指数得分为 66.14，在基础驱动型城市中排名第 3，位居全国第 17；进出口品牌价值指数得分为 62.52，在基础驱动型城市中排名第 5，位居全国第 38；进出口品牌潜力指数得分为 69.75，在基础驱动型城市中排名第 2，位居全国第 10。（具体得分参见表 9-10）

表 9-10　西安市 CIBI 及其一级指标的得分情况

综合指标	得分	同类排名	全国排名	一级指标	得分	同类排名	全国排名
CIBI	66.14	3	17	进出口品牌价值指数	62.52	5	38
				进出口品牌潜力指数	69.75	2	10

图 9-13　西安市 CIBI 指数及一级指标变化趋势

由图 9-13 可以看出，2012—2015 年，西安市 CIBI 指数呈逐年上升趋势，其分项城市品牌价值指数和城市品牌潜力指数却常有波动，但总体上也是稳步上升。在 2015—2016 年，基础驱动型城市 CIBI 均值得分迅速上升，超过了西安市的 CIBI 指数，这表明西安市在基础驱动型城市中的领先优势已经丧失。相对于其进出口品牌价值指数，西安市的进出口品牌潜力指数表现较好，反映了其商品进出口基础资源与区域环境等品牌振兴潜力的水平相对较高，有较大的进出口品牌振兴潜力。

（2）西安市进出口品牌价值指数分析

2016 年，西安市的商品进口为进出口品牌价值创造的准备程度主要体现在进口价值规模指数、进口价值效率指数、进口价值贡献指数三个方面；商品出口为进出口品牌价值创造的准备程度主要体现在出口价值规模指数、出口价值效率指数、出口价值贡献指数三个方面。（具体得分情况参见表 9-11）

表 9-11 西安市进出口品牌价值指数分项指标表现水平

二级指标	得分	同类排名	全国排名	三级指标	得分	同类排名	全国排名
进口品牌准备指数	61.22	12	46	进口价值规模指数	68.93	10	41
				进口价值效率指数	61.99	16	61
				进口价值贡献指数	62.64	15	45
出口品牌优化指数	63.84	4	33	出口价值规模指数	63.01	4	33
				出口价值效率指数	74.56	2	33
				出口价值贡献指数	71.32	12	106

从进口品牌准备指数得分情况来看，西安市在进口价值规模指数方面得分 68.93，同类型城市中排名第 10，位居全国第 41 位。表明西安市低附加值商品进口额在基础协调型城市和在全国范围内排名位居中游，没有体现出明显的竞争优势，显示出其对低附加值商品存在一定进口需求但不大。西安市在进口价值效率指数方面得分 61.99，同类型城市中排名第 16，位居全国第 61 位。在城市聚类中，西安市低附加值进口增长率排名靠后，说明其低附加值商品进口额同比增长率在城市聚类内处于较低水平。西安市在进口价值贡献指数方面得分 62.64，同类型城市中排名第 15，位居全国第 45 位。在城市聚类中，天津市进口价值贡献指数排名靠后，表示其低附加值产品对进口额贡献率较一般，低附加值商品进口在其 GDP 中占比不高。

从出口品牌优化指数得分情况来看，西安市在出口价值规模指数方面得分 63.01，同类型城市中排名第 4，位居全国 0 第 33 位。表明西安市高附加值商品出口额在基础协调型城市内排名靠前，出口高附加值商品规模较大，但在全国较排名靠后。西安市在出口价值效率指数方面得分 74.56，同类型城市中排名第 2，位居全国第 33 位。表明西安市高附加值产品出口增长率较高。西安市在出口价值贡献指数方面得分 71.32，同类型城市中排名第 12 位，位居全国 106 位。表明西安市高附加值商品出口贡献率在城市聚类内和在全国排名较都低，表明其高附加值产品出口对 GDP 贡献率不高。

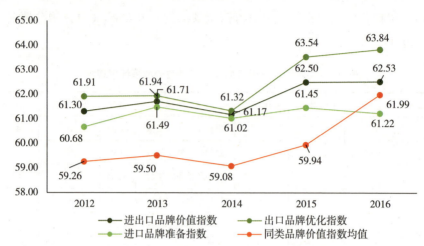

图 9-14　西安市 2012—2016 年进出口品牌价值指数变化趋势

由图 9-14 可以看出，2012—2016 年，西安城市品牌价值指数及其分项指标波动明显，2012—2014 年城市品牌价值指数及其分项指标下降，2014—2016 年城市品牌价值指数及其分项指标回暖上升，各指标均在 2014 年进入低谷。而且随着基础驱动型城市品牌价格指数均值的迅速增长，西安市与所在城市聚类均值的差距越来越小，优势即将消失。

（3）西安市进出口品牌潜力指数分析

2016 年，西安市商品进出口品牌潜力的资源积累程度主要体现在西安市金融资源指数、人力资源指数以及工业资源指数三个方面；商品进出口品牌化潜力的环境优化程度主要体现在西安市的交通环境指数、文化环境指数以及宜居环境指数三个方面。

表 9-12　西安市进出口品牌潜力指数分项指标表现水平

二级指标	得分	同类排名	全国排名	三级指标	得分	同类排名	全国排名
品牌发展资源指数	74.13	1	6	城市金融资源指数	72.50	1	5
				城市人力资源指数	78.99	2	4
				城市工业资源指数	67.34	12	62
品牌发展环境指数	66	4	14	城市交通环境指数	64.45	7	23
				城市文化环境指数	63.89	7	19
				城市宜居环境指数	69.84	3	11

由表 9-12 可以看出，在品牌发展资源方面，西安市城市金融资源指数得分为 72.50，在城市聚类中排名第 1，位居全国第 5 位。表明西安市的地区生产总值、职工平均工资和外资使用情况处于城市聚类中领先地位，在全国范围内也处于领先地位。西安市城市人力资源指数得分为 78.99，在城市聚类中排名第 2，位居全国第 4 位，在城市聚类和全国排名都十分靠前。表明西安市就业失业比、教育和科研从业人员、学生数量均有明显优势，有着不错的人力资本优势。西安市城市工业资源指数得分为 67.34，在城市聚类中排名第 12，位居全国第 62 位，位于中游。表明西安市规模以上工业企业数及其产出、废物综合利用率均还不是很高，工业资本优势相比之下不是很显著。

在品牌发展环境方面，西安市城市交通环境指数得分为 64.45，在城市聚类中排名第 7，位居全国第 23 位。表明西安市客运量、货运量较大，人均道路较多且通信较方便，在全国处于领先地位，但是横向比较交通条件与其他城市还有差距，仍需要改善。西安市城市文化环境指数得分为 63.89，在城市聚类中排名第 7，位居全国第 19 位，在全国排名靠前。表明西安的公共图书馆总藏书量、人均藏书量大，文体从业人员多，人力资本潜力大。西安市城市宜居环境指数得分为 69.84，在同类型城市中排名第 3，位居全国第 11 位。表明西安市绿地、人均居住面积、医生数量、人口密度、垃圾无污染处理率较高，宜居性较高。

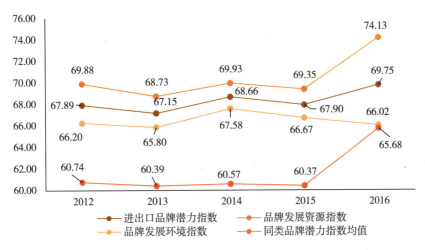

图 9-15 西安市 2012—2016 年进出口品牌潜力指数变化趋势

由图 9-15 可以看出，2012—2016 年，西安市城市品牌潜力指数呈现稳中上升的总体态势，其分项指标品牌环境指数变化较为稳定，在 2013 年和 2015 年有较小幅度的下降，但并不影响总体的上升趋势。西安市的品牌资源指数于 2015—2016 年大幅上升。整体看来，西安市进出口品牌潜力指数排名靠前，发展态势良好，西安市商品进出口基础资源与区域环境等品牌振兴潜力的相对水平较高。

（4）西安市 CIBI 分析小结

西安市 CIBI 指数得分较基础驱动型城市平均水平有一定的领先优势，其进出口品牌价值指数在 2015 年前一直在平均值以上波动，但随着 CIBI 指数均值的迅速增长，目前已经失去领先地位。而进出口品牌潜力指数远高于城市聚类均值，稳中有增。2014 年，随着丝绸之路经济带新起点建设的开局，西安市作为国家一类陆路口岸开放正式获批，西安高新综合保税区封关运行，在数据中就表现为 2014 年城市品牌潜力指数有了明显的提升。到 2016 年，西安市主动融入国家"一带一路"倡议，成功举办四届丝绸之路经济带城市圆桌会，以大西安为核心的陕西自贸区成功获批，"西安港"成为我国首个获批国际国内双代码的内陆港，使西安市的城市品牌潜力指数再上一个新台阶。

综合西安市 CIBI 表现水平以及相关进出口贸易政策，该市商品进出口品牌振兴所具有的优势和劣势，以及其面临的机会与挑战主要体现在以下几个方面：西安市的主要优势在于其进出口品牌潜力指数高，尤其是其中的金融资源指数、人力资源指数较高，借由"一带一路"国家战略，有大量资金涌入；另外，西安市作为一座"历史文化名城"，历史文化底蕴丰厚。西安市的劣势在于其商品进出口价值指数较低，西安市整体在进出口规模、效率和贡献水平上处于城市聚类的中游水平，不具有明显的竞争优势。西安市如何抓住前所未有的历史机遇，积极响应国家"一带一路"倡议的号召，打造国家中心城市，建设具有历史文化特色的国际化大都市，实现城市进出口水平的全面提高，增强城市的进出口竞争力，是西安市面临的巨大挑战。

9.3.4 郑州市

郑州市地处华北平原南部、黄河下游，居河南省中部偏北，是河南省省会，是中国中部地区重要的中心城市，是中国公路、铁路、航空、通信兼具的综合交通枢纽，是中国商品集散中心地之一，是中原经济区核心城市。

2016 年全市生产总值完成 7994.2 亿元、增长 8.4%，分别高出全国、全省 1.7 个、0.3 个百分点，省会经济首位度 19.9%；地方财政一般公共预算收入突破千亿元大关、达到 1011.2 亿元、增长 14.3%，高出全省 6.3 个百分点，占全省的 32.1%；固定资产投资完成 6998.6 亿元、增长 11.3%；社会消费品零售总额完成 3665.8 亿元、增长 11.3%；进出口总值完成 550.3 亿美元，占全省的 77.3%，位居中部省会城市首位，为全省发展大局做出了积极贡献。

（1）郑州市 CIBI 概况

2016 年郑州市进出口品牌振兴指数得分为 65.32，在基础驱动型城市中排名第 4，位居全国第 19；进出口品牌价值指数得分为 61.06，在基础驱动型城市中排名第 15，位居全国第 52；进出口品牌潜力指数得分为 66.67，在基础驱动型城市中排名第 1，位居全国第 19。（具体得分参见表 9-13）

表 9-13　郑州市 CIBI 及其一级指标的得分情况

综合指标	得分	同类排名	全国排名	一级指标	得分	同类排名	全国排名
CIBI	65.53	4	19	进出口品牌价值指数	61.06	15	52
				进出口品牌潜力指数	66.67	1	19

由图 9-16 可以看出，2012—2015 年，郑州市 CIBI 及品牌潜力指数得分在 65 分左右波动，在 2012—2013 年出现小幅度的下降，但在 2014 年之后有所回升。郑州市的商品进出口品牌价值指数在 2013—2014 年有个明显的上升，在 2014 年达到顶峰。从城市聚类 CIBI 的增长幅度来看，2015 年后郑州市所在城市聚类的 CIBI 均值迅速增长，使郑州市 CIBI 在城市聚类内的领先优势逐渐消失。

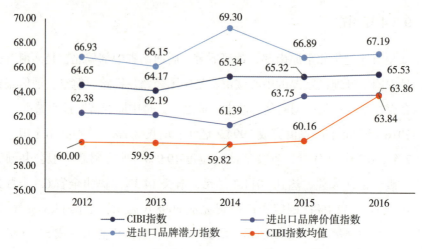

图 9–16　郑州市 CIBI 指数及一级指标变化趋势

（1）郑州市进出口品牌价值指数分析

2016 年，郑州市的商品进口为进出口品牌价值创造的准备程度主要体现在进口价值规模指数、进口价值效率指数、进口价值贡献指数三个方面；商品出口为进出口品牌价值创造的准备程度主要体现在出口价值规模指数、出口价值效率指数、出口价值贡献指数三个方面。（具体得分情况参见表 9–14）

表 9–14　郑州市进出口品牌价值指数分项指标表现水平

二级指标	得分	同类排名	全国排名	三级指标	得分	同类排名	全国排名
进口品牌准备指数	61.06	15	52	进口价值规模指数	60.72	13	46
				进口价值效率指数	61.93	17	62
				进口价值贡献指数	62.86	8	28
出口品牌优化指数	66.67	1	19	出口价值规模指数	66.10	1	19
				出口价值效率指数	74.03	3	44
				出口价值贡献指数	71.33	13	107

从进口品牌准备指数得分情况来看，郑州市在进口价值规模指数方面得分 61.06，同类型城市中排名第 15，位居全国第 52 位。表明郑州市低附加值商品进口额在优势协同型城市中处于下游水平，但在全国范围内排名相对全国大部分城市靠前，显示出其对低附加值商品的大额进口需求。郑

州市在进口价值效率指数方面得分 61.93，同类型城市中排名第 17，位居全国第 62 位。在城市聚类中，郑州市低附加值进口增长率排名靠后，说明其低附加值商品进口额同比增长率横向比较很低，但是优于全国大部分城市。郑州市在进口价值贡献指数方面得分 62.86，同类型城市中排名第 8，位居全国第 28 位。在城市聚类中，郑州市进口价值贡献指数排在中间位置，表示其低附加值产品对进口额贡献率在群内表现较为一般，缺乏竞争力，但是从全国层面来看，郑州市进口额贡献率排名在全国范围内处于中上游水平，表现出较为明显的竞争优势。

从出口品牌优化指数得分情况来看，郑州市在出口价值规模指数方面得分 66.10，同类型城市中排名第 1，位居全国第 19 位。表明郑州市高附加值商品出口额在全国范围内靠前，横向比较也较靠前，说明郑州市大规模出口高附加值商品。郑州市在出口价值效率指数方面得分 74.03，同类型城市中排名第 3，位居全国第 44 位。表明郑州市高附加值产品出口增长率横向比较排名高，但是在全国范围内较一般。郑州市在出口价值贡献指数方面得分 71.33，同类型城市中排名第 13，位居全国第 107 位。表明郑州市高附加值商品出口贡献率在同类型城市中排名低，表明其高附加值产品出口对 GDP 贡献率低。

图 9-17　郑州市 2012—2016 年进出口品牌价值指数变化趋势

由图 9-17 可以看出，2012—2014 年，郑州市的进口品牌优化指数和品牌价值指数呈下降趋势，在 2014 年达到谷底，2014—2015 年大幅上升，后趋于稳定。郑州市进口品牌准备指数一直保持在较低位置，波动不大。此外，2012—2016 年郑州市的出口品牌优化指数均大于进口品牌准备指数，表明其出口为进出口品牌价值优化的实现程度相对较高。从该城市聚类进出口品牌价值指数变化趋势来看，随着 2015—2016 年城市聚类品牌价值指数均值迅猛上升，郑州市在城市聚类中所具有的优势逐渐消失。

（3）进出口品牌潜力指数分析

2016 年，郑州市商品进出口品牌潜力的资源积累程度主要体现在郑州市金融资源指数、人力资源指数以及工业资源指数三个方面；商品进出口品牌化潜力的环境优化程度主要体现在郑州市的交通环境指数、文化环境指数以及宜居环境指数三个方面。

表 9-15　郑州市进出口品牌潜力指数分项指标表现水平

二级指标	得分	同类排名	全国排名	三级指标	得分	同类排名	全国排名
品牌发展资源指数	69.27	4	13	城市金融资源指数	64.46	5	18
				城市人力资源指数	76.34	5	9
				城市工业资源指数	76.34	2	21
品牌发展环境指数	65.42	5	17	城市交通环境指数	65.75	4	17
				城市文化环境指数	63.65	8	21
				城市宜居环境指数	66.67	8	21

由表 9-15 可以看出，在品牌发展资源方面，郑州市城市金融资源指数得分为 64.46，在城市聚类中排名第 5，位居全国第 18 位。表明郑州市的地区生产总值、职工平均工资和外资使用情况较好，在全国范围内处领先地位。郑州市城市人力资源指数得分为 76.34，在城市聚类中排名第 5，位居全国第 9 位。表明郑州市就业失业比、教育和科研从业人员、学生数量均处于城市聚类上游，在全国范围内位居前列，人力资本方面优势明显。郑州市城市工业资源指数得分为 76.34，在城市聚类中排名第 2，位居全国第 21 位。表明郑州市规模以上工业企业数及其产出、废物综合利用率均处于较为领先地位，具有比较明显的工业资本优势。

在品牌发展环境方面，郑州市城市交通环境指数得分为 65.75，在城市聚类中排名第 4，位居全国第 17 位。表明郑州市客运量、货运量较大，人均道路较多且通信较方便，在全国处于领先地位。郑州市城市文化环境指数得分为 63.65，在城市聚类中排名第 8，位居全国第 21 位。表明郑州的公共图书馆总藏书量、人均藏书量较大，文体从业人员较多，有一定的人力资本潜力。郑州市城市宜居环境指数得分为 66.67，在同类型城市中排名第 8，位居全国第 21 位。表明郑州市绿地、人均居住面积、医生数量、人口密度、垃圾无污染处理率比较高，宜居性高。

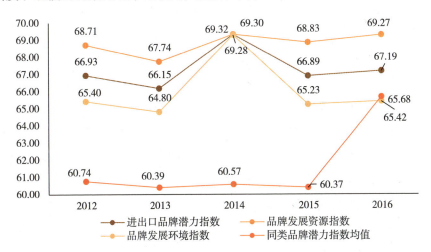

图 9-18　郑州市 2012—2016 年进出口品牌潜力指数变化趋势

由图 9-18 可以看出，2012—2016 年郑州市的品牌潜力指数呈现出上升趋势，但在 2013 年和 2015 年有较小幅度的下降，在近五年中，2014 年的品牌潜力指数达到最高水平。除此之外，城市的品牌资源指数和品牌环境指数变化趋势较为一致，且在 2014 年品牌环境指数上升趋势较为明显，得分与资源指数较为接近，但是从整体上来看，郑州市的品牌资源指数大于品牌环境指数。2015 年后，各指数缓慢上升，但上升幅度均小于该城市聚类的平均水平上升幅度，郑州市的品牌潜力指数已经到达城市聚类均值附近，在城市聚类中不再具有明显的优势地位。

（4）郑州市 CIBI 分析小结

郑州市 CIBI 总体情况表现在全国位于上游水平，在基础协调型城市中有一定优势地位。2012—2016 年，郑州市的各指数均在 65 左右波动，变化不大；但在 2014 年，郑州市的城市品牌潜力指数突然出现了一个峰值，而城市品牌价值指数却进入低谷。这是因为郑州市以保障民生为根本，全面发展社会事业，以职能转变为主线，提升行政效能，加强政府自身建设，使得城市品牌潜力指数迅速上升。

综合郑州市 CIBI 表现水平以及相关进出口贸易政策，以及该市商品进出口品牌振兴所具有的优势和劣势，其面临的机会与挑战主要体现在以下几个方面：郑州市进出口品牌优势在于其进出口潜力水平较高，具体表现在资源水平和环境水平在全国处于中上游地位，表现出较强的竞争优势，尤其是其交通资源、人力资源、环境资源等方面存在优势；而郑州市的劣势在于工业基础较薄弱，且该市的进出口价值指数表现欠佳，主要体现在进出口表现水平，包括进出口规模、效率以及贡献程度，还具有较大的上升空间。从政策与投资方向考虑未来，郑州市的机会在于抓住国际综合交通枢纽和物流中心、"一带一路"核心节点城市、全球智能终端（手机）制造基地"三个地位"，发挥自己的潜力。郑州市如何在经济转型期努力适应和协调，积极发展工业，加快构建现代产业体系，提高城市核心竞争力，将会是其一个巨大的挑战。

9.3.5 合肥市

合肥市是安徽省省会，地处中国华东地区、江淮之间。合肥市是长三角城市聚类副中心，"一带一路"和长江经济带战略双节点城市，现代制造业基地和综合交通枢纽，合肥都市圈中心城市，皖江城市带核心城市。

2016 年，全市生产总值增长 10.5%，规模以上工业增加值增长 11.3%；财政收入增长 13.6%，其中，地方财政收入增长 14.2%；全社会固定资产投资增长 15.4%；社会消费品零售总额增长 12%；预计城镇居民人均可支配收入增长 9.5% 左右，农村居民人均可支配收入增长 10.5% 左右；城镇登记失业率控制在 3% 以内；居民消费价格涨幅 1.6%。全市实现货物进出口总额4485.97 亿元，增长 8.7%。制定了促进外经贸发展政策，实现进出口总额180 亿美元。

（3）合肥市 CIBI 概况

2016 年合肥市进出口品牌振兴指数得分为 64.69，在基础驱动型城市中排名第 5，位居全国第 23；进出口品牌价值指数得分为 63.84，在基础驱动型城市中排名第 6，位居全国第 39；进出口品牌潜力指数得分为 66.91，在基础驱动型城市中排名第 5，位居全国第 15。（具体得分参见表 9-16）

表 9-16　合肥市 CIBI 及其一级指标的得分情况

综合指标	得分	同类排名	全国排名	一级指标	得分	同类排名	全国排名
CIBI	64.69	5	23	进出口品牌价值指数	63.84	6	39
				进出口品牌潜力指数	66.91	5	15

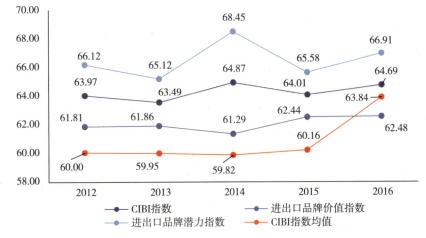

图 9-19　合肥市 CIBI 指数及一级指标变化趋势

由图 9-19 可以看出，合肥市整体 CIBI 表现水平在近五年内变化稳定，呈现出微小的上升趋势。合肥市进出口品牌潜力指数有较大波动，在 2014 年上升幅度较大，达到近五年最高值 68.45，然后呈现出较为明显的下降趋势。合肥市进出口品牌价值指数在 2012—2014 年小幅度下降，随后在 2014—2016 年上升，但整体波动幅度不是很明显。合肥市 CIBI 中品牌潜力指数显著高于城市聚类的均值水平，表明其具有较大的发展潜力，具有较为明显的竞争优势。

（4）合肥市进出口品牌价值指数分析

2016 年，合肥市的商品进口为进出口品牌价值创造的准备程度主要体现在进口价值规模指数、进口价值效率指数、进口价值贡献指数三个方

面；商品出口为进出口品牌价值创造的准备程度主要体现在出口价值规模
指数、出口价值效率指数、出口价值贡献指数三个方面。（具体得分情况参
见表 9-17）

表 9-17　合肥市进出口品牌价值指数分项指标表现水平

二级指标	得分	同类排名	全国排名	三级指标	得分	同类排名	全国排名
进口品牌准备指数	61.45	5	34	进口价值规模指数	61.08	5	36
				进口价值效率指数	62.53	12	47
				进口价值贡献指数	62.87	6	25
出口品牌优化指数	63.50	6	39	出口价值规模指数	62.65	6	35
				出口价值效率指数	73.11	8	65
				出口价值贡献指数	77.68	1	3

从进口品牌准备指数得分情况来看，合肥市在进口价值规模指数方面
得分 61.08，同类型城市中排名第 5，位居全国第 36 位。数据表明合肥市低
附加值商品进口额在基础驱动型城市中排在靠前部分，全国范围内排名也
相对靠前，显示出其对低附加值商品的进口需求较高。合肥市在进口价值
效率指数方面得分 62.53，同类型城市中排名第 12，位居全国第 47 位。在
城市聚类中，合肥市低附加值进口增长率排名处于中后，在全国范围内排
名一般，说明其低附加值商品进口额同比增长率不高。合肥市在进口价值
贡献指数方面得分 62.87，同类型城市中排名第 6，位居全国第 25 位。在城
市聚类中，合肥市进口价值贡献指数排名处于靠前位置，表示其低附加值
产品对进口额贡献较多，低附加值产品对合肥市的发展具有重要的作用。

从出口品牌优化指数得分情况来看，合肥市在出口价值规模指数方面
得分 62.65，同类型城市中排名第 6，位居全国第 35 位。说明合肥市高附加
值商品出口额在全国范围内较为靠前，出口高附加值商品具有一定规模。
合肥市在出口价值效率指数方面得分 73.11，同类型城市中排名第 8，位居
全国第 65 位。表明合肥市高附加值产品出口增长率一般。合肥市在出口价
值贡献指数方面得分 77.68，同类型城市中排名第 1，位居全国第 3 位。表
明合肥市高附加值商品出口贡献率在城市聚类内处于领先地位，全国排名
也十分靠前。

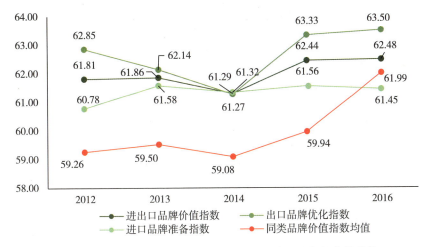

图 9-20 合肥市 2012—2016 年进出口品牌价值指数变化趋势

由图 9-20 可以看出，2013—2014 年，合肥城市品牌价值指数及其分项指标整体呈下降趋势，2014—2015 年有所上升，随后略有下降。随着基础驱动型城市城市品牌价值指数均值的上升，合肥市在进出口品牌价值指数方面的优势程度相对减小。

（3）合肥市进出口品牌潜力指数分析

2016 年，合肥市商品进出口品牌潜力的资源积累程度主要体现在合肥市金融资源指数、人力资源指数以及工业资源指数三个方面；商品进出口品牌化潜力的环境优化程度主要体现在合肥市的交通环境指数、文化环境指数以及宜居环境指数三个方面。

表 9-18 合肥市进出口品牌潜力指数分项指标表现水平

二级指标	得分	同类排名	全国排名	三级指标	得分	同类排名	全国排名
品牌发展资源指数	66.88	7	19	城市金融资源指数	63.47	8	26
				城市人力资源指数	71.69	13	20
				城市工业资源指数	72.65	6	33
品牌发展环境指数	66.94	3	13	城市交通环境指数	64.04	8	25
				城市文化环境指数	65.32	3	13
				城市宜居环境指数	71.68	1	8

由表 9-18 可以看出，在品牌发展资源方面，合肥市城市金融资源指数

得分为 63.47，在城市聚类中排名第 8，位居全国第 26 位。表明合肥市的地区生产总值、职工平均工资和外资使用情况较好，在全国范围内处靠前地位。合肥市城市人力资源指数得分为 71.69，在城市聚类中排名第 13，位居全国第 20 位。表明合肥市就业失业比、教育和科研从业人员、学生数量均处于城市聚类靠前位置，人力资本方面具有较好的发展优势。合肥市城市工业资源指数得分为 72.65，在城市聚类中排名第 6，位居全国第 33 位。表明合肥市规模以上工业企业数及其产出、废物综合利用率虽然在该城市聚类中处于一个较为靠前的地位，在全国排名中也处于靠前地位，在工业资源及发展方面具有优势。

在品牌发展环境方面，合肥市城市交通环境指数得分为 64.04，在城市聚类中排名第 8，位居全国第 25 位。表明合肥市客运量、货运量较大，人均道路较多且通信较方便，在全国处于靠前的地位。合肥市城市文化环境指数得分为 65.32，在城市聚类中排名第 3，位居全国第 13 位。表明合肥市的公共图书馆总藏书量、人均藏书量较大，文体从业人员较多，有一定的人力资本潜力。合肥市城市宜居环境指数得分为 71.68，在同类型城市中排名第 1，位居全国第 8 位。表明合肥市绿地、人均居住面积、医生数量、人口密度、垃圾无污染处理率极高，宜居性高，纵向、横向比较优势皆较大，吸引人才方面具有显著优势。

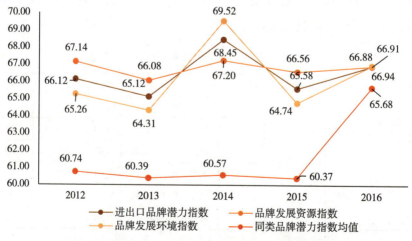

图 9-21　合肥市 2012—2016 年进出口品牌潜力指数变化趋势

由图 9-21 可以看出，2012—2016 年，合肥市进出口品牌潜力指数及城市品牌环境指数得分在 2013—2014 年有明显的增长，但随后又有显著的回落，并且在 2015 年之后保持缓慢增长。在大多数时间段，合肥市的城市品牌潜力指数及其分项指标均领先于城市聚类平均值，在城市聚类中处于领先地位。但是在 2015 年，随着城市聚类平均品牌潜力指数的迅速上升，合肥市的竞争优势逐渐减弱。

（4）合肥市 CIBI 分析小结

合肥市 CIBI 指数得分略高于基础驱动型城市平均得分，其进出口品牌价值指数和进出口品牌潜力指数均处于平均水平左右，具有一定的发展优势但并不突出。2014 年合肥市进出口品牌价值指数显著上升，之后也保持上升态势。2014 年合肥市适时推出稳增长 40 条等政策组合拳，完善金融机构考核办法，新增本外币贷款 950 亿元，直接实现融资 424 亿元，增长 73.1%。制定促进外经贸发展政策，建立走出去企业孵化库，深入推进贸易便利化，实现进出口总额 180 亿美元。

结合合肥市现有进出口品牌分项指标，合肥市进出口品牌的优势在于其优越的文化、宜居环境和进出口价值的增长率；而劣势在于人力资源、金融资源和工业资源发展。从政策与投资方向考虑未来，合肥市的机会在于其综合实力实现跨越，预计全市生产总值增长 10% 左右，规模以上工业总产值首次突破亿元大关，在全省经济首位度不断提高，辐射带动力日益增强；挑战方面，合肥市须积极响应全国老工业区整体搬迁改造试点号召，以减量化、资源化、再利用为方向，推进静脉产业基地规划建设和循环经济发展，人力资源上也应优化创新发展环境。加快改革科技成果产权制度、收益分配制度和转化机制，进一步放大企业股权分红和激励试点效应。

9.4 本章小结

本章主要对进出口品牌基础驱动型城市的 CIBI 水平进行解读，该城市聚类所含城市 18 个，且城市 CIBI 水平全国排名为 15~56 名不等，说明该城市聚类 CIBI 表现水平在全国处于中上游，仅次于进出口品牌振兴引领型城市和优势协同型城市，并且在进出口品牌价值指数、潜力指数两个方面均高于全国平均水平，且优于全国大部分城市，反映出了明显的基础驱动效应。2012—2016 年，该城市聚类的 CIBI 表现水平呈现出先稳定波动后快速上升的趋势，具有较好的品牌振兴前景。

从进出口品牌价值角度来看，该城市聚类进出口品牌价值指数得分较高于全国平均水平，反映出该城市聚类进出口商品附加价值高低等品牌振兴表现的相对水平普遍较高。在进口品牌准备指数和出口品牌优化指数方面都具有一定的优势，反映出该城市聚类商品进口为进出口品牌价值创造的准备程度良好，商品出口为进出口品牌价值优化的实现程度也较高。

从进出口品牌潜力角度来看，该城市聚类进出口品牌潜力指数得分较高于全国平均水平，反映出该城市聚类商品进出口基础资源与区域环境等品牌振兴潜力的相对水平普遍较高。在品牌发展资源指数和品牌发展环境指数方面具有优势，反映出该城市聚类进出口品牌化潜力的资源积累程度较高，商品进出口品牌化潜力的环境优化程度较高。

最后从该城市聚类中选取前五名城市作为主要城市进行城市层面的 CIBI 水平解读，同类型城市中排名前五的城市有成都市、武汉市、西安市、郑州市和合肥市。分别从 CIBI 总体表现水平、各分项指标表现水平、该城市商品进出口品牌振兴所具有的优劣势以及面临的机会和挑战来对各城市进行分析。其中，西安市在进出口品牌潜力指数上表现出相对优势，郑州市在进出口品牌价值指数上表现出相对优势，成都市、武汉市在进出口品牌价值和潜力两个方面表现出同样的优势水平，合肥市相比之下进出口品牌价值和潜力两个方面还有所欠缺。所以，各个城市应该认真分析自身在发展进出口贸易的优势和劣势，制定符合自己实际情况的发展战略，抓住机会提高本城市商品进出口的竞争力，增加品牌效应，扩大品牌溢价，实现商品进出口品牌的振兴。

第十章 进出口品牌能力起步型城市 CIBI 分析

本章主要介绍进出口品牌能力起步型城市的基本特征，并对其 CIBI 表现展开详细解读。首先从整体上对该城市聚类的 CIBI 表现加以报告，对该城市聚类的 CIBI 表现进行指标矩阵分析、区域结构分析，以及发展时序分析。其次分析该城市聚类 CIBI 的分项指标和排名情况，包括进出口品牌价值指数分析和进出口品牌潜力指数分析。最后从该城市聚类中选取 5 个具有代表性的城市作为重点分析对象，分别从 CIBI 的各个分项指标对该城市的商品进出口品牌振兴水平展开分析。

10.1 能力起步型城市 CIBI 总体概况

本节从整体上分析该城市聚类的 CIBI 表现水平，分别从指标矩阵分析、区域结构分析，以及发展时序分析三个方面来进行报告，并对该城市聚类的 CIBI 表现特征及在全国所处的地位进行解读。

10.1.1 指标矩阵分析

本部分主要是对进出口品牌能力进步型城市在全国地位的分析，并从进出口品牌价值指数与潜力指数两个维度对该城市聚类的 CIBI 表现进行概述。

进出口品牌能力起步型城市 CIBI 总体得分为 63.86。由图 10-1 可知，该城市聚类的 CIBI 表现水平在全国处于相对较高的位置，次于进出口品牌振兴引领型城市以及进出口品牌优势协同型城市，与进出口品牌基础驱动型城市基本持平，并且在进出口品牌价值指数、潜力指数两个方面均高于全国平均水平，且优于全国多数城市。进出口品牌能力起步型城市的品牌价值指数总体得分为 64.54，相对于全国整体水平的 57.88 有较大的领先优势，表明该城市聚类进出口的规模较大、效率较高，对地区总体经济发展也有较大贡献。该城市聚类的品牌潜力指数为 63.17，高于全国平均的 58.29，表明在进出口品牌化的资源和环境方面发展前景可观，具有较高的进出口品牌振兴的潜力。

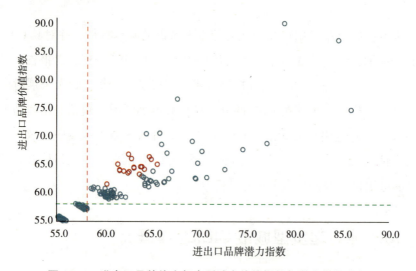

图 10-1　进出口品牌能力起步型城市价值指数与潜力指数分析

10.1.2 区域结构分析

本部分主要是对进出口品牌能力起步型城市进行区域结构分析，重点分析该城市聚类中所包含城市的基本特征以及城市的 CIBI 表现水平。

表 10-1　进出口品牌能力起步型城市 CIBI 表现

城市	所属省份	CIBI 得分	同类型城市中排名	全国排名
佛山市	广东省	65.60	1	18
大连市	辽宁省	65.50	2	20
无锡市	江苏省	65.38	3	21
惠州市	广东省	64.79	4	22

城市	所属省份	CIBI 得分	同类型城市中排名	全国排名
中山市	广东省	64.50	5	25
常州市	江苏省	64.36	6	26
烟台市	山东省	64.31	7	27
南通市	江苏省	64.29	8	28
绍兴市	浙江省	63.89	9	31
嘉兴市	浙江省	63.80	10	32
潍坊市	山东省	63.56	11	35
泉州市	福建省	63.52	12	38
温州市	浙江省	63.52	13	39
榆林市	陕西省	63.33	14	41
威海市	山东省	63.26	15	43
台州市	浙江省	63.11	16	44
东营市	山东省	63.02	17	45
舟山市	浙江省	62.91	18	48
儋州市	海南省	62.84	19	49
江门市	广东省	60.95	20	51

　　由表 10-1 可以看出，进出口品牌能力起步型城市包括佛山市、大连市、无锡市等 20 个城市。该城市聚类中有五个城市位于浙江省，有四个城市位于广东省，四个城市位于山东省，三个城市位于江苏省，其他城市位于辽宁省、福建省、陕西省和海南省。

　　从同类型城市中排名前五的城市来看，佛山市所属省份为广东省，CIBI 得分为 65.60，在同类型城市中排名第 1，全国排名第 18；大连市所属省份为辽宁省，CIBI 得分为 65.50，在同类型城市中排名第 2，全国排名第 20；无锡市所属省份为江苏省，CIBI 得分为 65.38，在同类型城市中排名第 3，全国排名 21；惠州市所属省份为广东省，CIBI 得分为 64.79，在同类型城市中排名第 4，全国排名第 22；中山市所属省份同为广东省，CIBI 得分为 64.50，在同类型城市中排名第 5，全国排名第 25。

10.1.3 发展时序分析

本部分主要对进出口品牌能力起步型城市 2012—2016 年的 CIBI 表现水平以及该城市聚类 CIBI 得分逐年增长率进行分析。

图 10-2　进出口品牌能力起步型城市 CIBI 均值及历年变化趋势

从图 10-2 可以看出，进出口品牌能力起步型城市的 CIBI 平均表现水平在 2012—2015 年趋于稳定，在 2014 年，城市聚类的 CIBI 得分均值出现了下滑，下滑幅度为 0.28%。但在 2016 年该城市聚类的 CIBI 平均表现水平有大幅度的上升，分数增长超过 6 分，增长幅度达到 10.69%。总体上看，该城市聚类 CIBI 得分均值呈现出逐年增长的趋势，表现出该城市聚类城市进出口品牌振兴平均水平正逐年提升。

10.2 CIBI 分项指标得分与排名

本部分主要从 CIBI 分项指标的得分及排名来对进出口品牌能力起步型城市总体特征进行分析，分项指标有商品进出口品牌振兴价值指数和商品进出口品牌振兴潜力指数。其中，商品进出口品牌振兴价值水平主要从出口优化指数和进口准备指数两个方面进行分析；商品进出口品牌振兴潜力主要从资源指数和环境指数两个方面进行分析。

10.2.1 进出口品牌价值指数分析

本节主要是从进出口品牌价值表现层面对进出口品牌能力起步型城市进行矩阵分析、区域分析及时序分析。

（1）价值指数的矩阵分析

本部分主要分析进出口品牌能力起步型城市在进出口品牌价值层面分项指标上的整体得分情况，其中分项指标包括进口品牌准备指数和出口品牌优化指数。

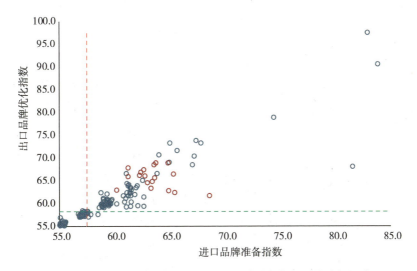

图 10-3　进口品牌准备指数 – 出口品牌优化指数二维分析矩阵

进出口品牌能力起步型城市的平均进出口品牌价值指数得分为 64.54，较全国平均水平的 57.88 分有一定的领先优势。由图 10-3 可知，该城市聚类的进口品牌准备指数得分与出口品牌优化指数得分均高于全国平均水平，低于品牌振兴引领型城市和品牌优势协同型城市的城市得分，与进出口品牌基础驱动型城市基本持平。反映出该城市聚类中城市进口水平为其进出口品牌价值创造的准备程度较高，在进口价值规模、进口价值效率和进口价值贡献等方面都有较大的发展优势，且该城市聚类中城市出口水平为其进出口品牌价值优化的实现程度也较大。除此之外，该城市聚类的出口品牌优化指数得分略微大于进口品牌准备指数得分，表明该城市聚类的出口价值相对较高，为该城市的进出口品牌振兴起到了较强的优化作用。总体来说，进出口品牌能力起步型城市在进出口品牌价值层面上表现出较强的优势，在全国城市商品进出口品牌价值发展水平上处于相对领先地位。

（2）价值指数的区域分析

本部分主要从进出口品牌能力起步型城市的区域结构层次上对其进出口价值水平进行分析。

表 10-2　进出口品牌能力起步型城市进出口品牌价值指数分项指标得分情况

城市	进口品牌准备指数	同类型城市中排名	全国排名	出口品牌优化指数	同类型城市中排名	全国排名
佛山市	63.75	6	19	68.96	1	11
大连市	65.34	3	12	66.51	7	21
无锡市	62.65	13	27	67.48	5	17
惠州市	64.80	5	16	68.90	2	12
中山市	63.54	8	21	68.51	3	13
常州市	62.39	14	30	66.84	6	18
烟台市	63.62	7	20	65.70	11	26
南通市	62.24	15	32	66.16	8	22
绍兴市	61.20	18	48	67.81	4	16
嘉兴市	62.72	12	25	66.00	9	24
潍坊市	63.27	10	23	63.37	16	37
泉州市	62.01	16	34	63.93	15	32
温州市	61.11	19	50	64.40	14	30
榆林市	68.55	1	5	61.66	20	51
威海市	62.98	11	24	64.54	13	29
台州市	61.21	17	47	65.92	10	25
东营市	64.87	4	15	62.82	18	40
舟山市	63.38	9	22	64.82	12	28
儋州市	65.42	2	11	62.40	19	43
江门市	60.16	20	58	62.89	17	39

由表 10-2 可以看出，佛山市进口品牌准备指数得分为 63.75，在群内排名第 6，全国排名第 19；大连市进口品牌准备指数得分为 65.34，在群内排名第 3，全国排名第 12；无锡市进口品牌准备指数得分为 62.65，在群内

排名第 13，全国排名第 27；惠州市进口品牌准备指数得分为 64.80，在群内排名第 5，全国排名第 16；中山市进口品牌准备指数得分为 63.54，在群内排名第 8，全国排名第 21。可以看出，该城市聚类的进口品牌准备指数大多排在全国前 30 名，反映该城市聚类中城市商品进口为其进出口品牌价值创造的准备程度较高。

在出口品牌优化指数方面，佛山市出口品牌优化指数得分为 68.96，在群内排名第 1，全国排名第 11；大连市出口品牌优化指数得分为 66.51，在群内排名第 7，全国排名第 21；无锡市出口品牌优化指数得分为 67.48，在群内排名第 5，全国排名第 17；惠州市出口品牌优化指数得分为 68.90，在群内排名第 2，全国排名第 12；中山市出口品牌优化指数得分为 68.51，在群内排名第 3，全国排名第 13。可以看出，该城市聚类前五名的出口品牌优化指数得分均高于全国平均得分 53.12，表明该城市聚类的品牌价值的发展规模较好，城市商品出口为其进出口品牌价值优化的实现程度较高，对该城市的总体经济发展贡献较大。

（2）价值指数的时序分析

本部分主要从时序角度出发，对进出口品牌能力起步型城市总体的进出口品牌价值 2011—2016 年的变化情况分析，以及其二级指标，包括进口品牌准备指数和出口品牌优化指数。

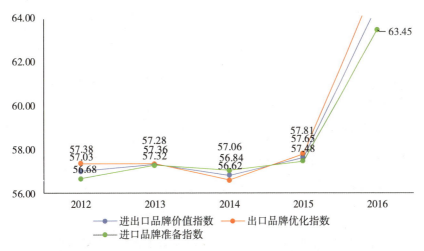

图 10-4　进出口品牌能力起步型城市价值指数及其分项指标 2012—2016 年变化情况

由图 10-4 可以看出，该城市聚类的进出口品牌价值指数在 2013—2014 年有轻微下降趋势，出口品牌优化指数同样呈现下降趋势，进口品牌准备指数略微下降。

在 2014 年后，该城市聚类的进出口品牌价值指数和出口品牌优化指数开始回暖，且该城市聚类在 2015 年后的所有指数均开始显著上升，且出口品牌优化指数上升幅度大于进口品牌准备指数。在 2012—2016 年中，除了第三年该城市聚类出口品牌优化指数略低于进口品牌准备程度，其他年份均为出口品牌优化指数大于进口品牌准备程度，反映了该城市聚类总体商品出口为其进出口品牌价值优化的实现程度相对较高。

10.2.2 进出口品牌潜力指数分析

本部分主要分析进出口品牌能力起步型城市在进出口品牌潜力指数及其分项指标上的得分情况，其中分项指标包括品牌发展资源指数和品牌发展环境指数。

（1）潜力指数的矩阵分析

本部分主要分析进出口品牌能力起步型城市整体在进出口品牌潜力层面分项指标上的得分情况，包括品牌发展资源指数以及品牌发展环境指数。

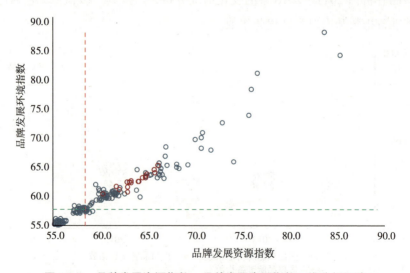

图 10-5　品牌发展资源指数－品牌发展资源指数二维分析矩阵

进出口品牌能力起步型城市的平均进出口品牌潜力指数得分为 63.17，相比于全国平均水平 58.29 较高。由图 10-5 可知，该城市聚类的进出口品牌发展资源指数和环境指数在全国均处于相对较高的地位，低于品牌振兴引领型城市和品牌优势协同型城市的城市得分，与进出口品牌基础驱动型城市基本持平。城市聚类内品牌潜力指数得分比较集中。总体上表明进出口品牌能力起步型城市的进出口品牌化潜力的资源相对积累程度和环境相对优化程度在全国所有城市中发展相对较好，城市金融资源指数、城市人力资源指数、城市工业资源指数均高于全国平均水平，同时在交通、文化和宜居环境建设方面有很好的发展和积累。

（2）潜力指数的区域分析

本部分主要从进出口品牌能力起步型城市的区域结构层次上对其进出口潜力指数进行分析。

表 10-3　进出口品牌能力起步型城市进出口品牌潜力指数分项指标得分情况

城市	品牌发展资源指数	同类型城市中排名	全国排名	品牌发展环境指数	同类型城市中排名	全国排名
佛山市	65.80	2	30	64.02	4	28
大连市	65.70	3	31	64.55	3	25
无锡市	66.09	1	28	65.37	1	18
惠州市	63.07	14	47	62.42	14	45
中山市	63.31	12	45	62.71	10	41
常州市	64.83	5	36	63.49	6	35
烟台市	64.82	6	37	63.22	8	37
南通市	64.98	4	34	63.86	5	29
绍兴市	64.13	9	41	62.55	12	43
嘉兴市	64.02	10	42	62.56	11	42
潍坊市	64.52	8	39	63.21	9	39
泉州市	64.79	7	38	63.47	7	36
温州市	63.92	11	43	64.59	2	24
榆林市	61.99	18	54	61.19	18	53
威海市	63.27	13	46	62.31	15	46

城市	品牌发展资源指数	同类型城市中排名	全国排名	品牌发展环境指数	同类型城市中排名	全国排名
台州市	62.85	17	50	62.48	13	44
东营市	62.89	16	49	61.61	17	49
舟山市	61.71	19	57	61.72	16	48
儋州市	62.90	15	48	60.79	19	58
江门市	60.29	20	88	60.44	20	68

进出口品牌能力起步型城市的平均品牌发展资源指数得分为 63.73，各个城市的全国排名在第 28 名至第 88 名不等。该城市聚类的平均品牌发展环境指数得分为 62.69，各个城市的全国排名主要分布在第 18 名至第 68 名。江门市在资源指数和环境指数上得分均不高，分别在全国排名为第 88 名和第 68 名。

通过表 10-3 可以看出，该城市聚类中进出口品牌潜力指数得分前 5 名为佛山市、大连市、无锡市、惠州市和中山市。佛山市品牌潜力指数得分为 64.84，位于该城市聚类第 1 名；大连市品牌潜力指数得分为 65.08，位于该城市聚类第 2 名；无锡市品牌潜力指数得分为 65.70，位于该城市聚类第 3 名；惠州市品牌潜力指数得分为 62.72，位于该城市聚类第 4 名；中山市品牌潜力指数得分为 62.98，位于该城市聚类第 5 名。这些城市的商品进出口基础资源与区域环境等品牌振兴潜力的相对水平较高，在品牌发展资源和环境方面具有一定的优势。

（3）潜力指数的时序分析

本部分主要从时序角度出发，对进出口品牌能力起步型城市的进出口品牌潜力 2012—2016 年的变化情况进行分析，其中包括二级指标品牌发展资源指数和品牌发展环境指数。

由图 10-6 可以看出，进出口品牌能力起步型城市的城市品牌潜力指数、城市品牌资源指数和城市品牌环境指数的变化趋势大体相同，2012—2015 年该城市聚类的三个指数变化较为平稳，在 2012—2013 年略有下降，在 2013—2015 年各指数稍有变化，但总体变化不大，而 2015 年后均开始大幅度增长，表明在 2015 年，该城市聚类商品进出口基础资源与区域环境等品牌潜力水平均得到了较大的提升。

图 10-6　进出口品牌能力起步型城市潜力指数及其
分项指标 2011—2016 年变化情况

10.3 主要城市分析

在进出口品牌能力起步型城市中共有 20 个城市，本节将对其中 CIBI 得分排名前五的主要城市（佛山市、大连市、无锡市、惠州市、中山市）CIBI 表现以及分项指标水平分别进行分析。

10.3.1 佛山市

佛山位于广东省中部，地处珠三角腹地，毗邻港澳，东接广州，南邻中山。是"广佛都市圈""广佛肇经济圈""珠江—西江经济带"的重要组成部分，全国先进制造业基地、广东重要的制造业中心，在广东省经济发展中处于领先地位。

2016 年实现地区生产总值（GDP）8630 亿元，按照可比价格计算（下同），增长 8.3%；合同外资金额 22.28 亿美元，下降 23.13%，实际使用外商直接投资金额 14.72 亿美元，下降 38.09%；年末常住人口 746.24 万人，城镇人口比重 94.95%，自然增长率 6.43‰；全年工业增加值 5028.84 亿元，增长 7.6%；全年商品进出口总值 4130.8 亿元，增长 1.1%，进出口差额 2079.9 亿元，增加 44.3 亿元。

（1）佛山市 CIBI 概况

2016 年佛山市进出口品牌振兴指数得分为 65.60，在能力起步型城市中排名第 1，位居全国第 18；进出口品牌价值指数得分为 68.83，在能力起步型城市中排名第 5，位居全国第 8；进出口品牌潜力指数得分为 77.31，在能力起步型城市中排名第 1，位居全国第 4。

表 10-4　佛山市 CIBI 及其一级指标的得分情况

综合指标	得分	同类排名	全国排名	一级指标	得分	同类排名	全国排名
CIBI	65.60	1	18	进出口品牌价值指数	68.83	5	8
				进出口品牌潜力指数	77.31	1	4

图 10-7　佛山市 CIBI 指数及一级指标变化趋势

由图 10-7 可以看出，2012-2016 年期间，佛山市 CIBI 水平在 2012—2014 年基本保持稳定态势，其中在 2013—2014 年略有下降，2014—2015 年则有所回升。佛山市进出口品牌潜力指数在 2012—2014 年基本保持稳定，在 2014—2015 年略有下降，在 2015—2016 年有所回升。相反地，佛山市进出口品牌价值指数，在 2013—2014 年呈下降趋势，在 2014-2015 年上升，之后趋于平稳。佛山市 CIBI 中城市进出口品牌价值指数高于全国均值，相对于其进出口品牌潜力指数表现，较好反映了佛山市商品进出口基础资源与区域环境等品牌振兴表现的相对水平较高。

（2）佛山市进出口品牌价值指数分析

2016 年，佛山市的商品进口为进出口品牌价值创造的准备程度主要体现在进口价值规模指数、进口价值效率指数、进口价值贡献指数三个方面；商品出口为进出口品牌价值创造的准备程度主要体现在出口价值规模指数、出口价值效率指数、出口价值贡献指数三个方面。（具体得分情况参见表 10–5）

表 10–5　佛山市进出口品牌价值指数分项指标表现水平

二级指标	得分	同类排名	国内排名	三级指标	得分	同类排名	全国排名
进口品牌准备指数	63.75	6	19	进口价值规模指数	64.05	5	18
				进口价值效率指数	62.81	8	24
				进口价值贡献指数	62.87	9	20
出口品牌优化指数	68.96	1	11	出口价值规模指数	68.70	1	11
				出口价值效率指数	72.34	15	91
				出口价值贡献指数	71.36	10	102

从进口品牌准备指数得分情况来看，佛山市在进口价值规模指数方面得分 64.05，同类型城市中排名第 5，位居全国第 18 位。表明佛山市低附加值商品进口额在能力起步型城市中排在中前列，在全国范围内排名较为靠前，显示出其对低附加值商品的大额进口需求。佛山市在进口价值效率指数方面得分 62.81，同类型城市中排名第 8，位居全国第 24 位。在城市聚类中，佛山市低附加值进口增长率排名居中，在全国范围内排名较为靠前，说明其低附加值商品进口额同比增长率较高。佛山市在进口价值贡献指数方面得分 62.87，同类型城市中排名第 9，位居全国第 20 位。在城市聚类中，佛山市进口价值贡献指数排名居中，表示其低附加值产品对进口额贡献率一般，表明低附加值产品进口在其 GDP 中占比不高。

从出口品牌优化指数得分情况来看，佛山市在出口价值规模指数方面得分 68.70，同类型城市中排名第 1，位居全国第 11 位。表明佛山市高附加值商品出口额在全国范围内极为靠前，大规模出口高附加值商品。佛山市在出口价值效率指数方面得分 72.34，同类型城市中排名第 15，位居全国第 91 位。表明佛山市高附加值产品出口增长率较一般，出口额趋于稳定。佛山市在出口价值贡献指数方面得分 71.36，同类型城市中排名第 10，位居全国第 102 位。表明佛山市高附加值商品出口贡献率在同类型城市中排名居中，全国排名处于中上水平。从总体得分来看，佛山市在进口价值规模指数和出口价值规模指数在全国处于领先地位，表明该城市进出口品牌价值的发展规模相对水平较高。其在出口价值效率指数得分较低，在全国排名 91 名，表明该城市出口品牌价值的规模增长程度相对水平较低。

图 10-8　佛山市 2012—2016 年进出口品牌价值指数变化趋势

由图 10-8 可以看出，2013—2014 年，佛山市进出口品牌价值指数及其分项指标均有所下降，2014—2015 年均有不同程度的回升，2015 年后趋于稳定，但所在能力起步型城市的品牌价值指数有较大的提高。随着能力起步型城市进出口品牌价值指数均值的上升，佛山市在进出口品牌价值指数方面的领先地位逐渐削弱。除此之外，佛山市在整个发展过程中均表现为出口品牌优化指数大于进口品牌准备指数，表明佛山市的出口优化水平相对于其进口准备水平对区域贡献较大。

（3）佛山市进出口品牌潜力指数分析

2016 年，佛山市商品进出口品牌潜力的资源积累程度主要体现在佛山市金融资源指数、人力资源指数以及工业资源指数三个方面；商品进出口品牌化潜力的环境优化程度主要体现在佛山市的交通环境指数、文化环境指数以及宜居环境指数三个方面。

表 10-6　佛山市进出口品牌潜力指数分项指标表现水平

二级指标	得分	同类排名	国内排名	三级指标	得分	同类排名	全国排名
品牌发展资源指数	65.80	2	30	城市金融资源指数	63.63	3	24
				城市人力资源指数	64.44	8	43
				城市工业资源指数	85.92	1	6
品牌发展环境指数	64.02	4	28	城市交通环境指数	63.69	4	29
				城市文化环境指数	63.11	6	30
				城市宜居环境指数	65.24	5	31

由表 10-6 可以看出，在品牌发展资源方面，佛山市在城市金融资源指数得分为 63.63，在城市聚类中排名第 3，位居全国第 24 位。表明佛山市的地区生产总值、职工平均工资和外资使用情况均处于城市聚类、全国中领先地位，有较强的金融资本优势。佛山市在城市人力资源指数得分为 64.44，在城市聚类中排名第 8，位居全国第 43 位。表明佛山市就业失业比较高，且教育和科研从业人员、学生数量均处于较高位置，有不错的人力资本优势与潜力。佛山市在城市工业资源指数得分为 85.92，在城市聚类中排名第 1，位居全国第 6 位。表明佛山市规模以上工业企业数及其产出、废物综合利用率处于领先地位，具有工业资本优势。

在品牌发展环境方面，佛山市在城市交通环境指数得分为 63.69，在城市聚类中排名第四名，在全国中排名第 29 位，表明佛山市客运量、货运量较大，人均道路较多且通信较为方便。佛山市在城市文化环境指数得分为 63.11，在城市聚类中排名第 6，位居全国第 30 位。表明佛山的公共图书馆总藏书量、人均藏书量均较大，文体从业人员较多，人力资本潜力较大。佛山市在城市宜居环境指数得分为 65.24，在同类型城市中排名第 5，位居全国第 31 位。表明佛山市绿地、人均居住面积、医生数量、人口密度、垃圾无污染处理率均较高，宜居性较高。

图 10-9　佛山市 2012—2016 年进出口品牌潜力指数变化趋势

由图 10-9 可以看出，2012—2016 年，佛山市进出口品牌潜力指数及城市品牌资源指数得分在 2012—2014 年较为平稳，而在 2015 年则突然下降，之后有所回升。在 2012—2016 年，佛山市的城市品牌潜力指数及其分项指标均领先于所在城市聚类平均值，表明佛山市商品进出口基础资源与区域环境等品牌振兴潜力的相对水平较高。

（4）佛山市 CIBI 分析小结

佛山市 CIBI 总体表现水平在全国处于靠前地位，在能力起步型城市中位居第 1，尤其在商品进出口品牌潜力指数上表现出较大的优势。其中，佛山市在商品进出口价值指数的表现优势不明显，并且在 2015—2016 年总体有下降趋势。近年来，佛山市工业产值保持稳定的高速增长，固定资产投资高速增长，投资结构不断调整，经济结构持续优化，制造业提质升级，全社会研发经费占比增长快速，使得佛山市成为国家知识产权示范城市。结合佛山市 CIBI 表现水平以及相关进出口贸易政策，该市商品进出口品牌振兴所具有的优势和劣势，以及其面临的机会与挑战主要体现在以下几个方面：佛山市进出口价值指数相对较高，具体表现在出口品牌优化程度和进口品牌准备程度较高，在进出口品牌方面已经进入起步阶段；但是其进出口品牌潜力指数相对于同等城市稍显偏低，这也是劣势主要表现所在。从表 10-6 中可以看出，佛山市在进出口品牌潜力指数方面除工业资源指数外，其他三级指标都未能排名位于全国前列。从政策与投资方向考虑未来，佛山市的机会在于其坚持以制造业为本、坚守实体经济的思路，和放手发展引进民营经济的思路，同时，发挥各级外贸扶持专项资金、中小微企业投保出口信用保险专项资金作用，探索推进国通保税物流中心升级综合保税区建设，支持企业积极应对国外反倾销反补贴等措施，推动外贸出口稳定增长，促进城市品牌的振兴。

10.3.2 大连市

大连位于辽宁省辽东半岛南端，地处黄渤海之滨，背依中国东北腹地，与山东半岛隔海相望，是中国东部沿海重要的经济、贸易、港口、工业、旅游城市，也是新一线城市。

2016 年大连市实现地区生产总值（GDP）6180.2 亿元，按照可比价格计算（下同），增长 6.5%；合同外资金额 51.7 亿美元，上升 105.15%，实际使用外商直接投资金额 30 亿美元，上升 11.1%；年末户籍人口 595.63 万人，自然增长率 2.74‰；全年工业增加值 2327.7 亿元，增长 6.4%；全年商品进出口总值 3396.5 亿元，下降 0.6%。

（1）大连市 CIBI 概况

2016 年大连市进出口品牌振兴指数得分为 65.50，在能力起步型城市中排名第 2，位居全国第 20；进出口品牌价值指数得分为 65.93，在能力起步型城市中排名第 4，位居全国第 16；进出口品牌潜力指数得分 65.08，在能力起步型城市中排名第 2，位居全国第 25。

表 10-7　大连市 CIBI 及其一级指标的得分情况

综合指标	得分	同类排名	全国排名	一级指标	得分	同类排名	全国排名
CIBI	65.50	2	20	进出口品牌价值指数	65.93	4	16
				进出口品牌潜力指数	65.08	2	25

由图 10-10 可以看出，2012—2016 年，大连市 CIBI 水平在 2012—2014 年基本保持稳定态势，其中在 2013—2014 年略有下降，2014—2015 年则有所回升。大连市进出口品牌潜力指数在 2012—2013 年有所下降，2013—

2014 年基本保持稳定，在 2014—2015 年略有下降，在 2015—2016 年有所回升。相反地，大连市进出口品牌价值指数，在 2013—2014 年呈下降趋势，在 2014—2015 年上升，之后趋于平稳。大连市 CIBI 中城市进出口品牌价值指数高于全国均值，相对于其进出口品牌潜力指数表现较好，反映了大连市商品进出口基础资源与区域环境等品牌振兴表现的相对水平较高。

图 10-10　大连市 CIBI 指数及一级指标变化趋势

（2）大连市进出口品牌价值指数分析

2016 年，大连市的商品进口为进出口品牌价值创造的准备程度主要体现在进口价值规模指数、进口价值效率指数、进口价值贡献指数三个方面；商品出口为进出口品牌价值创造的准备程度主要体现在出口价值规模指数、出口价值效率指数、出口价值贡献指数三个方面。（具体得分情况参见表 10-8）

表 10-8　大连市进出口品牌价值指数分项指标表现水平

二级指标	得分	同类排名	国内排名	三级指标	得分	同类排名	全国排名
进口品牌准备指数	65.34	3	12	进口价值规模指数	66.21	1	10
				进口价值效率指数	62.62	18	42
				进口价值贡献指数	62.89	5	14
出口品牌优化指数	66.51	7	21	出口价值规模指数	66.03	7	21
				出口价值效率指数	72.71	10	79
				出口价值贡献指数	71.32	17	120

从进口品牌准备指数得分情况来看，大连市在进口价值规模指数方面得分 66.21，同类型城市中排名第 1，位居全国第 10 位。表明大连市低附加值商品进口额在能力起步型城市中处在领先地位，在全国范围内排名靠前，显示出其对低附加值商品的大额进口需求。大连市在进口价值效率指数方面得分 62.62，同类型城市中排名第 18，位居全国第 42 位。在城市聚类中，大连市低附加值进口增长率排名靠后，在全国范围内排名较为靠前，说明其低附加值商品进口额同比增长率中等偏上。大连市在进口价值贡献指数方面得分 62.89，同类型城市中排名第 5，位居全国第 14 位。在城市聚类中，大连市进口价值贡献指数排名靠前，表示其低附加值产品对进口额贡献率较高，表明低附加值产品进口在其 GDP 中占比较高。

从出口品牌优化指数得分情况来看，大连市在出口价值规模指数方面得分 66.03，同类型城市中排名第 7，位居全国第 21 位。表明大连市高附加值商品出口额在全国范围内较为靠前，较大规模出口高附加值商品。大连市在出口价值效率指数方面得分 72.71，同类型城市中排名第 10，位居全国第 79 位。表明大连市高附加值产品出口增长率较一般，出口额趋于稳定。大连市在出口价值贡献指数方面得分 71.32，同类型城市中排名第 17，位居全国第 120 位。表明大连市高附加值商品出口贡献率在同类型城市中排名靠后，全国排名处于中上水平。从总体得分来看，大连市在进口价值规模指数和出口价值规模指数在全国处于领先地位，表明该城市进出口品牌价值的发展规模相对水平较高。其在出口价值效率指数得分较低，在全国排名 79 名，表明该城市出口品牌价值的规模增长程度相对水平较低。

由图 10-11 可以看出，2013—2014 年，大连市进出口品牌价值指数及其分项指标均有所下降，2014—2015 年均有不同程度的回升，2015 年后趋于稳定，但所在能力起步型城市的品牌价值指数有较大的提高。随着能力起步型城市进出口品牌价值指数均值的上升，大连市在进出口品牌价值指数方面的领先地位有所削弱。除此之外，大连市在整个发展过程中均表现出出口品牌优化指数大于进口品牌准备指数，表明大连市的出口水平为其品牌价值的优化水平高于其出口为其品牌价值的准备水平。

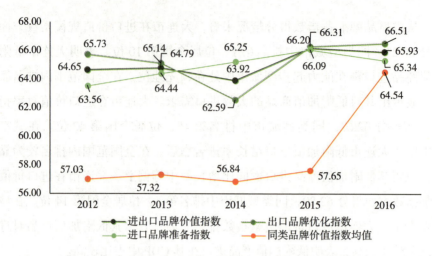

图 10-11　大连市 2012—2016 年进出口品牌价值指数变化趋势

（3）大连市进出口品牌潜力指数分析

2016 年，大连市商品进出口品牌潜力的资源积累程度主要体现在大连市金融资源指数、人力资源指数以及工业资源指数三个方面；商品进出口品牌化潜力的环境优化程度主要体现在大连市的交通环境指数、文化环境指数以及宜居环境指数三个方面。

表 10-9　大连市进出口品牌潜力指数分项指标表现水平

二级指标	得分	同类排名	国内排名	三级指标	得分	同类排名	全国排名
品牌发展资源指数	65.70	3	31	城市金融资源指数	63.89	2	21
				城市人力资源指数	68.14	1	30
				城市工业资源指数	69.14	16	49
品牌发展环境指数	64.55	3	25	城市交通环境指数	63.35	6	32
				城市文化环境指数	65.32	1	14
				城市宜居环境指数	65.26	3	29

由表 10-9 可以看出，在品牌发展资源方面，大连市在城市金融资源指数得分为 63.89，在城市聚类中排名第 2，位居全国第 21 位。表明大连市的地区生产总值、职工平均工资和外资使用情况均处于城市聚类、全国中领先地位，有较强的金融资本优势。大连市在城市人力资源指数得分为 68.14，在城市聚类中排名第 1，位居全国第 30 位。表明大连市就业失业比

很高，且教育和科研从业人员、学生数量均处于较高位置，有不错的人力资本优势与潜力。大连市在城市工业资源指数得分为 69.14，在城市聚类中排名第 49，位居全国第 49 位。表明大连市规模以上工业企业数及其产出、废物综合利用率处于较为靠前地位，具有一定的工业资本优势。

在品牌发展环境方面，大连市在城市交通环境指数得分为 63.35，在城市聚类中排名第 6，在全国中排名第 32 位。表明大连市客运量、货运量较大，人均道路较多且通信较为方便。大连市在城市文化环境指数得分为 65.32，在城市聚类中排名第 1，位居全国第 14 位。表明大连的公共图书馆总藏书量、人均藏书量均很大，文体从业人员多，人力资本潜力大。大连市在城市宜居环境指数得分为 65.26，在同类型城市中排名第 3，位居全国第 29 位。表明大连市绿地、人均居住面积、医生数量、人口密度、垃圾无污染处理率均较高，宜居性较高。

图 10-12　大连市 2012—2016 年进出口品牌潜力指数变化趋势

由图 10-12 可以看出，2012—2016 年，大连市进出口品牌潜力指数及城市品牌资源指数得分在 2012—2014 年较为平稳，而在 2015 年则突然下降，之后保持稳定。在 2012—2016 年，大连市的城市品牌潜力指数及其分项指标均领先于所在城市聚类平均值，表明大连市商品进出口基础资源与区域环境等品牌振兴潜力的相对水平较高。

（3）大连市 CIBI 分析小结

大连市 CIBI 指数得分较能力起步型城市平均水平有一定的领先优势，其进出口品牌价值指数于 2015 年之前始终远高于平均值，但目前已被追赶而渐渐失去领先地位，进出口品牌潜力指数本高于城市聚类均值，目前也处于被追赶的态势。2014 年，在外贸稳增长的政策引导下，大连市对外贸易持续发展，对外贸易总量扩大，进口快速发展，外贸企业出口规模保持稳定，出口品牌优化指数显著回升。2016 年，大连市政府主要抓金普新区开放型经济新体制综合试点试验，使品牌发展环境指数有所上升。

大连市的主要优势在于其进出口品牌价值指数高，尤其是其进口品牌准备指数在城市聚类包括在全国排名处在前列，根据三级指标可以发现，大连市进口品牌规模指数处在城市聚类乃至全国较高地位；而大连市的劣势我们也可以清晰地看到，大连市在出口方面尤其是出口贡献指数方面远远落后于同水平城市，在进出口品牌潜力方面也是表现欠佳。大连市的发展机会主要体现在外贸方面进口品牌准备水平较高，如何依托高准备水平的进口为改善出口优化以及城市基础设施的水平，是大连市当前应该考虑的主要问题。

10.3.3 无锡市

无锡市位于我国江苏省南部，是江苏省地级市之一，也是长江经济带、长江三角洲城市聚类的重要城市。无锡市自古就是鱼米之乡，是中国民族工业和乡镇工业的摇篮，也是苏南模式的发祥地。

在 2012—2016 年，无锡市经济社会平稳发展，地区生产总值由 6679 亿元增加到 9210 亿元，年均增长 8.4%；一般公共预算收入由 615 亿元增加到 875 亿元，年均增长 7.3%；固定资产投资由 3169 亿元增加到 4795 亿元，年均增长 11.7%；社会消费品零售总额由 1946 亿元增加到 3120 亿元，年均增长 9.9%；城镇和农村常住居民人均可支配收入年均增长 9.3% 和 10.1%，分别达到 48628 元、26158 元；居民消费价格涨幅控制在省定范围内，为高水平全面建成小康社会打下了坚实的基础。

（1）无锡市 CIBI 概况

2016 年无锡市进出口品牌振兴指数得分为 65.38，在能力起步型城市中排名第 3，位居全国第 21；进出口品牌价值指数得分为 65.06，在能力起步型城市中排名第 6，位居全国第 19；进出口品牌潜力指数得分为 65.70，在能力起步型城市中排名第 1，位居全国第 21。

表 10-10　无锡市 CIBI 及其一级指标的得分情况

综合指标	得分	同类排名	全国排名	一级指标	得分	同类排名	全国排名
CIBI	65.38	3	21	进出口品牌价值指数	65.06	6	19
				进出口品牌潜力指数	65.70	1	21

图 10-13　无锡市 CIBI 指数及一级指标变化趋势

由表 10-10 可以看出，2012—2016 年，无锡市 CIBI 水平在 2012—2014 年小幅下降，随后回升增长。无锡市进出口品牌价值指数得分在 2013—2014 年下降后，在 2015 年大幅上升，后趋于稳定。无锡市进出口品牌潜力指数在 2012—2015 年小幅缓慢下降，于 2016 年有回升趋势。相对于其进出口品牌价值指数，无锡市在进出口品牌潜力指数方面表现出了较大的优势，反映出该市进出口商品附加价值高低等品牌振兴表现的相对水平较高。2015 年之后随着能力起步型城市快速发展，无锡市 CIBI 在该城市聚类中的领先地位正逐渐下降。

（2）无锡市进出口品牌价值指数分析

2016 年，无锡市的商品进口为进出口品牌价值创造的准备程度主要体现在进口价值规模指数、进口价值效率指数、进口价值贡献指数三个方面；商品出口为进出口品牌价值创造的准备程度主要体现在出口价值规模指数、出口价值效率指数、出口价值贡献指数三个方面。（具体得分情况参见表 10-11）

表 10-11　无锡市进出口品牌价值指数分项指标表现水平

二级指标	得分	同类排名	全国排名	三级指标	得分	同类排名	全国排名
进口品牌准备指数	62.65	13	27	进口价值规模指数	62.74	10	23
				进口价值效率指数	62.33	19	51
				进口价值贡献指数	62.64	18	46
出口品牌优化指数	67.48	5	17	出口价值规模指数	67.00	5	17
				出口价值效率指数	73.71	3	50
				出口价值贡献指数	71.34	11	103

从进口品牌准备指数得分情况来看，无锡市在进口价值规模指数方面得分 62.74，同类型城市中排名第 10，位居全国第 23 位。表明无锡市低附加值商品进口额在能力起步型城市中排在前列，在全国范围内排名较为靠前，显示出其对低附加值商品有较大进口需求。无锡市在进口价值效率指数方面得分 62.33，同类型城市中排名第 19，位居全国第 51 位。在城市聚类中，无锡市低附加值进口增长率在全国范围内排名处于中等水平，表明其低附加值商品进口额同比增长率较为一般。无锡市在进口价值贡献指数方面得分 62.64，同类型城市中排名第 18，位居全国第 46 位。在城市聚类中，表示其低附加值商品进口在其中占比不多，无锡市在低附加值商品的进口方面处于城市聚类比较中等的地位。

从出口品牌优化指数得分情况来看，无锡市在出口价值规模指数方面得分 67.00，同类型城市中排名第 5，位居全国第 17 位。表明无锡市高附加值商品出口额在全国范围内处于领先地位，高附加值商品出口规模较大。无锡市在出口价值效率指数方面得分 73.71，同类型城市中排名第 3，位居全国第 50 位。反映该市在高附加值产品出口增长率方面缺乏竞争优势。无锡市在出口价值贡献指数方面得分 71.34，同类型城市中排名第 11，位居全国第 103 位。反映无锡市高附加值商品出口贡献率水平一般，表现欠佳，其高附加值产品出口对该市的 GDP 贡献程度处于较低水平。

图 10-14　无锡市 2012—2016 年进出口品牌价值指数变化趋势

由图 10-14 可以看出，2013—2014 年，无锡市进出口品牌价值指数及其分项指标有着不同程度的下滑，其中出口品牌优化指数下滑程度较大。2014—2015 年均有不同程度的回暖，2015 年随后趋向稳定。随着 2015 年后进出口品牌能力起步型城市的品牌价值指数大幅度上升，无锡市表现出了平缓的上升水平，在城市聚类中的优势逐渐减弱，其中 2016 年进口品牌准备指数已经低于平均水平。

（3）无锡市进出口品牌潜力指数分析

2016 年，无锡市商品进出口品牌潜力的资源积累程度主要体现在无锡市金融资源指数、人力资源指数以及工业资源指数三个方面；商品进出口品牌化潜力的环境优化程度主要体现在无锡市的交通环境指数、文化环境指数以及宜居环境指数三个方面。

表 10-12　无锡市进出口品牌潜力指数分项指标表现水平

二级指标	得分	同类排名	全国排名	三级指标	得分	同类排名	全国排名
品牌发展资源指数	66.09	1	28	城市金融资源指数	64.76	1	17
				城市人力资源指数	64.76	6	41
				城市工业资源指数	80.23	3	13

二级指标	得分	同类排名	全国排名	三级指标	得分	同类排名	全国排名
品牌发展环境指数	65.37	1	18	城市交通环境指数	64.62	2	20
				城市文化环境指数	63.50	2	23
				城市宜居环境指数	67.99	1	15

由表 10–12 可以看出，在品牌发展资源方面，无锡市在城市金融资源指数得分为 64.76，在城市聚类中排名第 1，位居全国第 17 位。表明无锡市的地区生产总值、职工平均工资以及外资使用等相关城市资源上处于城市聚类中领先地位，但在全国范围内仅处于较为领先的地位。无锡市在城市人力资源指数得分为 64.76，在城市聚类中排名第 6，位居全国第 41 位。表明无锡市就业失业比、教育和科研从业人员、学生数量均处于城市聚类居中位置，有一定的人力资本优势与潜力。无锡市在城市工业资源指数得分为 80.23，在城市聚类中排名第 3，位居全国第 13 位。表明无锡市规模以上工业企业数及其产出、废物综合利用率处于领先地位，说明其工业企业、生产总值、固废利用等工业资源的相对规模水平有一定的优势。

在品牌发展环境方面，无锡市在城市交通环境指数得分为 64.62，在城市聚类中排名第 2，位居全国第 20 位。表明无锡市客运量、货运量较大，人均道路较多且通信方便，在全国位于前列。无锡市在城市文化环境指数得分为 63.50，在城市聚类中排名第 2，位居全国第 23 位。表明无锡的公共图书馆总藏书量、人均藏书量较大，文体从业人员较多。无锡市在城市宜居环境指数得分为 67.99，在同类型城市中排名第 1，位居全国第 15 位。表明无锡市绿地、人均居住面积、医生数量、人口密度、垃圾无污染处理率均较高，宜居性较高。综合来看，无锡市的品牌发展环境各指标在城市聚类中处于领先地位，而在全国排名中较为靠前。

由图 10–15 可以看出，2012—2016 年，无锡市城市品牌潜力指数及其分项指标得分较为稳定。2012—2014 年，无锡市城市品牌潜力指数、出口品牌资源指数、进口品牌环境指数都有不同程度的降低，至 2015 年，进口品牌环境指数有所回升，而出口品牌资源指数较大幅度下降，并于 2016 年开始回暖。2015 年后，城市品牌潜力均值大幅提高，无锡市竞争水平优势减弱。

图 10-15　无锡市 2012—2016 年进出口品牌潜力指数变化趋势

（4）无锡市 CIBI 分析小结

无锡市 CIBI 在整体情况表现在全国处于中等较优的地位，在能力起步型城市中处于前列，尤其在商品进出口品牌潜力指数上表现出较大的优势，在城市聚类中排名领先。其进出口品牌价值指数较为落后，一度有低于平均水平的指标出现。

无锡市特点在于呈增长趋势的进出口品牌价值指数与较为平稳的进出口品牌潜力指数，且两种指数均高于均值。无锡市强调稳增长的工作重点，明确主攻方向为推动产业转型，大力实施产业强市主导战略。截至2016 年，其工业经济质效提升，现代农业发展加快，同时现代服务业快速发展，首次超过二产比重，占据产业结构主导地位，在进出口指标中表现为较为平稳的增长趋势。无锡市逐渐加快城市建设的步伐并持续提升社会民生，因此在进出口品牌潜力指数中基本处于城市聚类中领先地位，并在全国排名较为优先。

无锡市的主要优势在于其金融资源和城市宜居水平较高，该优势使得无锡市的进出口品牌潜力指数领先该城市聚类。目前无锡市的发展重点在于创新发展、结构调整、改革合作与文明共享，力求突出优势，扩大直接融资规模，增强国际市场开拓，创造全面小康新生活，对于国内外人才有较强的吸引力，具备极大的发展潜力。其劣势在于进出口品牌价值，具体表现在出口品牌优化和进口品牌准备表现程度欠佳，尤其进口品牌准备指数要低于平均水平。因此，在未来，无锡市如何加强商品进口为进出口品牌价值创造的相对准备程度，将是一项巨大的挑战。

10.3.4 惠州市

惠州市位于我国东南部，属珠江三角洲、粤港澳大湾区东岸，为广东省辖地级市。其设有两个国家级开发区：大亚湾经济技术开发区、仲恺高新技术开发区，两大经济支柱分别是电子、石化。

2016 年，惠州市全市 GDP 高达 3390 亿元，年均增长 10.7%。人均 GDP 达 7.1 万元，年均增长 10%。地方一般公共预算收入达 361.3 亿元，年均增长 17%。经济总量和财政收入居全省第五位。完成固定资产投资 2000 亿元，累计达 8060 亿元，年均增长 15.5%。社会消费品零售总额 1225 亿元，年均增长 12.8%。电子商务交易额 1400 亿元，年均增长 24%。出口总额 1947 亿元，年均增长 5.5%，一般贸易出口占比从 17.1% 提高到 24%。

（1）惠州市 CIBI 概况

2016 年惠州市进出口品牌振兴指数得分为 64.79，在能力起步型城市中排名第 4，位居全国第 22；进出口品牌价值指数得分为 66.85，在能力起步型城市中排名第 1，位居全国第 13；进出口品牌潜力指数得分为 62.72，在能力起步型城市中排名第 14，位居全国第 45。

表 10–13　惠州市 CIBI 及其一级指标的得分情况

综合指标	得分	同类排名	全国排名	一级指标	得分	同类排名	全国排名
CIBI	64.79	4	22	进出口品牌价值指数	66.85	1	13
				进出口品牌潜力指数	62.72	14	45

由表 10–16 可以看出，2012—2014 年期间，惠州市进出口品牌价值、城市品牌潜力指数均在稳定状态中小幅波动。在 2014—2015 年间进出口品牌价值指数较快增长，又与下一年小幅度下降。2015 年之后随着能力起步型城市快速发展，惠州市在该城市聚类中的领先地位正逐渐下降，且在

2016 年，其 CIBI 指数仅略高于平均水平，城市品牌潜力指数则低于平均。

图 10-16 惠州市 CIBI 指数及一级指标变化趋势

（2）惠州市进出口品牌价值指数分析

2016 年，惠州市的商品进口为进出口品牌价值创造的准备程度主要体现在进口价值规模指数、进口价值效率指数、进口价值贡献指数三个方面；商品出口为进出口品牌价值创造的准备程度主要体现在出口价值规模指数、出口价值效率指数、出口价值贡献指数三个方面。（具体得分情况参见表 10-14）

表 10-14 惠州市进出口品牌价值指数分项指标表现水平

二级指标	得分	同类排名	全国排名	三级指标	得分	同类排名	全国排名
进口品牌准备指数	64.80	5	16	进口价值规模指数	65.45	3	14
				进口价值效率指数	62.77	9	25
				进口价值贡献指数	63.12	3	9
出口品牌优化指数	68.90	2	12	出口价值规模指数	68.56	2	12
				出口价值效率指数	72.87	5	69
				出口价值贡献指数	74.29	6	17

从进口品牌准备指数得分情况来看，惠州市在进口价值规模指数方面得分 65.45，同类型城市中排名第 3，位居全国第 14 位。表明惠州市低附加值商品进口额在能力起步型城市中排在中前列，在全国范围内排名靠前，

显示出其对低附加值商品的大额进口需求。惠州市在进口价值效率指数方面得分 62.77，同类型城市中排名第 9，位居全国第 25 位。在城市聚类中，惠州市低附加值进口增长率排名靠前，在全国范围有较大优势，说明其低附加值商品进口额同比增长率较高。惠州市在进口价值贡献指数方面得分 63.12，同类型城市中排名第 3，位居全国第 9 位。在城市聚类中，惠州市进口价值贡献指数排名领先，表示其低附加值产品对进口额贡献率高，表明其主要进口产品含低附加值产品。

从出口品牌优化指数得分情况来看，惠州市在出口价值规模指数方面得分 68.56，同类型城市中排名第 2，位居全国第 12 位。表明惠州市高附加值商品出口额在全国范围内靠前，大规模出口高附加值商品。惠州市在出口价值效率指数方面得分 72.87，同类型城市中排名第 5，位居全国第 69 位。表明惠州市高附加值产品出口增长率较一般，出口额趋于稳定。惠州市在出口价值贡献指数方面得分 74.29，同类型城市中排名第 6，位居全国第 17 位。表明惠州市高附加值商品出口贡献率在同类型城市中排名较为靠前，全国排名位于前列。从总体得分来看，惠州市在进口价值规模指数和出口价值规模指数在全国处于领先地位，表明该城市进出口品牌价值的发展规模相对水平较高。其在出口价值效率指数得分较低，在全国排名 69 名，表明该城市出口品牌价值的规模增长程度相对水平较低。

图 10-17　惠州市 2012—2016 年进出口品牌价值指数变化趋势

由图 10-17 可以看出，2012—2016 年，惠州市进出口品牌价值指数及其分项指标始终保持动态平衡状态，维持水平略有波动，且均高于城市聚类平均值，表明其进出口的数量、增长率等排名均较为靠前。2014—2015年指标相对上升较大，但幅度依旧很小，在 2016 年又小幅下降。而 2016 年进出口品牌价值指数均值较大幅度上升，将要追平甚至超越惠州市水平，表现了其优势正逐渐减弱。

（3）惠州市进出口品牌潜力指数分析

2016 年，惠州市商品进出口品牌潜力的资源积累程度主要体现在惠州市金融资源指数、人力资源指数以及工业资源指数三个方面；商品进出口品牌化潜力的环境优化程度主要体现在惠州市的交通环境指数、文化环境指数以及宜居环境指数三个方面。

表 10-15　惠州市进出口品牌潜力指数分项指标表现水平

二级指标	得分	同类排名	全国排名	三级指标	得分	同类排名	全国排名
品牌发展资源指数	63.07	14	47	城市金融资源指数	61.76	14	46
				城市人力资源指数	63.44	14	52
				城市工业资源指数	70.76	14	45
品牌发展环境指数	62.42	14	45	城市交通环境指数	61.94	12	44
				城市文化环境指数	61.77	15	47
				城市宜居环境指数	63.59	10	41

由表 10-15 可以看出，在品牌发展资源方面，惠州市在城市金融资源指数得分为 61.76，在城市聚类中排名第 14，位居全国第 46 位。表明惠州市的地区生产总值、职工平均工资以及外资使用等相关城市资源上处于城市聚类中落后地位，相较城市聚类其他城市有一定的短板，但在全国范围内处于中等地位。惠州市在城市人力资源指数得分为 63.44，在城市聚类中排名第 14，位居全国第 52 位。表明惠州市就业失业比、教育和科研从业人员、学生数量较少，与国内平均水平比较有所短板。惠州市在城市工业资源指数得分为 70.76，在城市聚类中排名第 14，位居全国第 45 位。表明惠州市规模以上工业企业数及其产出、废物综合利用率处于中等地位。

在品牌发展环境方面，惠州市在城市交通环境指数得分为 61.94，在城

市聚类中排名第 12，位居全国第 44 位。表明惠州市客运量、货运量在全国
处于中等水平。惠州市在城市文化环境指数得分为 61.77，在城市聚类中排
名第 15，位居全国第 47 位。表明惠州的公共图书馆总藏书量、人均藏书
量较为一般，文体从业人员相对较少。惠州市在城市宜居环境指数得分为
63.59，在同类型城市中排名第 10，位居全国第 41 位。表明惠州市绿地、人
均居住面积、医生数量、人口密度、垃圾无污染处理率有一定的提升空间。

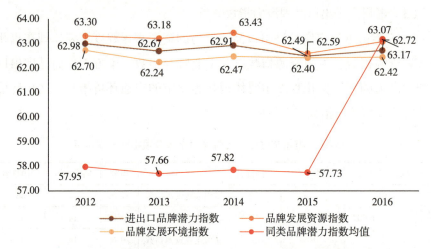

图 10-18　惠州市 2012—2016 年进出口品牌潜力指数变化趋势

由图 10-18 可以看出，2012—2015 年，惠州市城市品牌潜力指数及
其分项指标得分在稳定中略有下降。2014—2015 年城市品牌潜力、出口品
牌资源、进口品牌环境指数均有不同程度的下降，其中出口品牌资源指数
下降幅度较为明显，随后一年又均有回升，同样出口品牌资源回升较大。
2015 年之后能力起步型城市的品牌潜力指数大幅度上升，至 2016 年已经以
微小优势超越惠州市，说明惠州市商品进出口基础资源与区域环境等品牌
振兴潜力的相对水平在国内处于相对劣势。

（4）惠州市分析小结

惠州市在整体情况在全国和能力起步型城市中处于略高于平均值的地
位。其进出口品牌价值指数波动较小，在 2015 年后能力起步型城市各指标
大幅提升的形势下则相对处于劣势状态，优势逐渐减弱。

惠州市特点在于进出口品牌价值指数平稳而略高于平均值，同时其进

出口品牌潜力指数平稳于平均线附近。2012 年以来，惠州市以转型升级为路径，以改革开放为动力，以改善民生为目的，深入实施扩内需、稳外需和帮扶企业发展等一系列措施，反映在指数中是在这五年中惠州市城市品牌指数趋势平稳。

惠州市的主要优势在于其进出口商品额，以及较为可观的贸易增长率，使得惠州市的进出口品牌价值指数领先该城市聚类，结合其目前正在进行的贸易转型升级、发展壮大实体经济和优化调整产业结构的现状，惠州市的机会在于其品牌价值指数有机会进一步攀升；惠州市目前的劣势在于其进出口品牌潜力指数表现平庸，各项指标基本处于全国中等偏下水平，表明该指标为短板。特别是人力资源指数表现较差，亟待提升；惠州市目前面临的挑战在于，随着进出口额不断扩大，城市交通、人文环境、金融等方面的短板将越发成为增长的桎梏，需要尽快开始相关方面的政策引导与资本投资。

10.3.5 中山市

中山市位于珠江三角洲中南部，珠江口西岸，北连广州，毗邻港澳，旅居世界各地海外华侨和港澳台同胞 80 多万人，连续多年保持广东省第 5 的经济总量。其今年来把创新驱动发展作为核心战略，围绕建设区域科技创新研发中心，实施一揽子政策措施，使得创新综合能力持续提升。

2016 年，中山市市生产总值达 3202.8 亿元，比 2011 年增加超千亿，年均增长 9.1%。人均生产总值 9.95 万元，是 2011 年的 1.4 倍，居珠三角前列。工业增加值 1606.2 亿元，服务业增加值 1457.3 亿元，分别是 2011 年的 1.4 倍和 1.6 倍。民营经济增加值占生产总值比重达 52.9%，比 2011 年提高 6.9 个百分点。固定资产投资 1149 亿元，五年累计近 5000 亿元。社会消费品零售总额 1205.8 亿元，是 2011 年的 1.6 倍，年均增长 10.5%。外贸进出口 2237.7 亿元，增长 1.3%。一般公共预算收入 295 亿元，是 2011 年的 1.6 倍，年均增长 9.9%。城镇化率提高到 88.15%。

（1）中山市 CIBI 概况

2016 年中山市进出口品牌振兴指数得分为 64.50，在能力起步型城市中排名第5，位居全国第25；进出口品牌价值指数得分为66.03，在能力起步型城市中排名第3，位居全国第15，进出口品牌潜力指数得分为62.98，能力起步型城市中排名第12，位居全国第43。

表 10-16　中山市 CIBI 及其一级指标的得分情况

综合指标	得分	同类排名	全国排名	一级指标	得分	同类排名	全国排名
CIBI	64.50	5	25	进出口品牌价值指数	66.03	3	15
				进出口品牌潜力指数	62.98	12	43

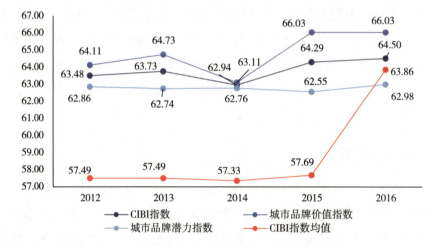

图 10-19　中山市 CIBI 指数及一级指标变化趋势

由图 10-19 可以看出，2012—2014 年，中山市及其分项指标得分总体上保持动态稳定并略有下降，但是在 2015 年后中山市的进出口品牌价值指数得分上升明显。虽然城市品牌潜力指数依旧小幅下降，但 CIBI 总体指数依旧呈上升趋势。近年潜力指数有所回暖，价值指数基本持平，但该城市聚类 CIBI 指数均值大幅度提高，或将赶超中山市。其品牌潜力指数已经低于均值，优势正逐渐减弱。

（2）中山市进出口品牌价值指数分析

2016 年，中山市的商品进口为进出口品牌价值创造的准备程度主要体现在进口价值规模指数、进口价值效率指数、进口价值贡献指数三个方面；商品出口为进出口品牌价值创造的准备程度主要体现在出口价值规模指数、出口价值效率指数、出口价值贡献指数三个方面。表 10-17 为中山市进出口品牌价值指数分项指标表现水平。

表 10-17　中山市进出口品牌价值指数分项指标表现水平

二级指标	得分	同类排名	全国排名	三级指标	得分	同类排名	全国排名
进口品牌准备指数	63.54	8	21	进口价值规模指数	63.74	7	20
				进口价值效率指数	62.92	6	17
				进口价值贡献指数	62.87	7	17
出口品牌优化指数	68.51	3	13	出口价值规模指数	68.19	3	14
				出口价值效率指数	72.70	11	80
				出口价值贡献指数	71.33	13	105

从进口品牌准备指数得分情况来看，中山市在进口价值规模指数方面得分 63.74，同类型城市中排名第 7，位居全国第 20 位。表明中山市低附加值商品进口额在能力起步型城市以及全国范围内排名均较为靠前，显示出其对低附加值商品的大额进口需求。中山市在进口价值效率指数方面得分 62.92，同类型城市中排名第 6，位居全国第 17 位。在城市聚类中，中山市低附加值进口增长率排名靠前，说明其低附加值商品进口额同比增长率在城市聚类内处于较高水平。中山市在进口价值贡献指数方面得分 62.87，同类型城市中排名第 7，位居全国第 17 位。在城市聚类中，中山市进口价值贡献指数处于优先水平，表示其低附加值产品对进口额贡献率较高，低附加值商品进口在其中占比较高。

从出口品牌优化指数得分情况来看，中山市在出口价值规模指数方面得分 68.19，同类型城市中排名第 3，位居全国第 14 位。表明中山市高附加值商品出口额在同类型城市中排名领先，在全国范围内靠前，大规模出口高附加值商品。中山市在出口价值效率指数方面得分 72.70，同类型城市中排名第 11，位居全国第 80 位。表明中山市高附加值产品出口增长率横向比较排名低。中山市在出口价值贡献指数方面得分 71.33，同类型城市中排名第 13，位居全国第 105 位。表明中山市高附加值商品出口贡献率在同类型城市中排名较低，表明其高附加值产品出口对贡献率不高。

由图 10-20 可以看出，2012—2015 年，中山市进出口品牌价值指数及其分项指标整体较为平稳且高于城市聚类指数均值，2014—2016 年进出口品牌价值指数和出口品牌优化指数上升较为明显，进口品牌准备指数依旧保持平稳状态有细微波动。但 2015—2016 年，随着能力起步型城市进出口品牌价值指数均值的上升，中山市在进出口品牌价值指数方面的优势程度相对减小，出现了进口品牌准备指数低于均值的情况。

图 10-20　中山市 2012—2016 年进出口品牌价值指数变化趋势

（3）中山市进出口品牌潜力指数分析

2016 年，中山市商品进出口品牌潜力的资源积累程度主要体现在中山市金融资源指数、人力资源指数以及工业资源指数三个方面；商品进出口品牌化潜力的环境优化程度主要体现在中山市的交通环境指数、文化环境指数以及宜居环境指数三个方面。

表 10-18　中山市进出口品牌潜力指数分项指标表现水平

二级指标	得分	同类排名	全国排名	三级指标	得分	同类排名	全国排名
品牌发展资源指数	63.31	12	45	城市金融资源指数	61.76	15	47
				城市人力资源指数	63.95	11	47
				城市工业资源指数	71.68	12	38
品牌发展环境指数	62.71	10	41	城市交通环境指数	63.26	7	33
				城市文化环境指数	62.10	12	44
				城市宜居环境指数	62.61	16	53

由表 10-18 可以看出，在品牌发展资源方面，中山市在城市金融资源指数得分为 61.76，在城市聚类中排名第 5，位居全国第 47 位。表明中山市的地区生产总值、职工平均工资和外资使用略低，在全国范围内排名居中。中山市在城市人力资源指数得分为 63.95，在城市聚类中排名第 11，位居全国第 47 位。表明中山市就业失业比、教育和科研从业人员、学生数量均处于城市聚类中等位置，人力资本方面较为落后。中山市在城市工业资源指数得分为 71.68，在城市聚类中排名第 12，位居全国第 38 位。表明中山市规模以上工业企业数及其产出、废物综合利用率虽然在该城市聚类中处于一个较为靠后的地位，在全国排名中处于中等地位，在工业资源及发展方面优势不明显。

在品牌发展环境方面，中山市在城市交通环境指数得分为 63.26，在城市聚类中排名第 7，位居全国第 33 位。表明中山市客运量、货运量较大，人均道路较多且通信较方便，在全国处于中等较优的地位。中山市在城市文化环境指数得分为 62.10，在城市聚类中排名第 12，位居全国第 44 位。表明中山市的公共图书馆总藏书量、人均藏书量较小，文体从业人员较少，人力资本潜力欠缺。中山市在城市宜居环境指数得分为 62.61，在同类型城市中排名第 16，位居全国第 53 位。表明中山市绿地、人均居住面积、医生数量、人口密度、垃圾无污染处理率比较低，宜居性较低，不过横向比较优势较小，吸引人才与同级其他城市相比缺少优势。

图 10-21　中山市 2012—2016 年进出口品牌潜力指数变化趋势

由图 10-21 可以看出，2012—2014 年间，中山市进出口品牌潜力指数及城市品牌环境指数得分保持动态平衡。2014—2016 年城市进口品牌环境指数稳定上升，而出口品牌资源指数以及城市品牌潜力指数先下降后有所回暖。2015 年后城市聚类发展较快，品牌潜力指数均值上升较大，指标已经超越中山市，表明该市目前处于相对劣势的地位。

（4）中山市 CIBI 分析小结

中山市指数得分略高于能力起步型城市平均得分，其进出口品牌价值指数和进出口品牌潜力指数较为稳定，具有一定的发展优势但并不突出。2013 年以来中山市着力抓投资拓市场，加大了招商引资力度，提高了经济开放水平，在 2014 年各指标有较为明显的上升趋势，而城市品牌潜力依旧较为落后，在 2015 年后有所回暖，但仍低于城市聚类平均水平。

结合中山市现有进出口品牌分项指标，中山市进出口品牌的优势在于其优越的交通、进口为进出口品牌价值创造的相对准备程度和出口品牌价值的发展规模的相对水平；而劣势在于品牌潜力发展以及出口品牌价值的发展对全地区总体经济发展贡献的相对水平。从政策与投资方向上看，中山市的机会在于其积极适应和主动引领经济发展新常态，深入推进供给侧结构性改革，大力实施创新驱动发展战略，统筹做好稳增长、促改革、调结构、惠民生、防风险各项工作；挑战方面中山市目前的进出口潜力指数在进出口品牌能力起步型城市中并不占有优势，如何取得社会治理新进步、实现生态环境新改善、维持并提高进出口品牌潜力指数，进一步推动中山市发展，对中山市未来的发展来说至关重要。

10.4 本章小结

本章主要对进出口品牌能力起步型城市的 CIBI 水平进行解读，该城市聚类所含城市 18 个，且城市 CIBI 水平全国排名为 18~51 名，说明该城市聚类 CIBI 表现水平在全国处于靠前至中等的位置，在进出口品牌价值指数、潜力指数两个方面位于全国平均水平以上或在周围浮动，且大多优于全国大部分城市，在进口品牌准备指数或出口品牌优化指数上有一定两点，说明该城市聚类整体进出口品牌发展已经进入起步阶段。2012—2016 年，该城市聚类的 CIBI 水平呈现出动态平稳状态，正在步入进出口品牌化表现提升与城市潜力升级的良性循环中。

从进出口品牌价值角度来看，该城市聚类进出口品牌价值指数得分高于全国平均水平，反映出该城市聚类进出口商品附加价值高低等品牌振兴表现的相对水平普遍较高。在进口品牌准备指数和出口品牌优化指数方面都具有明显的优势，反映出该城市聚类商品进口为进出口品牌价值创造的准备程度较高，商品出口为进出口品牌价值优化的实现程度也较高。

从进出口品牌潜力角度来看，该城市聚类进出口品牌潜力指数得分略高于全国平均水平，而低于品牌振兴引领型城市和品牌优势协同型城市的城市得分，反映出该城市聚类商品进出口基础资源与区域环境等品牌振兴潜力的相对水平相对较高。在品牌发展资源指数和品牌发展环境指数方面都有较好的优势，反映出该城市聚类进出口品牌化潜力的资源积累程度较高，商品进出口品牌化潜力的环境优化程度有较好的发展和积累。

最后从该城市聚类中选取前五名城市作为主要城市进行城市层面的水平解读，同类型城市中排名前五的城市有佛山市、大连市、无锡市、惠州市和中山市。分别从总体表现水平、各分项指标表现水平、该城市商品进出口品牌振兴所具有的优劣势以及面临的机会和挑战来对各城市进行分析。其中，无锡市、大连市均在进出口品牌潜力指数上表现出相对优势，佛山市在进出口品牌价值和潜力两个方面表现出同样的优势水平。在品牌价值指数中，有的城市对于进口品牌准备与出口品牌优化有明显的不平衡状况，某一项过于领先而另一项较为靠后。各个城市应该认识到自己在发展进出口贸易的优势和劣势，并抓住机会，打造具有价值的商品品牌，实现各城市的商品进出口品牌的振兴。

第十一章 进出口品牌发展潜力型城市 CIBI 分析

本章主要介绍进出口品牌发展潜力型城市的基本特征，并对其 CIBI 表现展开详细解读。首先从整体上对该城市聚类的 CIBI 表现加以报告，对该城市聚类的 CIBI 表现进行指标矩阵分析、区域结构分析，以及发展时序分析。其次分析该城市聚类 CIBI 的分项指标和排名情况，包括进出口品牌价值指数分析和进出口品牌潜力指数分析。最后从该城市聚类中选取 5 个具有代表性的城市作为重点分析对象，分别从 CIBI 的各个分项指标对各城市的商品进出口品牌振兴水平展开分析。

11.1 发展潜力型城市 CIBI 总体概况

本节从整体上分析该城市聚类的 CIBI 表现水平，分别从指标矩阵分析、区域结构分析及发展时序分析三个方面来进行报告，并对该城市聚类的 CIBI 表现特征及在全国所处的地位进行解读。

11.1.1 指标矩阵分析

本部分主要是对进出口品牌型城市在全国地位的分析，并从进出口品牌价值指数与潜力指数两个维度对该城市聚类的 CIBI 表现进行总结。

进出口品牌发展潜力型城市 CIBI 总体得分为 58.91。由图 11-1 可知，该城市聚类的 CIBI 表现水平在全国处于相对较低的位置，但在进出口品牌价值指数、潜力指数两个方面的平均值均高于全国平均水平，尽管低于全国的一部分城市。进出口品牌发展潜力型城市的城市品牌价值指数总体得分为 58.46，相对于全国整体水平的 57.88 有较大的领先优势，表明该城市聚类进出口的规模较大、效率较高，对地区总体经济发展也有较大贡献。该城市聚类的城市品牌潜力指数为 59.35，远高于全国平均的 58.29，表明在进出就品牌化的资源和环境方面发展较好，具有一定的进出口品牌振兴的潜力。

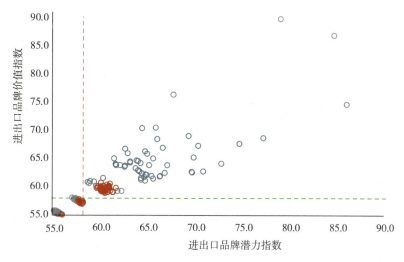

图 11-1　进出口品牌发展潜力型城市价值指数与潜力指数分析

11.1.2 区域结构分析

本部分主要是对进出口品牌发展潜力型城市进行区域结构分析，重点分析该城市聚类中所包含城市的基本特征以及城市的 CIBI 表现水平。

表 11-1　进出口品牌发展潜力型城市 CIBI 表现

城市名	所属省份	CIBI 得分	同类型城市中排名	全国排名
金华市	浙江省	60.85	1	52
徐州市	江苏省	60.76	2	54
鄂尔多斯市	内蒙古自治区	60.60	3	55
淄博市	山东省	60.58	4	57
泰州市	江苏省	60.57	5	58
扬州市	江苏省	60.50	6	59
临沂市	山东省	60.50	7	60
唐山市	河北省	60.46	8	61
湖州市	浙江省	60.44	9	62

城市名	所属省份	CIBI 得分	同类型城市中排名	全国排名
镇江市	江苏省	60.42	10	63
盐城市	江苏省	60.38	11	64
汕头市	广东省	60.31	12	65
芜湖市	安徽省	60.30	13	66
保定市	河北省	60.26	14	67
呼和浩特市	内蒙古自治区	60.26	15	68
海口市	海南省	60.21	16	69
银川市	宁夏回族自治区	60.20	17	70
连云港市	江苏省	60.17	18	71
漳州市	福建省	60.11	19	73
揭阳市	广东省	60.05	20	74
济宁市	山东省	60.04	21	75
洛阳市	河北省	60.01	22	77
淮安市	江苏省	60.00	23	78
廊坊市	河北省	59.99	24	79
广安市	四川省	59.98	25	80
秦皇岛市	河北省	59.97	26	81
滨州市	山东省	59.97	27	82
九江市	江西省	59.94	28	83
邯郸市	河北省	59.93	29	84
沧州市	河北省	59.93	30	85
赣州市	江西省	59.92	31	86
菏泽市	山东省	59.87	32	88
聊城市	山东省	59.86	33	89
肇庆市	广东省	59.81	34	90
宜昌市	湖北省	59.80	35	91
泰安市	山东省	59.77	36	92
南阳市	河南省	59.76	37	95
马鞍山市	安徽省	59.74	38	96
西宁市	青海省	59.73	39	97

续表

城市名	所属省份	CIBI 得分	同类型城市中排名	全国排名
遵义市	贵州省	59.73	40	98
德州市	山东省	59.72	41	99
襄阳市	湖北省	59.72	42	100
莆田市	福建省	57.79	43	101
湛江市	广东省	57.79	44	102
衡阳市	湖南省	57.78	45	103
咸阳市	陕西省	57.76	46	104
包头市	内蒙古自治区	57.75	47	105
柳州市	广西壮族自治区	57.74	48	106
宿迁市	江苏省	57.71	49	107
岳阳市	湖南省	57.71	50	108
克拉玛依市	新疆维吾尔自治区	57.69	51	109
湘潭市	湖南省	57.68	52	111
株洲市	湖南省	57.67	53	112
焦作市	河南省	57.66	54	114
新乡市	河南省	57.66	55	115
邢台市	河北省	57.65	56	116
三明市	福建省	57.64	57	117
阜阳市	安徽省	57.64	58	118
绵阳市	四川省	57.64	59	119
滁州市	安徽省	57.63	60	120
桂林市	广西壮族自治区	57.61	61	121
上饶市	江西省	57.61	62	123
三亚市	海南省	57.59	63	125
大庆市	黑龙江省	57.57	64	126
宝鸡市	陕西省	57.57	65	127
蚌埠市	安徽省	57.56	66	130
驻马店市	河南省	57.56	67	131
晋中市	山西省	57.55	68	134
常德市	湖南省	57.55	69	135

续表

城市名	所属省份	CIBI 得分	同类型城市中排名	全国排名
周口市	河南省	57.55	70	136
开封市	河南省	57.54	71	137
许昌市	河南省	57.52	72	141
信阳市	河南省	57.50	73	146
吉林市	吉林省	57.50	74	148
宿州市	安徽省	55.52	75	157
拉萨市	西藏自治区	55.45	76	172

由表 11-1 可以看出，进出口品牌发展潜力型城市主要包括金华市、徐州市等 76 个城市。该城市聚类中有八个城市位于江苏省，八个城市位于山东省，八个城市位于河北省，八个城市位于河南省，六个城市位于安徽省，五个城市位于湖南省，四个城市位于广东省，三个城市位于福建省，三个城市位于江西省，三个城市位于内蒙古自治区，两个城市位于广西壮族自治区，两个城市位于海南省，两个城市位于湖北省，两个城市位于浙江省，两个城市位于陕西省，两个城市位于四川省，其他城市分别位于黑龙江省、山西省、贵州省、吉林省、宁夏回族自治区、青海省、西藏自治区、新疆维吾尔自治区。

其中金华市所属省份为浙江省，CIBI 得分为 60.85，在同类型城市中排名第 1，全国排名第 52；徐州市所属省份为江苏省，CIBI 得分为 60.76，在同类型城市中排名第 2，全国排名第 54；鄂尔多斯市 CIBI 得分为 60.60，在同类型城市中排名第 3，全国排名第 55；淄博市所属省份为山东省，CIBI 得分为 60.58，在同类型城市中排名第 4，全国排名第 57；台州市所属省份为江苏省，CIBI 得分为 60.57，在同类型城市中排名第 5，全国排名第 58。

11.1.3 发展时序分析

本部分主要对进出口品牌发展潜力型城市 2012—2016 年的 CIBI 表现水平变化以及该城市聚类所包含城市的基本特征变化进行分析。

图 11-2 可以看出，进出口品牌发展潜力型城市的 CIBI 平均表现水平在

2012—2015 年趋于稳定水平，发展较为平缓。在 2016 年该城市聚类的 CIBI 平均表现水平上升幅度较大，分数增长约 3.5 分。在城市数量上，2012—2015 该城市聚类数量呈小幅度波动状态，数量仍维持在 55 个左右。2016 年该城市聚类数量增加了 3 个。从 2012—2016 年该城市聚类均值和数量变化可以看出，2016 年进出口品牌发展潜力型城市有显著的发展。

图 11-2 进出口品牌发展潜力型城市 CIBI 均值及历年变化趋势

11.2 CIBI 分项指标得分与排名

本节主要从 CIBI 的分项指标得分及排名来对进出口品牌发展潜力型城市总体特征进行分析，分项指标有商品进出口品牌振兴价值指数以及商品进出口品牌振兴潜力指数。其中，商品进出口品牌振兴价值分析主要包括出口优化指数和进口准备指数两个方面；商品进出口品牌振兴潜力分析主要包括资源指数和环境指数两个方面。

11.2.1 进出口品牌价值指数分析

本部分主要是从进出口品牌价值表现层面对进出口品牌发展潜力型城市进行矩阵分析、区域分析以及时序分析。从以上三个方面展开对该城市聚类进出口商品品牌振兴表现的相对水平。

（1）价值指数的矩阵分析

本部分主要分析进出口品牌发展潜力型城市在进出口品牌价值层面上分项指标上的整体得分情况，其中分项指标包括进口品牌准备指数和出口品牌优化指数。

进出口品牌发展潜力型城市的平均进出口品牌价值指数得分为58.46，较全国平均水平的57.88分有一定的领先优势。由图11-3所得，该城市聚类的进口品牌准备指数得分与出口品牌优化指数得分均处于平均分之上，反映出该城市聚类中的进口为其进出口品牌创造价值的准备程度处于优势地位，在进口价值规模、进口价值效率和进口价值贡献方面都有一定的发展优势。且该城市聚类的出口为其进出口品牌价值优化的实现程度略高于全国的平均水平，该城市聚类的进口在该地区品牌价值的发展和经济增长中具有较为重要的作用。总体来说，进出口品牌发展潜力型城市的进出口在进出口商品价值层面具有一定的发展潜力。

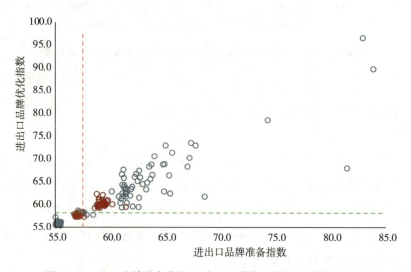

图 11-3　进口品牌准备指数 - 出口品牌优化指数二维分析矩阵

（2）价值指数的区域分析

本部分主要从进出口品牌发展潜力型城市的区域结构层次上对其进出口价值指数进行分析。

表 11-2　进出口品牌发展潜力型城市进出口品牌价值指数分项指标得分情况

城市	进口品牌准备指数	同类型城市中排名	全国排名	出口品牌优化指数	同类型城市中排名	全国排名
金华市	58.77	41	99	62.32	1	44
徐州市	59.00	27	83	60.51	10	61
鄂尔多斯市	61.43	1	40	59.34	35	92
淄博市	59.67	4	60	60.59	8	59
泰州市	59.76	3	59	60.89	6	57
扬州市	58.97	31	87	61.10	3	54
临沂市	59.37	14	70	60.58	9	60
唐山市	59.38	13	69	60.27	13	66
湖州市	59.31	18	74	62.08	2	46
镇江市	59.49	9	65	60.45	11	62
盐城市	59.51	7	63	60.00	17	70
汕头市	59.37	15	71	60.95	4	55
芜湖市	59.25	19	75	60.13	15	68
保定市	58.96	32	88	59.75	27	81
呼和浩特市	59.04	24	80	59.12	42	100
海口市	58.85	35	91	59.24	39	97
银川市	59.11	22	78	59.78	26	79
连云港市	59.63	5	61	60.00	18	71
漳州市	59.24	20	76	60.82	7	58
揭阳市	58.98	28	84	60.95	5	56
济宁市	59.19	21	77	59.86	24	77
洛阳市	58.84	39	95	59.34	36	93
淮安市	58.81	40	96	59.91	21	74
廊坊市	59.36	16	72	59.80	25	78
广安市	58.85	37	93	59.33	38	95
秦皇岛市	59.43	12	68	60.19	14	67
滨州市	60.19	2	57	59.96	19	72
九江市	59.34	17	73	60.30	12	64
邯郸市	59.03	25	81	59.62	29	84

城市	进口品牌准备指数	同类型城市中排名	全国排名	出口品牌优化指数	同类型城市中排名	全国排名
沧州市	59.07	23	79	59.96	20	73
赣州市	59.01	26	82	59.91	22	75
菏泽市	59.49	10	66	59.55	32	87
聊城市	59.51	8	64	59.75	28	82
肇庆市	59.47	11	67	60.06	16	69
宜昌市	58.98	29	85	59.48	33	89
泰安市	58.87	34	90	59.39	34	91
南阳市	58.84	38	94	59.23	40	98
马鞍山市	59.60	6	62	59.90	23	76
西宁市	58.85	36	92	59.62	30	85
遵义市	58.59	42	100	59.13	41	99
德州市	58.92	33	89	59.61	31	86
襄阳市	58.97	30	86	59.34	37	94
莆田市	57.41	44	109	58.02	44	107
湛江市	57.14	49	118	57.59	51	122
衡阳市	57.26	46	113	57.43	58	134
咸阳市	57.00	58	132	57.51	55	128
包头市	57.01	56	130	57.62	50	120
柳州市	57.29	45	112	57.24	67	143
宿迁市	56.90	66	141	57.68	49	117
岳阳市	57.15	48	117	57.84	46	111
克拉玛依市	57.62	43	103	57.13	73	149
湘潭市	57.20	47	115	57.49	56	130
株洲市	56.87	70	145	57.28	62	138
焦作市	57.07	54	125	57.56	52	123
新乡市	56.99	59	133	57.20	69	145
邢台市	57.00	57	131	57.51	54	127
三明市	56.99	60	134	58.09	43	105
阜阳市	56.98	61	135	57.29	61	137
绵阳市	56.87	69	144	57.25	65	141
滁州市	56.94	64	138	57.90	45	109
桂林市	56.77	73	149	57.23	68	144

城市	进口品牌准备指数	同类型城市中排名	全国排名	出口品牌优化指数	同类型城市中排名	全国排名
上饶市	56.90	67	142	57.79	47	113
三亚市	56.69	74	150	57.71	48	116
大庆市	56.79	71	147	57.12	74	150
宝鸡市	57.12	50	119	57.47	57	131
蚌埠市	57.09	52	122	57.33	60	136
驻马店市	56.97	62	136	57.27	63	139
晋中市	57.10	51	121	57.16	71	147
常德市	57.07	53	123	57.24	66	142
周口市	57.06	55	127	57.34	59	135
开封市	56.88	68	143	57.26	64	140
许昌市	56.78	72	148	57.54	53	125
信阳市	56.97	63	137	57.19	70	146
吉林市	56.91	65	140	57.14	72	148
宿州市	54.96	75	189	55.05	75	199
拉萨市	54.79	76	197	54.93	76	200

由表 11-2 可以看出，金华市进口品牌准备指数得分为 58.77，在群内排名第 41，全国排名国内第 99；徐州市进口品牌准备指数得分为 59.00，在群内排名第 27，全国排名国内第 83；鄂尔多斯市进口品牌准备指数得分为 61.43，在群内排名第 1，全国排名国内第 40；淄博市进口品牌准备指数得分为 59.67，在群内排名第 4，全国排名国内第 60；泰州市进口品牌准备指数得分为 59.76，在群内排名第 3，全国排名国内第 59。可以看出，该城市聚类的进口品牌准备指数大多排在全国 60 名至 90 名之间，在低附加价值商品进口的发展规模和区域经济发展方面其优势地位不是很突出。

在出口品牌优化指数方面，金华市出口品牌准备指数得分为 62.32，在群内排名第 1，全国排名国内第 44；徐州市出口品牌准备指数得分为 60.51，在群内排名第 10，全国排名国内第 61；鄂尔多斯市出口品牌准备指数得分为 59.34，在群内排名第 35，全国排名国内第 92；淄博市出口品牌准备指数得分为 60.59，在群内排名第 8，全国排名国内第 59；泰州市出口品牌准备指数得分为 60.89，在群内排名第 6，全国排名国内第 57。可

以看出，该城市聚类前五名的出口品牌优化指数得分略高于全国平均得分
58.30，该城市聚类的品牌价值的发展规模一般，对该地区的总体经济发展
贡献不是很大。

（3）价值指数的时序分析

本部分主要从时序角度上，对进出口品牌发展潜力型城市的进出口品
牌价值 2012—2016 年的变化情况的分析，包括其二级指标：进口品牌准备
指数和出口品牌优化指数。

图 11-4　进出口品牌发展潜力型城市价值指数及其分项指标 2012—2016 年变化情况

由图 11-4 可以看出，该城市聚类的城市品牌价值指数、出口品牌优化
指数和进口品牌准备指数在 2014 年均有一次小幅下降波动，在 2014—2016
年，三个指数都保持上升趋势。在 2015—2016 年，该城市聚类的所有指数
均出现大幅度的上升。

11.2.2 进出口品牌潜力指数分析

本节主要分析进出口品牌发展潜力型城市在进出口品牌潜力指数以及
其分项指标上的得分情况。包括品牌发展资源指数和品牌发展环境指数两
个方面。

（1）潜力指数的矩阵分析

本部分主要分析进出口品牌发展潜力型城市在进出口品牌潜力层面上

分项指标上的整体得分情况，其中分项指标包括品牌发展资源指数以及品牌发展环境指数。

　　进出口品牌发展潜力型城市的平均进出口品牌潜力指数得分为 59.35，相比于全国平均水平 58.29 要略高一些。由图 11-5 所得，该城市聚类的进出口品牌发展资源指数和环境指数一部分略高于全国平均水平，一部分接近全国平均水平，还有一小部分低于全国平均水平。进出口品牌发展潜力型城市的进出口品牌化潜力的资源相对积累程度和环境相对优化程度在全国所有城市中处于中等发展水平，城市金融资源指数、城市人力资源指数、城市工业资源指数接近全国所有城市的平均水平，同时在交通、文化和宜居环境建设方面仍有很大的发展空间。

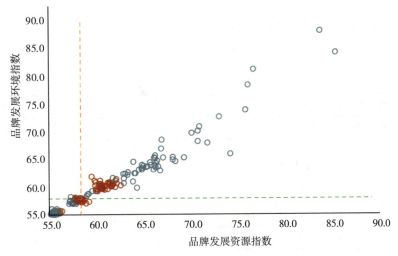

图 11-5　品牌发展资源指数 – 品牌发展资源指数二维分析矩阵

（2）潜力指数的区域分析

　　本部分主要从进出口品牌发展潜力型城市的区域结构层次上对其进出口潜力指数进行分析。

表 11-3　进出口品牌发展潜力型城市进出口品牌潜力指数分项指标得分情况

城市	品牌发展资源指数	同类型城市中排名	全国排名	品牌发展环境指数	同类型城市中排名	全国排名
金华市	61.80	5	56	60.61	13	64

城市	品牌发展资源指数	同类型城市中排名	全国排名	品牌发展环境指数	同类型城市中排名	全国排名
徐州市	62.08	3	53	61.51	2	50
鄂尔多斯市	60.37	34	86	61.19	4	52
淄博市	61.47	11	63	60.64	12	63
泰州市	61.50	10	62	60.24	24	76
扬州市	61.62	8	60	60.40	19	71
临沂市	61.21	16	68	60.85	7	57
唐山市	61.70	6	58	60.56	15	66
湖州市	60.58	26	78	59.86	33	86
镇江市	61.64	7	59	60.21	26	78
盐城市	61.33	13	65	60.74	8	59
汕头市	59.91	39	93	60.92	6	56
芜湖市	61.31	14	66	60.57	14	65
保定市	61.37	12	64	61.00	5	55
呼和浩特市	62.61	1	51	60.44	17	69
海口市	62.16	2	52	60.72	9	60
银川市	61.98	4	55	60.07	29	81
连云港市	60.39	33	85	60.65	11	62
漳州市	60.68	21	73	59.78	36	89
揭阳市	59.84	40	94	60.38	20	72
济宁市	60.60	24	76	60.52	16	67
洛阳市	61.52	9	61	60.43	18	70
淮安市	61.06	17	69	60.28	22	74
廊坊市	61.22	15	67	59.70	39	92
广安市	59.51	42	97	62.01	1	47
秦皇岛市	60.65	22	74	59.70	38	91
滨州市	60.16	36	89	59.61	41	94
九江市	60.41	30	82	59.78	35	88
邯郸市	60.41	31	83	60.66	10	61
沧州市	60.69	20	72	60.06	30	82

续表

城市	品牌发展资源指数	同类型城市中排名	全国排名	品牌发展环境指数	同类型城市中排名	全国排名
赣州市	60.54	27	79	60.25	23	75
菏泽市	60.47	28	80	60.00	31	83
聊城市	60.30	35	87	59.90	32	84
肇庆市	59.98	38	91	59.73	37	90
宜昌市	60.40	32	84	60.34	21	73
泰安市	60.65	23	75	60.21	25	77
南阳市	60.81	19	71	60.20	27	79
马鞍山市	60.12	37	90	59.38	42	96
西宁市	60.90	18	70	59.66	40	93
遵义市	59.83	41	95	61.25	3	51
德州市	60.59	25	77	59.82	34	87
襄阳市	60.42	29	81	60.16	28	80
莆田市	58.01	67	125	57.75	64	125
湛江市	58.40	54	112	58.03	48	107
衡阳市	58.39	55	113	58.07	47	106
咸阳市	59.22	43	98	57.47	72	138
包头市	58.65	45	103	57.78	62	122
柳州市	58.48	50	108	57.98	54	113
宿迁市	58.37	56	114	57.92	56	115
岳阳市	58.00	69	127	57.86	59	118
克拉玛依市	57.72	74	138	58.26	43	102
湘潭市	58.60	47	105	57.52	70	136
株洲市	58.65	46	104	57.95	55	114
焦作市	58.41	52	110	57.67	66	130
新乡市	58.46	51	109	58.02	49	108
邢台市	58.06	65	123	58.02	50	109
三明市	57.98	70	128	57.54	69	134
阜阳市	58.17	61	119	58.12	45	104
绵阳市	58.37	57	115	58.09	46	105

城市	品牌发展资源指数	同类型城市中排名	全国排名	品牌发展环境指数	同类型城市中排名	全国排名
滁州市	57.88	71	131	57.79	61	121
桂林市	58.49	49	107	57.98	53	112
上饶市	57.73	73	137	58.00	52	111
三亚市	58.87	44	102	57.23	74	145
大庆市	58.28	60	118	58.12	44	103
宝鸡市	58.40	53	111	57.37	73	142
蚌埠市	58.03	66	124	57.83	60	120
驻马店市	58.15	62	120	57.88	58	117
晋中市	58.56	48	106	57.48	71	137
常德市	58.14	63	121	57.77	63	123
周口市	57.88	72	132	57.91	57	116
开封市	58.01	68	126	58.02	51	110
许昌市	58.13	64	122	57.67	65	129
信阳市	58.32	59	117	57.57	68	133
吉林市	58.33	58	116	57.66	67	132
宿州市	56.36	75	151	55.75	76	159
拉萨市	56.33	76	152	55.80	75	156
均分	59.67			59.17		

进出口品牌发展潜力型城市的平均品牌发展资源指数得分为 61.39，各个城市的全国排名在第 53 名至第 86 名不等。该城市聚类的平均品牌发展环境指数得分为 60.62，各个城市的全国排名主要分布在第 50 名至第 86 名。通过全国排名来看，进出口品牌发展潜力型城市的品牌发展资源指数与品牌发展环境指数得分都比较低。

通过表 11-3 可以看出，该城市聚类中进出口品牌潜力指数得分前五名为金华市、徐州市、鄂尔多斯市、淄博市和泰州市。金华市所属省份为浙江省，品牌潜力指数得分为 60.85，位于该城市聚类第 1 名；徐州市属于江苏省，品牌潜力指数得分为 60.76，位于该城市聚类第 2 名；鄂尔多斯市属于内蒙古自治区，品牌潜力指数得分为 60.60，位于该城市聚类第 3 名；淄博市所属省份为山东省，品牌潜力指数得分为 60.58，位于该城市聚类第 4 名；泰州市所属省份为江苏省，品牌潜力指数得分为 60.57，位于该城市聚类第 5 名。这些城市的商品进出口基础资源与区域环境等品牌振兴潜力的相对水平较低，在品牌发展资源和品牌发展环境方面没有太大的优势。

（3）潜力指数的时序分析

本部分主要从时序角度上，对进出口品牌发展潜力型城市的进出口品牌潜力 2012—2016 年的变化情况的分析，包括其二级指标：品牌发展资源指数和品牌发展环境指数。

图 11-6　进出口品牌发展潜力型城市潜力指数及其分项指标 2012—2016 年变化情况

由图 11-6 可以看出，城市品牌发展潜力型城市的城市品牌潜力指数、城市品牌资源指数和城市品牌环境指数的变化趋势基本一致，2012—2015 年该城市聚类的三个指数变化趋势不大，但是 2015 年后均开始大幅度增长，表明该城市聚类潜力指数大幅上升。

11.3 主要城市分析

在进出口品牌发展潜力型城市中共有 76 个城市。本节将对其中 CIBI 得分排名前五的主要城市（金华市、徐州市、鄂尔多斯市、淄博市、泰州市）的 CIBI 表现以及分项指标水平分别进行分析。

11.3.1 金华市

金华市，浙江省省辖地级市，位于浙江省中部，是"长江三角洲"经济区 26 个中心城市之一，具有较好的经济发展基础和发展能力。

2016 年全市实现生产总值（GDP）3635.01 亿元，按可比价计算，比上年增长 7.5%。其中：第一产业增加值为 148.06 亿元，增长 1.9%；第二产业增加值为 1585.61 亿元，增长 4.9%；第三产业增加值为 1901.34 亿元，增长 10.3%。全市人均生产总值达到 75742 元（按 2016 年年均汇率折算为 11403 美元），增长 6.7%。第一、二、三产业增加值占地区生产总值的比重由上年的 4.1∶45.6∶50.3 变化为 4.1∶43.6∶52.3，三产比重比上年提高 2.0 个百分点。

（1）金华市进出口品牌振兴指数概况

2016 年金华市进出口品牌振兴指数得分为 60.85，在发展潜力型城市中排名第 1，位居全国第 52；进出口品牌价值指数得分为 60.54，在发展潜力型城市中排名第 2，位居全国第 52；进出口品牌潜力指数得分为 61.16，在发展潜力型城市中排名第 5，位居全国第 57。

表 11-4　金华市 CIBI 及其一级指标的得分情况

综合指标	得分	同类排名	全国排名	一级指标	得分	同类排名	全国排名
CIBI	60.85	1	52	进出口品牌价值指数	60.54	2	52
				进出口品牌潜力指数	61.16	5	57

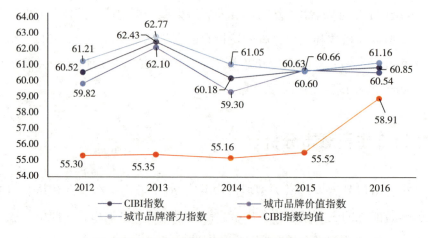

图 11-7　金华市 CIBI 指数及一级指标变化趋势

由图 11-7 可以看出，2012—2016 年，金华市 CIBI 水平在 2012—2013 年小幅上升，在 2013—2014 年略有下降，随后基本保持稳定态势。金华市进出口品牌潜力指数在 2012—2013 年小幅上升，随后同样略有下降，趋于稳定。金华市进出口品牌价值指数，在 2012—2013 年小幅上升，在 2013—2014 年略有下降，随后上升并趋于保持稳定。金华市 CIBI 中各项指数均显著高于均值，表明其综合状况良好。

（2）金华市进出口品牌价值指数分析

2016 年，金华市的商品进口为进出口品牌价值创造的准备程度主要体现在进口价值规模指数、进口价值效率指数、进口价值贡献指数三个方面；商品出口为进出口品牌价值创造的准备程度主要体现在出口价值规模指数、出口价值效率指数、出口价值贡献指数三个方面。

表 11-5　金华市进出口品牌价值指数分项指标表现水平

二级指标	得分	同类排名	全国排名	三级指标	得分	同类排名	全国排名
进口品牌准备指数	58.77	41	99	进口价值规模指数	58.21	31	88
				进口价值效率指数	60.39	43	106
				进口价值贡献指数	60.39	30	86
出口品牌优化指数	62.32	1	44	出口价值规模指数	61.59	1	43
				出口价值效率指数	70.86	37	150
				出口价值贡献指数	73.01	13	39

从进口品牌准备指数得分情况来看，金华市在进口价值规模指数方面得分 58.21，同类型城市中排名第 31，位居全国第 88 位。表明金华市低附加值商品进口额在发展潜力型城市中居中排列，在全国范围内排名比较靠前。金华市在进口价值效率指数方面得分 60.39，同类型城市中排名第 43，位居全国第 106 位。在城市聚类中，金华市低附加值进口增长率排名居中靠后，在全国范围内排名比较靠前，说明其低附加值商品进口额同比增长率较低。金华市在进口价值贡献指数方面得分 60.39，同类型城市中排名第 30，位居全国第 86 位。在城市聚类中，金华市进口价值贡献指数排列居中偏前，表示其低附加值产品对进口额贡献率一般。

　　从出口品牌优化指数得分情况来看，金华市在出口价值规模指数方面得分 61.59，同类型城市中排名第 1，位居全国第 43 位。表明金华市高附加值商品出口额在城市聚类极为靠前，在全国范围内也表现可观，大规模出口高附加值商品。金华市在出口价值效率指数方面得分 70.86，同类型城市中排名第 37，位居全国第 150 位，表明金华市高附加值产品出口增长率较一般，出口额趋于稳定。金华市在出口价值贡献指数方面得分 73.01，同类型城市中排名第 13，位居全国第 39 位。表明金华市高附加值商品出口贡献率在同类型城市中排名较高，全国排名非常靠前。

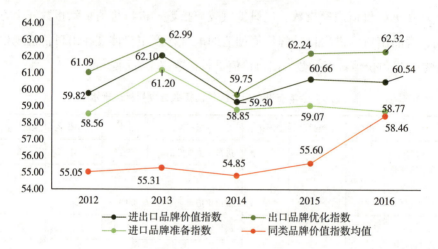

图 11-8　金华市 2012—2016 年进出口品牌价值指数变化趋势

　　由图 11-8 可以看出，2013—2014 年，金华城市品牌价值指数及其分项指标均有所下降，2014—2015 年回暖，随后趋向稳定。随着发展潜力型城市城市品牌价值指数均值的上升，金华市在进出口品牌价值指数方面的领先地位逐渐消失。

　　（3）金华市进出口品牌潜力指数分析

　　2016 年，金华市商品进出口品牌潜力的资源积累程度主要体现在金华市金融资源指数、人力资源指数以及工业资源指数三个方面；商品进出口品牌化潜力的环境优化程度主要体现在金华市的交通环境指数、文化环境指数以及宜居环境指数三个方面。

表 11-6　金华市进出口品牌潜力指数分项指标表现水平

二级指标	得分	同类排名	全国排名	三级指标	得分	同类排名	全国排名
品牌发展资源指数	61.80	5	56	城市金融资源指数	60.64	5	56
				城市人力资源指数	61.52	13	64
				城市工业资源指数	70.93	3	54
品牌发展环境指数	60.61	13	64	城市交通环境指数	60.71	20	73
				城市文化环境指数	60.14	9	41
				城市宜居环境指数	60.92	8	57

由表 11-6 可以看出，在品牌发展资源方面，金华市在城市金融资源指数得分为 60.64，在城市聚类中排名第 5，位居全国第 56 位。表明金华市的地区生产总值、职工平均工资和外资使用情况均处于城市聚类领先地位，有较强的金融资本优势。金华市在城市人力资源指数得分为 61.52，在城市聚类中排名第 13，位居全国第 64 位。表明金华市就业失业比在城市聚类中较高，有极强的人力资本优势与潜力。金华市在城市工业资源指数得分为 70.93，在城市聚类中排名第 3，位居全国第 54 位。表明金华市规模以上工业企业数及其产出、废物综合利用率处于较高水平，具有工业资本优势。

图 11-9　金华市 2012—2016 年进出口品牌潜力指数变化趋势

在品牌发展环境方面，金华市在城市交通环境指数得分为 60.71，在城市聚类中排名第 20，位居全国第 73 位。表明金华市客运量、货运量一般。

金华市在城市文化环境指数得分为 60.14，在城市聚类中排名第 9，位居全国第 41 位。表明金华的公共图书馆总藏书量、人均藏书量比较大，文体从业人员比较多。金华市在城市宜居环境指数得分为 60.92，在同类型城市中排名第 8，位居全国第 57 位。表明金华市绿地、人均居住面积、医生数量、人口密度、垃圾无污染处理率在城市聚类中均较高，宜居性比较高。

由图 11-9 可以看出，2012—2016 年，金华市进出口品牌潜力指数及城市品牌环境指数得分在 2012—2013 年有一个突增，随后回到 2012 年值附近，在继续下降后于 2015 年开始出现缓慢增长趋势。

（4）金华市 CIBI 分析小结

金华市 CIBI 总体表现水平在全国排名一般，在发展潜力型城市中位居第一，在城市品牌潜力指数方面较有优势，但是在商品进出口价值指数的表现不佳。特别是进口品牌价值规模、增速等在近年发展的疲软态势，导致金华市价值指数一直处于平稳状态，可能被城市聚类的平均值所赶上。

结合金华市 CIBI 表现水平以及相关进出口贸易政策，该市商品进出口品牌振兴所具有的优势和劣势，以及其面临的机会与挑战主要体现在以下几个方面：金华市进出口品牌振兴的优势表现在发展潜力较大，分别体现在品牌发展环境和品牌发展资源都相当靠前，其金融和工业基础资源较为雄厚，有较大的发展潜力。而劣势表现在金华市商品进口价值指数较低，具体表现在进口品牌准备程度表现不佳，尤其是进口的规模指数和效率指数在全国排名相对靠后，表明金华市商品品牌进口对其区域经济发展的贡献水平较低。从政策与投资方向考虑未来，金华市的机会在于其深入实施经济证券化行动计划，大力发展科技金融、绿色金融、普惠金融和消费金融；合力构筑"三条廊道"。围绕建设全国性综合交通枢纽目标，共建综合交通廊道，从而提升自己的城市交通环境指数；深入实施"千人计划""双龙计划""八婺英才计划""青年创业谷计划"，推进大众创业、万众创新，积极吸引人才入驻金华。挑战方面，金华市产业核心竞争力不强，对外开放程度不够，国际贸易化水平还不够高；在更宽领域、更高层次参与全球资源要素整合的能力还不强，国际竞争力还有待进一步提升。如何在经济转型期继续保持金华市的品牌潜力指数优势并提高增速，将是其发展过程中所面对的一大难题。

11.3.2 徐州市

徐州市是江苏省地级市之一，地处江苏省西北部、华北平原东南部，长江三角洲北翼，是江苏省重要的经济、商业和对外贸易中心。

2016 年实现地区生产总值（GDP）5808 亿元，按照可比价格计算（下同），增长 8.2%；一般公共预算收入达 516 亿元，增长 6.1%。固定资产投资、社会消费品零售总额分别达 4797 亿元和 2659 亿元，增长 16.9%、18.4%。进出口、出口总额分别达 414 亿元和 348 亿元。进出口、出口、社会消费品零售总额、城乡居民收入增速均居全省首位。

（1）徐州市进出口品牌振兴指数概况

2016 年徐州市进出口品牌振兴指数得分为 60.76，在发展潜力型城市中排名第 2，位居全国第 54；进出口品牌价值指数得分为 59.76，在发展潜力型城市中排名第 18，位居全国第 74 位，进出口品牌潜力指数得分为 61.77，在发展潜力型城市中排名第 1，位居全国第 50 位。

表 11-7　徐州市 CIBI 及其一级指标的得分情况

综合指标	得分	同类排名	全国排名	一级指标	得分	同类排名	全国排名
CIBI	60.76	2	54	进出口品牌价值指数	59.76	18	74
				进出口品牌潜力指数	61.77	1	50

图 11-10　徐州市 CIBI 指数及一级指标变化趋势

由图 11-10 可以看出，2012—2016 年，徐州市 CIBI 水平以及品牌发展资源指数在 2012—2013 年小幅下降，随后回升增长，于 2014—2015 年大幅下降后快速反弹。徐州市进出口品牌环境指数，在 2012—2016 年一直稳定缓慢上升。

（2）徐州市进出口品牌价值指数分析

2016 年，徐州市的商品进口为进出口品牌价值创造的准备程度主要体现在进口价值规模指数、进口价值效率指数、进口价值贡献指数三个方面；商品出口为进出口品牌价值创造的准备程度主要体现在出口价值规模指数、出口价值效率指数、出口价值贡献指数三个方面。

表 11-8　徐州市进出口品牌价值指数分项指标表现水平

二级指标	得分	同类排名	全国排名	三级指标	得分	同类排名	全国排名
进口品牌准备指数	59.00	27	83	进口价值规模指数	58.34	24	79
				进口价值效率指数	61.03	28	86
				进口价值贡献指数	61.02	14	68
出口品牌优化指数	60.51	10	61	出口价值规模指数	59.30	12	64
				出口价值效率指数	74.97	7	29
				出口价值贡献指数	76.90	2	6

从进口品牌准备指数得分情况来看，徐州市在进口价值规模指数方面得分 58.34，同类型城市中排名第 24，位居全国第 79 位。表明徐州市低附加值商品进口额在发展潜力型城市中排名较为靠前，在全国范围内表现尚可。徐州市在进口价值效率指数方面得分 61.03，同类型城市中排名第 28，位居全国第 86 位。徐州市在进口价值贡献指数方面得分 61.02，同类型城市中排名第 14，位居全国第 68 位。在城市聚类中，徐州市进口价值贡献指数排名比较靠前，表示其低附加值产品对进口额贡献率较高，低附加值商品进口在其 GDP 中占据比较重要的地位。综合来看，徐州市在低附加值商品的进口方面在城市聚类中处于较高水平。

从出口品牌优化指数得分情况来看，徐州市在出口价值规模指数方面得分 59.30，同类型城市中排名第 12，位居全国第 64 位。表明徐州市高附加值商品出口额在城市聚类内较为靠前。徐州市在出口价值效率指数方面得分 74.97，同类型城市中排名第 7，位居全国 29 位，表明徐州市高附加值产品出口增长率十分可观，不仅在城市聚类中占据领先地位，在全国范围内也处于较高水平。徐州市在出口价值贡献指数方面得分 76.90，同类型城市中排名第 2，位居全国第 6 位。表明徐州市高附加值商品出口贡献率在同类型城市中排名极高，在全国范围内处于领先水平，表明其高附加值产品出口对 GDP 贡献非常突出。

图 11-11　徐州市 2012—2016 年进出口品牌价值指数变化趋势

由图 11-11 可以看出，2013—2014 年，徐州市城市品牌价值指数及其分项指标均小幅下降，2014—2015 年回暖，随后趋向稳定。徐州市的城市品牌价值指数原本大幅度领先于城市聚类平均值，但从 2015 年开始，领先优势越来越小，逐渐与城市平均值相当。

（3）徐州市进出口品牌潜力指数分析

2016 年，徐州市商品进出口品牌潜力的资源积累程度主要体现在徐州市金融资源指数、人力资源指数以及工业资源指数三个方面；商品进出口品牌化潜力的环境优化程度主要体现在徐州市的交通环境指数、文化环境指数以及宜居环境指数三个方面。

由表 11-9 可以看出，在品牌发展资源方面，徐州市在城市金融资源指数得分为 60.26，在城市聚类中排名第 5，位居全国第 57 位。表明徐州市的地区生产总值和外资使用情况处于城市聚类中领先地位，在全国范围内较为靠前。徐州市在城市人力资源指数得分为 61.99，在城市聚类中排名第 13，位居全国第 64 位。表明徐州市就业失业比、教育和科研从业人员、学生数量均在城市聚类中比较靠前，有一定的人力资本优势与潜力。徐州市在城市工业资源指数得分为 75.08，在城市聚类中排名第 2，位居全国第 24 位。表明徐州市规模以上工业企业数及其产出、废物综合利用率处于领先地位，具有一定的工业资本优势。

表 11-9　徐州市进出口品牌潜力指数分项指标表现水平

二级指标	得分	同类排名	全国排名	三级指标	得分	同类排名	全国排名
品牌发展资源指数	62.08	3	53	城市金融资源指数	60.26	5	57
				城市人力资源指数	61.99	13	64
				城市工业资源指数	75.08	2	24
品牌发展环境指数	61.51	2	50	城市交通环境指数	61.02	5	54
				城市文化环境指数	60.26	7	57
				城市宜居环境指数	63.23	3	46

图 11-12　徐州市 2012—2016 年进出口品牌潜力指数变化趋势

在品牌发展环境方面，徐州市在城市交通环境指数得分为 61.02，在城市聚类中排名第 5，位居全国第 54 位。表明徐州市客运量、货运量较大，人均道路较多且通信方便，在城市聚类中处于领先地位。徐州市在城市文化环境指数得分为 60.26，在城市聚类中排名第 7，位居全国第 57 位。表明徐州的公共图书馆总藏书量、人均藏书量较大，文体从业人员较多，在城市聚类中处于较为领先的地位。徐州市在城市宜居环境指数得分为 63.23，在同类型城市中排名第 3，位居全国第 46 位。表明徐州市绿地、人均居住面积、医生数量、人口密度、垃圾无污染处理率均较高，宜居性较高，在城市聚类中处于领先地位。

由图 11-12 可以看出，2012—2014 年，徐州市城市品牌潜力指数及品牌发展资源指数小幅下降后上升，在 2014—2015 年急剧下降后又快速上升，品牌环境指数稳定且变化幅度小。

（4）徐州市 CIBI 分析小结

徐州市 CIBI 整体情况表现在全国排名一般，在发展潜力型城市中处于领先地位，尤其在商品进出口品牌潜力指数上表现出较大的优势。品牌价值指数表现一般，均处于城市聚类平均水平，到 2016 年，与所在城市聚类的城市品牌价值指数均值已经相差不大。

徐州市的明显优势在于其表现优异的品牌发展资源指数和品牌发展环境指数，尤其是品牌发展环境指数，所有涵盖指标均居于城市聚类前列。2014 年经济下行压力加大，反映在指数中是 2014—2015 年徐州市城市品牌潜力指数及其分项指标均大幅下降。到了 2015—2016 年稳增长调结构取得积极成效，完成重大产业转型项目，金融、现代物流、会展、文化创意、信息、现代商贸等现代服务业加快，经济逐季回升向好，表现为进出口品牌潜力指数快速回升。

综合徐州市 CIBI 表现水平以及相关进出口贸易政策，该市商品进出口品牌振兴所具有的优势和劣势，以及其面临的机会与挑战主要体现在以下几个方面：徐州市的主要优势在于其巨大的资源潜力，尤其是金融资源、工业资源、交通环境和良好的宜居环境，使徐州市在同等城市聚类中占有很有利的优势地位；结合徐州市政府迎难而上稳增长促转型、抓创新强驱动，徐州市的品牌价值指数还有望进一步攀升。徐州市目前的劣势在于其进出口品牌价值指数表现不佳，均处于全国较为落后的地位，亟待提升。徐州市目前面临的挑战在于商品进口的规模和增长率都不具有优势，必将限制徐州市 CIBI 的进一步增长，徐州市需要尽快开始相关方面的政策引导刺激商品进出口，提高城市的进出口水平，增强自身的竞争优势。

11.3.3 鄂尔多斯市

鄂尔多斯市是内蒙古自治区下辖地级市，位于黄河几字弯河套腹地，地处内蒙古自治区西南部。鄂尔多斯经济增速连续 15 年全内蒙古第一，人均 GDP 已超过香港，鄂尔多斯不仅是内蒙古的经济强市，更是改革开放 30 多年来的 18 个典型地区之一。呼包鄂城市聚类的中心城市，被自治区政府定位为省域副中心城市之一。

2017 年，鄂尔多斯市地区生产总值 4417.9 亿元，按照可比价格计算（下同），增长 7.3%；公共财政预算收入 451 亿元，增长 3.8%；固定资产投资 3050 亿元，增长 12%；城乡常住居民人均可支配收入分别增长 7.4% 和 7.3%，达到 40221 元和 15480 元；社会消费品零售总额增长 10%；进出口贸易额增长 80%，成为自治区唯一的全国外贸百强城市。

（1）鄂尔多斯市进出口品牌振兴指数概况

2016 年鄂尔多斯市进出口品牌振兴指数得分为 60.60，在发展潜力型城市中排名第 3，位居全国第 55 位；进出口品牌价值指数得分为 60.39，在发展潜力型城市中排名第 3，位居全国第 58 位；进出口品牌潜力指数得分为 60.82，在发展潜力型城市中排名第 17，位居全国第 69 位。

表 11–10 鄂尔多斯市 CIBI 及其一级指标的得分情况

综合指标	得分	同类排名	全国排名	一级指标	得分	同类排名	全国排名
CIBI	60.60	3	55	进出口品牌价值指数	60.39	3	58
				进出口品牌潜力指数	60.82	17	69

由图 11-13 可以看出，2012—2013 年，鄂尔多斯市 CIBI 及其分项指标上升势头明显，在 2013—2014 年迅速下降后缓慢增长。但是在 2012—2016 年，CIBI 城市聚类均值始终处于上升态势，尤其在 2015—2016 年间，上升速度明显加快。因此鄂尔多斯市 CIBI 在 2015—2016 年后，在发展潜力型城市中的领先地位正在快速下降，趋向平均。

图 11-13　鄂尔多斯市 CIBI 指数及一级指标变化趋势

（2）鄂尔多斯市进出口品牌价值指数分析

2016 年，鄂尔多斯市的商品进口为进出口品牌价值创造的准备程度主要体现在进口价值规模指数、进口价值效率指数、进口价值贡献指数三个方面；商品出口为进出口品牌价值创造的准备程度主要体现在出口价值规模指数、出口价值效率指数、出口价值贡献指数三个方面。

表 11-11　鄂尔多斯市进出口品牌价值指数分项指标表现水平

二级指标	得分	同类排名	全国排名	三级指标	得分	同类排名	全国排名
进口品牌准备指数	61.43	1	40	进口价值规模指数	58.38	23	78
				进口价值效率指数	72.31	1	3
				进口价值贡献指数	62.49	1	49
出口品牌优化指数	59.34	35	92	出口价值规模指数	58.13	41	98
				出口价值效率指数	74.48	8	34
				出口价值贡献指数	72.99	26	53

从进口品牌准备指数得分情况来看，鄂尔多斯市在进口价值规模指数方面得分 58.38，同类型城市中排名第 23，位居全国第 78 位。表明鄂尔多斯市低附加值商品进口额在发展潜力型城市中排在中间位置，在全国范围内排名一般，显示出其对低附加值商品的比较大额的进口需求。鄂尔多斯市在进口价值效率指数方面得分 72.31，同类型城市中排名第 41，位居全国

第 98 位。在城市聚类中,鄂尔多斯市低附加值进口增长率排名第 8,说明其低附加值商品进口额同比增长率群内较高,在全国范围也较为靠前。鄂尔多斯市在进口价值贡献指数方面得分 62.49,同类型城市中排名第 1,位居全国第 49 位。在城市聚类中,鄂尔多斯市进口价值贡献指数排名首位,表示其低附加值产品对进口额贡献率在群内领先,低附加值商品进口在其 GDP 中占比非常高。

从出口品牌优化指数得分情况来看,鄂尔多斯市在出口价值规模指数方面得分 58.13,同类型城市中排名第 41,位居全国第 98 位。表明鄂尔多斯市高附加值商品出口额在城市聚类中处于一般靠后的位置,在全国范围内排名一般。鄂尔多斯市在出口价值效率指数方面得分 74.48,同类型城市中排名第 8,位居全国第 34 位,表明鄂尔多斯市高附加值产品出口增长率横向比较排名高。鄂尔多斯市在出口价值贡献指数方面得分 72.99,同类型城市中排名第 26,位居全国第 53 位。表明鄂尔多斯市高附加值商品出口贡献率在同类型城市中排名尚可,其高附加值产品出口对 GDP 贡献率一般。

图 11-14　鄂尔多斯市 2012—2016 年进出口品牌价值指数变化趋势

由图 11-14 可以看出,2012—2016 年,鄂尔多斯城市品牌价值指数及其分项指标波动明显,最明显的在于 2013—2014 年时全指标的下降。从图中可以看出,鄂尔多斯品牌价值指数在发展潜力型城市中地位已经下降至平均位。

（3）鄂尔多斯市进出口品牌潜力指数分析

2016 年，鄂尔多斯市商品进出口品牌潜力的资源积累程度主要体现在鄂尔多斯市金融资源指数、人力资源指数以及工业资源指数三个方面；商品进出口品牌化潜力的环境优化程度主要体现在鄂尔多斯市的交通环境指数、文化环境指数以及宜居环境指数三个方面。

表 11-12　鄂尔多斯市进出口品牌潜力指数分项指标表现水平

二级指标	得分	同类排名	全国排名	三级指标	得分	同类排名	全国排名
品牌发展资源指数	60.37	34	86	城市金融资源指数	60.65	2	53
				城市人力资源指数	59.20	61	116
				城市工业资源指数	62.84	49	102
品牌发展环境指数	61.19	4	52	城市交通环境指数	60.78	7	56
				城市文化环境指数	62.61	1	35
				城市宜居环境指数	60.38	39	94

由表 11-12 可以看出，在品牌发展资源方面，鄂尔多斯市在城市金融资源指数得分为 60.65，在城市聚类中排名第 2，位居全国第 53 位。表明鄂尔多斯市的地区生产总值、职工平均工资和外资使用情况处于城市聚类中领先地位，在全国范围内水平较为靠前。鄂尔多斯市在城市人力资源指数得分为 59.20，在城市聚类中排名第 61，位居全国第 116 位。表明鄂尔多斯市就业失业比、教育和科研从业人员、学生数量均处于城市聚类靠后位置，在全国范围内排名较低。鄂尔多斯市在城市工业资源指数得分为 62.84，在城市聚类中排名第 49，位居全国第 102 位。表明鄂尔多斯市规模以上工业企业数及其产出、废物综合利用率在城市聚类和全国均处于较为落后地位。

在品牌发展环境方面，鄂尔多斯市在城市交通环境指数得分为 60.78，在城市聚类中排名第 7，位居全国第 56 位。表明鄂尔多斯市客运量、货运量较大，人均道路较多且通信较方便，在城市聚类中处于领先地位，但是在全国范围内处于较低水平，亟待改善交通条件。鄂尔多斯市在城市文化环境指数得分为 62.61，在城市聚类中排名第 1，位居全国第 35 位。表明鄂尔多斯的公共图书馆总藏书量、人均藏书量较大，文体从业人员较多，人力资本潜力较大。鄂尔多斯市在城市宜居环境指数得分为 60.38，在同类型城市中排名第 39，位居全国第 94 位。表明鄂尔多斯市绿地、人均居住面积、医生数量、人口密度、垃圾无污染处理率一般，宜居性一般。综合考虑，鄂尔多斯对人才的吸引力较低。

图 11-15　鄂尔多斯市 2012—2016 年进出口品牌潜力指数变化趋势

由图 11-15 可以看出，2012—2016 年，鄂尔多斯市城市品牌潜力指数及品牌资源指数较为稳定，在 62 上下波动，品牌环境指数于 2012—2014 年小幅上升和下降后趋于稳定。整体看来，其品牌潜力在城市聚类中逐渐趋于平均低位。

（4）鄂尔多斯市 CIBI 分析小结

鄂尔多斯市 CIBI 指数得分较发展潜力型城市平均水平有一定的领先优势，其进出口品牌价值指数在 2015 年前一直在平均值以上波动，但随着 CIBI 指数均值的迅速增长，在 2015—2016 年已经失去领先地位。而进出口品牌潜力指数高于城市聚类均值，特别是在 2012—2013 年，鄂尔多斯在经济产业结构转型中迈出重要一步，获得了品牌发展潜力指数的飞速提升，但在 2014 年急速下降后发展态势疲软，没有能回到 2013 年的顶峰状态。

综合鄂尔多斯市 CIBI 表现水平以及相关进出口贸易政策，该市商品进出口品牌振兴所具有的优势和劣势，以及其面临的机会与挑战主要体现在以下几个方面：鄂尔多斯市的主要优势在于其进出口品牌潜力指数和价值指数发展较为平均，其中的金融资源指数较高，资本实力雄厚。城市交通设施完善，公共交通十分便利。另外，鄂尔多斯市作为一座"历史文化名城"，历史文化底蕴丰厚，城市文化环境指数高。鄂尔多斯市的劣势在于其商品出口规模指数较低，对 GDP 贡献率不高；品牌潜力指数方面，对人才的吸引力度不够，工业基础较为薄弱，工业资源指数较低，不具有明显的竞争优势。鄂尔多斯市如何充分发挥其历史名城的号召力，积极实施人才引进策略，加大产业转型力度，快速发展工业、绿色发展工业，建设具有历史文化特色的国际化大都市，实现城市进出口水平的全面提高，增强城市的进出口竞争力，是鄂尔多斯市面临的巨大挑战。

11.3.4 淄博市

淄博市位于中国华东地区、山东省中部，地处黄河三角洲高效生态经济区、山东半岛蓝色经济区两大国家战略经济区与山东省会城市聚类经济圈交汇处，南依沂蒙山区与临沂接壤，北临华北平原与东营、滨州相接，东接潍坊，西与省会济南接壤，西南与泰安、莱芜相邻。淄博市是一座资源型城市（再生型城市）和全国老工业基地，为全国首批产业转型升级示范区。淄博市设有山东省区域性股权交易市场（齐鲁股权交易中心）。淄博高新技术产业开发区属山东半岛国家自主创新示范区，淄博市张店区为国家大众创业万众创新示范基地。

2016 年实现地区生产总值（GDP）4412.01 亿元，按照可比价格计算（下同），增长 7.7%；全市外来投资 500 万元以上项目 572 个，增加 55 个；实际到位资金 738.6 亿元，增长 37.9%；合同外资 5 亿元，占全市总额的29.3%，同比提高 27.8 个百分点；固定资产投资总额 3099.8 亿元，增长了13.4%；年末常住人口 464.58 万人；全年工业增加值为 2315.5 亿元，增长7.1%；全年实现进出口总额 524.2 亿元，增长 10.5%；年末，全市常住人口468.7 万人。户籍人口总户数为 151.4 万户，人口自然增长率为 6.8‰。

（1）淄博市进出口品牌振兴指数概况

2016 年淄博市进出口品牌振兴指数得分为 60.58，在发展潜力型城市中排名第 4，位居全国第 57；进出口品牌价值指数得分为 60.13，在发展潜力型城市中排名第 6，位居全国第 62，进出口品牌潜力指数得分为 61.02，在发展潜力型城市中排名第 7，位居全国第 59。

表 11-13　淄博市 CIBI 及其一级指标的得分情况

综合指标	得分	同类排名	全国排名	一级指标	得分	同类排名	全国排名
CIBI	60.58	4	57	进出口品牌价值指数	60.13	6	62
				进出口品牌潜力指数	61.02	7	59

图 11-16　淄博市 CIBI 指数及一级指标变化趋势

由图 11-16 可以看出，2012—2016 年，淄博市 CIBI 指数与城市品牌价值指数、城市品牌潜力指数变化趋势基本一致。2012—2013 年，所有指数呈现上升趋势，但在 2014 年突然下降，随后，再次回升，在 2015—2016 年，基本保持稳定态势。淄博市 CIBI 中城市进出口品牌潜力指数与进出口品牌价值指数均显著高于全国均值，反映了淄博市商品进出口基础资源与区域环境等品牌振兴潜力的相对水平较高，有较大的进出口品牌振兴潜力。

（2）淄博市进出口品牌价值指数分析

2016 年，淄博市的商品进口为进出口品牌价值创造的准备程度主要体现在进口价值规模指数、进口价值效率指数、进口价值贡献指数三个方面；商品出口为进出口品牌价值创造的准备程度主要体现在出口价值规模指数、出口价值效率指数、出口价值贡献指数三个方面。

表 11-14 淄博市进出口品牌价值指数分项指标表现水平

二级指标	得分	同类排名	全国排名	三级指标	得分	同类排名	全国排名
进口品牌准备指数	59.67	4	60	进口价值规模指数	59.06	4	59
				进口价值效率指数	61.61	12	69
				进口价值贡献指数	61.06	4	58
出口品牌优化指数	60.59	6	59	出口价值规模指数	59.78	8	59
				出口价值效率指数	70.52	47	166
				出口价值贡献指数	69.89	67	179

从进口品牌准备指数得分情况来看，淄博市在进口价值规模指数方面得分 59.06，同类型城市中排名第 4，位居全国第 59 位。表明淄博市低附加值商品进口额在发展潜力型城市中极为靠前，但在全国范围内处于中游，显示出其对低附加值商品的进口需求在发展潜力型城市里较为旺盛，但在全国范围内相比而言仍有待提高。淄博市在进口价值效率指数方面得分 61.61，同类型城市中排名第 12，位居全国第 69 位。在城市聚类中，淄博市低附加值进口增长率排名位于中上游，在全国范围内排名居中，说明其低附加值商品进口额同比增长率较为平缓。淄博市在进口价值贡献指数方面得分 61.06，同类型城市中排名第 4，位居全国第 58 位。在城市聚类中，淄博市进口价值贡献指数排名较靠前，全国范围内排名居中，表示其低附加值产品对进口额贡献率较高，表明其主要进口产品中低附加值产品的占比较大。

从出口品牌优化指数得分情况来看，淄博市在出口价值规模指数方面得分 59.78，同类型城市中排名第 8，位居全国第 59 位。表明淄博市高附加值商品出口额在区域范围内处于上游，出口高附加值商品规模较大。淄博市在出口价值效率指数方面得分 70.52，同类型城市中排名第 47，位居全国第 166 位。表明淄博市高附加值产品出口增长率较低，出口价值效率较低。淄博市在出口价值贡献指数方面得分 69.89，同类型城市中排名第 67，位居全国第 179 位。表明淄博市高附加值商品出口贡献率在同类型城市中排名极为靠后，全国排名也极为靠后。从总体得分来看，淄博市在进口价值规模指数、进口价值贡献指数和出口价值规模指数在全国处于中上游，表明该城市进出口品牌价值的发展规模相对水平较高。其中出口价值效率指数和出口价值贡献指数得分较低，均位于在全国排名 160 名之后，表明该城市出口品牌价值的效率和贡献程度相对水平较低。

图 11-17　淄博市 2012—2016 年进出口品牌价值指数变化趋势

由图 11-17 可以看出，淄博市城市品牌价值指数、出口品牌优化指数及出口品牌准备指数得分在 2012—2013 年均呈现大幅上升趋势，在 2013—2014 年均出现突降现象，2014 年后，均开始缓慢回升，2015 后基本保持平稳态势。随着发展潜力型城市城市品牌价值指数均值的上升，淄博市在进出口品牌价值指数方面的领先地位逐渐削弱。

（3）淄博市进出口品牌潜力指数分析

2016 年，淄博市商品进出口品牌潜力的资源积累程度主要体现在淄博市金融资源指数、人力资源指数以及工业资源指数三个方面；商品进出口品牌化潜力的环境优化程度主要体现在淄博市的交通环境指数、文化环境指数以及宜居环境指数三个方面。

由表 11-15 可以看出，在品牌发展资源方面，淄博市在城市金融资源指数得分为 59.67，在城市聚类中排名第 15，排名处于中游位置，但在全国范围内，仅排第 67 位。表明淄博市的地区生产总值、职工平均工资和外资使用情况处于城市聚类的中上游地位，但在全国范围内，其金融资本优势不是很突出。淄博市在城市人力资源指数得分为 61.48，在城市聚类中排名第 21，位居全国第 74 位，处于靠后位置。表明淄博市失业率比较高，且教育和科研从业人员、学生数量较少，人力资本是其一大软肋。淄博市在城市工业资源指数得分为 73.92，在城市聚类中排名第 4，位居全国第 29 位。表明淄博市规模以上工业企业数及其产出、废物综合利用率处于领先地位，具有工业资本优势。

表 11-15　淄博市进出口品牌潜力指数分项指标表现水平

二级指标	得分	同类排名	全国排名	三级指标	得分	同类排名	全国排名
品牌发展资源指数	61.47	11	63	城市金融资源指数	59.67	15	67
				城市人力资源指数	61.48	21	74
				城市工业资源指数	73.92	4	29
品牌发展环境指数	60.64	12	63	城市交通环境指数	59.42	35	89
				城市文化环境指数	59.76	14	65
				城市宜居环境指数	62.91	4	49

在品牌发展环境方面，淄博市在城市交通环境指数得分为 59.42，在同类型城市中排名第 35，全国排名第 89。表明淄博市客运量、货运量较少，人均道路相对较少，在城市聚类内表现一般，在全国排名靠后。淄博市在城市文化环境指数得分为 59.76，在城市聚类中排名第 14，位居全国第 65 位。表明淄博的公共图书馆总藏书量、人均藏书量均排中等水平，文体从业人员的数量也处于中间水平。淄博市在城市宜居环境指数得分为 62.91，在同类型城市中排名第 4，排名极为靠前，位居全国第 49 位，在全国范围内排名位于中上游。表明淄博市绿地、人均居住面积、医生数量、人口密度、垃圾无污染处理率均较高，宜居性相对较高。

由图 11-18 可以看出，2012—2016 年，淄博市城市品牌潜力指数、品牌发展环境指数及品牌发展资源指数得分在 2012—2013 年均出现大幅度的增长，但在 2013—2014 年又出现大幅度的下降。2014—2015 年，淄博市城市品牌潜力指数和品牌发展环境指数继续走下坡，品牌发展资源指数开始出现回升。2015 年后，淄博市城市品牌潜力指数、品牌发展环境指数及品牌发展资源指数均呈现上升趋势。

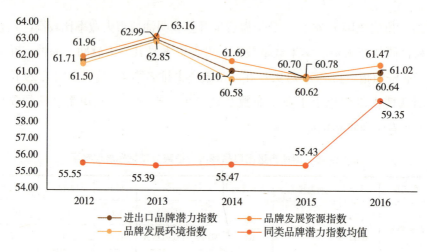

图 11-18　淄博市 2012—2016 年进出口品牌潜力指数变化趋势

（4）淄博市小结

淄博市 CIBI 总体表现水平在全国处于中等位置，在发展潜力型城市中位居第四，相比较而言，城市品牌价值指数与进出口潜力指数各有一定的优势。

结合淄博市 CIBI 表现水平以及相关进出口贸易政策，该市商品进出口品牌振兴所具有的优势和劣势，以及其面临的机会与挑战主要体现在以下几个方面：淄博市进出口品牌振兴的优势表现在淄博市商品进出口价值指数与进出口品牌潜力指数均位列发展潜力型城市的前 10，全国城市聚类的前 62 名中，进出口价值指数的优势具体表现在出口品牌优化程度和进口品牌准备程度表现较好，其中，进口价值规模指数、进口价值贡献指数与出口价值规模指数与排名相对靠前，在全国范围内位于中上游层次，但出口价值贡献指数和出口价值效率指数在全国的排名比较靠后，这也是淄博市进出口品牌振兴的劣势所在。另一大优势进出口潜力指数的优势具体表现在品牌发展资源指数与品牌发展环境指数表现良好，其中，城市工业资源指数和城市宜居环境指数排名都较为靠前，但城市人力资源指数和城市交通环境指数排名较靠后，也是淄博市有待改善的不足之处。从政策与投资方向考虑未来，淄博市的机会在于其加快金融中心建设，深入实施经济证券化行动计划，大力发展科技金融、绿色金融、普惠金融和消费金融；

着力加强城市文化建设，促进交通环境的良好发展，着力构建立体交通体系，加快建设综合交通枢纽，不断坚持的交通业建设为淄博市的发展提供便捷；加大优秀科技人才引进培养力度，支持高校院所科技人才兼职或离岗转化研发成果，弥补人才资源的不足；挑战方面，淄博市产业核心竞争力不强，新旧动能转换、转型发展的任务还很重；在更宽领域、更高层次参与全球资源要素整合的能力还不强，国际竞争力还有待进一步提升。如何在经济转型期继续保持淄博市的品牌价值指数与品牌潜力指数的优势并向更高水平发展将是一个巨大的挑战。

11.3.5 泰州市

泰州市是中国历史文化名城，地处长江下游北岸、长江三角洲北翼，是江苏长江经济带重要组成部分，是上海都市圈的中心城市之一。同时泰州也是全国文明城市、国家环保模范城市、国家园林城市、中国优秀旅游城市、全国科技进步先进市。第一批国家农业可持续发展试验示范区。2016 年中国地级市全面小康指数排名第 42。

2016 年实现地区生产总值（GDP）4101.78 亿元，按照可比价格计算（下同），增长 9.5%；固定资产投资总额 3164.12 亿元，增长了 17.4%；年末常住人口 464.58 万人；全年工业增加值为 1402.13 亿元，增长 10.0%；全年商品进出口总值 103.81 亿美元，增长 1.50%，其中出口 66.74 亿美元，增长 4.70%，进口 37.07 亿美元，增长 –3.8%；居民消费价格指数为 102.1%。

（1）泰州市进出口品牌振兴指数概况

2016 年泰州市进出口品牌振兴指数得分为 60.57，在发展潜力型城市中排名第五，位居全国第 58；进出口品牌价值指数得分为 60.32，在发展潜力型城市中排名第 4，位居全国第 59；进出口品牌潜力指数得分 60.82，在发展潜力型城市中排名第 16，位居全国第 68。

表 11-16　泰州市 CIBI 及其一级指标的得分情况

综合指标	得分	同类排名	全国排名	一级指标	得分	同类排名	全国排名
CIBI	60.57	5	58	进出口品牌价值指数	60.32	4	59
				进出口品牌潜力指数	60.82	16	68

图 11-19　泰州市 CIBI 指数及一级指标变化趋势

由图 11-19 可以看出，2012—2016 年，泰州市 CIBI 水平基本保持稳定态势。泰州市进出口价值潜力指数在 2014 年有小幅的下降趋势，随后，再次回升，并趋于稳定。与此同时，泰州市进出口品牌潜力指数长期趋于平稳。泰州市 CIBI 中城市进出口品牌潜力指数与进出口品牌价值指数均显著高于全国均值，反映了泰州市商品进出口基础资源与区域环境等品牌振兴潜力的相对水平较高，有较大的进出口品牌振兴潜力。

（2）泰州市进出口品牌价值指数分析

2016 年，泰州市的商品进口为进出口品牌价值创造的准备程度主要体现在进口价值规模指数、进口价值效率指数、进口价值贡献指数三个方面；商品出口为进出口品牌价值创造的准备程度主要体现在出口价值规模指数、出口价值效率指数、出口价值贡献指数三个方面。

表 11-17　泰州市进出口品牌价值指数分项指标表现水平

二级指标	得分	同类排名	全国排名	三级指标	得分	同类排名	全国排名
进口品牌准备指数	59.76	3	59	进口价值规模指数	59.35	2	57
				进口价值效率指数	61.06	26	84
				进口价值贡献指数	60.78	38	95
出口品牌优化指数	60.89	6	57	出口价值规模指数	59.94	7	58
				出口价值效率指数	72.31	17	92
				出口价值贡献指数	73.02	6	30

从进口品牌准备指数得分情况来看，泰州市在进口价值规模指数方面得分 59.35，同类型城市中排名第 2，位居全国第 57 位。表明泰州市低附加值商品进口额在发展潜力型城市中极为靠前，但在全国范围内处于中游，显示出其对低附加值商品的进口需求在发展潜力型城市里较为旺盛，但在全国范围内相比而言，其需求不是很旺盛。泰州市在进口价值效率指数方面得分 61.06，同类型城市中排名第 26，位居全国第 84 位。在城市聚类中，泰州市低附加值进口增长率排名靠后，在全国范围内排名居中，说明其低附加值商品进口额同比增长率较为平缓。泰州市在进口价值贡献指数方面得分 60.78，同类型城市中排名第 38，位居全国第 95 位。在城市聚类中，泰州市进口价值贡献指数排名靠后，表示其低附加值产品对进口额贡献率低，表明其主要进口产品并非低附加值产品。

从出口品牌优化指数得分情况来看，泰州市在出口价值规模指数方面得分 59.94，同类型城市中排名第 7，位居全国第 58 位。表明泰州市高附加值商品出口额在区域范围内处于上游，出口高附加值商品规模较大。泰州市在出口价值效率指数方面得分 72.31，同类型城市中排名第 17，位居全国第 92 位。表明泰州市高附加值产品出口增长率较一般，出口价值效率较低。泰州市在出口价值贡献指数方面得分 73.02，同类型城市中排名第 6，位居全国第 30 位。表明泰州市高附加值商品出口贡献率在同类型城市中排名靠前，全国排名处于上游位置。从总体得分来看，泰州市在进口价值规模指数、出口价值规模指数和出口价值贡献指数在全国处于中上游，表明该城市进出口品牌价值的发展规模相对水平较高。其中进口价值贡献指数得分较低，在全国排名 95 名，表明该城市进口品牌价值的贡献程度相对水平较低。

由图 11-20 可以看出，泰州市城市品牌价值指数及出口品牌优化指数得分在 2013—2014 年有小幅度的下降，在 2014—2015 年有较为明显的上升，但在 2015 年之后微微下降至稳定水平。在 2014—2015 年，泰州市所在发展潜力型城市的品牌价值指数有较大的提高。随着发展潜力型城市城市品牌价值指数均值的上升，泰州市在进出口品牌价值指数方面的领先地位逐渐削弱。另外，泰州市在整个发展过程中表现出出口品牌优化指数大于进口品牌准备指数，但在 2013—2014 年，进口品牌准备指数超越了出口品牌优化指数。总体而言，泰州市的出口水平为其品牌价值的优化水平高于其出口为其品牌价值的准备水平。

图 11-20　泰州市 2012—2016 年进出口品牌价值指数变化趋势

（3）泰州市进出口品牌潜力指数分析

2016 年，泰州市商品进出口品牌潜力的资源积累程度主要体现在泰州市金融资源指数、人力资源指数以及工业资源指数三个方面；商品进出口品牌化潜力的环境优化程度主要体现在泰州市的交通环境指数、文化环境指数以及宜居环境指数三个方面。

表 11-18　泰州市进出口品牌潜力指数分项指标表现水平

二级指标	得分	同类排名	全国排名	三级指标	得分	同类排名	全国排名
品牌发展资源指数	61.50	10	62.	城市金融资源指数	60.04	9	61
				城市人力资源指数	60.80	33	86
				城市工业资源指数	74.18	3	28
品牌发展环境指数	60.24	24	76	城市交通环境指数	59.93	18	71
				城市文化环境指数	59.44	23	74
				城市宜居环境指数	61.36	19	70

由表 11-18 可以看出，在品牌发展资源方面，泰州市在城市金融资源指数得分为 60.04，在城市聚类中排名第 9，排名较为靠前，但在全国范围

内，仅排第 61 位，表明泰州市的地区生产总值、职工平均工资和外资使用情况处于城市聚类的上游地位，但在全国范围内，其金融资本优势不是很突出。泰州市在城市人力资源指数得分为 60.80，在城市聚类中排名第 33，位居全国第 86 位，处于靠后位置。表明泰州市失业率比较高，且教育和科研从业人员、学生数量较少，人力资本是其一大软肋。泰州市在城市工业资源指数得分为 74.18，在城市聚类中排名第 3，位居全国第 28 位。表明泰州市规模以上工业企业数及其产出、废物综合利用率处于领先地位，具有工业资本优势。

在品牌发展环境方面，泰州市在城市交通环境指数得分为 59.93，在同类型城市中排名第 18，全国排名第 71。表明泰州市客运量、货运量较少，人均道路相对较少，在城市聚类内表现一般，在全国排名靠后。泰州市在城市文化环境指数得分为 59.44，在城市聚类中排名第 23，位居全国第 74 位。表明泰州市的公共图书馆总藏书量、人均藏书量都相对较少，文体从业人员也相对较少。泰州市在城市宜居环境指数得分为 61.36，在同类型城市中排名第 19，排名处于中游位置，位居全国第 70 位，在全国范围内排名较靠后。表明泰州市绿地、人均居住面积、医生数量、人口密度、垃圾无污染处理率均较低，宜居性相对较低。

图 11-21　泰州市 2012—2016 年进出口品牌潜力指数变化趋势

由图 11-21 可以看出，2012—2016 年，泰州市城市品牌潜力指数、品牌发展环境指数及品牌发展资源指数得分在 2012—2013 年出现下降趋势，并在 2014 年后开始回升。城市品牌潜力指数与品牌发展资源指数在 2014—2015 年再次大幅下降，但与此同时，品牌发展环境指数呈现上升趋势。2015 年后，所有指数均呈上升态势，城市品牌潜力指数与品牌发展资源指数更是大幅突增。2016 年城市品牌潜力指数均值也出现突增，反映出泰州市的品牌潜力优势在减弱。

（4）泰州市 CIBI 分析小结

泰州市 CIBI 总体表现水平在全国处于中等位置，在发展潜力型城市中位居第 5，相比较而言，城市品牌价值指数略有优势，但是在商品进出口潜力指数的表现优势不明显。

结合泰州市 CIBI 表现水平以及相关进出口贸易政策，以及该市商品进出口品牌振兴所具有的优势和劣势，其面临的机会与挑战主要体现在以下几个方面：泰州市进出口品牌振兴的优势表现在泰州市商品进出口价值指数相对较高，具体表现在出口品牌优化程度和进口品牌准备程度表现较好，其中，进口价值规模指数、出口价值规模指数排名相对靠前，在全国范围内位于中上游层次，但进口价值贡献指数和出口价值效率指数在全国的排名比较靠后，这也是泰州市进出口品牌振兴的劣势所在。另一大劣势体现在泰州市进出口品牌潜力指数排名较为靠后，品牌发展资源指数与品牌发展环境指数在全国的排名分别是第 62 名和第 76 名，但品牌发展资源指数中的城市工业资源指数在全国排第 28 名，位于全国中上游位置，是泰州市进出口品牌振兴的一个优势。从政策与投资方向考虑未来，泰州市的机会在于其加快金融中心建设，深入实施经济证券化行动计划，大力发展科技金融、绿色金融、普惠金融和消费金融；着力加强城市文化建设，加大优秀科技人才引进培养力度，支持高校院所科技人才兼职或离岗转化研发成果，弥补人才资源的不足；着力构建立体交通体系，加快建设综合交通枢纽，不断坚持的交通业建设为泰州市的发展提供便捷。挑战方面，泰州市产业核心竞争力不强，新旧动能转换、转型发展的任务还很重；在更宽领域、更高层次参与全球资源要素整合的能力还不强，国际竞争力还有待进一步提升。如何在经济转型期继续保持泰州市的品牌价值指数优势并向更高水平发展，将是其未来面临的巨大挑战。

11.4 本章小结

本章主要对进出口品牌发展潜力型城市的 CIBI 水平进行解读，该城市聚类所含城市 76 个，且城市 CIBI 水平全国排名为 52~172 名不等，说明该城市聚类 CIBI 表现水平在全国处于相对靠后的位置，仅领先于蓄势准备型城市。在进出口品牌价值指数、潜力指数两个方面处在全国平均水平上下，但从潜力指数方面可看出大多数城市据有较为明显的发展潜力。

从进出口品牌价值角度来看，该城市聚类进出口品牌价值指数得分处在全国平均水平上下，反映出该城市聚类进出口商品附加价值高低等品牌振兴表现的相对水平较为一般。在进口品牌准备指数和出口品牌优化指数方面表现都较为中肯，缺乏一定的亮点和优势。

从进出口品牌潜力角度来看，该城市聚类进出口品牌潜力指数得分略高于全国平均水平，反映出该城市聚类商品进出口基础资源与区域环境等品牌振兴潜力的相对水平相对其价值指数较高。在品牌发展资源指数和品牌发展环境指数方面都已经有了一定的基础性发展。

最后从该城市聚类中选取前五名城市作为主要城市进行城市层面的 CIBI 水平解读，同类型城市中排名前五的城市有金华市、徐州市、鄂尔多斯市、淄博市及泰州市。分别从 CIBI 总体表现水平、各分项指标表现水平、该城市商品进出口品牌振兴所具有的优劣势以及面临的机会和挑战来对各城市进行分析。其中，金华市、徐州市在进出口品牌潜力指数上表现出相对优势，泰州市在进出口品牌价值指数上表现出相对优势，鄂尔多斯市、淄博市均在进出口品牌价值和潜力两个方面表现出同样的优势水平。各个城市应该认识到自己在发展进出口贸易的优势和劣势，并抓住机会，争取利用潜力方面基础发展优势带动城市自身进出口品牌的发展。

第十二章　进出口品牌蓄势准备型城市 CIBI 分析

本章主要介绍进出口品牌蓄势准备型城市的基本特征，并对其 CIBI 表现展开详细解读。首先从整体上对该城市聚类的 CIBI 表现加以报告，对该城市聚类的 CIBI 表现进行指标矩阵分析、区域结构分析，以及发展时序分析。其次分析该城市聚类 CIBI 的分项指标和排名情况，包括进出口品牌价值指数分析和进出口品牌潜力指数分析。最后从该城市聚类中选取五个具有代表性的城市作为重点分析对象，分别从 CIBI 的各个分项指标对城市的商品进出口品牌振兴水平展开分析。

12.1 蓄势准备型城市 CIBI 总体概况

本节从整体上分析该城市聚类的 CIBI 表现水平，分别从指标矩阵分析、区域结构分析及发展时序分析三个方面来进行报告，并对该城市聚类的 CIBI 表现特征及在全国所处的地位进行解读。

12.1.1 指标矩阵分析

本部分主要是对进出口品牌蓄势准备型城市在全国地位的分析，并从进出口品牌价值指数与潜力指数两个维度对该城市聚类的 CIBI 表现进行概述。

进出口品牌蓄势准备型城市 CIBI 总体得分为 54.70。由图 12-1 可知，该城市聚类的 CIBI 表现水平在全国处于相对较低的位置，该城市聚类的大部分城市在进出口品牌价值指数、潜力指数两个方面均低于全国平均水平。全国约一半的城市均属于这一城市聚类。进出口品牌蓄势准备型城市的品牌价值指数总体得分为 54.75，略低于全国整体水平的 57.88，表明该城市聚类进出口的规模较小、效率较低，经济发展中还存在较大的提升空间。该城市聚类的品牌潜力指数为 54.64，与全国平均的 58.29 有一定差距，表明在进出口品牌化的资源和环境方面发展一般，进出口品牌振兴的潜力不足。

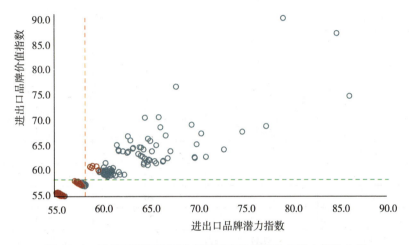

图 12-1　进出口品牌蓄势准备型城市价值指数与潜力指数分析

12.1.2 区域结构分析

本部分主要是对进出口品牌蓄势准备型城市进行区域结构分析，重点分析该城市聚类中所包含城市的基本特征以及城市的 CIBI 表现水平。

表 12-1　进出口品牌蓄势准备型城市 CIBI 表现

城市	CIBI 得分	同类型城市中排名	全国排名
日照市	60.16	1	72
松原市	60.01	2	76
铜陵市	59.89	3	87
防城港市	59.77	4	93
鹰潭市	59.76	5	94
龙岩市	57.69	6	110

续表

城市	CIBI 得分	同类型城市中排名	全国排名
丽水市	57.67	7	113
吉安市	57.61	8	122
荆州市	57.59	9	124
衢州市	57.57	10	128
营口市	57.57	11	129
邵阳市	57.56	12	132
盘锦市	57.56	13	133
郴州市	57.53	14	138
安庆市	57.53	15	139
河源市	57.53	16	140
三门峡市	57.52	17	142
新余市	57.51	18	143
宁德市	57.50	19	144
眉山市	57.50	20	145
宜春市	57.50	21	147
茂名市	57.49	22	149
韶关市	57.49	23	150
衡水市	55.55	24	151
黄石市	55.53	25	152
北海市	55.52	26	153
玉溪市	55.52	27	154
黄冈市	55.52	28	155
安阳市	55.52	29	156
清远市	55.51	30	158
南充市	55.51	31	159
泸州市	55.51	32	160
枣庄市	55.51	33	161
鞍山市	55.51	34	162
淮南市	55.50	35	163
潮州市	55.50	36	164

续表

城市	CIBI 得分	同类型城市中排名	全国排名
商丘市	55.50	37	165
运城市	55.50	38	166
本溪市	55.48	39	167
呼伦贝尔市	55.47	40	168
承德市	55.46	41	169
赤峰市	55.46	42	170
怀化市	55.45	43	171
孝感市	55.45	44	173
渭南市	55.43	45	174
平顶山市	55.43	46	175
德阳市	55.42	47	176
海东地区	55.42	48	177
丹东市	55.41	49	178
锦州市	55.41	50	179
宜宾市	55.41	51	180
永州市	55.40	52	181
抚州市	55.39	53	182
曲靖市	55.39	54	183
张家口市	55.38	55	184
宣城市	55.37	56	185
亳州市	55.37	57	186
莱芜市	55.37	58	187
十堰市	55.37	59	188
益阳市	55.37	60	189
梅州市	55.37	61	190
六安市	55.36	62	191
萍乡市	55.36	63	192
汉中市	55.35	64	193
通辽市	55.34	65	194
长治市	55.33	66	195

城市	CIBI 得分	同类型城市中排名	全国排名
濮阳市	55.33	67	196
齐齐哈尔市	55.32	68	197
荆门市	55.32	69	198
漯河市	55.32	70	199
咸宁市	55.32	71	200
南平市	53.38	72	201
娄底市	53.37	73	202
淮北市	53.36	74	203
金昌市	53.36	75	204
临汾市	53.36	76	205
乐山市	53.35	77	206
黄山市	53.35	78	207
钦州市	53.34	79	208
鹤壁市	53.33	80	209
大同市	53.33	81	210
云浮市	53.32	82	211
百色市	53.32	83	212
自贡市	53.31	84	213
遂宁市	53.31	85	214
嘉峪关市	53.30	86	215
汕尾市	53.30	87	216
鄂州市	53.30	88	217
玉林市	53.30	89	218
中卫市	53.30	90	219
阳江市	53.30	91	220
攀枝花市	53.30	92	221
抚顺市	53.29	93	222
石嘴山市	53.29	94	223
内江市	53.28	95	224
毕节市	53.28	96	225

城市	CIBI 得分	同类型城市中排名	全国排名
景德镇市	53.26	97	226
天水市	53.25	98	227
巴彦淖尔市	53.25	99	228
朔州市	53.25	100	229
四平市	53.24	101	230
六盘水市	53.23	102	231
池州市	53.23	103	232
佳木斯市	53.23	104	233
晋城市	53.22	105	234
通化市	53.22	106	235
随州市	53.21	107	236
吕梁市	53.21	108	237
乌兰察布市	53.20	109	238
贵港市	53.20	110	239
辽阳市	53.20	111	240
忻州市	53.20	112	241
牡丹江市	53.18	113	242
梧州市	53.18	114	243
资阳市	53.17	115	244
朝阳市	53.17	116	245
白城市	53.17	117	246
绥化市	53.16	118	247
安顺市	53.15	119	248
来宾市	53.15	120	249
广元市	53.15	121	250
白山市	53.14	122	251
普洱市	53.14	123	252
辽源市	53.13	124	253
阜新市	53.13	125	254
河池市	53.12	126	255

城市	CIBI 得分	同类型城市中排名	全国排名
雅安市	53.11	127	256
铁岭市	53.10	128	257
临沧市	53.09	129	258
张家界市	53.08	130	259
酒泉市	53.08	131	260
阳泉市	53.08	132	261
白银市	53.08	133	262
吴忠市	53.06	134	263
崇左市	53.05	135	264
保山市	53.03	136	265
葫芦岛市	53.02	137	266
商洛市	53.01	138	267
贺州市	52.99	139	268
定西市	52.98	140	269
鸡西市	52.92	141	270
双鸭山市	52.89	142	271
伊春市	52.88	143	272
鹤岗市	52.80	144	273
黑河市	52.78	145	274

由表 12-1 可以看出,进出口品牌蓄势准备型城市包括日照市、松原市、铜陵市等 145 个城市,分布于全国各省,相对集中在中西部省份。

从同类型城市中排名前五的城市来看,日照市所属省份为山东省,CIBI 得分为 60.16,在同类型城市中排名第 1,全国排名第 72;松原市所属省份为吉林省,CIBI 得分为 60.01,在同类型城市中排名第 2,全国排名第 76;铜陵市所属省份为安徽省,CIBI 得分为 59.89,在同类型城市中排名第 3,全国排名第 87;防城港市所属省份为广西壮族自治区,CIBI 得分为 59.77,在同类型城市中排名第 4,全国排名第 93;鹰潭市所属省份为江西省,CIBI 得分为 59.76,在同类型城市中排名第 5,全国排名第 94。

12.1.3 发展时序分析

本部分主要对进出口品牌蓄势准备型城市 2012—2016 年的 CIBI 表现水平以及该城市聚类 CIBI 得分逐年增长率进行分析。

图 12-2 进出口品牌蓄势准备型城市 CIBI 均值及历年变化趋势

由图 12-2 可以看出，进出口品牌蓄势准备型城市的 CIBI 平均表现水平在 2012—2015 年较为稳定。2014 年，城市聚类的 CIBI 得分均值出现了下滑，下滑幅度为 0.36%；2015 年，城市聚类的 CIBI 得分均值略有回升，在 2016 年有了进一步增长。总体上来看，该城市聚类 CIBI 得分均值呈现出逐年增长的趋势，虽然增长幅度有限，但表现出该城市聚类城市进出口品牌振兴平均水平在小幅度提升。

12.2 CIBI 分项指标得分与排名

本节主要从 CIBI 分项指标的得分及排名来对进出口品牌蓄势准备型城市总体特征进行分析，分项指标有商品进出口品牌振兴价值指数和商品进出口品牌振兴潜力指数。其中，商品进出口品牌振兴价值水平主要从出口优化指数和进口准备指数两个方面进行分析；商品进出口品牌振兴潜力主要从资源指数和环境指数两个方面进行分析。

12.1.1 进出口品牌价值指数分析

本部分主要是从进出口品牌价值表现层面对进出口品牌蓄势准备型城市进行矩阵分析、区域分析以及时序分析。

（1）价值指数的矩阵分析

本部分主要分析进出口品牌蓄势准备型城市在进出口品牌价值层面分项指标上的整体得分情况，其中分项指标包括进口品牌准备指数和出口品牌优化指数。

进出口品牌蓄势准备型城市的平均进出口品牌价值指数得分为 54.75，较全国平均水平的 57.88 分有一定差距。由图 12-3 所得，该城市聚类的进口品牌准备指数得分与出口品牌优化指数得分大部分处于全国平均水平附近或低于平均水平，少量城市的进口品牌准备指数得分超过全国平均水平，赶上发展潜力型城市，个别城市的出口品牌优化指数略高于全国平均水平。反映出该城市聚类中城市进口水平为其进出口品牌价值创造的准备程度相对较低，在进口价值规模、进口价值效率和进口价值贡献等方面都有较大的提升空间，且该城市聚类中城市出口水平为其进出口品牌价值优化的实现程度也相对不足。总体来说，进出口品牌蓄势准备型城市在进出口品牌价值层面上发展程度较低，在全国城市商品进出口品牌价值发展水平上处于相对落后地位。

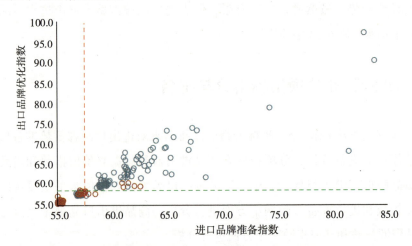

图 12-3　进口品牌准备指数 – 出口品牌优化指数二维分析矩阵

（2）价值指数的区域分析

本部分主要从进出口品牌蓄势准备型城市的区域结构层次上对其进出口价值水平进行分析。

表 12-2　进出口品牌蓄势准备型城市进出口品牌价值指数分项指标得分情况

城市	进口品牌准备指数	同类型城市中排名	全国排名	出口品牌优化指数	同类型城市中排名	全国排名
日照市	61.50	3	37	60.29	2	65
松原市	62.61	1	28	59.40	4	90
铜陵市	61.04	4	53	59.27	5	96
防城港市	62.07	2	33	59.52	3	88
鹰潭市	60.91	5	55	60.30	1	63
龙岩市	57.57	8	104	58.25	8	103
丽水市	57.04	21	129	58.50	6	101
吉安市	57.05	20	128	57.98	11	108
荆州市	57.35	13	110	57.62	17	119
衢州市	57.44	11	107	58.02	10	106
营口市	57.50	10	106	58.24	9	104
邵阳市	57.07	18	124	57.83	13	112
盘锦市	58.46	6	101	57.56	19	124
郴州市	57.15	16	116	57.54	20	126
安庆市	57.06	19	126	57.44	23	133
河源市	57.22	15	114	58.26	7	102
三门峡市	57.84	7	102	57.61	18	121
新余市	57.42	12	108	57.74	14	114
宁德市	57.52	9	105	57.85	12	110
眉山市	56.85	23	146	57.49	21	129
宜春市	57.11	17	120	57.68	16	118
茂名市	56.94	22	139	57.47	22	132
韶关市	57.34	14	111	57.73	15	115
衡水市	54.57	71	200	56.75	25	152
黄石市	55.43	30	157	55.55	46	173

城市	进口品牌准备指数	同类型城市中排名	全国排名	出口品牌优化指数	同类型城市中排名	全国排名
北海市	55.47	25	152	56.01	28	155
玉溪市	54.91	64	192	55.67	35	162
黄冈市	55.18	38	165	55.34	58	185
安阳市	55.09	46	173	55.27	65	192
清远市	55.51	24	151	55.93	29	156
南充市	54.85	67	195	55.25	67	194
泸州市	55.06	49	176	55.53	47	174
枣庄市	54.98	59	186	55.44	53	180
鞍山市	55.40	31	158	55.40	54	181
淮南市	54.97	61	188	55.62	38	165
潮州市	55.19	36	163	56.23	26	153
商丘市	54.89	65	193	55.17	70	197
运城市	55.25	34	161	55.47	51	178
本溪市	55.34	32	159	55.87	31	158
呼伦贝尔市	55.13	43	170	56.04	27	154
承德市	55.44	28	155	55.56	45	172
赤峰市	55.08	47	174	55.63	37	164
怀化市	55.02	53	180	55.70	33	160
孝感市	55.07	48	175	55.60	41	168
渭南市	54.74	70	199	55.51	48	175
平顶山市	54.92	63	191	55.32	60	187
德阳市	55.01	55	182	55.34	57	184
海东地区	55.01	54	181	56.99	24	151
丹东市	55.44	27	154	55.89	30	157
锦州市	55.32	33	160	55.26	66	193
宜宾市	55.18	37	164	55.50	49	176
永州市	54.99	57	184	55.48	50	177
抚州市	55.03	50	177	55.66	36	163
曲靖市	54.76	69	198	55.56	43	170

续表

城市	进口品牌准备指数	同类型城市中排名	全国排名	出口品牌优化指数	同类型城市中排名	全国排名
张家口市	54.97	60	187	55.27	64	191
宣城市	55.16	40	167	55.61	40	167
亳州市	55.15	42	169	55.34	56	183
莱芜市	55.45	26	153	55.61	39	166
十堰市	54.92	62	190	55.32	61	188
益阳市	55.22	35	162	55.29	63	190
梅州市	55.10	45	172	55.67	34	161
六安市	54.80	68	196	55.31	62	189
萍乡市	55.12	44	171	55.76	32	159
汉中市	55.16	39	166	55.46	52	179
通辽市	55.16	41	168	55.58	42	169
长治市	54.89	66	194	55.33	59	186
濮阳市	55.02	52	179	55.17	71	198
齐齐哈尔市	54.99	58	185	55.23	68	195
荆门市	55.02	51	178	55.56	44	171
漯河市	55.00	56	183	55.36	55	182
咸宁市	55.44	29	156	55.20	69	196
南平市	52.95	125	254	53.69	89	218
娄底市	53.24	85	214	53.55	100	229
淮北市	53.17	91	220	53.42	116	245
金昌市	54.21	72	201	53.79	77	206
临汾市	52.93	128	257	53.41	118	247
乐山市	52.92	132	261	53.69	90	219
黄山市	53.14	95	224	53.53	102	231
钦州市	54.08	73	202	52.68	144	273
鹤壁市	53.12	96	225	53.55	98	227
大同市	52.93	127	256	53.59	94	223
云浮市	53.18	90	219	53.85	74	203
百色市	53.12	99	228	53.66	91	220

城市	进口品牌准备指数	同类型城市中排名	全国排名	出口品牌优化指数	同类型城市中排名	全国排名
自贡市	53.06	108	237	53.51	104	233
遂宁市	53.03	113	242	53.73	84	213
嘉峪关市	53.26	83	212	53.86	73	202
汕尾市	53.63	76	205	53.73	85	214
鄂州市	53.22	88	217	53.70	88	217
玉林市	53.00	118	247	53.40	120	249
中卫市	53.25	84	213	53.95	72	201
阳江市	53.11	100	229	53.81	75	204
攀枝花市	53.34	81	210	53.37	124	253
抚顺市	53.19	89	218	53.36	126	255
石嘴山市	53.23	87	216	53.64	92	221
内江市	52.92	131	260	53.45	114	243
毕节市	52.70	143	272	53.22	138	267
景德镇市	52.84	139	268	53.70	87	216
天水市	53.01	116	245	53.79	76	205
巴彦淖尔市	53.67	75	204	53.34	128	257
朔州市	53.23	86	215	53.56	95	224
四平市	52.82	140	269	53.47	109	238
六盘水市	53.08	103	232	53.30	133	262
池州市	53.41	77	206	53.26	135	264
佳木斯市	53.40	78	207	53.40	121	250
晋城市	53.07	105	234	53.41	119	248
通化市	53.05	109	238	53.32	132	261
随州市	53.37	80	209	53.47	108	237
吕梁市	52.97	124	253	53.45	113	242
乌兰察布市	52.99	121	250	53.46	111	240
贵港市	53.09	102	231	53.22	139	268
辽阳市	53.03	112	241	53.47	110	239
忻州市	52.92	133	262	53.50	105	234

城市	进口品牌准备指数	同类型城市中排名	全国排名	出口品牌优化指数	同类型城市中排名	全国排名
牡丹江市	52.68	144	273	53.33	130	259
梧州市	52.98	122	251	53.34	129	258
资阳市	53.16	92	221	53.53	103	232
朝阳市	53.06	106	235	53.77	80	209
白城市	53.37	79	208	53.49	106	235
绥化市	52.91	134	263	53.74	83	212
安顺市	52.74	142	271	53.75	82	211
来宾市	53.10	101	230	53.79	78	207
广元市	53.02	114	243	53.40	122	251
白山市	53.32	82	211	53.55	99	228
普洱市	53.69	74	203	53.22	137	266
辽源市	53.06	107	236	53.71	86	215
阜新市	52.93	129	258	53.55	97	226
河池市	53.05	111	240	53.55	101	230
雅安市	53.15	94	223	53.29	134	263
铁岭市	53.15	93	222	53.18	140	269
临沧市	53.12	97	226	53.77	81	210
张家界市	52.86	138	267	53.78	79	208
酒泉市	52.89	136	265	53.56	96	225
阳泉市	52.99	119	248	53.37	125	254
白银市	53.05	110	239	53.62	93	222
吴忠市	52.97	123	252	53.47	107	236
崇左市	52.94	126	255	53.46	112	241
保山市	53.12	98	227	53.33	131	260
葫芦岛市	52.99	120	249	53.23	136	265
商洛市	53.07	104	233	53.34	127	256
贺州市	53.01	117	246	53.44	115	244
定西市	52.90	135	264	53.38	123	252
鸡西市	53.01	115	244	53.06	143	272

续表

城市	进口品牌准备指数	同类型城市中排名	全国排名	出口品牌优化指数	同类型城市中排名	全国排名
双鸭山市	52.66	145	274	53.09	142	271
伊春市	52.80	141	270	53.42	117	246
鹤岗市	52.93	130	259	53.12	141	270
黑河市	52.89	137	266	52.66	145	274

由表 12-2 可以看出，日照市进口品牌准备指数得分为 61.5，在群内排名第 3，全国排名第 37；松原市进口品牌准备指数得分为 62.61，在群内排名第 1，全国排名第 28；铜陵市进口品牌准备指数得分为 61.04，在群内排名第 4，全国排名第 53；防城港市进口品牌准备指数得分为 62.07，在群内排名第 2，全国排名第 33；鹰潭市进口品牌准备指数得分为 60.91，在群内排名第 5，全国排名第 55。该城市聚类进口品牌准备指数前 5 名的城市均排在全国前 60 名，但第 6 名以后的城市均在全国排名 100 之后，反映该城市聚类中有个别城市商品进口为其进出口品牌价值创造的准备程度相对较高，但大部分城市在这一方面处于劣势。

在出口品牌优化指数方面，日照市出口品牌优化指数得分为 60.29，在群内排名第 2，全国排名第 65；松原市出口品牌优化指数得分为 59.40，在群内排名第 4，全国排名第 90；铜陵市出口品牌优化指数得分为 59.27，在群内排名第 5，全国排名第 96；防城港市出口品牌优化指数得分为 59.52，在群内排名第 3，全国排名第 88；鹰潭市出口品牌优化指数得分为 60.30，在群内排名第 1，全国排名第 63。该城市聚类出口品牌优化指数前五名的城市，在全国排名分布在第 60 至第 100 名，其他城市均在全国排名 100 之后。

（3）价值指数的时序分析

本部分主要从时序角度出发，对进出口品牌蓄势准备型城市总体的进出口品牌价值 2012—2016 年的变化情况分析，以及其二级指标，包括进口品牌准备指数和出口品牌优化指数。

由图 12-4 可以看出，该城市聚类的出口品牌优化指数在 2012—2014 年有轻微下降趋势，进口品牌准备指数在小幅上升之后也有轻微下降，城市品牌价值指数趋势类似。在 2014 年后，该城市聚类的所有指数均开始显著上升，且出口品牌优化指数上升幅度大于进口品牌准备指数。在 2012—2016 年，除了第三年该城市聚类出口品牌优化指数略低于进口品牌准备程度，其他年份均为出口品牌优化指数大于进口品牌准备程度，反映了该城市聚类总体商品出口为其进出口品牌价值优化的实现程度相对较高。

图 12-4 进出口品牌蓄势准备型城市价值指数及其
分项指标 2012—2016 年变化情况

12.2.2 进出口品牌潜力指数分析

本节主要分析进出口品牌蓄势准备型城市在进出口品牌潜力指数以及其分项指标上的得分情况，其中分项指标包括品牌发展资源指数和品牌发展环境指数。

（1）潜力指数的矩阵分析

进出口品牌蓄势准备型城市的平均进出口品牌潜力指数得分为 54.64，相比于全国平均水平 58.29 较低。由图 12-5 所得，该城市聚类的进出口品牌发展资源指数和环境指数在全国均处于相对较低的地位。城市聚类内品牌潜力指数得分相对集中，仅有少数城市赶超品牌发展潜力型城市，大部分城市的城市品牌资源指数和环境指数均低于全国平均水平。总体上表明进出口品牌蓄势准备型城市的进出口品牌化潜力的资源相对积累程度和环境相对优化程度在全国所有城市中表现较弱，城市金融资源指数、城市人力资源指数、城市工业资源指数均低于全国大部分城市，同时在交通、文化和宜居环境建设方面也有待加强。

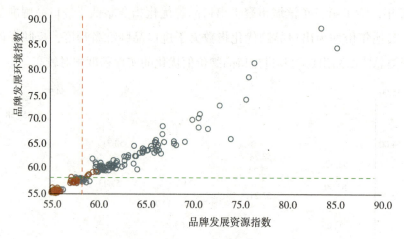

图 12-5　品牌发展资源指数－品牌发展资源指数二维分析矩阵

（2）潜力指数的区域分析

本部分主要从进出口品牌蓄势准备型城市的区域结构层次上对其进出口潜力指数进行分析。

表 12-3　进出口品牌蓄势准备型城市进出口品牌潜力指数分项指标得分情况

城市	品牌发展资源指数	同类型城市中排名	全国排名	品牌发展环境指数	同类型城市中排名	全国排名
日照市	59.55	2	96	59.33	2	97
松原市	59.16	3	99	58.89	3	98
铜陵市	59.91	1	92	59.39	1	95
防城港市	58.97	5	101	58.55	5	100
鹰潭市	59.07	4	100	58.77	4	99
龙岩市	57.63	14	141	57.32	18	144
丽水市	57.79	10	135	57.39	16	141
吉安市	57.90	6	129	57.53	13	135
荆州市	57.73	11	136	57.67	11	128
衢州市	57.46	17	144	57.36	17	143
营口市	57.33	19	146	57.20	19	146

续表

城市	品牌发展资源指数	同类型城市中排名	全国排名	品牌发展环境指数	同类型城市中排名	全国排名
邵阳市	57.57	15	142	57.76	8	124
盘锦市	57.10	23	150	57.10	22	149
郴州市	57.72	12	139	57.72	10	127
安庆市	57.90	7	130	57.74	9	126
河源市	57.15	22	149	57.46	14	139
三门峡市	57.44	18	145	57.19	20	147
新余市	57.85	9	134	57.10	23	150
宁德市	57.53	16	143	57.14	21	148
眉山市	57.23	20	147	58.36	6	101
宜春市	57.85	8	133	57.39	15	140
茂名市	57.71	13	140	57.85	7	119
韶关市	57.19	21	148	57.67	12	131
衡水市	55.56	47	176	55.32	59	188
黄石市	55.54	51	180	55.60	38	167
北海市	55.53	52	181	55.12	68	197
玉溪市	55.23	66	195	56.20	24	151
黄冈市	55.70	38	167	55.85	26	153
安阳市	55.94	27	156	55.79	30	158
清远市	55.28	65	194	55.34	58	187
南充市	55.76	34	163	56.15	25	152
泸州市	55.70	39	168	55.75	31	160
枣庄市	55.83	31	160	55.79	29	157
鞍山市	55.39	61	190	55.81	28	155
淮南市	55.87	28	157	55.58	40	169
潮州市	55.21	68	197	55.36	54	183
商丘市	56.12	24	153	55.84	27	154
运城市	55.67	40	169	55.61	37	166
本溪市	55.16	70	199	55.52	46	175
呼伦贝尔市	55.34	62	191	55.37	53	182

城市	品牌发展资源指数	同类型城市中排名	全国排名	品牌发展环境指数	同类型城市中排名	全国排名
承德市	55.52	53	182	55.34	57	186
赤峰市	55.54	49	178	55.56	42	171
怀化市	55.33	63	192	55.73	32	161
孝感市	55.59	46	175	55.54	44	173
渭南市	56.10	25	154	55.42	51	180
平顶山市	55.84	30	159	55.64	34	163
德阳市	55.98	26	155	55.41	52	181
海东地区	55.31	64	193	54.43	71	200
丹东市	55.12	71	200	55.19	65	194
锦州市	55.75	35	164	55.36	55	184
宜宾市	55.44	58	187	55.51	47	176
永州市	55.59	44	173	55.55	43	172
抚州市	55.61	43	172	55.27	61	190
曲靖市	55.64	42	171	55.58	41	170
张家口市	55.65	41	170	55.63	36	165
宣城市	55.45	57	186	55.30	60	189
亳州市	55.51	54	183	55.49	49	178
莱芜市	55.23	67	196	55.21	63	192
十堰市	55.74	36	165	55.53	45	174
益阳市	55.54	50	179	55.45	50	179
梅州市	55.18	69	198	55.51	48	177
六安市	55.71	37	166	55.65	33	162
萍乡市	55.44	59	188	55.13	67	196
汉中市	55.84	29	158	54.98	70	199
通辽市	55.59	45	174	55.09	69	198
长治市	55.80	32	161	55.35	56	185
濮阳市	55.55	48	177	55.58	39	168
齐齐哈尔市	55.41	60	189	55.63	35	164
荆门市	55.48	55	184	55.25	62	191

续表

城市	品牌发展资源指数	同类型城市中排名	全国排名	品牌发展环境指数	同类型城市中排名	全国排名
漯河市	55.79	33	162	55.19	66	195
咸宁市	55.46	56	185	55.20	64	193
南平市	53.68	72	201	53.21	87	216
娄底市	53.39	88	217	53.32	82	211
淮北市	53.54	79	208	53.34	81	210
金昌市	52.63	143	272	52.80	132	261
临汾市	53.62	76	205	53.49	74	203
乐山市	53.56	77	206	53.26	84	213
黄山市	53.35	94	223	53.37	79	208
钦州市	53.12	111	240	53.45	76	205
鹤壁市	53.68	73	202	53.03	109	238
大同市	53.40	87	216	53.42	78	207
云浮市	53.23	103	232	53.04	106	235
百色市	53.30	97	226	53.22	86	215
自贡市	53.35	92	221	53.31	83	212
遂宁市	53.01	118	247	53.42	77	206
嘉峪关市	53.16	107	236	52.95	116	245
汕尾市	52.93	126	255	52.92	122	251
鄂州市	53.42	85	214	52.91	123	252
玉林市	53.29	98	227	53.50	73	202
中卫市	53.44	83	212	52.62	144	273
阳江市	53.13	110	239	53.13	93	222
攀枝花市	53.48	81	210	53.03	110	239
抚顺市	53.36	90	219	53.24	85	214
石嘴山市	53.20	105	234	53.09	101	230
内江市	53.26	100	229	53.47	75	204
毕节市	53.56	78	207	53.62	72	201
景德镇市	53.31	95	224	53.21	88	217
天水市	53.30	96	225	52.93	121	250

续表

城市	品牌发展资源指数	同类型城市中排名	全国排名	品牌发展环境指数	同类型城市中排名	全国排名
巴彦淖尔市	52.94	124	253	53.04	107	236
朔州市	53.45	82	211	52.81	130	259
四平市	53.65	74	203	53.05	103	232
六盘水市	53.41	86	215	53.14	92	221
池州市	53.39	89	218	52.89	124	253
佳木斯市	53.20	106	235	52.93	120	249
晋城市	53.29	99	228	53.12	94	223
通化市	53.43	84	213	53.09	100	229
随州市	53.04	115	244	52.98	114	243
吕梁市	53.35	93	222	53.09	99	228
乌兰察布市	53.23	104	233	53.15	90	219
贵港市	53.50	80	209	53.05	104	233
辽阳市	52.92	127	256	53.36	80	209
忻州市	53.36	91	220	53.05	105	234
牡丹江市	53.64	75	204	53.11	96	225
梧州市	53.25	101	230	53.15	91	220
资阳市	52.89	131	260	53.11	97	226
朝阳市	52.80	138	267	53.03	108	237
白城市	53.15	109	238	52.71	139	268
绥化市	52.97	123	252	53.03	111	240
安顺市	53.05	114	243	53.07	102	231
来宾市	52.84	137	266	52.88	125	254
广元市	52.99	121	250	53.16	89	218
白山市	52.92	128	257	52.79	133	262
普洱市	52.84	136	265	52.82	128	257
辽源市	53.00	119	248	52.79	134	263
阜新市	53.10	112	241	52.93	119	248
河池市	52.86	134	263	53.00	113	242
雅安市	53.24	102	231	52.82	127	256

城市	品牌发展资源指数	同类型城市中排名	全国排名	品牌发展环境指数	同类型城市中排名	全国排名
铁岭市	52.93	125	254	53.12	95	224
临沧市	52.76	139	268	52.71	138	267
张家界市	52.90	130	259	52.80	131	260
酒泉市	53.03	116	245	52.87	126	255
阳泉市	53.03	117	246	52.95	117	246
白银市	52.89	132	261	52.77	135	264
吴忠市	52.99	122	251	52.82	129	258
崇左市	53.15	108	237	52.69	140	269
保山市	52.91	129	258	52.77	136	265
葫芦岛市	52.73	141	270	53.10	98	227
商洛市	53.09	113	242	52.59	145	274
贺州市	52.86	133	262	52.66	141	270
定西市	52.99	120	249	52.65	142	271
鸡西市	52.64	142	271	52.96	115	244
双鸭山市	52.75	140	269	53.02	112	241
伊春市	52.31	145	274	52.94	118	247
鹤岗市	52.52	144	273	52.65	143	272
黑河市	52.85	135	264	52.72	137	266

　　进出口品牌蓄势准备型城市的平均品牌发展资源指数得分为 54.70，各个城市的全国排名在第 92 名至第 274 名不等。该城市聚类的平均品牌发展环境指数得分为 54.59，各个城市的全国排名主要分布在第 95 名至第 274 名。两项指标均排名群内第 1 的铜陵市在全国排名也仅为第 92 名和第 95 名。

　　通过表 12-3 可以看出，该城市聚类中进出口品牌潜力指数得分前 5 名为铜陵市、日照市、松原市、鹰潭市和防城港市。铜陵市品牌潜力指数得分为 59.63，位于该城市聚类第 1 名；日照市品牌潜力指数得分为 59.43，位于该城市聚类第 2 名；松原市品牌潜力指数得分为 59.02，位于该城市聚类第 3 名；鹰潭市品牌潜力指数得分为 58.91，位于该城市聚类第 4 名；防城港市品牌潜力指数得分为 58.74，位于该城市聚类第 5 名。这些城市的商品进出口基础资源与区域环境等品牌振兴潜力水平在该城市聚类中处于领先地位，但从全国来看，在品牌发展资源和环境方面优势不足。

（3）潜力指数的时序分析

本部分主要从时序角度出发，对进出口品牌蓄势准备型城市的进出口品牌潜力 2012—2016 年的变化情况进行分析，其中包括二级指标品牌发展资源指数和品牌发展环境指数。

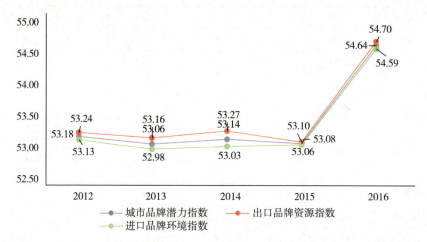

图 12-6　进出口品牌蓄势准备型城市潜力指数及其分项指标 2012—2016 年变化情况

由图 12-6 可以看出，进出口品牌蓄势准备型城市的城市品牌潜力指数、城市品牌资源指数和城市品牌环境指数的变化趋势相近，2012—2015年该城市聚类的三个指数变化程度较小，2015 年后均有较大幅度增长，表明在 2015 年，该城市聚类商品进出口基础资源与区域环境等品牌潜力水平均得到了较大的提升。五年中该城市聚类的出口品牌资源指数均高于进口品牌环境指数，说明该城市聚类的出口品牌潜力略高于进口品牌，但这一差距在 2015 年和 2016 年已不明显。

12.3 主要城市分析

在进出口品牌蓄势准备型城市中共有 145 个城市，本节将对其中 CIBI得分排名前五的主要城市（日照市、松原市、铜陵市、防城港市、鹰潭市）CIBI 表现以及分项指标水平分别进行分析。

12.3.1 日照市

日照市位于山东省东南部黄海之滨，东临黄海，西接临沂市，南与江苏省连云港市毗邻，北与青岛市、潍坊市接壤，是山东半岛城市聚类、山东半岛蓝色经济区的重要组成部分。

2016 年全市地区生产总值（GDP）由"十一五"末的 1025 亿元增加到 1670 亿元，年均增长 10.4%。人均 GDP 达到 57980 元，是"十一五"末的 1.6 倍。累计完成固定资产投资 5517 亿元、实际到账外资 24.8 亿美元，年均分别增长 18.7% 和 11.7%。省级以上名牌产品达到 123 个。金融业增加值占 GDP 的比重由 3.6% 提高到 6%。日照港跻身全国沿海港口第 8、世界港口第 11 大港，货物吞吐量由 2.27 亿吨增加到 3.61 亿吨。

（1）日照市 CIBI 概况

2016 年日照市进出口品牌振兴指数得分为 60.16，在蓄势准备型城市中排名第 1，位居全国第 72；进出口品牌价值指数得分为 60.90，在蓄势准备型城市中排名 2，位居全国第 53；进出口品牌潜力指数得分为 59.43，在蓄势准备型城市中排名第 2，位居全国第 97。（具体得分参见表 12-4）

表 12-4　日照市 CIBI 及其一级指标的得分情况

综合指标	得分	同类排名	全国排名	一级指标	得分	同类排名	全国排名
CIBI	60.16	1	72	进出口品牌价值指数	60.90	2	53
				进出口品牌潜力指数	59.43	2	97

由图 12-7 可以看出，2012—2016 年，日照市 CIBI 水平在 2013-2014 年小幅上升，随后下滑至 2012 年水平上下。日照市进出口品牌潜力指数和进出口品牌价值指数的变化趋势与 CIBI 水平类似。日照市 CIBI 中城市进出口品牌潜力指数显著高于其所处的进出口品牌蓄势准备型城市均值，相对于该城市聚类的其他城市，其进出口品牌价值指数表现较好，商品进出口基础资源与区域环境等品牌振兴潜力的水平也相对较高。

图 12-7　日照市 CIBI 指数及一级指标变化趋势

（2）日照市进出口品牌价值指数分析

2016 年，日照市的商品进口为进出口品牌价值创造的准备程度主要体现在进口价值规模指数、进口价值效率指数、进口价值贡献指数三个方面；商品出口为进出口品牌价值创造的准备程度主要体现在出口价值规模指数、出口价值效率指数、出口价值贡献指数三个方面。（具体得分情况参见表 12-5）

表 12-5　日照市进出口品牌价值指数分项指标表现水平

二级指标	得分	同类排名	全国排名	三级指标	得分	同类排名	全国排名
进口品牌准备指数	61.50	3	37	进口价值规模指数	61.78	2	31
				进口价值效率指数	60.60	9	99
				进口价值贡献指数	61.00	5	81
出口品牌优化指数	60.29	2	65	出口价值规模指数	59.38	1	62
				出口价值效率指数	71.05	63	140
				出口价值贡献指数	72.99	6	54

从进口品牌准备指数得分情况来看，日照市在进口价值规模指数方面得分 61.78，同类型城市中排名第 2，位居全国第 31 位。表明日照市低附加值商品进口额在蓄势准备型城市中排在中前列，在全国范围内排名也较为靠前，显示出其对低附加值商品的大额进口需求。日照市在进口价值效

率指数方面得分 60.60，同类型城市中排名第 9，位居全国第 99 位。在城市聚类中，日照市低附加值进口增长率排名较前，在全国范围内排名中游偏上，说明其低附加值商品进口额同比增长率尚可。日照市在进口价值贡献指数方面得分 61.00，同类型城市中排名第 5，位居全国第 81 位。在城市聚类中，日照市进口价值贡献指数排名靠前，表示其低附加值产品对进口额贡献率较高，表明其主要进口产品为低附加值产品。

从出口品牌优化指数得分情况来看，日照市在出口价值规模指数方面得分 59.38，同类型城市中排名第 1，位居全国第 62 位。表明日照市高附加值商品出口规模在城市聚类内位居首位，但出口额在全国范围内相对一般。日照市在出口价值效率指数方面得分 71.05，同类型城市中排名第 63，位居全国第 140 位。表明日照市高附加值产品出口增长率较一般，出口额趋于稳定。日照市在出口价值贡献指数方面得分 72.99，同类型城市中排名第 6，位居全国第 54 位。表明日照市高附加值商品出口贡献率在同类型城市中排名较高，全国排名处于中上水平。从总体得分来看，日照市在进口价值规模指数、出口价值规模指数和出口价值贡献指数在全国处于靠前位置，说明进出口品牌价值的发展规模相对水平较高。其在出口价值效率指数得分较低，在全国排名 140 名，表明该城市出口品牌价值的规模增长程度相对水平较低。

图 12-8　日照市 2012—2016 年进出口品牌价值指数变化趋势

由图 12-8 可以看出，2012—2016 年，日照市城市品牌价值指数在 2013—2014 年小幅上升，随后下滑至 2012 年水平上下。日照市进口品牌准备指数的变化趋势与城市品牌价值指数类似，出口品牌优化指数变化不明显。2015 年后，随着蓄势准备型城市城市品牌价值指数均值的上升，日照市在进出口品牌价值指数方面的领先地位逐渐削弱。除此之外，日照市在整个发展过程中均表现出进口品牌准备指数大于出口品牌优化指数，表明日照市的进口为其品牌价值的准备水平高于其出口为其品牌价值的优化水平。

（3）日照市进出口品牌潜力指数分析

2016 年，日照市商品进出口品牌潜力的资源积累程度主要体现在日照市金融资源指数、人力资源指数以及工业资源指数三个方面；商品进出口品牌化潜力的环境优化程度主要体现在日照市的交通环境指数、文化环境指数以及宜居环境指数三个方面。

表 12-6　日照市进出口品牌潜力指数分项指标表现水平

二级指标	得分	同类排名	全国排名	三级指标	得分	同类排名	全国排名
品牌发展资源指数	59.55	2	96	城市金融资源指数	59.00	1	87
				城市人力资源指数	59.73	2	108
				城市工业资源指数	62.71	4	103
品牌发展环境指数	59.33	2	97	城市交通环境指数	58.93	2	97
				城市文化环境指数	58.56	2	98
				城市宜居环境指数	60.50	1	89

由表 12-6 可以看出，在品牌发展资源方面，日照市在城市金融资源指数得分为 59.00，在城市聚类中排名第 1，位居全国第 87 位。表明日照市的地区生产总值、职工平均工资和外资使用情况均处于城市聚类领先地位、全国较前位置，有相对较强的金融资本优势。日照市在城市人力资源指数得分为 59.73，在城市聚类中排名第 2，位居全国第 108 位。表明日照市就业失业比相对较高，教育和科研从业人员、学生数量相对较多，有一定的人力资本优势与潜力。日照市在城市工业资源指数得分为 62.71，在城市聚类中排名第 4，位居全国第 103 位。表明日照市规模以上工业企业数及其产出、废物综合利用率处于较前位置，工业资本优势尚可。

在品牌发展环境方面，日照市在城市交通环境指数得分为 58.93，在同类型城市中排名第 2，在全国排名第 97。表明日照市客运量、货运量较大，人均道路较多且通信较为方便。日照市在城市文化环境指数得分为 58.56，在城市聚类中排名第 2，位居全国第 98 位。表明日照的公共图书馆总藏书量、人均藏书量较大，文体从业人员较多。日照市在城市宜居环境指数得分为 60.50，在同类型城市中排名第 1，位居全国第 89 位。表明日照市绿地、人均居住面积、医生数量、人口密度、垃圾无污染处理率均较高，宜居性较高。

图 12-9　日照市 2012—2016 年进出口品牌潜力指数变化趋势

由图 12-9 可以看出，2012—2016 年，日照市进出口品牌潜力指数及其分项得分保持高度相似的变化趋势，在 2013—2014 年有一个小幅上升，随后回到 2013 年值附近，并且保持缓慢增长。在 2012—2016 年，日照市的城市品牌潜力指数及其分项指标均领先于所在城市聚类平均值，表明日照市商品进出口基础资源与区域环境等品牌振兴潜力的相对水平较高，但这一优势在 2016 年略有下降。

（4）日照市 CIBI 分析小结

日照市 CIBI 总体表现水平在全国处于中等偏上，在蓄势准备型城市中领先，尤其在商品进出口品牌价值指数上表现出较大的优势，但在商品进出口潜力指数的表现优势不明显。2014 年，日照市抢抓"一带一路"国家战略机遇，被列为新亚欧大陆桥经济走廊主要节点城市，与国外七个城市建立了友城关系或签署友好合作意向书。同时，日照市实行了区域通关改革，加大了无纸化通关改革的推广力度，日照海关主动支持重点项目建设。通过一系列改革，2014年全市外贸进出口总值达到2134.8亿元，其中出口294.1亿元，增长两成以上，创下历史新高。2014年8月，日照市贸易融资风险开始暴露，之后逐渐扩散蔓延。2015年日照市召开"3·17"会议，主动采取措施应对贸易融资风险，稳定经济金融秩序，控制了风险外溢。在2014—2015年CIBI指数小幅下滑之后，其变化趋于稳定。

结合日照市CIBI表现水平以及相关进出口贸易政策，该市商品进出口品牌振兴所具有的优势和劣势，以及其面临的机会与挑战主要体现在以下几个方面：日照市进出口品牌振兴的优势表现在其相对于同类城市更高的进出口价值指数，具体体现在出口品牌优化程度和进口品牌准备程度表现较好，尤其是进口价值规模指数、出口价值规模指数和贡献指数在全国排名比较靠前，表明日照市商品品牌进出口对其区域经济发展的贡献水平较高，品牌价值的发展规模的相对水平较高。而其劣势表现发展潜力的欠缺，体现在发展环境和发展资源有待进一步提高，表明日照市对于进出口品牌振兴的资源积累程度、环境优化程度还不够，需要增强发展潜力。结合日照市的"十三五"规划来看，日照市的机会在于突出的港口优势和得天独厚的生态环境，加上海关全面深化改革的推进和"一带一路"新干线的融入，继续发展这些优势可以使日照市保持进出口规模的良好表现；日照市仍面临多项挑战，还应在人才引进、工业产业升级、交通建设、文化环境建设等方面进一步提高，推动经济结构向现代产业体系升级，坚持在发展中保护好生态环境，提高未来可持续发展的潜力。

12.3.2 松原市

松原市处于东北地区的几何中心，位于哈长城市聚类核心区域，作为东北地区重要的交通枢纽和物流集散地，联结8市14县（市），辐射人口3400多万。松原市于1992年成立，因油而建、因油而兴，中国陆上第六大油田——吉林油田坐落境内。全市拥有开发区、园区28个，总规划面积达

398 平方公里，建成区面积达 72 平方公里，2013 年被国务院确定为吉林省唯一的成长型资源城市。

2016 年松原市实现地区生产总值 1800 亿元，同比（下同）增长 6.5%；全社会固定资产投资完成 1480 亿元，增长 13%；社会消费品零售总额完成 665 亿元，增长 10%；外贸进出口总额实现 1.7 亿美元，增长 19%；新增规模以上工业企业 20 户；规模以上工业增加值实现 690 亿元，增长 5.3%；非油工业增加值和税收分别达到 545 亿元、11.5 亿元，分别增长 10% 和 5.5%。

（1）松原市 CIBI 概况

2016 年松原市进出口品牌振兴指数得分为 60.01，在蓄势准备型城市中排名第 2，位居全国第 76；进出口品牌价值指数得分为 61.01，在蓄势准备型城市中排名第 1，位居全国第 52；进出口品牌潜力指数得分为 59.02，在蓄势准备型城市中排名第 3，位居全国第 98。（具体得分参见表 12-7）

表 12-7　松原市 CIBI 及其一级指标的得分情况

综合指标	得分	同类排名	全国排名	一级指标	得分	同类排名	全国排名
CIBI	60.01	2	76	进出口品牌价值指数	61.01	1	52
				进出口品牌潜力指数	59.02	3	98

图 12-10　松原市 CIBI 指数及一级指标变化趋势（折线图）

由表 12-10 可以看出，2012—2016 年，松原市 CIBI 水平在 2012—2014

年没有明显的变化，保持稳定，在 2014—2016 年有明显的上涨，并保持增长趋势。松原市进出口品牌价值指数和进出口品牌潜力指数发展趋势和 CIBI 水平类似，但 2014 年以前（含 2014 年）进出口品牌潜力指数高于进出口品牌价值指数，2014 年后情况逆转。2015 年及之后，松原市的 CIBI 水平明显高于蓄势准备型城市的平均水平，表现出松原市 2015 年及以后快速发展的态势，它在该城市聚类中的领先地位逐渐上升。

（2）松原市进出口品牌价值指数分析

2016 年，松原市的商品进口为进出口品牌价值创造的准备程度主要体现在进口价值规模指数、进口价值效率指数、进口价值贡献指数三个方面；商品出口为进出口品牌价值创造的准备程度主要体现在出口价值规模指数、出口价值效率指数、出口价值贡献指数三个方面。（具体得分情况参见表 12-8）

表 12-8　松原市进出口品牌价值指数分项指标表现水平

二级指标	得分	同类排名	全国排名	三级指标	得分	同类排名	全国排名
进口品牌准备指数	62.61	1	28	进口价值规模指数	58.01	5	98
				进口价值效率指数	77.55	1	2
				进口价值贡献指数	72.11	1	2
出口品牌优化指数	59.40	4	90	出口价值规模指数	58.03	5	100
				出口价值效率指数	76.80	8	12
				出口价值贡献指数	73.04	5	29

从进口品牌准备指数得分情况来看，松原市在进口价值规模指数方面得分 58.01，同类型城市中排名第 5，位居全国第 98 位。表明松原市低附加值商品进口额在蓄势准备型城市中排名较为靠前，在全国范围内排名略显一般，显示出其对低附加值商品有一定规模的进口需求，但在全国没有处于领先地位。松原市在进口价值效率指数方面得分 77.55，同类型城市中排名第 1，位居全国第 2 位。在城市聚类中，松原市低附加值进口增长率排名第 1，在全国范围内排名也极为靠前，表明其低附加值商品进口额同比增长率非常高。松原市在进口价值贡献指数方面得分 72.11，同类型城市中排名第 1，位居全国第 2 位。无论在城市聚类中还是在全国，松原市进口价值贡

献指数都名列前茅，表示其低附加值产品对进口额贡献率很高，低附加值商品进口在其 GDP 中占据重要地位，松原市在低附加值商品的进口方面处于全国较为领先的地位。

从出口品牌优化指数得分情况来看，松原市在出口价值规模指数方面得分 58.03，同类型城市中排名第 5，位居全国第 100 位。表明松原市高附加值商品出口额在城市聚类内处于领先地位，但在全国范围内高附加值商品出口规模不算大。松原市在出口价值效率指数方面得分 76.80，同类型城市中排名第 8，位居全国第 12 位。反映该市在高附加值产品出口增长率方面有明显的竞争优势。松原市在出口价值贡献指数方面得分 73.04，同类型城市中排名第 5，位居全国第 29 位。反映松原市高附加值商品出口贡献率水平较高，其高附加值产品出口对该市的 GDP 贡献程度处于较高水平。

图 12-11　松原市 2012-2016 年进出口品牌价值指数变化趋势

由图 12-11 可以看出，2012—2014 年，松原市城市品牌价值指数及出口品牌优化指数有着不同程度的下滑，进口品牌准备指数在 2012—2013 年有小幅上涨，随后落至原先水平。2014—2015 年松原市城市品牌价值指数及其分项指标同步上升，2015 年后均有不同程度的增长。松原市的城市品牌价值指数在 2015 年前与城市聚类平均水平相近，在 2015 年及以后明显领先于城市聚类平均值，表明其进出口的数量、增长率等在发展中开始处于领先地位。2015 年后进出口品牌蓄势准备型城市的品牌价值指数上升幅度不大，松原市在城市聚类中的优势逐渐增强。

（3）松原市进出口品牌潜力指数分析

2016 年，松原市商品进出口品牌潜力的资源积累程度主要体现在松原市金融资源指数、人力资源指数以及工业资源指数三个方面；商品进出口品牌化潜力的环境优化程度主要体现在松原市的交通环境指数、文化环境指数以及宜居环境指数三个方面。

表 12-9　松原市进出口品牌潜力指数分项指标表现水平

二级指标	得分	同类排名	全国排名	三级指标	得分	同类排名	全国排名
品牌发展资源指数	59.16	3	99	城市金融资源指数	58.69	2	95
				城市人力资源指数	59.12	6	120
				城市工业资源指数	62.55	6	107
品牌发展环境指数	58.89	3	98	城市交通环境指数	58.88	3	98
				城市文化环境指数	58.49	3	99
				城市宜居环境指数	59.29	3	101

由表 12-9 可以看出，在品牌发展资源方面，松原市在城市金融资源指数得分为 58.69，在城市聚类中排名第 2，位居全国第 95 位。表明松原市的地区生产总值、职工平均工资以及外资使用等相关城市资源上处于城市聚类中领先地位，但在全国范围内没有明显的优势。松原市在城市人力资源指数得分为 59.12，在城市聚类中排名第 6，位居全国第 120 位。表明松原市就业失业比、教育和科研从业人员、学生数量均处于城市聚类靠前位置，有一定的人力资本优势与潜力。松原市在城市工业资源指数得分为 62.55，在城市聚类中排名第 6，位居全国第 107 位。表明松原市规模以上工业企业数及其产出、废物综合利用率在城市聚类内处于靠前地位，具有一定的工业资本优势。

在品牌发展环境方面，松原市在城市交通环境指数得分为 58.88，在城市聚类中排名第 3，位居全国第 98 位。表明松原市客运量、货运量较大，人均道路较多且通信方便，在城市聚类中处于领先地位。松原市在城市文化环境指数得分为 58.49，在城市聚类中排名第 3，位居全国第 99 位。表明松原的公共图书馆总藏书量、人均藏书量较大，文体从业人员较多。松原市在城市宜居环境指数得分为 59.29，在同类型城市中排名第 3，位居全国第 101 位。表明松原市绿地、人均居住面积、医生数量、人口密度、垃圾无污染处理率均相对较高，宜居性相对较高。

图 12-12　松原市 2012—2016 年进出口品牌潜力指数变化趋势

由图 12 -12 可以看出，2012—2014 年，松原市城市品牌潜力指数及其分项指标得分较为稳定，变化幅度小。2014—2015 年三项指标均有明显的上升，2015—2016 年上升幅度进一步增大。2014 年及以前，松原市商品进出口品牌潜力指数得分在城市聚类中处于平均水平，2014 年后这一指数明显超过了城市聚类均值，表明 2014 年后松原市商品进出口基础资源与区域环境等品牌振兴潜力的相对水平在城市聚类中处于较高水平。

（4）松原市 CIBI 分析小结

松原市 CIBI 整体情况表现在全国处于中等地位，在蓄势准备型城市中处于前列，在进出口方面的表现差异较大，进出口品牌价值指数排名较前，具有较大优势，在品牌潜力指数上的表现则一般。松原市的进口品牌准备指数领先于城市聚类且在全国也处于前列，尤其是进口价值效率指数和贡献指数，而在出口品牌优化指数则排名靠后，在规模上的都位于中等位置。

2014 年松原市注重加强顶层部署，统筹推进简政、放权、增活"三位一体"行政体制改革，形成了助推经济社会发展强劲动力。在全省率先启动事业单位分类改革、率先实现非行政许可"零审批"。政府行政职权和行政审批事项分别清减 25% 和 44%，清权力度居全省首位。对于吸引投资，增强政府工作效率。同时《松原市城市总体规划》修编城区 16 个专项规划和 53 平方公里控详规编制及重要地段城市设计、"智慧城市"中心城区 1:500 基础地形图测绘及控制测量全面完成。松原市的主要优势在于进出口的价值效率和价值贡献，尤其是在 2014 年之后，在 2014—2015 年 CIBI 指数、进出口品牌价值指数、进出口品牌潜力指数与进口品牌准备指数、出口品牌优化指数增长幅度巨大。

就发展的机会与挑战而言，松原市 2015 年新一轮政府机构改革完成，政府行政职权和行政审批事项分别减少 1417 项和 150 项，简政放权工作实现历史性突破；城市建设展现新风貌。编制完成《松原市城市总体规划》和城市风貌、城市公共交通、地下综合管廊等 20 个专项规划。松原成为全省首个拥有绕城高速的地级城市；查干湖机场、长白铁路扩能改造、松原客运交通枢纽与站前综合改造、宁江客运站等重大项目建设进展顺利，立体化大交通格局初步形成。这些发展都是松原市可以依托提高自己进出口品牌化发展的历史机遇。但是，可以清晰发现，松原市当前进出口差异较大，如何城市资源发展，形成进出口良性发展循环将是松原市进出口品牌发展的一大挑战

12.3.3 铜陵市

铜陵市位于安徽省中南部、长江下游，北接合肥，南连池州，东邻芜湖，西临安庆，是长江经济带重要节点城市和皖中南中心城市。1956 年建市，现辖一县三区（枞阳县、铜官区、义安区、郊区），总人口 170 万，总面积 3008 平方公里。

全年实现地区生产总值 960 亿元，增长 9%，增幅居全省第 6 位。财政收入 153.8 亿元，增长 5%，其中地方收入增长 8.4%。固定资产投资 1196 亿元，增长 12.5%，增幅居全省第 5 位。社会消费品零售总额 304.4 亿元，增长 11.8%。城镇居民收入 30460 元，农村居民人均可支配收入 12200 元，分别增长 8.8%、9.2%。实际利用外商直接投资 2.52 亿美元，增长 8.7%。

（1）铜陵市 CIBI 概况

2016 年铜陵市进出口品牌振兴指数得分为 59.89，在蓄势准备型城市中排

名第 3，位居全国第 87；进出口品牌价值指数得分为 60.15，在蓄势准备型城市中排名第 5，位居全国第 61；进出口品牌潜力指数得分为 59.63，在蓄势准备型城市中排名第 1，位居全国第 96。（具体得分参见表 12-10）

表 12-10　铜陵市 CIBI 及其一级指标的得分情况

综合指标	得分	同类排名	全国排名	一级指标	得分	同类排名	全国排名
CIBI	59.89	3	87	进出口品牌价值指数	60.15	5	61
				进出口品牌潜力指数	59.63	1	96

图 12-13　铜陵市 CIBI 指数及一级指标变化趋势

由表 12-13 可以看出，2012—2015 年，铜陵市 CIBI 及其分项指标得分总体上变化幅度不大。2012—2014 年铜陵市的 CIBI 指数和进出口品牌价值指数小幅上升，2014—2016 年这两项指标又小幅下滑；铜陵市进出口品牌潜力指数得分一直有小幅波动。2015 年后蓄势准备型城市的 CIBI 指数均值有明显的上升，但铜陵市在这一时期并没有很大变化。铜陵市 CIBI 在 2015—2016 年后，在蓄势准备型城市中虽然仍高于城市聚类的平均水平，但领先优势正在减少。相对于其进出口品牌潜力指数，铜陵市的进出口品牌价值指数表现较好，反映了其进出口商品附加价值高低等品牌振兴表现的水平相对较高。

（2）铜陵市进出口品牌价值指数分析

2016 年，铜陵市的商品进口为进出口品牌价值创造的准备程度主要体现在进口价值规模指数、进口价值效率指数、进口价值贡献指数三个方面；商品出口为进出口品牌价值创造的准备程度主要体现在出口价值规模指数、出口价值效率指数、出口价值贡献指数三个方面。（具体得分情况参见表12–11）

表 12–11　铜陵市进出口品牌价值指数分项指标表现水平

二级指标	得分	同类排名	全国排名	三级指标	得分	同类排名	全国排名
进口品牌准备指数	61.04	4	53	进口价值规模指数	60.75	3	45
				进口价值效率指数	62.05	4	58
				进口价值贡献指数	61.32	2	53
出口品牌优化指数	59.27	5	96	出口价值规模指数	58.37	3	92
				出口价值效率指数	70.40	73	170
				出口价值贡献指数	69.75	64	185

从进口品牌准备指数得分情况来看，铜陵市在进口价值规模指数方面得分 60.75，同类型城市中排名第 3，位居全国第 45 位。表明铜陵市低附加值商品进口额在蓄势准备型城市中处于领先水平，在全国范围内排名靠前，显示出其对低附加值商品有较大额的进口需求。铜陵市在进口价值效率指数方面得分 62.05，同类型城市中排名第 4，位居全国第 58 位。在城市聚类中，铜陵市低附加值进口增长率排名靠前，说明其低附加值商品进口额同比增长率在城市聚类内处于较高水平。铜陵市在进口价值贡献指数方面得分 61.32，同类型城市中排名第 2，位居全国第 53 位。在城市聚类中，铜陵市进口价值贡献指数排名靠前，表示其低附加值产品对进口额贡献率较高，低附加值商品进口在其 GDP 中占比较高。

从出口品牌优化指数得分情况来看，铜陵市在出口价值规模指数方面得分 58.37，同类型城市中排名第 3，位居全国第 92 位。表明铜陵市高附加值商品出口额在城市聚类内靠前，大规模出口高附加值商品，但在全国排名一般。铜陵市在出口价值效率指数方面得分 70.40，同类型城市中排名第 73，位居全国第 170 位。表明铜陵市高附加值产品出口增长率横向比较排名低。铜陵市在出口价值贡献指数方面得分 69.75，同类型城市中排名第 64，位居全国第 185 位。表明铜陵市高附加值商品出口贡献率在同类型城市中排名较低，表明其高附加值产品出口对 GDP 贡献率不高。

图 12-14 铜陵市 2012—2016 年进出口品牌价值指数变化趋势

由图 12-14 可以看出，2012—2016 年，铜陵城市品牌价值指数及其分项指标发展平稳，没有明显的波动，2014 年出口品牌优化指数有一定下降，同年进口品牌准备指数有一定上升；2015 年这两项指标又基本回到原先水平。从图中可以看出，随着 2015 年以后城市聚类品牌价值指数平均水平的上升，铜陵品牌价值指数在蓄势准备型城市中的优势正在逐渐减小。

（3）铜陵市进出口品牌潜力指数分析

2016 年，铜陵市商品进出口品牌潜力的资源积累程度主要体现在铜陵市金融资源指数、人力资源指数以及工业资源指数三个方面；商品进出口品牌化潜力的环境优化程度主要体现在铜陵市的交通环境指数、文化环境指数以及宜居环境指数三个方面。

表 12-12 铜陵市进出口品牌潜力指数分项指标表现水平

二级指标	得分	同类排名	全国排名	三级指标	得分	同类排名	全国排名
品牌发展资源指数	59.91	1	92	城市金融资源指数	58.63	4	97
				城市人力资源指数	61.57	1	71
				城市工业资源指数	62.56	5	105
品牌发展环境指数	59.39	1	95	城市交通环境指数	58.73	4	99
				城市文化环境指数	59.14	1	88
				城市宜居环境指数	60.41	2	91

由表 12-12 可以看出，在品牌发展资源方面，铜陵市在城市金融资源指数得分为 58.63，在城市聚类中排名第 4，位居全国第 97 位。表明铜陵市的地区生产总值、职工平均工资和外资使用情况处于城市聚类中领先地位，在全国范围内优势不明显。铜陵市在城市人力资源指数得分为 61.57，在城市聚类中排名第 1，位居全国第 71 位。表明铜陵市就业失业比、教育和科研从业人员、学生数量均处于城市聚类前列，有不错的人力资本优势。铜陵市在城市工业资源指数得分为 62.56，在城市聚类中排名第 5，位居全国第 105 位。表明铜陵市规模以上工业企业数及其产出、废物综合利用率均处于领先地位，具有一定工业资本优势。

在品牌发展环境方面，铜陵市在城市交通环境指数得分为 58.73，在城市聚类中排名第 4，位居全国第 99 位。表明铜陵市客运量、货运量相对较大，人均道路较多且通信较方便，横向比较较高，但在全国范围内没有明显的优势，仍需改善交通条件。铜陵市在城市文化环境指数得分为 59.14，在城市聚类中排名第 1，位居全国第 88 位。表明铜陵的公共图书馆总藏书量、人均藏书量较大，文体从业人员多，人力资本潜力较大。铜陵市在城市宜居环境指数得分为 60.41，在同类型城市中排名第 2，位居全国第 91位。表明铜陵市绿地、人均居住面积、医生数量、人口密度、垃圾无污染处理率相对较高，在城市聚类中属于宜居性较高的城市。

图 12-15　铜陵市 2012—2016 年进出口品牌潜力指数变化趋势

由图 12-15 可以看出，2012—2016 年，铜陵市城市品牌潜力指数及其分项指标一直有小幅波动，总体态势平稳。品牌发展资源指数在 2012—2013 年略有下降，随后上升。整体看来，铜陵市进出口品牌潜力指数在城市聚类中处于领先地位，表明铜陵市商品进出口基础资源与区域环境等品牌振兴潜力的相对水平较高，但 2016 年城市聚类的平均水平出现了明显的增长，铜陵市要想保持优势仍需努力。

（4）铜陵市 CIBI 分析小结

铜陵市 CIBI 指数得分在蓄势准备型城市中处于中等偏上水平，2015 年在 CIBI 均值增长较快的情况下，铜陵市的指数基本都没有变化。铜陵市在进出口品牌上的优势在城市聚类中逐渐降低，尤其是出口品牌优化指数上。虽然铜陵市进出口品牌指数仍然高于城市聚类的均值，但是可以看到随着其他城市的综合环境改革以及基础设施建设，铜陵市的优势在慢慢地降低，区位优势没有得到体现。

铜陵市发展的机会与挑战体现在以下方面：在蓄势准备型城市中排名处于前列但是在全国的排名处于中等水平，铜陵市需要在出口的价值效率和出口价值贡献指数方面有所提高，才能将品牌的潜力发挥出来。而在一些方面铜陵市的巨大优势将在较长一段时间内继续体现，铜陵市客运量、货运量较大，人均道路较多且通信较方便，在全国处于领先地位，铜陵的公共图书馆总藏书量、人均藏书量大，文体从业人员多，人力资本潜力大，铜陵市绿地、人均居住面积、医生数量、人口密度、垃圾无污染处理率高，宜居性较高，这些都是铜陵市发展可以依托的机会。但是就指数增长停滞可以发现，有一些问题制约了铜陵市的品牌发展，如交通水平横向比较较低，亟待改善交通条件。重点依赖的工业和未来大力发展的服务业之间错位问题等都需要解决。

12.3.4 防城港市

防城港市地处中国东部沿海南端和西南沿边起点的交汇处、广西北部湾之滨，是中国仅有的两个沿边与沿海交汇的城市之一。1968 年建港，1993 年建市，总面积 6222 平方公里，下辖港口区、防城区、上思县和东兴市，总人口约 100 万人，有汉、壮、瑶、京等 21 个民族，是京族的唯一聚居地、北部湾海洋文化的重要发祥地之一。

2016 年实现地区生产总值（GDP）676.1 亿元，比上年增长 9.1%；固定资产投资 600.1 亿元，增长 14.1%；工业总产值 1501.2 亿元，增长 14.3%，财政收入 75.6 亿元，增长 7%；招商引资到位资金 483.2 亿元，增长 10.4%，实际利用外资 5.1 亿元，增长 11%；外贸进出口总额 587.8 亿元，增长 10%。

（1）防城港市 CIBI 概况

2016 年防城港市进出口品牌振兴指数得分为 59.77，在蓄势准备型城市中排名第 4，位居全国第 93；进出口品牌价值指数得分为 60.79，在蓄势准备型城市中排名第 3，位居全国第 54；进出口品牌潜力指数得分为 58.74，在蓄势准备型城市中排名第 5，位居全国第 100。（具体得分参见表 12-13）

表 12-13　防城港市 CIBI 及其一级指标的得分情况

综合指标	得分	同类排名	全国排名	一级指标	得分	同类排名	全国排名
CIBI	59.77	4	93	进出口品牌价值指数	60.79	3	54
				进出口品牌潜力指数	58.74	5	100

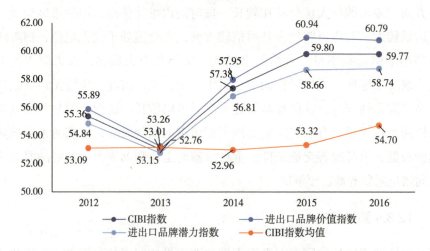

图 12-16　防城港市 CIBI 指数及一级指标变化趋势

由表 12-16 可以看出，2012—2013 年，防城港市 CIBI 及其分项指标得分有大幅下降，在 2013—2015 年明显回升，之后保持稳定。整体来看，防城港市 CIBI 指数一度下跌至平均水平，但 2014 年以后在城市聚类内的领先优势一直较为明显。

（1）防城港市进出口品牌价值指数分析

2016 年，防城港市的商品进口为进出口品牌价值创造的准备程度主要体现在进口价值规模指数、进口价值效率指数、进口价值贡献指数三个方面；商品出口为进出口品牌价值创造的准备程度主要体现在出口价值规模指数、出口价值效率指数、出口价值贡献指数三个方面。（具体得分情况参见表 12-14）

表 12-14　防城港市进出口品牌价值指数分项指标表现水平

二级指标	得分	同类排名	全国排名	三级指标	得分	同类排名	全国排名
进口品牌准备指数	62.07	2	33	进口价值规模指数	62.20	1	28
				进口价值效率指数	61.82	7	66
				进口价值贡献指数	61.01	4	75
出口品牌优化指数	59.52	3	88	出口价值规模指数	58.16	4	96
				出口价值效率指数	76.75	9	13
				出口价值贡献指数	72.98	7	55

从进口品牌准备指数得分情况来看，防城港市在进口价值规模指数方面得分 62.20，同类型城市中排名第 1，位居全国第 28 位。表明防城港市低附加值商品进口额在蓄势准备型城市中位居首位，在全国范围内排名也相当靠前，显示出其对低附加值商品的大额进口需求。防城港市在进口价值效率指数方面得分 61.82，同类型城市中排名第 7，位居全国第 66 位。在城市聚类中，防城港市低附加值进口增长率排名较前，说明其低附加值商品进口额同比增长率横向比较较高，在全国范围内增长率也相对较高。防城港市在进口价值贡献指数方面得分 61.01，同类型城市中排名第 4，位居全国第 75 位。在城市聚类中，防城港市进口价值贡献指数排在靠前位置，表示其低附加值产品对进口额贡献率在群内较高，低附加值商品进口在其GDP 中占比较高。

从出口品牌优化指数得分情况来看，防城港市在出口价值规模指数方面得分 58.16，同类型城市中排名第 4，位居全国第 96 位。防城港市高附加值商品出口额横向比较靠前，在全国范围内排名一般，说明防城港市相对大规模出口高附加值商品，但在全国范围内没有明显的优势。防城港市在出口价值效率指数方面得分 76.75，同类型城市中排名第 9，位居全国第 13位。表明防城港市高附加值产品出口增长率横向比较排名较前，在全国范围内优势更加明显。防城港市在出口价值贡献指数方面得分 72.98，同类型城市中排名第 7，位居全国第 55 位。表明防城港市高附加值商品出口贡献率在同类型城市中排名较高，表明其高附加值产品出口对 GDP 贡献率较高。

图 12-17　防城港市 2012—2016 年进出口品牌价值指数变化趋势

由图 12-17 可以看出，2012—2013 年，防城港市的进出口品牌价值指数及其分项指标大幅下降，随后上升回稳定值。防城港市进口品牌准备指数一直高于出口品牌优化指数，表明防城港市商品进口为进出口品牌价值创造的相对准备程度相对较高。从该城市聚类进出口品牌价值指数变化趋势来看，2014 年及以后防城港市在城市聚类中保持明显的优势，但在 2016年有所减少。

（3）进出口品牌潜力指数分析

2016 年，防城港市商品进出口品牌潜力的资源积累程度主要体现在防城港市金融资源指数、人力资源指数以及工业资源指数三个方面；商品进出口品牌化潜力的环境优化程度主要体现在防城港市的交通环境指数、文化环境指数以及宜居环境指数三个方面。

表 12-15 防城港市进出口品牌潜力指数分项指标表现水平

二级指标	得分	同类排名	全国排名	三级指标	得分	同类排名	全国排名
品牌发展资源指数	58.97	5	101	城市金融资源指数	58.55	5	98
				城市人力资源指数	59.12	5	119
				城市工业资源指数	61.31	16	132
品牌发展环境指数	58.55	5	100	城市交通环境指数	58.41	6	101
				城市文化环境指数	58.34	5	101
				城市宜居环境指数	58.90	6	117

由表 12-15 可以看出，在品牌发展资源方面，防城港市在城市金融资源指数得分为 58.55，在城市聚类中排名第 5，位居全国第 98 位。表明防城港市的地区生产总值、职工平均工资和外资使用情况相对较好，但在全国范围内排名一般。防城港市在城市人力资源指数得分为 59.12，在城市聚类中排名第 5，位居全国第 119 位。表明防城港市就业失业比、教育和科研从业人员、学生数量均处于城市聚类靠前位置，人力资本方面有一定优势。防城港市在城市工业资源指数得分为 61.31，在城市聚类中排名第 16，位居全国第 132 位。表明防城港市规模以上工业企业数及其产出、废物综合利用率在城市聚类内有一定优势，但从全国范围来看工业资本一般。

在品牌发展环境方面，防城港市在城市交通环境指数得分为 58.41，在城市聚类中排名第 6，位居全国第 101 位。表明防城港市客运量、货运量相对较大，人均道路相对较多，通信相对较方便，但在全国表现一般。防城港市在城市文化环境指数得分为 58.34，在城市聚类中排名第 5，位居全国第 101 位。表明防城港的公共图书馆总藏书量、人均藏书量相对较大，文体从业人员相对较多，有一定的人力资本潜力。防城港市在城市宜居环境指数得分为 58.90，在同类型城市中排名第 6，位居全国第 117 位。表明防城港市绿地、人均居住面积、医生数量、人口密度、垃圾无污染处理率相对较高，在城市聚类中属于宜居性较高的城市。

由图 12-18 可以看出，2012—2013 年，防城港市城市品牌潜力指数及其分项指标有大幅下降，直接跌至城市聚类平均水平以下。在 2014 年后潜力指数又有大幅上升，随后平稳上升至稳定水平。防城港市的品牌潜力指数在

2014 年及以后显著高于城市聚类平均水平，在城市聚类中具有明显的优势地位。

图 12-18　防城港市 2012—2016 年进出口品牌潜力指数变化趋势

（4）防城港市 CIBI 分析小结

在防城港市 CIBI 总体情况表现处于中等偏上水平，在蓄势准备型城市中没有明显的优势。在 2012 年，防城港市的总体水平处于领先于城市聚类平均水平的位置。2012—2013 年，整体水平下降到蓄势准备型城市的平均水平，甚至较平均水平更低。在 2013—2016 年，防城港市的 CIBI 指数全面提高，且在 2013—2015 的指数增长水平明显高于蓄势准备型城市的平均水平。在 2015—2016 年，指数增长的趋势放缓，受指数增长潜力影响，防城港市与蓄势准备型城市的差距有小幅度的缩小。

2012—2013 年受国际国内经济放缓的影响，防城港市经济社会发展仍然面临较多困难和问题。钢铁基地项目尚未大规模投资建设，一批已投入大量配套资金的重大产业项目还没有形成效益，第三产业发展滞后，城区功能不够健全，征地拆迁安置工作难度加大，导致了防城港市的 CIBI 指数的总体下降。

就机会与挑战而言，防城港市 2013 年之后着力稳增长调结构，经济保持稳中有进，对国内经济下行的严峻形势，认真贯彻中央、自治区稳增长决策部署，采取有力措施，推动全市经济实现平稳较快增长。开展项目建设落实年活动，实施 1020 个总投资 6824 亿元的"十百千"项目建设计划，完成固定资产投资 478 亿元，不断夯实发展基础。项目建设实现大提速。以六大产业为重点，全力推进项目建设。项目保障取得新成效。重点破解管理、征地和融资等项目推进难题。创新项目审批机制，实施串联改并联、前置改后审，项目落地速度大幅加快，这将对防城港市品牌的崛起有很大的影响。

12.3.5 鹰潭市

鹰潭市位于江西省东北部，信江中下游。面向珠江、长江、闽南三个"三角洲"，是内地连接东南沿海的重要通道之一。全市总面积 3556.7 平方千米，占江西省总面积的 2.15%。2017 年年末常住人口 116.75 万人，其中城镇人口为 68.98 万人。

2016 年，全市实现生产总值（GDP）695.35 亿元，比上年增长 8.8%。财政总收入 116.82 亿元，同口径增长 10%，一般公共预算收入 81.62 亿元、同口径增长 5%，规模以上工业增加值 330.87 亿元、增长 8.4%，固定资产投资 604.16 亿元、增长 13.7%，社会消费品零售总额 194.66 亿元、增长 12.8%。

（1）鹰潭市 CIBI 概况

2016 年鹰潭市进出口品牌振兴指数得分为 59.76，在蓄势准备型城市中排名第 5，位居全国第 94；进出口品牌价值指数得分为 60.60，在蓄势准备型城市中排名第 4，位居全国第 56；进出口品牌潜力指数得分为 58.91，在蓄势准备型城市中排名第 4，位居全国第 99。（具体得分参见表 12-16）

表 12-16　鹰潭市 CIBI 及其一级指标的得分情况

综合指标	得分	同类排名	全国排名	一级指标	得分	同类排名	全国排名
CIBI	59.76	5	94	进出口品牌价值指数	60.60	4	56
				进出口品牌潜力指数	58.91	4	99

图 12-19　鹰潭市 CIBI 指数及一级指标变化趋势

由图 12-19 可以看出，鹰潭市 CIBI 水平及其分项指标在 2012—2013 年有明显的下降，2013 年之后稳步回升，其中 2014—2015 年 CIBI 指数和进出口品牌价值指数的上升幅度相对较小，而进出口品牌潜力指数略有下降。鹰潭市 CIBI 中品牌潜力指数一直高于均值，并在 2015 年后稳健上升，表明其具有较大的发展潜力。

（2）鹰潭市进出口品牌价值指数分析

2016 年，鹰潭市的商品进口为进出口品牌价值创造的准备程度主要体现在进口价值规模指数、进口价值效率指数、进口价值贡献指数三个方面；商品出口为进出口品牌价值创造的准备程度主要体现在出口价值规模指数、出口价值效率指数、出口价值贡献指数三个方面。（具体得分情况参见表12-17）

表 12-17　鹰潭市进出口品牌价值指数分项指标表现水平

二级指标	得分	同类排名	全国排名	三级指标	得分	同类排名	全国排名
进口品牌准备指数	60.91	5	55	进口价值规模指数	60.59	4	50
				进口价值效率指数	62.03	5	59
				进口价值贡献指数	61.09	3	54
出口品牌优化指数	60.30	1	63	出口价值规模指数	58.68	2	82
				出口价值效率指数	76.86	6	10
				出口价值贡献指数	95.39	1	1

从进口品牌准备指数得分情况来看，鹰潭市在进口价值规模指数方面得分 60.59，同类型城市中排名第 4，位居全国第 50 位。数据表明鹰潭市低附加值商品进口额在蓄势准备型城市中排在较前位置，在全国范围内排名也比较靠前，显示出其对低附加值商品的进口需求较高。鹰潭市在进口价值效率指数方面得分 62.03，同类型城市中排名第 5，位居全国第 59 位。在城市聚类中，鹰潭市低附加值进口增长率排名靠前，在全国范围内排名也相对较前，说明其低附加值商品进口额同比增长率较高。鹰潭市在进口价值贡献指数方面得分 61.09，同类型城市中排名第 3，位居全国第 54 位。在城市聚类中，鹰潭市进口价值贡献指数排名处于前列，表示其低附加值产品对进口额贡献较多，低附加值产品对鹰潭市的发展具有重要的作用。

从出口品牌优化指数得分情况来看，鹰潭市在出口价值规模指数方面得分 58.68，同类型城市中排名第 2，位居全国第 82 位。表明鹰潭市高附加值商品出口额在全国范围内排名虽然一般，但横向比较排名靠前，较大规模出口高附加值商品。鹰潭市在出口价值效率指数方面得分 76.86，同类型城市中排名第 6，位居全国第 10 位。表明鹰潭市高附加值产品出口增长率很高，出口额处于快速增长期。鹰潭市在出口价值贡献指数方面得分 95.39，同类型城市中排名第 1，位居全国第 1 位。表明鹰潭市高附加值商品出口贡献率在城市聚类内和全国同样位居首位，出口品牌价值的发展对全地区总体经济发展贡献的水平非常高。

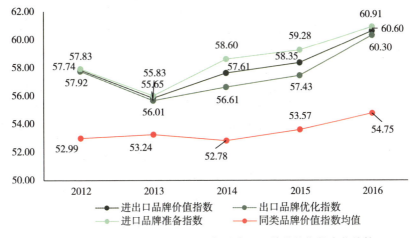

图 12-20　鹰潭市 2012—2016 年进出口品牌价值指数变化趋势

由图 12-20 可以看出，2012—2013 年，鹰潭市品牌价值指数及其分项指标均有明显的下降，2013—2016 年三项指标均有不同程度的上升。鹰潭市的进出口品牌价值指数一直高于平均水平，在 2014 年后与蓄势准备型城市城市品牌价值指数均值的上升趋势基本一致，保持着稳定优势。

（3）鹰潭市进出口品牌潜力指数分析

2016 年，鹰潭市商品进出口品牌潜力的资源积累程度主要体现在鹰潭市金融资源指数、人力资源指数以及工业资源指数三个方面；商品进出口品牌化潜力的环境优化程度主要体现在鹰潭市的交通环境指数、文化环境指数以及宜居环境指数三个方面。

表 12-18　鹰潭市进出口品牌潜力指数分项指标表现水平

二级指标	得分	同类排名	全国排名	三级指标	得分	同类排名	全国排名
品牌发展资源指数	59.07	4	100	城市金融资源指数	58.65	3	96
				城市人力资源指数	59.13	4	118
				城市工业资源指数	61.78	9	119
品牌发展环境指数	58.77	4	99	城市交通环境指数	58.68	5	100
				城市文化环境指数	58.45	4	100
				城市宜居环境指数	59.19	5	104

由表 12-18 可以看出，在品牌发展资源方面，鹰潭市在城市金融资源指数得分为 58.65，在城市聚类中排名第 3，位居全国第 96 位。表明鹰潭市的地区生产总值、职工平均工资和外资使用情况相对较好，但全国范围内没有明显的优势。鹰潭市在城市人力资源指数得分为 59.13，在城市聚类中排名第 4，位居全国第 118 位。表明鹰潭市就业失业比、教育和科研从业人员、学生数量均处于城市聚类靠前位置，但从全国看人力资本方面不具有明显的发展优势。鹰潭市在城市工业资源指数得分为 61.78，在城市聚类中排名第 9，位居全国第 119 位。表明鹰潭市规模以上工业企业数及其产出、废物综合利用率在该城市聚类中处于较为靠前的地位，但在全国排名一般，横向比较在工业资源及发展方面仍具有优势。

在品牌发展环境方面，鹰潭市在城市交通环境指数得分为 58.68，在城市聚类中排名第 5，位居全国第 100 位。表明鹰潭市客运量、货运量相对较大，人均道路相对较多且通信相对较方便。鹰潭市在城市文化环境指数得分为 58.45，在城市聚类中排名第 4，位居全国第 100 位。表明鹰潭市的公共图书馆总藏书量、人均藏书量较大，文体从业人员较多。鹰潭市在城市宜居环境指数得分为 59.19，在同类型城市中排名第 5，位居全国第 104 位。表明鹰潭市绿地、人均居住面积、医生数量、人口密度、垃圾无污染处理率比较高，宜居性高，不过在全国范围内比较时优势较小，吸引人才与同级其他城市相比缺少优势。

图 12-21　鹰潭市 2012—2016 年进出口品牌潜力指数变化趋势

由图 12-21 可以看出，鹰潭市的进出口品牌潜力指数、品牌发展环境指数和品牌发展资源指数三项指标发展趋势基本保持一致，品牌发展资源指数一直略高于品牌发展环境指数。三项得分在 2012-2013 年有明显的下降，但随后又有显著回升，在 2014—2015 年基本不变，后又呈现上升趋势。在任意时间段，鹰潭市的城市品牌潜力指数及其分项指标均领先于城市聚类平均值，在城市聚类中处于领先地位。

（4）鹰潭市 CIBI 分析小结

鹰潭市 CIBI 总体情况表现处于中等偏上水平，在蓄势准备型城市中有一定优势，其出口价值贡献指数和出口价值规模指数处于领先地位，出口价值贡献指数全国排名处于首位。对于出口品牌优化指数的提高有很大贡献。2012—2013 年，鹰潭市的 CIBI 指数整体水平下降，但仍高于城市聚类的平均水平。在 2013 到 2016 年，鹰潭市的 CIBI 指数全面提高，且指数增长水平明显高于蓄势准备型城市的平均水平。在 2015—2016 年，指数增长的趋势加快，指数增长潜力巨大，鹰潭市对蓄势准备型城市的优势进一步加大。

在 2012—2013 年，受宏观调控政策影响，经济下行压力加大，产业发展面临困难。财政增速趋缓，财源培植难度加大。而且重点项目进度不快，征地拆迁相对滞后，在一定程度上导致了鹰潭市的 CIBI 指数的整体下降。

就机会与挑战而言，2013 年之后，鹰潭市改革创新力度进一步加大，围绕"小政府、大服务、活市场、优环境"，一系列关键领域的改革取得突破，进一步累积了发展升级的后发优势。产业转型升级进一步加速。面对宏观经济下行压力加大的严峻考验，克服了铜产业震荡波动、物流运输业税收回落、房地产业持续走低等诸多困难，科学应对，主动作为，在调结构转方式促转型上取得明显的成效，三次产业结构调整为 7.9：62.4：29.7。工业经济加快发展。新型城镇化步伐进一步加快。市域总体规划（2014—2030）编制完成中期成果，获批国家新型城镇化综合试点城市和省级"多规合一"试点市。放平台不断提升，海关、国检挂牌运营并列入全省关检"三个一"试点，电子口岸基本建成，鹰潭至宁波"五定班列"运行平稳，为品牌的发展积累了一系列后发优势，这些都将为鹰潭市进行出口品牌振兴水平的发展提供条件。

12.4 本章小结

本章主要对进出口品牌蓄势准备型城市的 CIBI 水平进行解读，该城市聚类所含城市 145 个，城市 CIBI 水平全国排名为 72~274 名，说明该城市聚类 CIBI 表现水平在全国处于相对较低的位置，仅有少量城市优于进出口品牌发展潜力型城市，并且在进出口品牌价值指数、潜力指数两个方面的平均水平均低于全国平均水平，反映出了该城市聚类还在发展的蓄势阶段。2012—2016 年，该城市聚类的 CIBI 水平呈现出上升的趋势。

从进出口品牌价值角度来看，该城市聚类进出口品牌价值指数的平均得分低于全国平均水平，反映出该城市聚类进出口商品附加价值高低等品牌振兴表现的相对水平普遍较低。在进口品牌准备指数和出口品牌优化指数方面优势不足，反映出该城市聚类商品进口为进出口品牌价值创造的准备程度较低，商品出口为进出口品牌价值优化的实现程度也相对欠缺。

从进出口品牌潜力角度来看，该城市聚类进出口品牌潜力指数的平均得分低于全国平均水平，反映出该城市聚类商品进出口基础资源与区域环境等品牌振兴潜力的相对水平普遍较低。在品牌发展资源指数和品牌发展环境指数方面优势不足，反映出该城市聚类进出口品牌化潜力的资源积累程度较低，商品进出口品牌化潜力的环境优化程度也相对欠缺。

最后从该城市聚类中选取前五名城市作为主要城市进行城市层面的 CIBI 水平解读，同类型城市中排名前五的城市有日照市、松原市、铜陵市、防城港市和鹰潭市。分别从 CIBI 总体表现水平、各分项指标表现水平、该城市商品进出口品牌振兴所具有的优劣势以及面临的机会和挑战来对各城市进行分析。五个城市在进出口品牌价值和潜力两个方面的全国排名相近，都在进出口品牌价值指数方面表现出优势，潜力指数方面相对较弱。各个城市应该认识到自己在发展进出口贸易的优势和劣势，并抓住机会，打造具有价值的商品品牌，努力缩小与其他类型城市的差距。

后 记

　　《2018 中国进出口品牌发展报告》的课题组成员主要来自中国人民大学中国市场营销研究中心、中国人民大学信息资源管理学院和中国通关网，系中国人民大学科学研究基金（中央高校基本科研业务费专项资金资助）项目（NO. 13XNI015）的研究成果。课题组基于主要成员的前期研究基础，利用高质量的数据源，结合中国城市商品进出口品牌专题研究，建立了 CIBI 指标体系，进行数据分析和挖掘，对我国 2016 年各城市商品进出口品牌发展的现状、趋势以及表现出的诸多特征展开了探讨。

　　在本书编写的过程中，除了将进出口品牌化的相关理论研究成果进行整理、吸纳以外，还结合了前沿的数据分析挖掘的技术手段对指标体系结果进行了深入解读。本书的研究过程历时将近一年，参与人员超过 60 人，采集并处理了 2009 年至 2017 年九年间各年份我国 274 个城市的 57 项指标数据，数据量共计 140562 条，并对 1600 多条相关政策法规进行了梳理和统计，研究工作繁复，研究体量庞大。本书共分为十二个章节，第一至第六章分别为绪论、行业概况与研究综述、指标体系和测算方法、中国城市CIBI 及分项指标得分前一百名城市排名、CIBI 特征分析和解读、基于 CIBI的城市聚类聚类分析；第七至第十二章则是对聚类得到的六类城市依次进行详尽的剖析与探究。

　　衷心感谢所有对中国进出口品牌发展报告写作给予关心和大力支持的各位朋友！感谢参与前期数据采集整理和后期文字校对工作的朱瑜、向娇阳、伍忠洋、袁文龙、洪逸暄、杨洁、刘雨琪、张小妹、曾悦、白梓良、肖纪文、周玮、赛乃瓦尔·艾力、魏洋楠、张慧琳、唐德清、乔子腾、林佳桦、杨贺、田雨、唐煜骁、杨秋颖、高爽、金涛、林宇轩、周捷、明靖瑶、戴梦婷、田甜、魏春萍等同学，感谢他们在数据工作中付出的艰辛与努力。同时，向参与本书研究和撰写的每一位成员、提供相关数据和案例素材的企业组织及新闻媒体表达最诚挚的谢意！相信这是一部解读透彻而富有影响力、能得以手捧阅读并藏于书柜、以待日后回顾的研究报告。

　　本书的顺利完成，还要感谢众多同行在研究过程中提供的宝贵建议，感谢热心读者对本报告的期待，一些调整正是基于此而做出的，比如概念的完善、篇幅的精简、案例的选择等。同时，也要感谢那些长期以来关注进出口品牌发展的个人和组织，恳请大家继续指出本书有待完善的地方，提供改进意见。

附　录

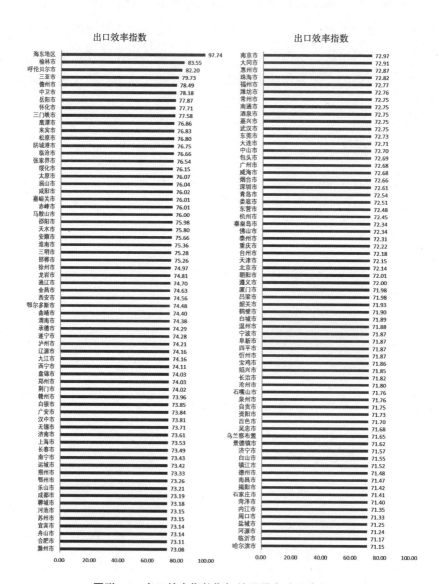

出口效率指数		出口效率指数	
海东地区	97.74	南京市	72.97
榆林市	83.55	大同市	72.91
呼伦贝尔市	82.20	惠州市	72.87
三亚市	79.73	珠海市	72.82
儋州市	78.49	福州市	72.77
中卫市	78.18	潍坊市	72.76
岳阳市	77.87	常州市	72.75
怀化市	77.71	南通市	72.75
三门峡市	77.58	酒泉市	72.75
鹰潭市	76.86	嘉兴市	72.75
来宾市	76.83	武汉市	72.75
松原市	76.80	东莞市	72.73
防城港市	76.75	大连市	72.71
临沧市	76.66	中山市	72.70
张家界市	76.54	包头市	72.69
绥化市	76.15	广州市	72.68
太原市	76.07	威海市	72.68
眉山市	76.04	烟台市	72.66
咸阳市	76.02	深圳市	72.61
嘉峪关市	76.01	青岛市	72.54
赤峰市	76.01	娄底市	72.51
马鞍山市	76.00	东营市	72.48
邵阳市	75.98	杭州市	72.45
天水市	75.80	秦皇岛市	72.34
安顺市	75.66	佛山市	72.34
淮南市	75.36	泰州市	72.31
三明市	75.28	重庆市	72.22
邯郸市	75.26	台州市	72.18
徐州市	74.97	天津市	72.15
龙岩市	74.81	北京市	72.14
通江市	74.70	朝阳市	72.01
金昌市	74.63	遵义市	72.00
西安市	74.56	厦门市	71.98
鄂尔多斯市	74.48	吕梁市	71.98
曲靖市	74.40	韶关市	71.93
渭南市	74.38	鹤壁市	71.90
承德市	74.29	白城市	71.89
遂宁市	74.28	温州市	71.88
泸州市	74.21	宁波市	71.87
辽源市	74.16	阜新市	71.87
九江市	74.16	四平市	71.87
西宁市	74.11	忻州市	71.87
盘锦市	74.03	宝鸡市	71.86
郑州市	74.03	绍兴市	71.85
荆门市	74.02	长治市	71.82
赣州市	73.96	沧州市	71.80
白银市	73.85	石嘴山市	71.76
广安市	73.84	泉州市	71.76
汉中市	73.81	自贡市	71.75
无锡市	73.71	资阳市	71.73
济南市	73.61	百色市	71.70
上海市	73.53	吴忠市	71.68
长春市	73.49	乌兰察布盟	71.65
南宁市	73.43	景德镇市	71.62
运城市	73.42	济宁市	71.57
朔州市	73.33	白山市	71.55
鄂州市	73.26	镇江市	71.52
乐山市	73.21	德州市	71.48
成都市	73.19	南昌市	71.47
聊城市	73.18	揭阳市	71.42
河池市	73.15	石家庄市	71.41
苏州市	73.15	菏泽市	71.40
宜宾市	73.14	内江市	71.35
舟山市	73.14	周口市	71.33
合肥市	73.11	盐城市	71.25
滁州市	73.08	河源市	71.24
		临沂市	71.17
		哈尔滨市	71.15

图附 -1　出口效率指数指标结果排名（上半部分）

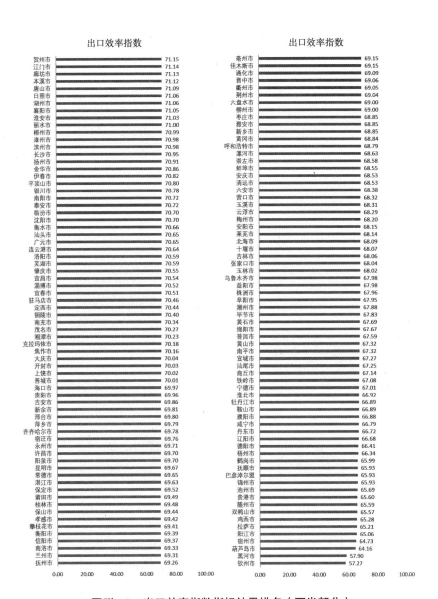

图附 -2　出口效率指数指标结果排名（下半部分）

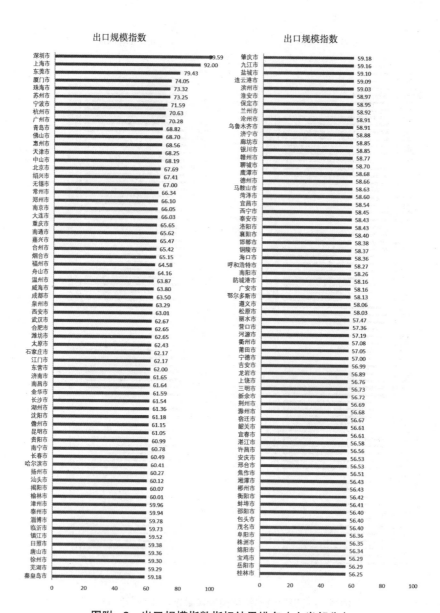

图附 -3 出口规模指数指标结果排名（上半部分）

出口规模指数

城市	指数
盘锦市	56.24
柳州市	56.24
新乡市	56.21
常德市	56.20
周口市	56.19
吉林市	56.19
开封市	56.19
驻马店市	56.17
信阳市	56.16
晋中市	56.15
三门峡市	56.06
咸阳市	56.05
眉山市	56.04
克拉玛依市	56.04
大庆市	56.03
三亚市	56.03
衡水市	55.56
潮州市	55.24
北海市	54.99
丹东市	54.95
清远市	54.87
梅州市	54.66
宣城市	54.66
本溪市	54.63
萍乡市	54.61
玉溪市	54.60
抚州市	54.58
莱芜市	54.55
黄石市	54.52
孝感市	54.45
鞍山市	54.40
德阳市	54.37
锦州市	54.32
枣庄市	54.31
永州市	54.31
漯河市	54.25
十堰市	54.24
益阳市	54.21
黄冈市	54.21
濮阳市	54.21
六安市	54.21
咸宁市	54.20
亳州市	54.19
张家口市	54.19
安阳市	54.18
宿州市	54.17
商丘市	54.14
荆门市	54.10
宜宾市	54.10
曲靖市	54.08
承德市	54.08
通辽市	54.08
淮南市	54.08
呼伦贝尔市	54.07
平顶山市	54.06
海东地区	54.06
泸州市	54.06
运城市	54.05
赤峰市	54.04
齐齐哈尔市	54.03
渭南市	54.03
南充市	54.02
汉中市	54.01
拉萨市	54.01
怀化市	54.00
长治市	54.00
阳江市	52.88
云浮市	52.66
汕尾市	52.60
南平市	52.55

出口规模指数

城市	指数
随州市	52.42
黄山市	52.37
辽阳市	52.35
朝阳市	52.32
抚顺市	52.29
淮北市	52.29
景德镇市	52.27
葫芦岛市	52.26
巴彦淖尔盟	52.26
牡丹江市	52.24
梧州市	52.23
百色市	52.22
崇左市	52.21
池州市	52.20
石嘴山市	52.19
玉林市	52.19
金昌市	52.16
鄂州市	52.16
嘉峪关市	52.15
乐山市	52.15
贵港市	52.15
钦州市	52.13
遂宁市	52.13
白山市	52.11
辽源市	52.11
佳木斯市	52.11
中卫市	52.10
阜新市	52.09
鹤壁市	52.09
天水市	52.09
资阳市	52.07
黑河市	52.07
大同市	52.07
晋城市	52.06
自贡市	52.06
攀枝花市	52.06
安顺市	52.05
娄底市	52.05
酒泉市	52.04
阳泉市	52.04
商洛市	52.04
忻州市	52.04
白银市	52.03
吕梁市	52.03
普洱市	52.03
张家界市	52.02
通化市	52.02
白城市	52.02
吴忠市	52.02
双鸭山市	52.02
临汾市	52.02
伊春市	52.02
鹤岗市	52.02
铁岭市	52.02
贺州市	52.02
内江市	52.02
六盘水市	52.01
来宾市	52.01
保山市	52.01
绥化市	52.01
雅安市	52.01
朔州市	52.01
毕节市	52.01
广元市	52.01
乌兰察布盟	52.01
鸡西市	52.00
河池市	52.00
临沧市	52.00
定西市	52.00
四平市	52.00

图附 -4　出口规模指数指标结果排名（下半部分）

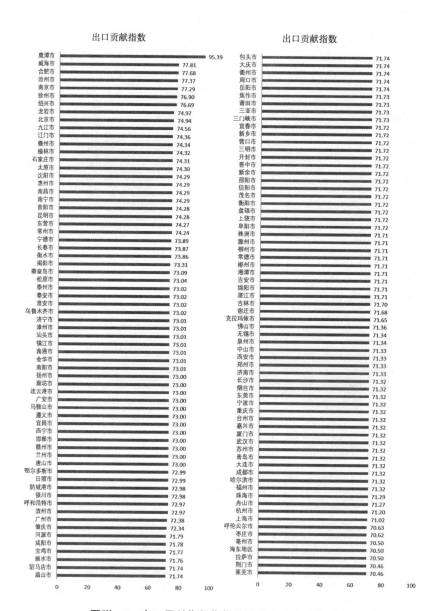

出口贡献指数

城市	指数
鹰潭市	95.39
威海市	77.81
合肥市	77.68
沧州市	77.37
南京市	77.29
徐州市	76.90
绍兴市	76.69
龙岩市	74.97
北京市	74.94
九江市	74.56
江门市	74.36
儋州市	74.34
榆林市	74.32
石家庄市	74.31
太原市	74.30
沈阳市	74.29
惠州市	74.29
南昌市	74.29
南宁市	74.29
贵阳市	74.28
昆明市	74.28
东营市	74.27
常州市	74.24
宁德市	73.89
长春市	73.87
衡水市	73.86
揭阳市	73.31
秦皇岛市	73.09
松原市	73.04
泰州市	73.02
泰安市	73.02
淮安市	73.02
乌鲁木齐市	73.02
济宁市	73.01
漳州市	73.01
汕头市	73.01
镇江市	73.01
南通市	73.01
金华市	73.01
南阳市	73.01
扬州市	73.00
廊坊市	73.00
连云港市	73.00
广安市	73.00
马鞍山市	73.00
遵义市	73.00
宜昌市	73.00
西宁市	73.00
邯郸市	73.00
赣州市	73.00
兰州市	73.00
唐山市	73.00
鄂尔多斯市	72.99
日照市	72.99
防城港市	72.98
银川市	72.98
呼和浩特市	72.97
滨州市	72.97
广州市	72.38
肇庆市	72.34
河源市	71.79
咸阳市	71.78
宝鸡市	71.77
丽水市	71.76
驻马店市	71.74
眉山市	71.74

出口贡献指数

城市	指数
包头市	71.74
大庆市	71.74
衢州市	71.74
周口市	71.74
岳阳市	71.74
焦作市	71.73
莆田市	71.73
三亚市	71.73
三门峡市	71.73
宜春市	71.72
新乡市	71.72
营口市	71.72
三明市	71.72
开封市	71.72
晋中市	71.72
新余市	71.72
邵阳市	71.72
信阳市	71.72
茂名市	71.72
衡阳市	71.72
盘锦市	71.72
上饶市	71.72
阜阳市	71.72
株洲市	71.71
滁州市	71.71
柳州市	71.71
常德市	71.71
郴州市	71.71
湘潭市	71.71
吉安市	71.71
绵阳市	71.71
湛江市	71.71
吉林市	71.70
宿迁市	71.68
克拉玛依市	71.65
佛山市	71.36
无锡市	71.34
泉州市	71.34
中山市	71.33
西安市	71.33
郑州市	71.33
济南市	71.33
长沙市	71.33
烟台市	71.32
东莞市	71.32
宁波市	71.32
重庆市	71.32
台州市	71.32
嘉兴市	71.32
厦门市	71.32
武汉市	71.32
苏州市	71.32
青岛市	71.32
大连市	71.32
成都市	71.32
哈尔滨市	71.32
福州市	71.32
珠海市	71.29
舟山市	71.27
杭州市	71.20
上海市	71.02
呼伦贝尔市	70.63
枣庄市	70.62
亳州市	70.50
海东地区	70.50
拉萨市	70.50
荆门市	70.46
莱芜市	70.46

图附 –5　出口贡献指数指标结果排名（上半部分）

出口贡献指数

城市	出口贡献指数
赤峰市	70.45
南充市	70.45
丹东市	70.45
孝感市	70.45
怀化市	70.44
萍乡市	70.44
长治市	70.44
本溪市	70.44
锦州市	70.44
北海市	70.44
玉溪市	70.44
淮南市	70.44
承德市	70.44
黄石市	70.43
鞍山市	70.43
安阳市	70.43
六安市	70.43
曲靖市	70.43
漯河市	70.43
汉中市	70.43
永州市	70.43
湖州市	70.43
商丘市	70.43
黄冈市	70.43
咸宁市	70.43
德阳市	70.43
泸州市	70.43
宜宾市	70.43
渭南市	70.43
张家口市	70.42
宿州市	70.42
平顶山市	70.42
十堰市	70.42
运城市	70.42
通辽市	70.41
齐齐哈尔市	70.40
益阳市	70.40
清远市	70.39
德州市	69.91
聊城市	69.91
盐城市	69.90
洛阳市	69.90
保定市	69.90
海口市	69.89
淄博市	69.89
菏泽市	69.88
湖州市	69.88
芜湖市	69.88
襄阳市	69.88
临沂市	69.87
铜陵市	69.75
鹤岗市	69.44
深圳市	69.33
临沧市	69.20
百色市	69.19
乐山市	69.18
玉林市	69.18
绥化市	69.17
中卫市	69.17
来宾市	69.17
梧州市	69.17
潍坊市	69.17
通化市	69.17
资阳市	69.17
张家界市	69.16
天水市	69.16
铁岭市	69.15
随州市	69.15
大同市	69.15
抚顺市	69.15

出口贡献指数

城市	出口贡献指数
朔州市	69.15
辽源市	69.15
景德镇市	69.15
乌兰察布盟	69.15
葫芦岛市	69.15
安顺市	69.15
黄山市	69.15
朝阳市	69.15
河池市	69.15
南平市	69.15
遂宁市	69.15
池州市	69.15
保山市	69.15
云浮市	69.15
贵港市	69.15
白山市	69.15
忻州市	69.15
阜新市	69.14
石嘴山市	69.14
贺州市	69.14
吴忠市	69.14
嘉峪关市	69.14
内江市	69.14
汕尾市	69.14
巴彦淖尔盟	69.14
钦州市	69.14
自贡市	69.14
商洛市	69.14
鄂州市	69.14
定西市	69.14
攀枝花市	69.14
佳木斯市	69.14
普洱市	69.14
广元市	69.14
六盘水市	69.14
毕节市	69.14
临汾市	69.14
雅安市	69.14
淮北市	69.14
酒泉市	69.13
鹤壁市	69.13
伊春市	69.13
崇左市	69.13
辽阳市	69.13
四平市	69.13
黑河市	69.13
阳泉市	69.13
金昌市	69.13
娄底市	69.12
白银市	69.12
晋城市	69.04
白城市	69.02
双鸭山市	68.95
鸡西市	68.93
韶关市	68.67
蚌埠市	68.46
桂林市	68.46
荆州市	68.46
安庆市	68.46
邢台市	68.43
许昌市	68.32
宣城市	67.03
抚州市	67.03
梅州市	67.02
濮阳市	67.02
温州市	65.74
阳江市	65.56
牡丹江市	65.56
吕梁市	65.49
天津市	65.20

图附 -6　出口贡献指数指标结果排名（下半部分）

进口效率指数

进口效率指数

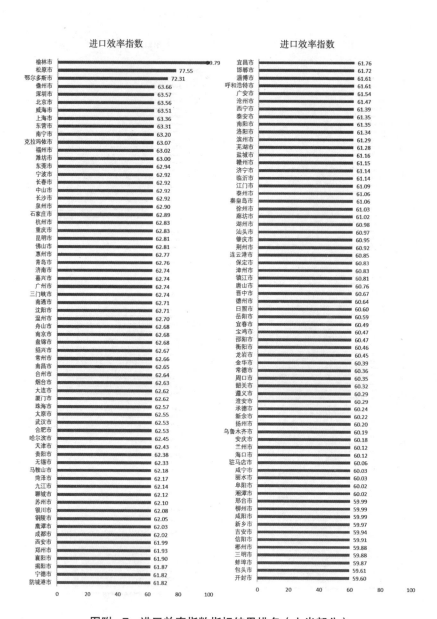

城市	指数
榆林市	9.79
松原市	77.55
鄂尔多斯市	72.31
儋州市	63.66
深圳市	63.57
北京市	63.56
威海市	63.51
上海市	63.36
东营市	63.31
南宁市	63.20
克拉玛依市	63.07
福州市	63.02
潍坊市	63.00
东莞市	62.94
宁波市	62.92
长春市	62.92
中山市	62.92
长沙市	62.92
泉州市	62.90
石家庄市	62.89
杭州市	62.83
重庆市	62.83
昆明市	62.81
佛山市	62.81
惠州市	62.77
青岛市	62.76
济南市	62.74
嘉兴市	62.74
广州市	62.74
三门峡市	62.74
南通市	62.71
沈阳市	62.71
温州市	62.70
舟山市	62.68
南京市	62.68
盘锦市	62.68
绍兴市	62.67
常州市	62.66
南昌市	62.65
台州市	62.64
烟台市	62.63
大连市	62.62
厦门市	62.62
珠海市	62.57
太原市	62.55
武汉市	62.53
合肥市	62.53
哈尔滨市	62.45
天津市	62.43
贵阳市	62.38
无锡市	62.33
马鞍山市	62.18
菏泽市	62.17
九江市	62.14
聊城市	62.12
苏州市	62.10
银川市	62.08
铜陵市	62.05
鹰潭市	62.03
成都市	62.02
西安市	61.99
郑州市	61.93
襄阳市	61.90
揭阳市	61.87
宁德市	61.82
防城港市	61.82

城市	指数
宜昌市	61.76
邯郸市	61.72
涵博市	61.61
呼和浩特市	61.61
广安市	61.54
沧州市	61.47
西宁市	61.39
泰安市	61.35
南阳市	61.35
洛阳市	61.34
滨州市	61.29
芜湖市	61.28
盐城市	61.16
赣州市	61.15
济宁市	61.14
临沂市	61.14
江门市	61.09
泰州市	61.06
秦皇岛市	61.06
徐州市	61.03
廊坊市	61.02
湖州市	60.98
汕头市	60.97
肇庆市	60.95
荆州市	60.92
连云港市	60.85
保定市	60.83
漳州市	60.83
镇江市	60.81
唐山市	60.76
晋中市	60.67
德州市	60.64
日照市	60.60
岳阳市	60.59
宜春市	60.49
宝鸡市	60.47
邢台市	60.47
衡阳市	60.46
龙岩市	60.45
金华市	60.39
常德市	60.36
周口市	60.35
韶关市	60.32
遵义市	60.29
淮安市	60.29
承德市	60.24
新余市	60.22
扬州市	60.20
乌鲁木齐市	60.19
安庆市	60.18
兰州市	60.12
海口市	60.12
驻马店市	60.06
咸宁市	60.03
丽水市	60.02
阜阳市	60.02
湘潭市	60.02
邢台市	59.99
柳州市	59.99
咸阳市	59.99
新乡市	59.97
吉安市	59.94
信阳市	59.91
郴州市	59.88
三明市	59.88
蚌埠市	59.87
包头市	59.61
开封市	59.60

图附 -7 进口效率指数指标结果排名（上半部分）

进口效率指数

城市	指数
上饶市	59.58
吉林市	59.52
眉山市	59.48
滁州市	59.43
衢州市	59.39
绵阳市	59.28
焦作市	59.22
株洲市	59.20
莆田市	59.20
益阳市	59.12
大庆市	59.11
营口市	59.11
河源市	59.09
许昌市	59.06
桂林市	59.05
黄冈市	58.96
茂名市	58.94
湛江市	58.94
汉中市	58.93
鞍山市	58.90
亳州市	58.84
宿迁市	58.78
通辽市	58.74
宣城市	58.73
萍乡市	58.72
呼伦贝尔市	58.66
三亚市	58.65
宜宾市	58.62
泸州市	58.47
潮州市	58.42
梅州市	58.42
运城市	58.40
孝感市	58.32
抚州市	58.31
怀化市	58.27
海东地区	58.24
黄石市	58.20
锦州市	58.19
濮阳市	58.18
本溪市	58.14
安阳市	58.12
莱芜市	58.10
齐齐哈尔市	58.08
永州市	58.07
枣庄市	58.07
赤峰市	58.00
淮南市	58.00
德州市	57.97
漯河市	57.97
荆门市	57.97
宿州市	57.93
张家口市	57.91
佳木斯市	57.85
十堰市	57.82
普洱市	57.79
平顶山市	57.75
玉溪市	57.72
商丘市	57.67
长治市	57.60
攀枝花市	57.57
清远市	57.52
南充市	57.48
白山市	57.21
六安市	57.21
随州市	57.20
朔州市	57.13
曲靖市	57.08
拉萨市	57.06
白城市	57.02
渭南市	56.99

进口效率指数

城市	指数
丹东市	56.97
池州市	56.92
淮北市	56.88
雅安市	56.84
资阳市	56.79
中卫市	56.77
石嘴山市	56.74
汕尾市	56.61
临沧市	56.60
保山市	56.59
鹤壁市	56.59
抚顺市	56.58
来宾市	56.57
黄山市	56.52
钦州市	56.50
铁岭市	56.45
贵港市	56.44
商洛市	56.41
娄底市	56.41
百色市	56.40
北海市	56.35
六盘水市	56.27
广元市	56.26
鄂州市	56.25
朝阳市	56.23
鸡西市	56.21
自贡市	56.17
贺州市	56.16
天水市	56.13
阳江市	56.11
遂宁市	56.09
辽源市	56.08
玉林市	56.08
河池市	56.07
阳泉市	56.05
乌兰察布盟	56.04
通化市	56.02
白银市	56.01
吴忠市	55.99
金昌市	55.95
巴彦淖尔盟	55.94
青城市	55.92
衡水市	55.91
吕梁市	55.86
南平市	55.85
崇左市	55.82
忻州市	55.80
内江市	55.79
临汾市	55.79
梧州市	55.78
鹤岗市	55.78
嘉峪关市	55.77
绥化市	55.75
阜新市	55.75
大同市	55.72
定西市	55.71
葫芦岛市	55.70
辽阳市	55.69
乐山市	55.66
酒泉市	55.66
张家界市	55.52
云浮市	55.44
景德镇市	55.36
黑河市	55.34
伊春市	55.26
四平市	55.22
安顺市	54.91
毕节市	54.75
双鸭山市	54.60
牡丹江市	54.35

图附 -8　进口效率指数指标结果排名（下半部分）

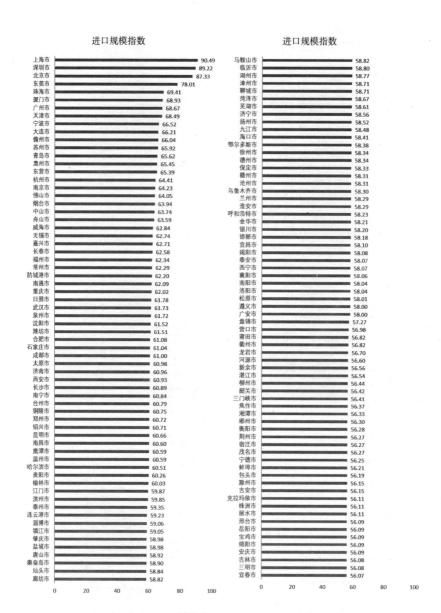

图附 -9　进口规模指数指标结果排名（上半部分）

进口规模指数

城市	进口规模指数
新乡市	56.07
咸阳市	56.07
常德市	56.06
信阳市	56.05
周口市	56.04
上饶市	56.04
大庆市	56.04
许昌市	56.03
阜阳市	56.03
邵阳市	56.03
三亚市	56.02
桂林市	56.01
开封市	56.01
驻马店市	56.01
晋中市	56.01
眉山市	56.01
北海市	55.13
丹东市	54.93
清远市	54.86
莱芜市	54.62
黄石市	54.58
本溪市	54.47
锦州市	54.43
鞍山市	54.34
运城市	54.26
潮州市	54.19
赤峰市	54.17
安阳市	54.15
宜宾市	54.13
荆门市	54.09
咸宁市	54.07
梅州市	54.07
德阳市	54.07
衡水市	54.06
宣城市	54.06
漯河市	54.06
孝感市	54.06
通辽市	54.05
呼伦贝尔市	54.05
张家口市	54.05
枣庄市	54.04
益阳市	54.03
拉萨市	54.03
黄冈市	54.03
濮阳市	54.03
齐齐哈尔市	54.03
永州市	54.02
宿州市	54.02
长治市	54.02
平顶山市	54.02
亳州市	54.02
淮南市	54.01
承德市	54.01
玉溪市	54.01
汉中市	54.01
泸州市	54.01
萍乡市	54.01
抚州市	54.01
六安市	54.01
十堰市	54.00
商丘市	54.00
怀化市	54.00
南充市	54.00
渭南市	54.00
海东地区	54.00
曲靖市	54.00
金昌市	53.67
钦州市	53.35
巴彦淖尔盟	52.96
汕尾市	52.71

进口规模指数

城市	进口规模指数
普洱市	52.47
嘉峪关市	52.46
云浮市	52.44
池州市	52.34
鄂州市	52.27
娄底市	52.25
随州市	52.21
阳江市	52.17
辽阳市	52.17
晋城市	52.16
中卫市	52.16
抚顺市	52.15
石嘴山市	52.14
白山市	52.13
铁岭市	52.12
葫芦岛市	52.11
白银市	52.11
通化市	52.11
辽源市	52.11
河池市	52.10
黄山市	52.09
百色市	52.09
六盘水市	52.09
梧州市	52.09
牡丹江市	52.08
自贡市	52.08
黑河市	52.07
朝阳市	52.07
攀枝花市	52.06
遂宁市	52.06
佳木斯市	52.05
吕梁市	52.05
鹤壁市	52.05
贵港市	52.04
临沧市	52.04
乐山市	52.04
保山市	52.04
资阳市	52.03
商洛市	52.03
南平市	52.03
朔州市	52.03
阳泉市	52.03
白城市	52.03
大同市	52.02
玉林市	52.02
淮北市	52.02
乌兰察布盟	52.02
阜新市	52.02
临汾市	52.02
天水市	52.02
来宾市	52.02
崇左市	52.01
四平市	52.01
贺州市	52.01
鹤岗市	52.01
吴忠市	52.01
鸡西市	52.01
雅安市	52.01
景德镇市	52.01
绥化市	52.01
内江市	52.01
伊春市	52.01
双鸭山市	52.00
定南市	52.00
张家界市	52.00
广元市	52.00
安顺市	52.00
酒泉市	52.00
忻州市	52.00
毕节市	52.00

图附-10　进口规模指数指标结果排名（下半部分）

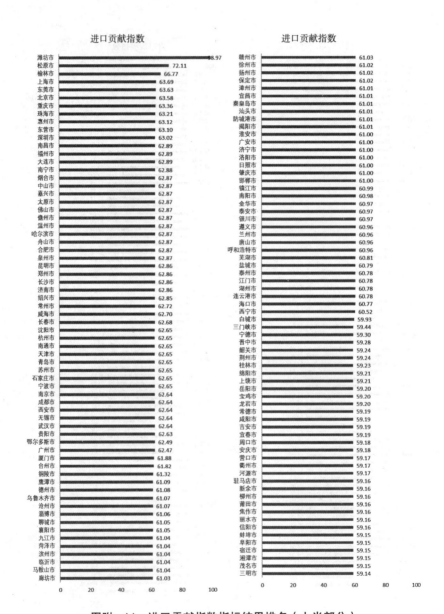

图附 –11　进口贡献指数指标结果排名（上半部分）

进口贡献指数

城市	指数
郴州市	59.14
湛江市	59.14
许昌市	59.14
眉山市	59.13
开封市	59.13
邵阳市	59.13
三亚市	59.13
株洲市	59.12
大庆市	59.11
包头市	59.11
衡阳市	59.10
盘锦市	59.09
新乡市	59.07
滁州市	59.06
吉林市	59.06
邢台市	58.60
克拉玛依市	57.75
运城市	57.56
承德市	57.53
益阳市	57.46
咸宁市	57.45
呼伦贝尔市	57.40
永州市	57.39
黄冈市	57.39
亳州市	57.37
通辽市	57.36
汉中市	57.36
萍乡市	57.35
海东地区	57.34
宣城市	57.33
抚州市	57.33
宜宾市	57.33
锦州市	57.32
怀化市	57.32
泸州市	57.32
湖州市	57.32
本溪市	57.31
梅州市	57.31
鞍山市	57.30
清远市	57.30
宿州市	57.30
德阳市	57.30
濮阳市	57.30
北海市	57.29
孝感市	57.29
安阳市	57.29
衡水市	57.29
平顶山市	57.29
淮南市	57.29
拉萨市	57.28
荆门市	57.28
张家口市	57.28
黄石市	57.28
十堰市	57.28
莱芜市	57.28
赤峰市	57.28
漯河市	57.28
齐齐哈尔市	57.27
商丘市	57.27
南充市	57.26
玉溪市	57.26
六安市	57.25
长治市	57.23
丹东市	57.23
曲靖市	57.22
渭南市	57.19
枣庄市	56.75
佳木斯市	55.76
四平市	55.68
黑河市	55.68

进口贡献指数

城市	指数
朔州市	55.66
大同市	55.62
白山市	55.55
白银市	55.53
天水市	55.53
普洱市	55.53
攀枝花市	55.53
淮北市	55.52
通化市	55.51
葫芦岛市	55.50
随州市	55.50
池州市	55.49
辽阳市	55.49
鹤壁市	55.48
石嘴山市	55.48
阜新市	55.48
中卫市	55.47
朝阳市	55.47
雅安市	55.47
来宾市	55.46
汕尾市	55.46
贵港市	55.46
酒泉市	55.46
铁岭市	55.46
广元市	55.45
黄山市	55.45
保山市	55.45
资阳市	55.45
商洛市	55.45
钦州市	55.44
遂宁市	55.44
百色市	55.44
娄底市	55.44
云浮市	55.44
鄂州市	55.44
牡丹江市	55.44
六盘水市	55.43
嘉峪关市	55.43
内江市	55.43
景德镇市	55.43
自贡市	55.43
贺州市	55.43
临沧市	55.43
吴忠市	55.42
崇左市	55.42
南平市	55.41
河池市	55.41
玉林市	55.41
定西市	55.40
梧州市	55.40
乌兰察布盟	55.39
张家界市	55.39
巴彦淖尔盟	55.39
鹤岗市	55.39
阳泉市	55.38
抚顺市	55.38
毕节市	55.38
乐山市	55.38
辽源市	55.38
忻州市	55.36
吕梁市	55.36
安顺市	55.35
金昌市	55.35
阳江市	55.33
临汾市	55.33
晋城市	55.31
鸡西市	55.30
绥化市	55.29
双鸭山市	54.98
伊春市	54.95

图附 –12　进口贡献指数指标结果排名（下半部分）

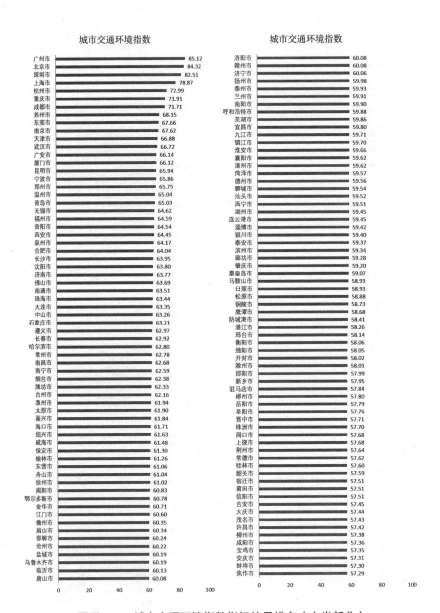

城市交通环境指数

城市	指数
广州市	85.12
北京市	84.32
深圳市	82.51
上海市	78.87
杭州市	72.99
重庆市	71.91
成都市	71.71
苏州市	68.15
东莞市	67.66
南京市	67.62
天津市	66.88
武汉市	66.72
广安市	66.14
厦门市	66.12
昆明市	65.94
宁波市	65.86
郑州市	65.75
温州市	65.04
青岛市	65.03
无锡市	64.62
福州市	64.59
贵阳市	64.54
西安市	64.45
泉州市	64.17
合肥市	64.04
长沙市	63.95
沈阳市	63.80
济南市	63.77
佛山市	63.69
南通市	63.51
珠海市	63.44
大连市	63.35
中山市	63.26
石家庄市	63.21
遵义市	62.97
长春市	62.92
哈尔滨市	62.80
常州市	62.78
南昌市	62.68
南宁市	62.59
烟台市	62.38
潍坊市	62.33
台州市	62.16
惠州市	61.94
太原市	61.90
嘉兴市	61.84
海口市	61.71
绍兴市	61.63
威海市	61.48
保定市	61.30
榆林市	61.26
东营市	61.06
舟山市	61.04
徐州市	61.02
揭阳市	60.83
鄂尔多斯市	60.78
金华市	60.71
江门市	60.60
赣州市	60.35
眉山市	60.34
邯郸市	60.24
沧州市	60.22
盐城市	60.19
乌鲁木齐市	60.19
临沂市	60.13
唐山市	60.08

城市交通环境指数

城市	指数
洛阳市	60.08
赣州市	60.08
济宁市	60.06
扬州市	59.98
泰州市	59.93
兰州市	59.91
南阳市	59.90
呼和浩特市	59.88
芜湖市	59.86
宜昌市	59.80
九江市	59.71
镇江市	59.70
淮安市	59.66
襄阳市	59.62
漳州市	59.62
菏泽市	59.57
德州市	59.56
聊城市	59.54
汕头市	59.52
西宁市	59.51
湖州市	59.45
连云港市	59.45
淄博市	59.42
银川市	59.40
泰安市	59.37
滨州市	59.34
廊坊市	59.20
肇庆市	59.20
秦皇岛市	59.07
马鞍山市	58.93
日照市	58.93
松原市	58.88
铜陵市	58.73
鹰潭市	58.68
防城港市	58.41
湛江市	58.26
邢台市	58.14
衡阳市	58.06
绵阳市	58.05
开封市	58.02
滁州市	58.01
邵阳市	57.99
新乡市	57.95
驻马店市	57.84
郴州市	57.80
岳阳市	57.79
阜阳市	57.76
晋中市	57.71
株洲市	57.70
周口市	57.68
上饶市	57.68
荆州市	57.64
常德市	57.62
桂林市	57.60
韶关市	57.59
宿迁市	57.51
莆田市	57.51
信阳市	57.51
吉安市	57.45
大庆市	57.44
茂名市	57.43
许昌市	57.42
柳州市	57.38
咸阳市	57.36
宝鸡市	57.35
安庆市	57.31
蚌埠市	57.30
焦作市	57.29

图附 -13　城市交通环境指数指标结果排名（上半部分）

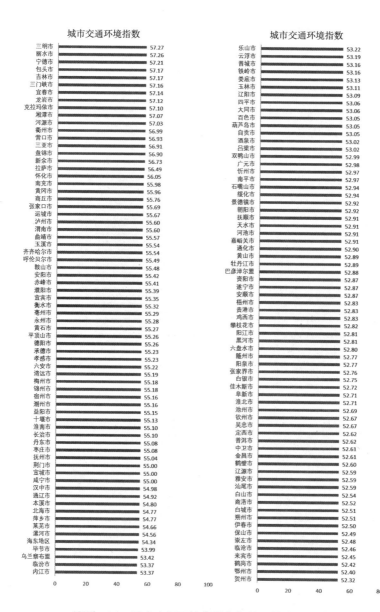

城市交通环境指数

城市	指数
三明市	57.27
丽水市	57.26
宁德市	57.21
包头市	57.17
吉林市	57.17
三门峡市	57.16
宜春市	57.14
龙岩市	57.12
克拉玛依市	57.10
湘潭市	57.07
河源市	57.03
衢州市	56.99
营口市	56.93
三亚市	56.91
盘锦市	56.90
新余市	56.73
拉萨市	56.49
怀化市	56.05
南充市	55.98
黄冈市	55.96
商丘市	55.76
张家口市	55.69
运城市	55.67
泸州市	55.60
渭南市	55.60
曲靖市	55.57
玉溪市	55.54
齐齐哈尔市	55.54
呼伦贝尔市	55.49
鞍山市	55.48
安阳市	55.42
赤峰市	55.41
濮阳市	55.39
宜宾市	55.35
衡水市	55.32
亳州市	55.29
永州市	55.28
黄石市	55.27
平顶山市	55.26
德阳市	55.26
承德市	55.23
孝感市	55.23
六安市	55.22
清远市	55.19
梅州市	55.18
锦州市	55.18
宿州市	55.16
潮州市	55.16
益阳市	55.15
十堰市	55.13
淮南市	55.10
长治市	55.10
丹东市	55.08
枣庄市	55.08
抚州市	55.04
荆门市	55.00
宣城市	55.00
咸宁市	55.00
汉中市	54.98
通辽市	54.92
本溪市	54.80
北海市	54.77
萍乡市	54.77
莱芜市	54.66
漯河市	54.56
海东地区	54.34
毕节市	53.99
乌兰察布盟	53.42
临汾市	53.37
内江市	53.37

城市交通环境指数

城市	指数
乐山市	53.22
云浮市	53.19
晋城市	53.16
铁岭市	53.16
娄底市	53.13
玉林市	53.11
辽阳市	53.09
四平市	53.06
大同市	53.06
百色市	53.05
葫芦岛市	53.05
自贡市	53.05
酒泉市	53.02
吕梁市	53.02
双鸭山市	52.99
广元市	52.98
忻州市	52.97
南平市	52.97
石嘴山市	52.94
绥化市	52.94
景德镇市	52.92
朝阳市	52.92
抚顺市	52.91
天水市	52.91
河池市	52.91
嘉峪关市	52.91
通化市	52.90
黄山市	52.89
牡丹江市	52.89
巴彦淖尔盟	52.88
资阳市	52.87
遂宁市	52.87
安顺市	52.87
梧州市	52.83
贵港市	52.83
鸡西市	52.83
攀枝花市	52.82
阳江市	52.81
黑河市	52.81
六盘水市	52.80
随州市	52.77
阳泉市	52.77
张家界市	52.76
白银市	52.75
佳木斯市	52.72
阜新市	52.71
淮北市	52.71
池州市	52.69
钦州市	52.67
吴忠市	52.67
定西市	52.62
普洱市	52.62
中卫市	52.61
金昌市	52.61
鹤壁市	52.60
辽源市	52.59
雅安市	52.59
汕尾市	52.59
白山市	52.54
商洛市	52.52
白城市	52.51
朔州市	52.51
伊春市	52.50
保山市	52.49
崇左市	52.48
临沧市	52.46
来宾市	52.45
鹤岗市	52.42
鄂州市	52.40
贺州市	52.32

图附 -14　城市交通环境指数指标结果排名（下半部分）

城市文化环境指数

城市文化环境指数

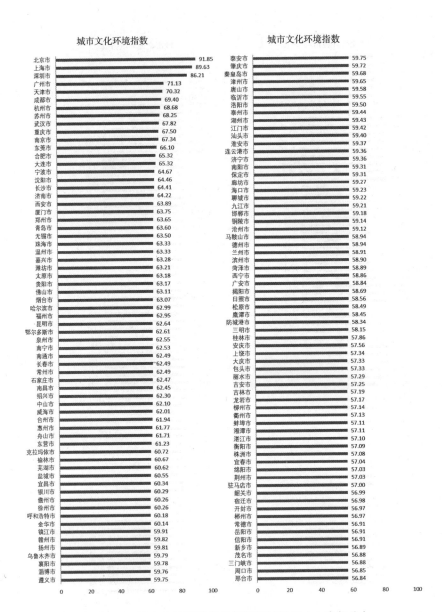

城市	指数	城市	指数
北京市	91.85	泰安市	59.75
上海市	89.63	肇庆市	59.72
深圳市	86.21	秦皇岛市	59.68
广州市	71.13	漳州市	59.65
天津市	70.32	唐山市	59.58
成都市	69.40	临沂市	59.55
杭州市	68.68	洛阳市	59.50
苏州市	68.25	泰州市	59.44
武汉市	67.82	湖州市	59.43
重庆市	67.50	江门市	59.42
南京市	67.34	汕头市	59.40
东莞市	66.10	淮安市	59.37
合肥市	65.32	连云港市	59.36
大连市	65.32	济宁市	59.36
宁波市	64.67	南阳市	59.31
沈阳市	64.46	保定市	59.31
长沙市	64.41	廊坊市	59.27
济南市	64.22	海口市	59.23
西安市	63.89	聊城市	59.22
厦门市	63.75	九江市	59.21
郑州市	63.65	邯郸市	59.18
青岛市	63.60	铜陵市	59.14
无锡市	63.50	沧州市	59.12
珠海市	63.33	马鞍山市	58.94
温州市	63.33	德州市	58.94
嘉兴市	63.28	兰州市	58.91
潍坊市	63.21	滨州市	58.90
太原市	63.18	菏泽市	58.89
贵阳市	63.17	西宁市	58.86
佛山市	63.11	广安市	58.84
烟台市	63.07	揭阳市	58.69
哈尔滨市	62.99	日照市	58.56
福州市	62.95	松原市	58.49
昆明市	62.64	鹰潭市	58.45
鄂尔多斯市	62.61	防城港市	58.34
泉州市	62.55	三明市	58.15
南宁市	62.53	桂林市	57.86
南通市	62.49	安庆市	57.56
长春市	62.49	上饶市	57.34
常州市	62.49	大庆市	57.33
石家庄市	62.47	包头市	57.33
南昌市	62.45	丽水市	57.29
绍兴市	62.30	吉安市	57.25
中山市	62.10	吉林市	57.19
威海市	62.01	龙岩市	57.17
台州市	61.94	柳州市	57.14
惠州市	61.77	衢州市	57.13
舟山市	61.71	蚌埠市	57.11
东营市	61.23	湘潭市	57.11
克拉玛依市	60.72	湛江市	57.10
榆林市	60.67	衡阳市	57.09
芜湖市	60.62	株洲市	57.08
盐城市	60.55	宜春市	57.04
宜昌市	60.34	绵阳市	57.03
银川市	60.29	荆州市	57.03
儋州市	60.26	驻马店市	57.00
徐州市	60.26	韶关市	56.99
呼和浩特市	60.18	宿迁市	56.98
金华市	60.14	开封市	56.97
镇江市	59.91	郴州市	56.97
赣州市	59.82	常德市	56.91
扬州市	59.81	岳阳市	56.91
乌鲁木齐市	59.79	信阳市	56.91
襄阳市	59.78	新乡市	56.89
淄博市	59.76	茂名市	56.88
遵义市	59.75	三门峡市	56.88
		周口市	56.85
		邢台市	56.84

图附 -15　城市文化环境指数指标结果排名（上半部分）

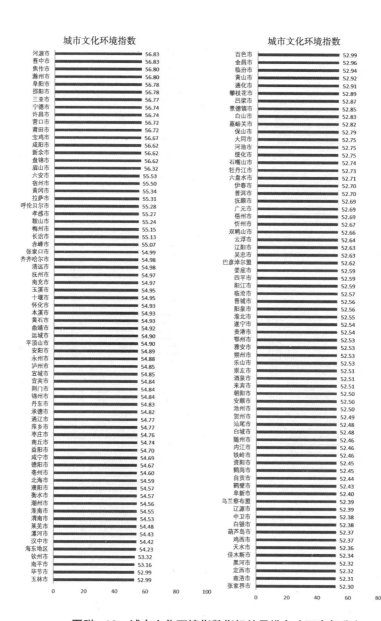

城市文化环境指数		城市文化环境指数	
河源市	56.83	百色市	52.99
晋中市	56.83	金昌市	52.96
焦作市	56.80	临汾市	52.94
滁州市	56.80	黄山市	52.92
阜阳市	56.78	通化市	52.91
邵阳市	56.78	攀枝花市	52.89
三亚市	56.77	吕梁市	52.87
宁德市	56.74	景德镇市	52.85
许昌市	56.74	白山市	52.83
营口市	56.72	嘉峪关市	52.82
莆田市	56.72	保山市	52.79
宝鸡市	56.67	大同市	52.75
咸阳市	56.62	河池市	52.75
新余市	56.62	绥化市	52.75
盘锦市	56.62	石嘴山市	52.74
眉山市	56.32	牡丹江市	52.73
六安市	55.53	六盘水市	52.71
宿州市	55.50	伊春市	52.70
黄冈市	55.34	普洱市	52.70
拉萨市	55.31	抚顺市	52.69
呼伦贝尔市	55.28	广元市	52.69
孝感市	55.27	梧州市	52.69
鞍山市	55.24	忻州市	52.67
梅州市	55.15	双鸭山市	52.66
长治市	55.13	云浮市	52.64
赤峰市	55.07	辽阳市	52.63
张家口市	54.99	吴忠市	52.63
齐齐哈尔市	54.98	巴彦淖尔盟	52.62
清远市	54.98	娄底市	52.59
抚州市	54.97	四平市	52.59
南充市	54.97	阳江市	52.59
玉溪市	54.95	临沧市	52.57
十堰市	54.95	晋城市	52.56
怀化市	54.93	阳泉市	52.56
本溪市	54.93	淮北市	52.55
黄石市	54.93	遂宁市	52.54
曲靖市	54.92	贵港市	52.54
运城市	54.90	鄂州市	52.53
平顶山市	54.90	雅安市	52.53
安阳市	54.89	朔州市	52.53
永州市	54.88	乐山市	52.53
泸州市	54.85	崇左市	52.51
宣城市	54.85	酒泉市	52.51
宜宾市	54.84	来宾市	52.51
荆门市	54.84	朝阳市	52.50
锦州市	54.84	安顺市	52.50
丹东市	54.83	池州市	52.50
承德市	54.82	贺州市	52.49
通辽市	54.77	汕尾市	52.48
萍乡市	54.77	白城市	52.48
枣庄市	54.76	随州市	52.46
商丘市	54.74	内江市	52.46
益阳市	54.70	铁岭市	52.46
咸宁市	54.69	资阳市	52.45
德阳市	54.67	鹤岗市	52.45
亳州市	54.60	自贡市	52.44
北海市	54.59	鹤壁市	52.43
濮阳市	54.57	阜新市	52.40
衡水市	54.57	乌兰察布盟	52.39
潮州市	54.56	辽源市	52.39
淮南市	54.55	中卫市	52.38
渭南市	54.53	白银市	52.38
莱芜市	54.48	葫芦岛市	52.37
漯河市	54.43	鸡西市	52.37
汉中市	54.42	天水市	52.34
海东地区	54.23	佳木斯市	52.34
钦州市	53.32	黑河市	52.32
南平市	53.16	定西市	52.32
毕节市	52.99	商洛市	52.32
玉林市	52.99	张家界市	52.30

图附 -16　城市文化环境指数指标结果排名（下半部分）

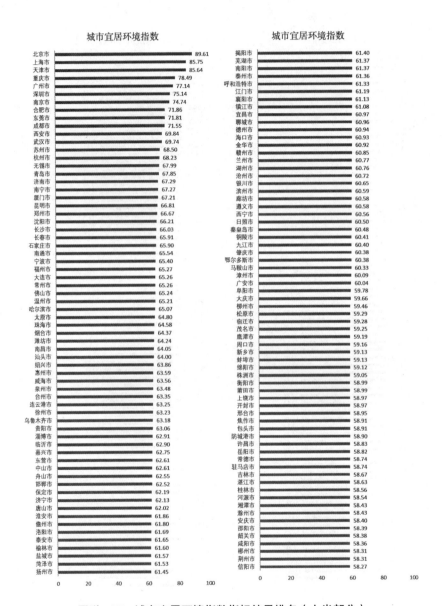

图附 –17　城市宜居环境指数指标结果排名（上半部分）

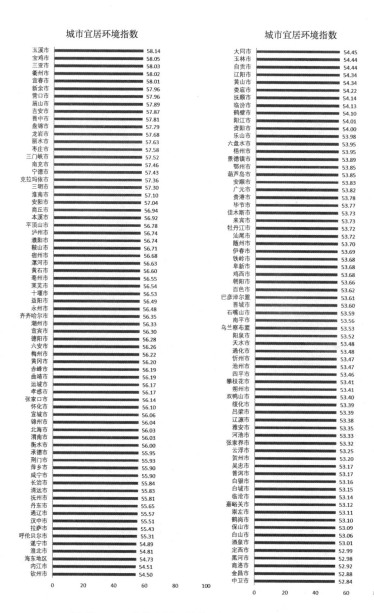

城市宜居环境指数

玉溪市	58.14
宝鸡市	58.05
三亚市	58.03
衢州市	58.02
宜春市	58.01
新余市	57.96
营口市	57.96
眉山市	57.89
吉安市	57.87
晋中市	57.81
盘锦市	57.79
龙岩市	57.68
丽水市	57.63
枣庄市	57.58
三门峡市	57.52
南充市	57.46
宁德市	57.43
克拉玛依市	57.36
三明市	57.30
淮南市	57.10
安阳市	57.04
商丘市	56.94
本溪市	56.92
平顶山市	56.78
泸州市	56.74
濮阳市	56.74
鞍山市	56.71
宿州市	56.68
漯河市	56.63
黄石市	56.60
亳州市	56.55
莱芜市	56.54
十堰市	56.53
益阳市	56.49
永州市	56.48
齐齐哈尔市	56.35
潮州市	56.33
宜宾市	56.30
德阳市	56.28
六安市	56.26
梅州市	56.22
黄冈市	56.20
赤峰市	56.19
曲靖市	56.19
运城市	56.17
孝感市	56.17
张家口市	56.14
怀化市	56.10
宣城市	56.06
锦州市	56.04
北海市	56.03
渭南市	56.03
衡水市	56.00
承德市	55.95
荆门市	55.93
萍乡市	55.90
咸宁市	55.90
长治市	55.84
清远市	55.83
抚州市	55.81
丹东市	55.65
通辽市	55.57
汉中市	55.51
拉萨市	55.43
呼伦贝尔市	55.31
遂宁市	54.89
淮北市	54.81
海东地区	54.73
内江市	54.51
钦州市	54.50

城市宜居环境指数

大同市	54.45
玉林市	54.44
自贡市	54.44
辽阳市	54.34
黄山市	54.34
娄底市	54.22
抚顺市	54.14
临汾市	54.13
鹤壁市	54.10
阳江市	54.01
资阳市	54.00
乐山市	53.98
六盘水市	53.95
梧州市	53.95
景德镇市	53.89
鄂州市	53.85
葫芦岛市	53.85
安顺市	53.83
广元市	53.82
贵港市	53.78
毕节市	53.77
佳木斯市	53.73
来宾市	53.73
牡丹江市	53.72
汕尾市	53.72
随州市	53.70
伊春市	53.69
铁岭市	53.68
阜新市	53.68
鸡西市	53.68
朝阳市	53.66
百色市	53.62
巴彦淖尔盟	53.61
晋城市	53.60
石嘴山市	53.59
南平市	53.56
乌兰察布盟	53.53
阳泉市	53.52
天水市	53.48
通化市	53.48
忻州市	53.47
池州市	53.47
四平市	53.46
攀枝花市	53.41
朔州市	53.41
双鸭山市	53.40
绥化市	53.39
吕梁市	53.39
辽源市	53.38
雅安市	53.35
河池市	53.33
张家界市	53.32
云浮市	53.25
贺州市	53.20
吴忠市	53.17
普洱市	53.17
白银市	53.16
白城市	53.15
临沧市	53.14
嘉峪关市	53.12
崇左市	53.11
鹤岗市	53.10
保山市	53.09
白山市	53.06
酒泉市	53.01
定西市	52.99
黑河市	52.98
商洛市	52.92
金昌市	52.88
中卫市	52.84

图附 -18　城市宜居环境指数指标结果排名（下半部分）

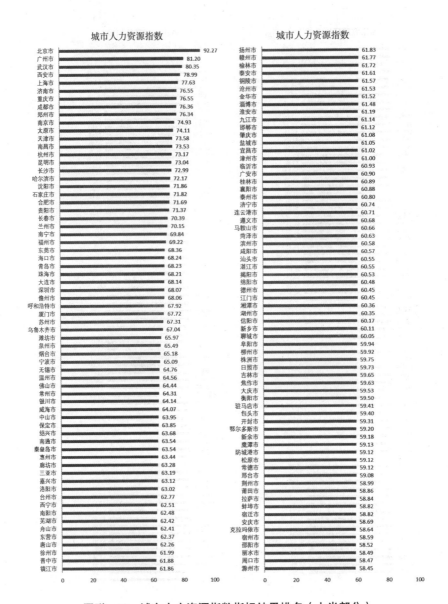

城市人力资源指数 | 城市人力资源指数

城市	指数	城市	指数
北京市	92.27	扬州市	61.83
广州市	81.20	赣州市	61.77
武汉市	80.35	榆林市	61.72
西安市	78.99	泰安市	61.61
上海市	77.63	铜陵市	61.57
济南市	76.55	沧州市	61.53
重庆市	76.55	金华市	61.52
成都市	76.36	淄博市	61.48
郑州市	76.34	淮安市	61.19
南京市	74.93	九江市	61.14
太原市	74.11	邯郸市	61.12
天津市	73.58	肇庆市	61.08
南昌市	73.53	盐城市	61.05
杭州市	73.17	宜昌市	61.02
昆明市	73.04	漳州市	61.00
长沙市	72.99	临沂市	60.93
哈尔滨市	72.17	广安市	60.90
沈阳市	71.86	桂林市	60.89
石家庄市	71.82	襄阳市	60.88
合肥市	71.69	泰州市	60.80
贵阳市	71.37	济宁市	60.74
长春市	70.39	连云港市	60.71
兰州市	70.15	遵义市	60.68
南宁市	69.84	马鞍山市	60.66
福州市	69.22	菏泽市	60.63
东莞市	68.36	滨州市	60.58
海口市	68.24	咸阳市	60.57
青岛市	68.23	汕头市	60.55
珠海市	68.21	湛江市	60.55
大连市	68.14	揭阳市	60.53
深圳市	68.07	绵阳市	60.48
贵州市	68.06	德州市	60.45
呼和浩特市	67.92	江门市	60.45
厦门市	67.72	湘潭市	60.36
苏州市	67.31	湖州市	60.35
乌鲁木齐市	67.04	信阳市	60.17
潍坊市	65.97	新乡市	60.11
泉州市	65.49	聊城市	60.05
烟台市	65.18	阜阳市	59.94
宁波市	65.09	柳州市	59.92
无锡市	64.76	株洲市	59.75
温州市	64.56	日照市	59.73
佛山市	64.44	吉林市	59.65
常州市	64.31	焦作市	59.63
银川市	64.14	大庆市	59.53
威海市	64.07	衡阳市	59.50
中山市	63.95	驻马店市	59.41
保定市	63.85	包头市	59.40
绍兴市	63.68	开封市	59.31
南通市	63.54	鄂尔多斯市	59.20
秦皇岛市	63.54	新余市	59.18
惠州市	63.44	鹰潭市	59.13
廊坊市	63.28	防城港市	59.12
三亚市	63.19	松原市	59.12
嘉兴市	63.12	常德市	59.12
洛阳市	63.02	邢台市	59.08
台州市	62.77	荆州市	58.99
西宁市	62.51	莆田市	58.86
南阳市	62.48	拉萨市	58.84
芜湖市	62.42	蚌埠市	58.82
舟山市	62.41	宿迁市	58.82
东营市	62.37	安庆市	58.69
唐山市	62.26	克拉玛依市	58.64
徐州市	61.99	宿州市	58.59
晋中市	61.88	邵阳市	58.52
镇江市	61.86	丽水市	58.49
		周口市	58.47
		滁州市	58.45

图附-19 城市人力资源指数指标结果排名（上半部分）

城市人力资源指数

城市	指数
岳阳市	58.44
宜春市	58.43
宝鸡市	58.43
上饶市	58.28
三明市	58.27
吉安市	58.24
茂名市	58.20
许昌市	58.18
淮南市	57.88
营口市	57.81
运城市	57.80
眉山市	57.79
郴州市	57.79
三门峡市	57.79
龙岩市	57.73
韶关市	57.72
衢州市	57.71
河源市	57.67
宁德市	57.62
锦州市	57.59
长治市	57.49
商丘市	57.31
六安市	57.25
盘锦市	57.18
十堰市	56.98
南充市	56.92
曲靖市	56.92
海东地区	56.89
德阳市	56.87
泸州市	56.86
张家口市	56.79
漯河市	56.76
黄冈市	56.75
平顶山市	56.73
承德市	56.69
安阳市	56.61
赤峰市	56.59
北海市	56.53
怀化市	56.43
抚州市	56.43
亳州市	56.41
汉中市	56.35
齐齐哈尔市	56.31
本溪市	56.28
益阳市	56.25
黄石市	56.24
咸宁市	56.23
鞍山市	56.23
永州市	56.21
枣庄市	56.19
通辽市	56.18
孝感市	56.18
呼伦贝尔市	56.11
衡水市	56.08
宜宾市	55.97
渭南市	55.96
萍乡市	55.92
丹东市	55.92
玉溪市	55.90
梅州市	55.80
濮阳市	55.74
湖州市	55.66
莱芜市	55.64
荆门市	55.62
清远市	55.55
宣城市	55.44
临汾市	55.16
贵港市	54.96
朔州市	54.93
毕节市	54.89

城市人力资源指数

城市	指数
忻州市	54.88
抚顺市	54.82
中卫市	54.78
鹤壁市	54.77
四平市	54.75
百色市	54.60
牡丹江市	54.57
攀枝花市	54.53
天水市	54.53
雅安市	54.51
大同市	54.45
崇左市	54.43
乐山市	54.42
黄山市	54.40
池州市	54.35
吕梁市	54.32
淮北市	54.31
阜新市	54.28
六盘水市	54.21
南平市	54.19
嘉峪关市	54.14
佳木斯市	54.13
鄂州市	54.08
景德镇市	54.07
黑河市	54.06
晋城市	54.05
通化市	54.04
阳泉市	54.02
自贡市	53.91
内江市	53.90
白城市	53.89
云浮市	53.87
玉林市	53.85
定西市	53.78
梧州市	53.78
普洱市	53.76
铁岭市	53.74
娄底市	53.73
乌兰察布盟	53.71
商洛市	53.70
辽阳市	53.67
保山市	53.61
河池市	53.57
钦州市	53.55
酒泉市	53.54
来宾市	53.48
安顺市	53.46
广元市	53.45
张家界市	53.41
贺州市	53.41
随州市	53.39
白银市	53.34
巴彦淖尔盟	53.32
临沧市	53.28
汕尾市	53.25
石嘴山市	53.16
双鸭山市	53.15
朝阳市	53.13
遂宁市	53.13
绥化市	53.11
阳江市	53.06
金昌市	52.98
吴忠市	52.97
葫芦岛市	52.96
资阳市	52.92
辽源市	52.88
白山市	52.80
鸡西市	52.74
鹤岗市	52.56
伊春市	52.31

图附 -20　城市人力资源指数指标结果排名（下半部分）

城市工业资源指数 城市工业资源指数

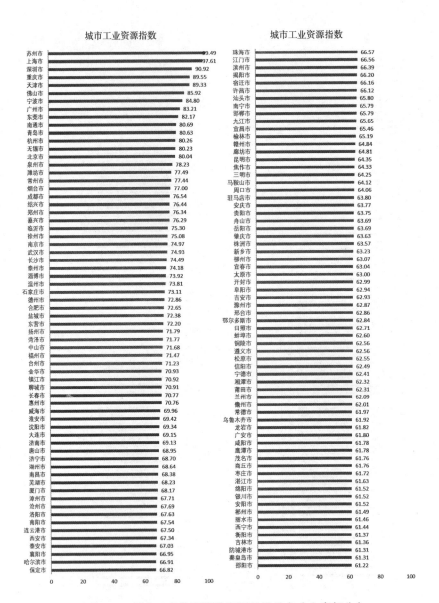

城市	指数		城市	指数
苏州市	99.49		珠海市	66.57
上海市	97.61		江门市	66.56
深圳市	90.92		滨州市	66.39
重庆市	89.55		揭阳市	66.20
天津市	89.33		宿迁市	66.16
佛山市	85.92		许昌市	66.12
宁波市	84.80		汕头市	65.80
广州市	83.21		南宁市	65.79
东莞市	82.17		邯郸市	65.79
南通市	80.69		九江市	65.65
青岛市	80.63		宜昌市	65.46
杭州市	80.26		榆林市	65.19
无锡市	80.23		赣州市	64.84
北京市	80.04		廊坊市	64.81
泉州市	78.23		昆明市	64.35
潍坊市	77.49		焦作市	64.33
常州市	77.44		三明市	64.25
烟台市	77.00		马鞍山市	64.12
成都市	76.54		周口市	64.06
绍兴市	76.44		驻马店市	63.80
郑州市	76.34		安庆市	63.77
嘉兴市	76.29		贵阳市	63.75
临沂市	75.30		舟山市	63.69
徐州市	75.08		岳阳市	63.69
南京市	74.97		肇庆市	63.63
武汉市	74.93		株洲市	63.57
长沙市	74.49		新乡市	63.23
泰州市	74.18		柳州市	63.07
淄博市	73.92		宜春市	63.04
温州市	73.81		太原市	63.00
石家庄市	73.11		开封市	62.99
德州市	72.86		阜阳市	62.94
合肥市	72.65		吉安市	62.93
盐城市	72.38		滁州市	62.87
东营市	72.20		邢台市	62.86
扬州市	71.79		鄂尔多斯市	62.84
菏泽市	71.77		日照市	62.71
中山市	71.68		蚌埠市	62.60
福州市	71.47		铜陵市	62.56
台州市	71.23		遵义市	62.56
金华市	70.93		松原市	62.55
镇江市	70.92		信阳市	62.49
聊城市	70.91		宁德市	62.41
长春市	70.77		湘潭市	62.32
惠州市	70.76		莆田市	62.31
威海市	69.96		兰州市	62.09
淮安市	69.42		儋州市	62.01
沈阳市	69.34		常德市	61.97
大连市	69.15		乌鲁木齐市	61.92
济南市	69.13		龙岩市	61.82
唐山市	68.95		广安市	61.80
济宁市	68.70		咸阳市	61.78
湖州市	68.64		鹰潭市	61.78
南昌市	68.38		茂名市	61.76
芜湖市	68.23		商丘市	61.76
厦门市	68.17		枣庄市	61.72
漳州市	67.71		湛江市	61.63
沧州市	67.69		绵阳市	61.52
洛阳市	67.63		银川市	61.52
南阳市	67.54		安阳市	61.52
连云港市	67.50		郴州市	61.49
西安市	67.34		丽水市	61.46
泰安市	67.03		西宁市	61.44
襄阳市	66.95		衡阳市	61.37
哈尔滨市	66.91		吉林市	61.36
保定市	66.82		防城港市	61.31
			秦皇岛市	61.31
			邵阳市	61.22

图附 -21　城市工业资源指数指标结果排名（上半部分）

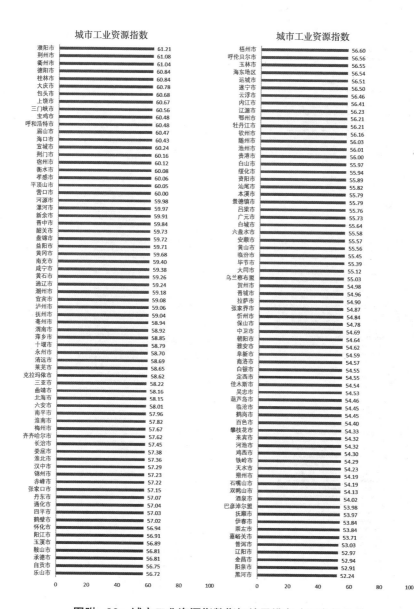

城市工业资源指数		城市工业资源指数
濮阳市	61.21	梧州市 56.60
荆州市	61.08	呼伦贝尔市 56.56
衡州市	61.04	玉林市 56.55
德阳市	60.84	海东地区 56.54
桂林市	60.84	运城市 56.51
大庆市	60.78	遂宁市 56.50
包头市	60.68	云浮市 56.46
上饶市	60.67	内江市 56.41
三门峡市	60.56	辽源市 56.23
宝鸡市	60.48	鄂州市 56.21
呼和浩特市	60.48	牡丹江市 56.21
眉山市	60.47	钦州市 56.16
海口市	60.43	随州市 56.03
宜城市	60.24	池州市 56.01
荆门市	60.16	贵港市 56.00
宿州市	60.12	白山市 55.97
衡水市	60.08	绥化市 55.94
孝感市	60.06	资阳市 55.89
平顶山市	60.05	汕尾市 55.82
营口市	60.00	本溪市 55.79
河源市	59.98	景德镇市 55.79
漯河市	59.97	吕梁市 55.76
新余市	59.91	广元市 55.73
晋中市	59.84	白城市 55.64
韶关市	59.73	六盘水市 55.58
盘锦市	59.72	安顺市 55.57
益阳市	59.71	黄山市 55.56
黄冈市	59.68	临汾市 55.45
南充市	59.40	毕节市 55.39
咸宁市	59.38	大同市 55.12
黄石市	59.26	乌兰察布盟 55.03
通辽市	59.24	贺州市 54.98
潮州市	59.18	晋城市 54.96
宜宾市	59.08	拉萨市 54.90
泸州市	59.06	张家界市 54.87
抚州市	59.04	忻州市 54.84
亳州市	58.94	保山市 54.78
渭南市	58.92	中卫市 54.69
萍乡市	58.85	朝阳市 54.64
十堰市	58.79	雅安市 54.62
永州市	58.70	阜新市 54.59
清远市	58.69	商洛市 54.57
莱芜市	58.65	白银市 54.55
克拉玛依市	58.62	定西市 54.55
三亚市	58.22	佳木斯市 54.54
曲靖市	58.16	吴忠市 54.53
北海市	58.15	葫芦岛市 54.46
六安市	58.01	临沧市 54.45
南平市	57.96	鹤岗市 54.45
淮南市	57.82	百色市 54.40
梅州市	57.67	攀枝花市 54.33
齐齐哈尔市	57.62	来宾市 54.32
长治市	57.45	河池市 54.32
娄底市	57.38	鸡西市 54.30
淮北市	57.36	铁岭市 54.29
汉中市	57.29	天水市 54.23
锦州市	57.23	朔州市 54.19
赤峰市	57.22	石嘴山市 54.19
张家口市	57.15	双鸭山市 54.13
丹东市	57.07	酒泉市 54.02
通化市	57.04	巴彦淖尔盟 53.98
四平市	57.03	抚顺市 53.97
鹤壁市	57.02	伊春市 53.84
怀化市	56.94	崇左市 53.84
阳江市	56.91	嘉峪关市 53.71
玉溪市	56.89	普洱市 53.03
鞍山市	56.81	辽阳市 52.97
承德市	56.81	金昌市 52.94
自贡市	56.75	阳泉市 52.91
乐山市	56.72	黑河市 52.24

图附-22　城市工业资源指数指标结果排名（下半部分）

367

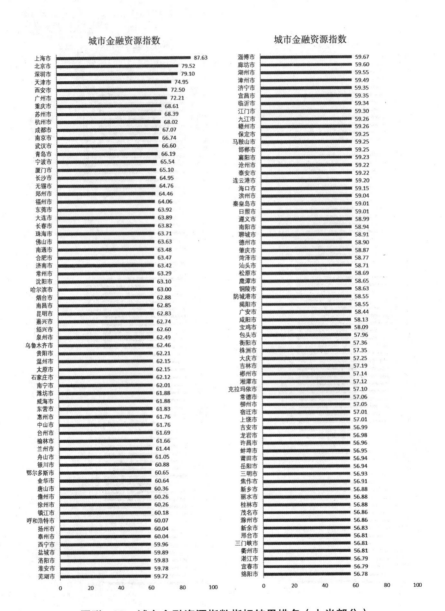

图附-23 城市金融资源指数指标结果排名（上半部分）

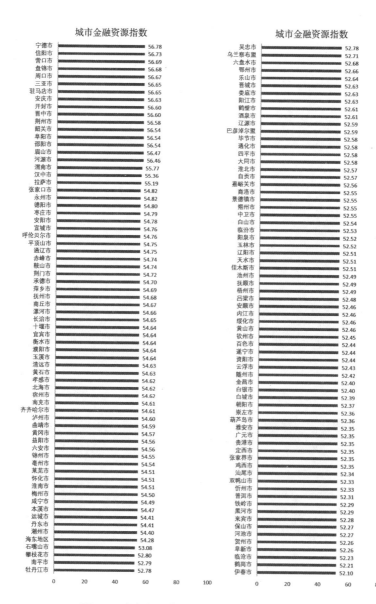

城市金融资源指数

城市	指数
宁德市	56.78
信阳市	56.73
营口市	56.69
盘锦市	56.68
周口市	56.67
三亚市	56.65
驻马店市	56.65
安庆市	56.63
开封市	56.60
晋中市	56.60
荆州市	56.58
韶关市	56.54
阜阳市	56.54
邵阳市	56.54
眉山市	56.47
河源市	56.46
渭南市	55.77
汉中市	55.36
拉萨市	55.19
张家口市	54.82
永州市	54.82
德阳市	54.80
枣庄市	54.79
安阳市	54.78
宣城市	54.76
呼伦贝尔市	54.76
平顶山市	54.75
通辽市	54.75
赤峰市	54.74
鞍山市	54.74
荆门市	54.72
承德市	54.70
萍乡市	54.69
抚州市	54.68
商丘市	54.67
漯河市	54.66
长治市	54.65
十堰市	54.64
宜宾市	54.64
衡水市	54.64
濮阳市	54.64
玉溪市	54.64
清远市	54.63
黄石市	54.63
孝感市	54.62
北海市	54.62
宿州市	54.62
南充市	54.61
齐齐哈尔市	54.61
泸州市	54.60
曲靖市	54.59
黄冈市	54.57
益阳市	54.56
六安市	54.56
锦州市	54.55
亳州市	54.54
莱芜市	54.51
怀化市	54.51
淮南市	54.51
梅州市	54.50
咸宁市	54.49
本溪市	54.47
运城市	54.41
丹东市	54.41
潮州市	54.40
海东地区	54.28
石嘴山市	53.08
攀枝花市	52.80
南平市	52.79
牡丹江市	52.78

城市金融资源指数

城市	指数
吴忠市	52.78
乌兰察布盟	52.71
六盘水市	52.68
鄂州市	52.66
乐山市	52.64
晋城市	52.63
娄底市	52.63
阳江市	52.63
鹤壁市	52.61
酒泉市	52.61
辽源市	52.59
巴彦淖尔盟	52.59
毕节市	52.58
通化市	52.58
四平市	52.58
大同市	52.58
淮北市	52.57
自贡市	52.57
嘉峪关市	52.56
商洛市	52.55
景德镇市	52.55
朔州市	52.55
中卫市	52.55
白山市	52.54
临汾市	52.53
阳泉市	52.52
玉林市	52.52
辽阳市	52.51
天水市	52.51
佳木斯市	52.51
池州市	52.49
抚顺市	52.49
梧州市	52.49
吕梁市	52.48
安顺市	52.46
内江市	52.46
绥化市	52.46
黄山市	52.46
钦州市	52.45
百色市	52.44
遂宁市	52.44
资阳市	52.44
云浮市	52.43
随州市	52.42
金昌市	52.40
白银市	52.40
白城市	52.39
朝阳市	52.37
崇左市	52.36
葫芦岛市	52.36
雅安市	52.35
广元市	52.35
贵港市	52.35
定西市	52.35
张家界市	52.35
鸡西市	52.35
汕尾市	52.34
双鸭山市	52.33
忻州市	52.33
普洱市	52.31
铁岭市	52.29
黑河市	52.29
来宾市	52.28
保山市	52.27
河池市	52.27
贺州市	52.26
阜新市	52.26
临沧市	52.23
鹤岗市	52.21
伊春市	52.10

图 24　城市金融资源指数指标结果排名（下半部分）